国家出版基金项目
NATIONAL PUBLICATION FOUNDATION

中国共产党治国理政丛书
主编 武国友

中国共产党领导的文化建设(1949—1978)

庞松 著

海峡出版发行集团
THE STRAITS PUBLISHING & DISTRIBUTING GROUP
福建人民出版社
FUJIAN PEOPLE'S PUBLISHING HOUSE

图书在版编目（CIP）数据

中国共产党领导的文化建设：1949—1978 / 庞松著.
福州：福建人民出版社，2024. 10. --（中国共产党治国
理政丛书）. -- ISBN 978-7-211-09424-0

Ⅰ. G12

中国国家版本馆 CIP 数据核字第 202499B680 号

中国共产党领导的文化建设（1949—1978）
ZHONGGUOGONGCHANDANG LINGDAO DE WENHUA JIANSHE

著　　者：庞　松
责任编辑：韩腾飞
美术编辑：陈培亮
责任校对：林乔楠
出版发行：福建人民出版社　　**电　　话**：0591-87533169（发行部）
网　　址：http://www.fjpph.com　　**电子邮箱**：fjpph7211@126.com
地　　址：福州市东水路 76 号　　**邮政编码**：350001
经　　销：福建新华发行（集团）有限责任公司
印　　刷：福建新华联合印务集团有限公司
地　　址：福州市晋安区福兴大道 42 号　　**电　　话**：0591-88208420
开　　本：787 毫米×1092 毫米　1/16
印　　张：29
字　　数：429 千字
版　　次：2024 年 10 月第 1 版
印　　次：2024 年 10 月第 1 次印刷
书　　号：ISBN 978-7-211-09424-0
定　　价：116.00 元

《中国共产党治国理政丛书》编委会

总　序

中国40多年的改革开放取得了举世瞩目的成就，整个国家和社会发生了翻天覆地的变化。在这个时候，世界上关心中国改革发展的政治家、经济学家，又会再次思考这个曾使他们深感困惑的问题：中国的改革为什么会如此成功？中国经济社会的持续发展与改革开放前29年的建设探索究竟有着怎样的深层联系？

基于此，我们把改革开放前29年的历史经验，分别从经济、政治、文化、社会、国防和军队建设、党的建设几个方面加以总结，编纂成《中国共产党治国理政丛书》，共6种，以献给这一伟大事业的创业者和建设者，献给行将参加到这一事业中来的新的建设者，献给世界上一切关心中国发展的朋友们。

在中华民族的文明史上，中华人民共和国的历史是最辉煌的篇章之一。在社会主义革命和建设时期，尽管经历了一些曲折、失误，但各项事业都取得了前所未有的成就。前29年的探索、实践向世人宣告，有着古老文明的中华民族，在中国共产党的领导下，依靠社会主义制度，完全有能力在比较短的时间内，以较快的发展速度，迎头赶上发达国家，跻身于世界先进民族之林。

中国共产党领导的社会主义革命和建设的历史，是一部艰难的社会主义创业史。其原因，一是由于旧中国各方面的基础太差，社会主义建设的起点太低；二是没有在经济基础极其薄弱的条件下建设社会主义的经验；三是受到国际上严峻的冷战环境的制约。怎样把一个贫穷落后的半殖民地半封建的旧中国改造和建设成为一个富强先进的社会主义新中国，不仅在中国的历史上前无古人，而且在世界范围内也缺乏先例。中国虽然可以参考和借鉴别国的一些经验，但从根本上来说只有依靠自身的力量，独立地认识和把握特殊的国情，勇往直前地、创造性地实践，以严格的科学精神，探寻出一条中国自己的建设社会主义的道路。在战争年代，中国共产党把马克思主义基本原理和中国革命实际相结合，形成了适合中国国情的新民主主义革命道路。新中国成立以来的历史实践同样表明，能否把马克思主义普遍真理和中国建设实际相结合，是我国社会主义事业成败的关键。

我们这套丛书，将中国人民为建设新中国付出巨大努力，备尝创业艰辛和失误痛苦的建设史，如实地呈现于世人，以此烘托党的十一届三中全会以后，中国共产党总结前 29 年正反两方面的历史经验，在探索建设中国特色社会主义的道路上，进行了一系列具有重大创新意义的改革，取得了重大的成就。对此，邓小平指出："把马克思主义的普遍真理同我国的具体实际结合起来，走自己的道路，建设有中国特色的社会主义，这就是我们总结长期历史经验得出的基本结论。"

不断深入地总结以往的经验教训，在中国共产党的领导下，全国各族人民扎扎实实地艰苦奋斗，就一定能把中国建设成为富强民主文明和谐美丽的社会主义现代化强国。作为党史、国史、军史的研究工作者，我们有责任把中国走过的道路和取得的经验认真地、系统地总结出来，与人民共享，与世界共享。中国人民必能从中吸取到道路自信、理论自信、制度自信、文化自信的可贵教益，国外一切关心中国的人们也能够由此增进对中国特色社会主义的了解。这就是我们编撰出版这套丛书的目的。

《中国共产党治国理政丛书》遵循实事求是的科学精神，以可靠翔实的资料，如实地反映改革开放前 29 年社会主义建设的历史，力求为后代留下一部可资鉴戒的信史。我们深信，只要把前 29 年社会主义建设的成功和挫折，运用马克思列宁主义、毛泽东思想、邓小平理论、“三个代表”重要思想、科学发展观、习近平新时代中国特色社会主义思想——加以科学的总结，就会使之成为传诸后世的信念支撑和智力支撑。

历史经验的可贵，在于提供给人们继续前进的力量，在于给人们研究和解决新问题以智慧和启示。而今，为了实现中华民族伟大复兴的中国梦，必须不断提高改革的科学性和预见性，努力驾驭时局，推动国家社会不断走向发展进步。在全面深化改革的新的历史条件下面临的重大新课题，虽然不可能从既往的历史经验中找到现成的答案，但是仍有助于我们在正确总结社会主义革命和建设的历史经验的基础上，把握其中规律性的认识，去迎接我们全面建成社会主义现代化强国、实现中华民族伟大复兴的中国梦的崇高使命。

从书编委会

目　录

第一章
从近代中国的文化激荡中走来

一、五四新文化运动和中国共产党的诞生

（一）新文化运动在中国土壤上的启蒙

中国共产党创立于近代中国东西方文化交汇激荡的时代背景下。

1840 年鸦片战争以后，近代中国社会经历了深重的内忧外患，西方列强以高度的近代化战胜了中国低度的近代化，最刻骨铭心的是丧权辱国，割地赔款，民族危机日益严重。内外矛盾的巨大冲突激起中国人民反帝反封建的长期斗争，这是中国近代历史的一条主线。另一方面，高度近代化对低度近代化的政治操控、经济介入和文化撞击，给中国带来多方面、多重性的复杂影响，既有强权、资本、商品的输入，资源的抢占与争夺，又有近代世界的制度因素、科学技术、观念形态的引进与渗透。随着中国社会由古老农业文明向着近代工业文明的演变，中国传统文化中与社会变迁不相适应的部分受到强烈冲击，而传统文化中的优秀部分则被激活、凸显，新的文化元素与日俱增。

1911 年，孙中山领导的资产阶级民主革命，推翻延续两千多年的封建帝制，建立了中华民国。但是，中国很快又陷入了军阀统治。虽然有了中华民国的名号，但占统治地位的仍旧是封建的经济、封建的政治；思想文化领域仍然是封建的思想形态占统治地位。政治上，帝国主义各

国加紧争夺侵华的势力范围，北洋军阀统治日趋黑暗，必须继续进行反帝反封建斗争。经济上，中国资本主义趁着第一次世界大战西方国家无暇东顾得到进一步发展，民族资产阶级强烈要求民主宪政，以利发展资本主义。思想文化上，袁世凯窃取革命果实，力图恢复帝制，极力提倡祭天祭孔，通令恢复“尊孔读经”，通告全国举行“祀孔典礼”。前清的遗老则鼓吹封建主义的纲常名教，提出尊“孔教”为“国教”，利用社会上对辛亥革命后局势的失望情绪诋毁民主共和，诋毁自由平等观念，掀起一股尊孔复古的逆流。与此相抗衡，西方启蒙思想在辛亥革命后进一步传播，民主共和思想日益深入人心，终使复辟帝制流为一枕黄粱。通过对辛亥革命失败教训的反思，中国的先进分子认识到必须从思想文化上冲决封建思想意识盘根错节的罗网，通过普及共和思想来实现真正的共和政体。

面对民国之初企图“重建封建礼教权威”的反动逆流，资产阶级和小资产阶级知识分子，有的和封建势力同流合污，有的偃旗息鼓；许多人感到彷徨苦闷，找不到出路。而以陈独秀、李大钊为代表的激进民主主义者则发动了一场反对封建文化的运动，大张旗鼓地宣传资产阶级民主思想，同封建尊孔复古的思想展开了激烈的斗争。由此，在军阀统治阴霾密布的中国大地上，兴起一场崇尚科学民主、反对封建迷信、猛烈抨击几千年封建思想文化意识的启蒙运动，史称新文化运动。新文化运动既是近代中国经济、政治、思想文化诸因素在特定历史环境下综合作用的产物，也是近代中国社会经历了长期的物质、思想准备后的必然结果。

反封建的新文化运动，是从 1915 年 9 月 15 日《青年杂志》在上海创刊开始的。该杂志于 1916 年 9 月迁往北京并改名为《新青年》，陈独秀任主编，李大钊是主要撰稿人并参与编辑工作。陈独秀在该刊的发刊词《敬告青年》中，开宗明义指出“人权说”“生物进化论”“社会主义”这三事是近代文明的特征，要实现这社会改革的三事，关键在于新一代青年的自身觉悟和观念更新。他勉励青年崇尚自由、进步、科学，要有世界眼光，要讲求实行和进取。他总结近代欧洲强盛的原因，认为人权和科学是推动社会历史前进的两个车轮，从而率先在中国举起民主与科学两面大旗。陈独秀因主编《新青年》而成为“五四”时期赫赫有名的大人物，他以彻底地不妥协地反帝反封建的革命精神，对封建社会制度和伦理思想进行了深刻而又尖锐的批判。

李大钊1913年入读东京早稻田大学，开始接触社会主义思想。1916年回国后，积极投身新文化运动，宣传民主、科学精神，抨击旧礼教、旧道德，向封建顽固势力展开猛烈斗争。他鲜明地反对复古尊孔，要求思想自由，号召青年不要留恋“将死的社会”，要努力创造青春的中国。他以改造旧中国的决心和激情，有力地激发了当时中国青年的蓬勃朝气和进取精神。1917年俄国十月革命胜利后，李大钊连续发表《法俄革命之比较观》《庶民的胜利》《Bolshevism的胜利》《新纪元》等文章和演讲，热情讴歌十月革命。他以敏锐的眼光，深刻认识到这场革命将对20世纪世界历史进程产生划时代的影响，也从中看到了中华民族争取独立和中国人民求得解放的希望，由此从一个爱国的民主主义者转变为一个马克思主义者，并且成为我国最早的马克思主义传播者，热情投入并参与领导了五四运动，当之无愧成为中国共产党的主要创建人之一。

鲁迅，中国文学家、思想家和革命家。早年赴日本仙台学医，后认为“救国救民需先救思想”，于是弃医从文，希望用文学改造中国人的“国民劣根性”。1909年回国后，他曾受蔡元培之邀到国民政府教育部任佥事。1918年5月，鲁迅在《新青年》上发表中国现代文学史上第一篇白话小说《狂人日记》，对旧礼教旧道德进行无情的鞭挞，指出隐藏在封建仁义道德后面的全是“吃人”二字，中国两千多年封建统治的历史就是这“吃人”的历史。这篇小说奠定了新文化运动的基石。

胡适，文化学者，曾求学于美国，师从著名哲学家、教育家约翰·杜威，1917年夏回国，受聘为北京大学教授，于当年发表《文学改良刍议》，揭开中国现代文学革命运动的第一页。1918年胡适加入《新青年》编辑部，大力提倡白话文，撰写了现代第一部白话诗集《尝试集》，并发表很多影响一代青年的批判旧文化的文章，被誉为“青年导师”，从而成为新文化运动的领袖人物之一。胡适信奉实用主义哲学，五四运动后倡导改良主义，由“问题与主义”之争开其端，同李大钊、陈独秀等接受马克思主义的知识分子分道扬镳。

《新青年》作为反帝反封建的主要舆论阵地，民主主义与社会主义的一面旗帜，革命青年的向导，影响了整整一代人。一大批进步青年都团结在陈独秀和《新青年》周围，纷纷积极参加新文化运动。一些革命青年还仿效《新青年》在各地创建社团、开办刊物，形成一股庞大的全国新文化力量。较著名的有毛泽东、蔡和森等在长沙组织新民学会，创办《湘江评论》杂志；周恩来、邓颖超、郭隆真等在天津组织觉悟社，出版刊物《觉悟》；恽代英、林育南等在武汉组织新声社，出版《新声》杂志；等等。他们都以陈独秀为领袖，以《新青年》作向导，高举民主和科学两面大旗，从政治观点、学术思想、伦理道德、文学艺术等多方面向封建复古势力进行猛烈的冲击，集中打击作为维护封建专制统治思想基础的孔子学说，积极倡导男女平等、个性解放，掀起一个“打倒孔家店”的社会潮流。

1917 年起，以胡适、陈独秀、鲁迅为代表举起“文学革命”的旗帜，提倡白话文，反对文言文，提倡新文学，反对旧文学，将食古不化的中国语言文字、文学艺术推向近代化。从 1918 年 1 月起，《新青年》改用白话文出版，采用新式标点符号，并刊登一些新体诗，这对于革命思想的传播和文学创作的兴起具有重要作用。特别是在《新青年》的影响下，一些进步刊物改用白话文，促使全国用文言文的报纸开始改用白话文出副刊，以至短评、通讯、社论也都采用白话文和新式标点。所有这些文学、文字改革之举，推动了全国报纸面貌为之一新。

（二）在新思想启蒙和洗礼中浴火而生

1917 年俄国十月革命爆发，震动了全世界，也为中国革命指明了道路。《新青年》以大量篇幅宣传介绍俄国十月革命的经验和社会主义理论，公开宣传马克思主义，传播社会主义思想，在社会上产生了巨大影响。特别是多年间，中国先进分子为着“辛亥革命为什么失败”“爱国志士救中国的目的为什么达不到”这些问题所苦恼，如今大大开阔了眼界，开始从马克思主义学说中寻求解答。这时，以胡适为代表的一部分资产阶级知识分子，虽然在新文化运动中起过一定的作用，但却不愿看到新文化运动发展成为广泛传播马克思主义的运动。

1919年，胡适借口当前空谈各类舶来主义的多，研究实际问题的少，在他接替陈独秀主编的《每周评论》上发表《多研究些问题、少谈些"主义"!》的文章，否认马克思主义对中国的适用性，以反对马克思主义在中国的传播，宣扬资产阶级改良主义。针对胡适反对"根本解决"的改良主义主张，李大钊运用马克思主义的唯物史观，阐明中国的问题必须从根本上求得解决的革命主张；同时阐明必须用马克思主义唯物史观的阶级斗争学说进行革命，才能解决国家的经济问题，实现经济革命。以"问题与主义"之争为分水岭，以胡适、傅斯年等人为代表的大批知识分子转向了自由主义，而以陈独秀、李大钊为代表的先进知识分子则转变为信奉社会主义、共产主义的革命派。

陈独秀是五四新文化运动的主将，他在1920年的文章中表示接受马克思主义思想。1920年前后，毛泽东、周恩来、蔡和森、邓中夏、恽代英、瞿秋白、赵世炎、陈潭秋、何叔衡、俞秀松、向警予、何孟雄、李汉俊、张太雷、王尽美、邓恩铭、张闻天、罗亦农等一大批先进知识分子，也先后接受马克思主义，并在各地成立了研究和宣传马克思主义的团体。中国的先进分子主要是通过俄国十月革命认识马克思主义的。当时所能读到的马克思主义的书籍很少，但是他们学到了马克思主义的基本观点，就勇敢地投身于炽热的斗争实践中。他们的理论准备明显不足，这是一个弱点。然而一旦接受了马克思主义，他们就立即把它和中国的反帝反封建的群众运动结合起来，先后在上海、北京、武汉、长沙、广州、济南等地以及旅日、旅法华人中的先进分子中间，建立起中国共产党的早期组织。这又是中国马克思主义运动的一个特点和优点。

总的来说，新文化运动在政治上和思想上给了封建主义一次前所未有的沉重打击，在思想界形成了一次新的思想解放潮流。当俄国十月革命给中国送来马克思列宁主义的时候，新文化运动开始由资产阶级文化革命运动转向了一个广泛宣传马克思主义的运动。这些，都为后来五四反帝爱国运动的蓬勃兴起创造了条件，奠定了思想基础。

1919 年，为反对帝国主义列强在巴黎和会上损害中国主权，反对北京政府的卖国政策，在北京爆发了五四运动。这是近代中国历史上第一次由学生、工人和其他各界群众掀起的反对帝国主义、反对卖国军阀的全国规模的革命斗争。尽管运动还没有明确提出反对帝国主义的口号，但斗争的目标是反对西方列强强加给中国的巴黎合约，因此成为一场反帝爱国运动。五四运动遍及全国 20 多个省 100 多个城市。各地组织了学生、教职员、工商界、妇女界等群众团体，共同组成各界联合会，更重要的是，中国工人阶级以巨大的声势参加了反帝爱国斗争，开始作为一支独立的政治力量登上历史舞台。中国先进知识分子认识到工人阶级的强大力量和历史作用，深入到工人群众中去开展宣传活动，促进了马克思主义同中国工人运动的结合，加快了创建中国共产党的进程。

新文化运动到五四运动，都始终高举着民主和科学两面旗帜，使中国许多方面都发生了翻天覆地的变化，新思想、新理论得到广泛的传播。本来，近代西方列强不仅用枪炮打开中国国门，而且试图将西方的文化和价值观强加给中华民族。面对这种境况，中国的先进分子一方面保护传统文化，一方面也研究西方强盛的秘诀，自觉与不自觉地陷于东西方“两种文化”的困境。马克思主义的传入和传播，使中国的先进分子学会科学地扬弃，尊重民族文化传统的继承和传扬，终于走出“两种文化”的困境，选择了一种更新的思想文化或精神支点，为正在创立的中国共产党的文化建构注入了新的生命。

经过近代新文化运动的启蒙、五四反帝爱国运动的洗礼，中国共产党于 1921 年 7 月在上海正式成立。在中国民族民主革命斗争中诞生的中国共产党，对文化的民族性、大众化的追求，成为其文化品格生成的内在思想源泉。另一方面，在近代东西方思想的激荡中吸取世界文明创造的优秀思想文化和科学成果，成为中国共产党形成文化建构的外来思想源流。

二、革命根据地文化教育和左翼文化运动

（一）红色区域教育文化的建设

中国共产党成立后，首先在1922年7月党的第二次全国代表大会上明确提出打倒军阀，推翻国际帝国主义的压迫，统一中国为真正的民主共和国的反帝反封建的民主革命纲领。党在主要城市建立了中国劳动组合书记部及其分部，集中力量从事工人运动，相继发动了安源路矿工人大罢工、开滦煤矿工人大罢工、京汉铁路工人大罢工以及坚持16个月之久的省港大罢工，初步显示出组织起来的工人阶级的力量。但是，中国革命的敌人是异常强大的，为了战胜强大的敌人，仅仅靠工人阶级孤军奋战是不够的，必须争取一切可能的同盟者。面对反动军警的镇压，仅仅靠罢工或其他合法斗争是不行的，必须建立革命的武装。

1924年1月，中国共产党采取积极步骤联合孙中山领导的中国国民党，结成最广泛的统一战线，以国共合作的形式，推动了席卷全国的推翻帝国主义在华势力和北洋军阀统治的大革命运动。1926年7月，国民革命军正式出师北伐，共产党人在革命军中身先士卒，英勇作战；各地共产党组织广泛动员工农群众和各界人民支援革命战争，取得了北伐战争的胜利。但是，孙中山去世后掌握国民党大权的蒋介石却于1927年发动四一二反革命政变，大量共产党员倒在昔日盟友——国民党右派的屠刀下。中国共产党痛定思痛，发动八一南昌起义、湘南秋收起义、广州起义等各地武装起义，武装反抗国民党，随后离开大城市，到敌人力量薄弱的农村地区建立革命根据地，开展土地革命和武装斗争。以毛泽东为主要代表的中国共产党人，开辟了一条以农村包围城市，最后占领城市，夺取全国胜利的中国革命道路。

从湘赣边界第一个井冈山根据地，到以江西瑞金为中心的中央苏区，

再到全国各地的工农武装割据，中国共产党开辟苏维埃区域的目的，就是要把落后的农村造成先进的巩固的根据地，造成军事上、政治上、经济上、文化上的伟大的革命阵地，借以反对利用城市进攻农村区域的凶恶的敌人，借以在长期战斗中逐步地争取革命的胜利。因此，党一开始就把革命根据地的文化建设，作为逐步争取革命胜利的一个重要问题，并在实践中进行了创造性的探索。

随着各级工农民主政权的建立，共产党就担负起文化工作的领导责任。如 1928 年 8 月颁布的苏维埃组织法规定，乡和区以上苏维埃设文化委员会，各级政府设专门机构管理文化事务，运用行政手段开展文化建设。1929 年 9 月江西革命委员会颁布的“行动纲领”和 1929 年 12 月红四军第九次代表大会通过的《中国共产党红军第四军第九次代表大会决议案》(即古田会议决议)，都对文化建设提出目标要求和实施办法。

1931 年 9 月通过的《湘鄂赣省工农兵苏维埃第一次代表大会文化问题决议案》，是指导革命根据地文化建设的第一个重要文件。决议案第一次明确地提出根据地进行文化建设的目的、指导方针及其具体措施：(1)新生的苏维埃政权必须具备巩固的社会基础，有必要清除旧社会遗留下来的一切旧道德、旧宗教、旧礼教、旧风俗以及旧教育，在这个基础上建立工农阶级的各种文化事业；(2) 文化工作本身就具有阶级斗争的性质。在苏维埃地区开展对人民群众进行马列主义和革命理论教育目的是为提高人民群众的政治觉悟，提高人民群众的阶级意识，更广泛地开展阶级斗争，发动劳苦大众进行反国民党新军阀的革命运动；(3) 文化建设的目的是要使广大群众能享受各种社会文化娱乐事业，并培养大批的工农干部到苏维埃政权机关工作；(4) 要积极开展反对帝国主义文化侵略的斗争。

随后，1931 年 11 月通过的《中华苏维埃共和国宪法大纲》，明确规定中华苏维埃政权以保证工农劳苦民众有受教育的权利为目的，在进行革命战争许可的范围内，应开始施行完全免费的普及教育，首先应在青年劳动群众中施行。应该保障青年劳动群众的一切权利，积极地引导他们参加政治的和文化的革命生活，以发展新的社会力量。中华苏维埃中央人民政府主席毛泽东在全国苏维埃第二次大会的报告中指出，苏维埃共和国以开展义务教育、发展社会教育、尽可能扫除文盲和培养高级干部文化为教育的中心任务。这些具有实践意义的规定，确立了文化宣传工作在党的革命事业中的地位，把文化工作同整个革命形势及各种突击任务紧密联系起来，为这一时期的文化建设指明了方向。

按照党制定的方针政策，根据地军民在进行政权建设和经济建设的同时，还在极为简陋的物质条件下，克服困难，进行文化教育建设，取得许多成绩。根据地教育事业的一项重要工作是对干部的教育。中央根据地于 1933 年 3 月创办马克思共产主义学校，主要培养党、政、工会的干部。1932 年以后，先后创办的瑞金列宁师范学校、中央列宁师范学校、江西第一短期师范学校、列宁团校、职工运动高级训练班、中央农业学校、高尔基戏剧学校等，培养各方面的干部和技术人才。为了提高工农的文化水平，苏维埃政府采取了多种办法。以建立夜校、半日学校、补习学校、识字班，在村头路口、街头巷尾设立识字牌，出版墙报，创办报刊，创作演出戏剧等方式进行教学。由于形式多样、灵活，农民参与的积极性很高，根据地的乡镇街巷、村组、屋场到处呈现农民读书识字、书声琅琅的景象。据统计，到 1934 年 3 月，中央根据地有列宁小学 3199 所，学生约 10 万人；补习学校 4562 个，学生约 8.8 万人；识字组 2.3 万多个，参加者仅在江西就有约 12 万人；俱乐部 1900 多个，固定会员就有 9.3 万多人。妇女在夜校学员中占很大比重，如在兴国县长冈乡，夜校女生占 70%。

各根据地的新闻出版事业也逐步建立和发展起来，创办了许多报纸杂志。到 1934 年 1 月，中央根据地有大小报刊 34 种，其中《红色中华》的发行量最多时达 4 万余份，《青年实话》报发行 2.8 万余份，《斗争》杂志发行量最多时达 2.7 万余份，《红星》报发行最多时达 1.73 万份。1931 年 11 月 7 日，根据地第一个新闻通讯社——红色中华通讯社宣告成立。根据地的革命文艺生活也很活跃，工农剧社、蓝衫剧团、俱乐部等经常开展文娱活动，受到群众的普遍喜爱。红军把文化宣传工作当作教育群众、组织群众、打击敌人的重要武器，往往紧跟着工作任务或战斗任务而来的就有文艺活动的协同，群众性的文化宣传活动日益活跃，使苏区文化事业成为“革命总战线中一条必要的重要的战线”。根据地的文化教育事业，是在地瘠民贫、文盲众多、战争频繁的环境中发展起来的。一批从事文化教育工作的干部和知识分子，为这项事业的开创和发展作出了很大的贡献。[①] 各革命根据地的文化建设对根据地的中心工作发挥了重要作用，在“查田运动”、“减租减息”、动员人民参军支前等方面起到其他形式所不能替代的作用。

总之，革命根据地的文化建设取得很大成绩，开辟了与民国时期一些民主人士倡导的乡村建设运动相区别的农村新文化建设的途径，建设了一个与半殖民地半封建社会农村截然不同的新民主主义农村。这就为以后中国共产党开展农村新文化建设奠定了基础。

（二）左翼文化在国统区的斗争

在革命根据地进行教育文化建设的同时，在幅员广大的国民党统治区，党领导了新兴的左翼文化运动。中国共产党早期是在苏联共产党主导的共产国际的直接指导下进行革命斗争的，党的革命文艺形态的建构，也深受俄苏文艺思想的影响。1922 年，苏联将原“全苏无产阶级作家协会”改组为“全苏无产阶级作家协会联盟”，简称“拉普”。在“拉普”的指导和影响下，1925 年日本成立“普罗文艺联盟”。“普罗”是法语普罗列塔利亚的简称，意为“无产阶级的”。“普罗文学”来源于 20 世纪现实主义文学，强调文学为政治服务，文学是政治经济的产物，受到普列汉诺夫等马克思主义理论家的推崇，并在国际上形成一股“普罗文学”潮流。1928 年 6 月，中共六大在莫斯科召开。受当时苏共“拉普”文艺政策和国际“普罗文学”运动的影响，中共中央作出团结文艺界进步力量，创建左翼作家联盟的决议。

1927 年大革命失败后，一批共产党内的和党所影响的文化工作者，

---

① 参见中共中央党史研究室：《中国共产党历史》第 1 卷上册，中共党史出版社 2011 年版，第 365—366 页。

如郭沫若、成仿吾、蒋光慈、钱杏邨、阳翰笙等，以及刚从日本回国的青年作家冯乃超、李初梨、彭康、朱镜我等陆续聚集到上海。面对着处于革命低潮的政治形势，他们满怀义愤与忧患，急迫地要求用文学作为同反动势力斗争的武器，酝酿一场革命文学运动。此时，国际上苏联和西欧各国无产阶级文学运动的活跃，尤其是日本无产阶级文学运动的蓬勃兴起，给予左翼文化工作者很大的影响和启示，激励他们冲破国民党反动统治的高压，在新开辟的革命的思想文化阵地上展开英勇的战斗。1929 年下半年，在中共中央宣传部之下成立中央文化工作委员会，由潘汉年负责，统一领导这方面的工作。

根据中共中央的决议，经过多方协调，秘密筹划，1930 年 3 月 2 日，有党内外作家参加的中国左翼作家联盟（简称“左联”）在上海正式成立，当时有 50 余人加入联盟。鲁迅在成立大会上发表《对于左翼作家联盟的意见》的讲话。大会通过左联理论纲领和行动纲领要点，通过成立“马克思主义文艺理论研究会”“国际文化研究会”“文艺大众化研究会”等机构的决定，并决定创刊联盟机关杂志《世界文化》，并通过与各革命团体发生密切关系、参加工农教育、组织自由大同盟分会、与国际左翼文艺团体建立联系等 17 项提案。大会推举夏衍、冯乃超、钱杏邨、鲁迅、田汉、郑伯奇、洪灵菲 7 人为执行委员，周全平、蒋光慈为候补执行委员。左联作为共产党和非党作家联合的进步文化团体，公开由鲁迅担任盟主，具体工作由中共党团领导。潘汉年、冯乃超、阳翰笙、钱杏邨、冯雪峰、叶林、周扬等先后担任左联党团书记。

左联成立后，中国左翼社会科学家联盟（简称“社联”）、中国左翼剧团联盟（后改为由个人参加的中国左翼戏剧家联盟，简称“剧联”）、中国左翼美术家联盟（简称“美联”）以及由党组织领导的音乐、电影、世界语小组等又相继成立。后在“社联”领导下中国左翼教育工作者联盟、新闻记者联盟成立。1930 年 10 月，左联等 8 个进步文化团体联合组成中国左翼文化界总同盟，由中共中央宣传部文化工作委员会领导。潘汉年、朱镜我、瞿秋白、周扬先后任文委负责人。左联等进步文化、文艺团体在中共文委的领导下，积极从事马克思主义宣传和革命文艺创作等活动，同国民党当局的文化“围剿”及各种反动势力作斗争，兴起一个很有影响力的左翼文化运动。

国民党当局对左翼文化运动及左翼文化人士进行了残酷的迫害和镇压。从1929年起，国民党政府相继颁布《宣传审查条例》《出版法》等法律、条例，对书籍刊物的编辑、出版和发行施加种种限制，直至严加查禁。仅据湖南长沙1931年9月的统计，被查禁书刊就达228种，其中以“共党宣传刊物”“鼓吹阶级斗争”等理由查禁的有140多种。国民党当局还设立图书杂志审查委员会，通过蛮横无理的审查，对具有进步倾向的文化作品加以扼杀。国民党当局还指使流氓特务经常狂暴地袭击进步的文化团体和编辑、出版、排演机构，拘捕、刑讯并秘密杀害革命的作家和文化人士。20世纪30年代早期牺牲的有李伟森、柔石、胡也频、殷夫、冯铿、洪灵菲、潘漠华、应修人、宗晖等革命文艺工作者。国民党当局还培植一批御用文人，竭力宣扬封建文化和法西斯文化，诋毁马克思主义和进步的思想文化。国民党当局以为，通过种种反革命的文化“围剿”，就可以彻底消灭左翼文化运动。

但是，在中国共产党的领导下，左翼文化运动不但没有在国民党当局的“围剿”中被消灭，反而迎着迫害的狂风恶浪，在马克思主义和无产阶级革命文学的旗帜下，顽强地发展起来。左翼文化团体的人数不断增加，活动地区不断扩大，由上海发展到北平、天津、武汉、广州，并远及南洋和日本东京。经过艰辛的耕耘和战斗，在文学艺术、社会科学和新闻出版等方面，左翼文化运动都取得卓越的成绩，有力地配合了政治路线上的革命斗争。

左联和其他左翼文化团体先后创办了《萌芽月刊》《拓荒者》《文化月报》《北斗》《文学》等几十种刊物，创作和发表了大量为群众所欢迎的作品。这些作品揭露了新军阀统治的祸害、帝国主义侵略的罪恶，反映了城乡经济的衰败，劳动人民和小资产阶级的痛苦与要求，在题材与表现形式的多样化、反映生活的广度和深度等方面，都达到新的水平。

在左联时期，中国伟大的文化革命旗手鲁迅，出版了极其猛烈抨击旧社会及其反动统治的杂文集《坟》《热风》《华盖集》《华盖集续编》

《南腔北调集》《三闲集》《二心集》《而已集》《且介亭杂文》等，白话小说集《呐喊》《彷徨》《故事新编》等，散文集《朝花夕拾》，散文诗集《野草》等。茅盾写的长篇小说《子夜》，被公认为是深刻反映20世纪30年代民族工业的历史处境和悲剧命运，揭示中国社会半封建半殖民地性质的现实主义力作。还有老舍的《骆驼祥子》《我这一辈子》，巴金的《家》《春》《秋》等长篇小说杰作，曹禺的话剧《雷雨》《日出》等许多作家的优秀作品，不仅在当时脍炙人口，而且艺术魅力经久不衰。特别是1931年九一八事变以后，一大批号召人民奋起抗日救亡的各种形式的文艺作品，包括小说、散文、诗歌、戏剧、电影、音乐、美术等，充满高昂的爱国主义激情，对于推动群众性抗日救亡运动的高涨，发挥了战斗号角的作用。

左翼文化工作者还在文艺思想战线上多次开展对错误观点的批判。左联成立以前，进步的文化工作者曾在上海展开反对“新月派”宣扬资产阶级人性论、反对无产阶级革命文学的斗争。左联成立后，又展开同民族主义文学派以超阶级的“民族意识”来反对马克思主义的阶级论的斗争。左翼文化工作者还批评了自称居于国民党反动派和左翼文艺阵营之间的“第三种人”（或称“自由人”）所宣扬的文艺应与革命斗争脱离的文艺观。文艺思想战线上的这些斗争，推进了进步的文艺工作者同现实生活的联系，使他们逐步走上同人民群众相结合的创作道路。

社会科学家联盟成立以后，左翼社会科学工作者成为一支与左翼文艺工作者相呼应的有组织的队伍。他们出版书刊，组织社团，举办讲座，创办学校和补习班，宣传马克思主义和各种社会科学知识，批判形形色色的反马克思主义思潮，并运用马克思主义原理研究一些社会科学的问题，取得显著的成绩。左翼社会科学工作者还翻译出版了大量马克思主义著作。据不完全统计，从1927年8月到1937年6月，翻译出版的马克思、恩格斯、列宁、斯大林等人的著作达113种之多。《资本论》（第一卷）、《反杜林论》《政治经济学批判》《唯物主义和经验批判主义》等著作的第一个中文全译本，都是在20世纪30年代前期问世的。在传播马克思主义的过程中，左翼社会科学工作者特别注意宣传介绍辩证唯物论，这比之前着重介绍唯物史观的情况是一个进步。有些著作能够对马克思主义的基本原理作出准确的阐释，为人们正确理解马克思主义并用来总结中国革命的经验，提供了有益的帮助。还有些著作注意将马克思主义通俗化，以便让更多的人了解这些真理。通俗的革命理论作品启迪了许多青年学生，促使他们的世界观转向辩证唯物主义和历史唯物主义，并投身于革命。

同反马克思主义的思潮进行斗争，是左翼社会科学工作者的一项重要任务。20 世纪 30 年代前期，一些被认为是中国的“托洛茨基派”的人，在中国社会性质、中国社会史和中国农村社会性质等问题上提出一系列错误观点，其中心是否认中国仍是半殖民地半封建社会，断定中国已处在资本主义发展阶段，进而否定中国进行资产阶级民主革命的必要性。国民党反动文人也极力鼓吹与托派类似的观点。左翼社会科学工作者同托派和国民党反动文人就上述问题，先后进行了长时期的论战。中共中央通过文委领导这些论战，表明自己的观点。左翼社会科学工作者以马克思主义为指导，调查和收集大量资料，对中国社会的历史和现状进行分析，有力地论证了中国社会的半殖民地半封建性质，肯定中国实行以解决土地问题为中心的民主革命是历史发展的客观要求。这些论战及其研究成果，从理论上为党领导的民主革命提供了科学和实证依据。

左翼社会科学工作者在这些宣传、研究和斗争中，逐步提高了自身的理论水平。这种提高主要表现在将马克思主义的基本原理与社会科学研究的实际逐渐相结合。尽管这种结合还是初步的，但是已经使社会科学研究出现了新的面貌。20 世纪 30 年代初，郭沫若写的《中国古代社会研究》，是第一部用马克思主义观点系统研究中国历史的著作。此外，哲学、经济学、政治学、社会学诸学科也出现了一批马克思主义的学术论著，成长起像李达、艾思奇、王亚南、郭大力等一批有影响的马克思主义理论工作者。

然而，中国革命的发展并不是一帆风顺的。在 1930 年 6 月召开的中共中央政治局会议上，通过李立三拟定的以武汉为中心的全国中心城市起义和集中全国红军攻打中心城市的冒险计划，使“左”倾冒险主义在党中央占据了统治地位。这次“左”倾错误在党内统治的时间虽然不长，但使党的发展付出了沉重的代价。同年9月在上海召开的党的扩大的六届三中全会，初步纠正了李立三等的“左”倾冒险主义错误。可是由于共产国际的干预，1931年1月党的六届四中全会实际上批准了刚从莫斯科回国不久的王明“左”倾冒险主义的纲领。由此，以教条主义为特征的王明“左”倾错误在党中央形成长达四年的统治，对中国革命造成极大的危害。

在此情形下，左翼文化运动不可避免受到“左”倾教条主义、冒险主义和关门主义的影响。如太阳社、创造社在提倡无产阶级革命文学时，对五四新文化运动和有成就的进步文化人士持贬低甚至否定的态度。在关于革命文学的论战中，包括周扬等提出“国防文学”的口号，与鲁迅提出的“民族革命战争的大众文学”的口号论争，有些人将鲁迅等新文化运动的主将作为异己力量加以攻击。中共中央发现后进行干预，指示停止这场论战，并请鲁迅作为发起人之一参加左联的筹建工作。左联成立后，仍有一段时间不能采取正确的策略，不会利用合法形式开展工作，不少杂志都是出版一两期即被查封。在工作中不顾文艺组织的特点，忽视创作，把主要精力集中在散传单、贴标语、参加游行示威和飞行集会等冒险行动上。在组织队伍时，不注意广泛团结处于中间状态的文化工作者。在进行思想理论斗争时，有公式化、简单化的缺点。这些“左”的错误，曾使左翼文化运动受到很大损失。

九一八事变后，国内出现群众性抗日救亡的高潮，“左”倾行动造成的许多令人痛心的损失，使左翼文化工作者开始注意总结经验，汲取教训。1931年11月左联执委会通过《中国无产阶级革命文学的新任务》，1932年11月张闻天在《斗争》上发表批评文章《文艺战线上的关门主义》之后，特别是1933年初临时中央从上海迁到中央根据地之后，国民党统治区党的左翼文化工作者逐渐地认识到教条主义、关门主义的危害，并逐步地纠正过去的一些错误，实行策略上的转变。他们注意利用合法形式，采取多数群众能够接受的方式，通过党外多种渠道进行活动，使工作能够持久地开展下去并扩展开来。

在左翼文化运动中，一大批党的和非党的文化工作者冲锋陷阵，勇往直前，鲁迅是他们中最为突出的代表。他不顾国民党政府的严重迫害，积极参加并指导革命文艺运动。他以犀利的笔锋揭露国民党的反动统治，批判各种反动思潮；他以满腔的热情讴歌共产党领导的革命，宣传进步思想。在革命文艺阵营内部，他注重团结同志，也对那些犯有“左”倾错误的同志提出诚恳的批评，因而赢得进步文化界的爱戴，成为左翼文化运动的伟大旗手。诚如毛泽东所赞誉的：“鲁迅是中国文化革命的主将，他不但是伟大的文学家，而且是伟大的思想家和伟大的革命家。鲁迅的骨头是最硬的，他没有丝毫的奴颜和媚骨，这是殖民地半殖民地人民最可宝贵的性格。鲁迅是在文化战线上，代表全民族的大多数，向着敌人冲锋陷阵的最正确、最勇敢、最坚决、最忠实、最热忱的空前的民族英雄。鲁迅的方向，就是中华民族新文化的方向。”① 瞿秋白、张闻天等共产党人也都为左翼文化运动的发展建立了重要的功绩。

左翼文化运动在极其艰难的环境下，不断取得新的成绩。如 1933 年 7 月 1 日创刊的《文学》杂志（由郑振铎、傅东华编辑），一直坚持出版到全民族抗战初期。邹韬奋主编的《生活周刊》虽屡遭当局封禁，但先后改为《新生》《大众生活》《永生》和《生活星期刊》继续出版，其中《大众生活》每期销量最多时达 20 万份。1934 年创刊的《中国农村》《读书生活》和《世界知识》杂志，其中的一些文章不是空洞说教，而是注意联系实际和一般群众的思想状况，摆事实，讲道理，很受读者欢迎。

左翼文化力量还逐步打入国民党当局办的各种报刊或中间性报刊中，打入电影公司、唱片公司和出版发行机构中，占领和扩大宣传阵地。左翼文化的这种发展势头，连国民党的舆论也惊呼为“似水银之泻地，无孔而不入”。左翼文化宣传的扩大和加强，在城市各阶层人民尤其是知识青年中，产生极为广泛深远的影响。如田汉作词、聂耳作曲的《义勇军进行曲》，作为影片《风云儿女》（夏衍编剧）的主题歌——“中华民族

① 毛泽东：《新民主主义论》，《毛泽东选集》第 2 卷，人民出版社 1991 年版，第 698 页。

到了最危险的时候，每个人被迫着发出最后的吼声”——这歌声，喊出了中华民族的满腔悲愤，迅速传遍祖国大地，对动员人民奋起救亡起了巨大的作用。

随着抗日救亡运动的迅速发展，左翼文化运动逐渐将重心转向建立文化界抗日统一战线方面。1936 年春，中国左翼作家联盟及其所属组织自动解散，为文化界抗日统一战线的形成和发展铺平了道路。

20 世纪 30 年代前期，中国共产党领导和影响下的左翼文化运动，虽然曾受到“左”倾错误的影响，但总的说来，它对中国近代思想文化发展进程所作出的历史功绩，特别是在国民党统治区人民中传播进步思想、促进抗日救亡运动所起的作用，是不可磨灭的。左翼文化运动不仅取得卓越的成就，而且锻炼出一支坚强的战斗队伍，许多人后来成为党在思想理论界和文艺界的领导和骨干力量。

三、全民族抗日战争中抗战文化的崛起

（一）陕甘宁边区的文化建设

1937 年 7 月，日本帝国主义经过长期的准备，公然发动大规模的全面侵华战争。在民族危亡的严重关头，中国共产党努力促进国共两党实现团结抗日，向蒋介石送交《中共中央为公布国共合作宣言》，提出迅速发动全民族抗战、实行民主政治和改善人民生活等基本要求。9 月 22 日，国民党中央通讯社发表《中共中央为公布国共合作宣言》。23 日，蒋介石发表实际上承认中国共产党合法地位的谈话，标志着以第二次国共两党合作为基础的抗日民族统一战线正式形成。同月，陕甘宁革命根据地改称陕甘宁边区，辖 23 个县，人口约 150 万，为中共中央所在地。

1937 年 8 月下旬，中共中央在陕北洛川召开政治局扩大会议，会议通过的抗日救国十大纲领提出，要打倒日本帝国主义，必须实行全国军

事的总动员、全国人民的总动员，改革政治机构，废除国民党的一党专政，给人民以充分的抗日民主权利，适当改善工农大众的生活，实行抗日的外交政策、财政经济政策、教育政策和民族团结政策，使抗日战争成为真正的人民战争。纲领具体体现中国共产党的全面抗战路线，阐明党在抗战时期的基本政治主张，指明了坚持长期抗战，争取打败日本帝国主义最后胜利的具体道路。

全民族抗日战争开始后，中国共产党以陕甘宁边区为中心，领导八路军、新四军和其他抗日部队开辟广大的敌后战场，相继建立起十几块抗日民主根据地。各抗日根据地都深入开展了民主政权建设、经济建设和文化建设。在全面抗战的八年里，中共中央所在地延安及其所在的陕甘宁边区，成为建设民主中国的典范和模型。

在文化教育建设方面，抗战开始后，党在陕甘宁边区陆续创办十几所学校，大力开展干部培训和教育。1937 年 1 月，中国抗日红军大学改名为中国人民抗日军事政治大学，简称“抗大”，不久后校址迁往延安。学校成立时，林彪任校长，刘伯承任副校长，毛泽东任教育委员会主席，罗瑞卿为教育长。抗大的学员以部队中的红军干部以及来自全国各地的知识青年为主。学校坚持“团结、紧张、严肃、活泼”的校风，强调理论联系实际的教学方法，注重思想政治教育为特色的教学内容，培养了大批军政干部并派往各地开展抗日工作。为了便于同斗争实际相结合，也为了减轻延安的负担，1939 年 7 月，中共中央决定抗大总校迁往晋察冀根据地，1940 年 2 月又移至晋东南。此后，随着各抗日根据地的发展，抗大陆续办起 10 多所分校、5 所陆军中学、1 所附设中学。整个抗大在抗日战争期间共培养了 10 余万名军政干部，对党领导的抗日军队的发展壮大和军政素质的提高，作出了重大的贡献。

其他干部学校也得到很大发展。1937 年 7 月底，中共中央决定创办陕北公学，指定由中央组织部副部长李富春领导此项工作，委托林伯渠、吴玉章、董必武、徐特立等人负责筹办。陕北公学正式成立后，成仿吾为校长兼党组书记，邵式平任教务长。公学以短期培训干部为主，重点培养抗日军政干部。教学内容是中国共产党关于抗战的路线、方针、政策和基本理论，时事政治教育等。课程包括游击战争知识、民运工作、政治工作、政府工作、世界政治等。学员经过培训后，即分配到敌后抗日根据地工作。1938 年 7 月，党又在关中栒邑县（今陕西旬邑县）开办了陕北公学分校。陕北公学共培养了 6000 多名学生，其中，3000 多名青年加入了中国共产党。

鲁迅艺术学院，是抗日战争时期中国共产党为培养抗战文艺干部和文艺工作者专门创办的一所综合性文学艺术学校。1938 年 1 月，为纪念一·二八淞沪抗战六周年，延安公演了四幕话剧《血祭上海》。在演出后的座谈会上，革命根据地“山顶上”的党的文艺干部，与上海“亭子间”来的左翼文艺家欢聚一堂，有人建议创办一所艺术学院。毛泽东当场表示赞成，并与周恩来、林伯渠、徐特立、成仿吾、艾思奇、周扬作为发起人，联名发布鲁迅艺术学院《创立缘起》宣言，其中指出：艺术——戏剧、音乐、美术、文学是宣传鼓动与组织群众最有力的武器。艺术工作者——这是目前对于抗战不可缺少的力量。因之培养抗战的艺术干部，在目前也是不容稍缓的工作。艺术学院以已故的鲁迅的名字命名，不仅是为了纪念这位伟大的导师，并且表示艺术学院要向着鲁迅所开辟的道路大踏步地前进。

同年 4 月，毛泽东出席鲁迅艺术学院成立大会并讲话，他说：“要在民族解放的大时代去发展广大的艺术运动，在抗日民族统一战线方针指导下，实现文学艺术在今天中国的使命和作用。”① 5 月，毛泽东亲临鲁艺对师生讲话，他把鲁艺比作“小观园”，把太行山、吕梁山等抗日根据地比作“大观园”，号召鲁艺师生走出“小观园”，到“大观园”里去，核心是要求师生们走出校门，到抗日根据地和前线去，观察、参加和体验八路军和广大民众的生活与斗争，用所掌握的文艺知识和技能，为民族解放战争服务。毛泽东的讲话，对鲁艺教育方针的具体实施产生了重要影响。全体师生学习讨论毛泽东讲话的精神，组建戏剧、音乐、美术、

① 中共中央文献研究室编：《毛泽东年谱（1893—1949）》中卷，中央文献出版社 2013 年版，第 64—65 页。

文学等工作团去往前方、下到农村，以实际行动践行毛泽东的号召。

1939年3月，中央决定创办中国女子大学，培养具有领导妇女运动专长和技能的妇女干部。7月20日，延安中国女子大学举行开学典礼，全体在延安的中央政治局委员出席了会议。毛泽东在讲话中说：女大的成立，在政治上有着非常重大的意义，它不仅培养大批有理论武装的妇女干部，而且培养大批做实际工作的妇女运动的干部，准备到前线去，到农村工厂中去，组织妇女参加抗战。假如中国没有占半数的妇女的觉醒，中国抗战是不会胜利的。妇女在抗战中有非常重大的作用，教育子女，鼓励丈夫，教育群众，均需要通过妇女。只有妇女都动员起来，全中国人民也必然会动员起来。还需要与轻视妇女运动的观念作斗争，只有克服这些阻碍，才能使女大发展起来。毛泽东最后说："全国妇女起来之日，就是中国革命胜利之时。"①

中国女子大学的学员主要是来自全国各地的进步女青年，其中有知识分子、女工、农妇和家庭妇女，有从沦陷区投奔革命的女学生、女青年，还有参加过红军长征不识字但有丰富战斗经验的女战士，年龄主要在18岁到22岁之间。女大的教育方针以毛泽东制定的"以研究中国革命实际问题为中心、以马克思列宁主义基本原则为指导"，废除静止地孤立地研究马列主义的方针，提倡理论与实际结合的学风。课程设置涵盖社会发展史、马列主义、中国问题、中国共产党、三民主义以及妇女运动、军事教育等内容。此外，还设有选修课、外语课、新闻学、速记技术、会计、医药卫生等职业课程。毛泽东、周恩来、邓颖超、博古等都为女大讲过中共党史课。女大先后向各根据地、抗日部队输送了1000多名优秀妇女干部，为革命和抗战作出了贡献。

1940年4月，根据形势的变化，中央青年工作委员会和西北青年救国联合会在泾阳县举办的战时青年训练班，撤离所在地安吴堡。在办学两年半的时间里，青训班培训了1.2万名信仰不同、出身各异的男女青年，使他们接受革命的人生观和抗战建国本领的教育，成长为具有民族

① 《新中华报》1939年7月25日。

觉悟、抗日军政知识，拥护共产党领导和国共合作的抗日战士。根据安吴堡青训班的经验，中央青委在延安创办了泽东青年干部学校，专门培养青年运动干部，陈云兼任校长，冯文彬任副校长，刘光任教务处长。学校分为6个班组织教学，第一班为高级班，大都具有较高的文化水平和青年工作经验；第二、三班为普通班，主要是来自全国各地的青年，学习课程是一般政治理论和青年运动理论；第四班为陕北干部班，即陕甘宁边区从事青年工作的干部；第五、六班分别为军事班和儿童班。

1941年7月，根据中央政治局会议决定，由陕北公学、中国女子大学、泽东青年干部学校等校合并成立延安大学。这是抗日战争时期中国共产党创办的第一所综合性大学，吴玉章任校长，赵毅敏任副校长，直属中央文委领导，后改为边区政府领导。学校最初设社会科学院、教育学院、法学院，艾思奇、刘泽如、何思敬分别担任院长；后增设俄文系、英文系和体育系，另外还设立中学部。1944年5月，边区行政学院并入延安大学。合并后的延安大学设行政学院、鲁迅艺术文学院、自然科学院及医学系等院系。

此外，还有之前成立的华北联合大学（简称华北联大），也是党在抗日战争时期创办的综合性大学。该校于1939年7月由陕北公学和鲁迅艺术学院的一部分、延安工人学校、安吴堡战时青年训练班联合在延安成立，随后迁至晋察冀边区，开赴华北敌后办学。成仿吾任校长兼党团书记，江隆基任教务长。延安大学、华北联大和其他干部学校的教师，许多是来自全国的教授、学者，学生多是来自各地的爱国进步青年，其中有很多人是共产党员和共青团员。延安和各抗日根据地的干部学校办得有声有色，生机勃勃，为人民军队和抗日根据地的各项事业培养了数以万计的骨干。根据地各级党组织还普遍建立起干部在职学习的制度，对提高干部的文化、政治素质起了很大作用。

在国民文化教育方面，许多地方由于日军的入侵，大批学校被毁或被占用，教职员纷纷离校，教育陷于停顿。在偏僻的农村只有为数不多的私塾，农民子女大多无条件入学读书。抗日根据地建立后，国民教育事业的面貌发生很大变化。各抗日根据地组织大批知识分子参加国民教育工作。他们克服困难，因陋就简，办起一大批中小学。到 1940 年，陕甘宁边区已有小学 1341 所和中等学校 7 所，其中小学生达 4.36 万余人。晋察冀根据地有小学 7697 所。各抗日根据地普及文化知识的社会教育，如夜校、冬学识字班（组）、读报组和剧团等也有很大发展。一些世代不识字的农民开始学习文化知识，关心国家大事，思想上和文化上都得到启蒙和提高。

在抗日民主根据地内，以马克思列宁主义为指导的社会科学也得到发展。1938 年 5 月，马克思列宁主义学院（简称马列学院）在延安成立。为了提高全党的理论水平，中共中央有领导有计划地组织翻译出版了一批马列著作；同时，专门抽调精通外语、又有一定理论水平的同志，在院内成立了中国共产党历史上第一个编译马列著作的专门机构——编译部。编译部编译出版了马克思、恩格斯、列宁、斯大林的著作共 32 种，达数百万字。1941 年编译部撤销后，1942 年，中共中央编译局成立，并一直延续下去。马克思主义经典作家著作的翻译和出版起了很大作用，也促进了马克思列宁主义的基本观点和方法论在抗日烽火里愈益得到普及。

马列学院是一所专门从事马列主义的学习、研究和宣传的干部学校。许多中央领导人到校作过报告，不少著名学者担任兼职教员。学院设有马列主义、中国问题、哲学、政治经济学、历史等研究室。1941 年 7 月，马列学院改组为马列研究院，9 月改名为中央研究院，主要任务是以研究中国实际问题为中心，调查研究敌、我、友三方面的历史和现状。经过全院的共同努力，在不长的时间内涌现出一批很有价值的研究成果。如历史研究室范文澜主持编写的《中国通史简编》（上册）、文化思想研究室和中央政治研究室合作编辑的《马恩列斯思想方法论》，教育研究室对梁漱溟的乡村建设运动、晏阳初的平民教育促进会、黄炎培的中华职业教育社和陶行知的教育思想等问题的综合研究和论述，文艺研究室的《中国新文学史提纲》，等等。以延安为中心的抗日民主根据地的社会科学研究，取得了很大的成就。

在延安，社会科学的学术性团体还有许多，如抗日战争研究会、中国现代史研究会、民族问题研究会、历史研究会、延安新哲学会、延安时事问题研究会等。各研究会积极开展研究活动和学术交流活动，并有不少重要的成果问世，如抗日战争研究会的《抗日战争丛书》，中国现代史研究会的《中国现代革命运动史》，社会科学研究会的《社会科学概论》，民族问题研究会的《回回民族问题》，历史研究会的《近代世界革命史》《陕甘宁边区实录》《抗日民主根据地晋察冀边区》，延安时事问题研究会辑的时事问题丛书《战争中的日本帝国主义》《日本帝国主义在中国沦陷区》，等等。

党报党刊是中国共产党的舆论宣传阵地。抗战时期，党主要通过《新中华报》《解放日报》，以及《解放》周刊和《共产党人》等报刊，宣传党的路线、方针和政策。八路军总政治部创办的《八路军军政杂志》，中共中央职工运动委员会创办的《中国工人》月刊，全国青年联合会创办的《中国青年》，中共中央妇女运动委员会创办的《中国妇女》等，都为团结人民，打击、揭露敌人作出了贡献。为了更好地做好马列著作和党刊、党报的出版发行工作，中共中央于 1937 年成立中央党报委员会，1939 年成立中共中央出版发行部。在延安，以“解放社”的名义出版、由新华书店发行的报刊和书籍达到数百种，各根据地也出版各种报刊，在宣传动员组织群众，支援前线等方面发挥了重要作用。

随着新闻事业的发展，红色中华通讯社于 1937 年 1 月改名为新华通讯社，其报道范围由开始仅限于陕甘宁边区，继而发展到全国各地。新华社还在各敌后根据地设立分社，1940 年底建成的新华广播电台，以无线电广播方式向陕甘宁边区以外广大区域宣传党关于抗日斗争的方针政策，报道八路军新四军和根据地军民英勇杀敌、支援前线的事迹，报道世界反法西斯战争战况，发表国际政治时评，揭露日本侵略者的残暴罪行和国民党顽固派反共反人民的行径，在各敌后抗日民主根据地和全国产生了重要的影响。

抗日民主根据地还大力发展文学创作和戏剧演出，特别是诗歌、报告文学的创作以及农村戏剧运动发展迅速，各种文化艺术团体十分活跃。为了推动科学技术事业的发展，陕甘宁边区于 1940 年 2 月成立西北自然科学研究会，以后又建立医药农学、地质矿冶、生物、机械电机化学等专门学会，共有300多名专家学者参加。他们为科学研究和普及科学知识做了许多工作。1940年8月创办的延安自然科学院，是中国共产党历史上第一个开展自然科学教学与研究的机构，它的建立，对推动边区科学技术的进步和发展，发挥了一定的作用。①

（二）大后方抗战文化的格局

在全国抗战的大后方，以周恩来为书记的中共中央南方局，代表中共中央派驻重庆，直接领导四川、云南、贵州、湖北、湖南、广东、广西、江苏、江西、福建以及香港、澳门等地区的党组织。南方局的一项重要工作，是加强抗日民主宣传，支持进步文化运动的发展。在南方局的直接领导下，《新华日报》和《群众》周刊在极其艰难的条件下，在重庆继续公开出版发行，并同国民党的报刊检查制度和其他压迫手段进行坚决的斗争。周恩来、董必武等为报刊写了大量评论文章并对如何做好报刊工作给予指导。这些报刊积极宣传共产党的主张，宣传抗日根据地军民抗日斗争的战绩和各项建设的成就，切实反映群众要求抗日和民主的呼声，揭露国民党顽固派的妥协、分裂、倒退活动。

南方局还同民主党派、国民党民主派、地方实力派、爱国华侨结成新闻宣传的统一战线，通过宋庆龄领导的保卫中国同盟的刊物《保盟通讯》、中苏文化协会主办的《中苏文化》，通过支持民盟主办的《光明》报，派中国共产党党员主持爱国侨领陈嘉庚主办的《南洋商报》的编辑工作，通过与进步人士、民主党派、地方实力派合作创办各种报刊，开展抗战和反对国民党顽固派的宣传。南方局还通过中国青年记者学会在桂林创办的战时新闻工作讲习班、在香港创办的中国新闻学院，培养了大批年轻的新闻工作者，壮大了进步新闻工作者队伍。②

---

① 参见中共中央党史研究室：《中国共产党历史》第1卷下册，中共党史出版社2011年版，第563—566页。

② 参见中共四川省委党史研究室编：《中共中央南方局的文化工作》，中共党史出版社2009年版，第357页。

随着1938年上海等大城市的沦陷，茅盾（沈雁冰）、老舍（舒庆春）等一大批进步文化人士转移到香港，南方局决定成立以廖承志为首的香港文化工作委员会，加强党对港澳进步文化工作的领导。在中共中央和南方局的领导下，香港的党组织和党外进步人士合作，大力宣传共产党坚持抗战的主张。1941年4月8日，香港《华商报》出版。5月17日，邹韬奋主编的《大众生活》在香港复刊。这些报刊在海外华侨和国民党统治区的群众中发挥了很大的鼓舞和教育作用。

共产党领导下在敌后坚持抗战的军民大众的伟大力量，始终是鼓舞国统区一切文艺工作者增强抗战信心的基本动力，使国统区的抗战文艺运动保持着广泛的统一战线。在国民党当局严格的限制下，进步报刊的时事政治宣传遇到重重困难。周恩来号召文化界人士坐下来研究社会科学并用研究的成果宣传教育群众，占领文化阵地。那时出版的邓初民的《中国社会史教程》，郭沫若的《青铜时代》《十批判书》等论著，用唯物史观阐明中国社会和中国历史的发展规律，对于提高人们的思想认识有很大的启迪作用。南方局还支持文化界举办各种讲座、讲演会和报告会等，推动抗日民主运动和进步文化的发展。

南方局十分重视团结文艺界人士开展进步文艺活动。1938年3月，中华全国文艺界抗敌协会（简称全国文协）在汉口成立。周恩来在成立会上的讲话谈了四点：(1) 肯定文艺作家团结的意义；(2) 希望作家多取材于前线将士的英勇奋斗，敌人的残暴，民众的热情；(3)“我们还负有建国的任务”；(4) 对世界文艺的责任。① 会议选出郭沫若、茅盾、丁玲、巴金、夏衍、老舍等45人为理事，周恩来为名誉理事，老舍主持日常工作。全国文协成立后，先后在上海、昆明、桂林、广州、香港、延安等地建立了分会，并在武汉创办会刊《抗战文艺》，后迁重庆出版，成为在国统区持续时间最长的文艺刊物，它始终坚持抗战、团结、进步的方针，为广泛团结作家，开展抗战文艺运动作出了贡献。

---

① 参见艾克恩编纂：《延安文艺运动纪盛 1937.1—1948.3》，文化艺术出版社1987年版，第58页。

1938年8月，由中共直接掌握的国民政府军事委员会政治部第三厅抗敌演剧队在武汉成立。时任军委会政治部副部长的周恩来指出："抗日救国是全国人民的共同事业，国共两党都有庄严的责任。可是国民党对抗敌宣传消极怠工，那么这份工作只能由我们担负起来了。让这些演剧队有一块政治部第三厅的招牌，用他们的钱，演我们的戏，唱我们的歌"①。根据党的决定，在第三厅的建制内，成立了10个演剧队，另外成立4个抗宣队，收编一个孩子剧团，到农村中去，到军队中去，一边行军，一边宣传、鼓动和演出，在前线和后方都受到抗战军民的热烈欢迎和赞扬。

响应全国文协提出的"文章下乡""文章入伍"的口号，许多作家参加了文化工作团和战地慰问团，分赴西北和中原战场，写出了许多短篇小说、活报剧、街头剧、报告剧、墙头诗、街头诗等，对普遍动员民众奋起抗战发挥了积极影响。尤其是冼星海在武汉作曲的《在太行山上》、麦新在上海创作的《大刀进行曲》等抗战歌曲，将抗日军队浴血奋战的精神广为传扬，鼓舞和激励了千千万万的抗日民众同仇敌忾、团结御侮，起到了非常有效的宣传鼓动作用。

1941年皖南事变以后，进步文艺界在国民党的反共高潮下受到严厉限制。为了冲破当局的高压政策，周恩来指示在重庆发动一个戏剧演出运动。不少话剧团体相继在重庆等地区演出进步话剧，使沉寂的大后方文化运动顿时活跃起来。郭沫若创作的爱国话剧《屈原》在重庆的上演，更是轰动一时。在以后的几年中，抗战大后方都举行大规模的戏剧演出，上演剧目达200余个。南方局团结了一大批著名的作家、导演和演员，培育了许多文艺新秀。演出活动还推广到桂林、昆明、贵阳等地，在国统区产生了很大的影响。

南方局还十分注意开展以工人、农民、青年、妇女为主要对象的群众工作，对人民群众广泛地进行民族意识和民族气节的教育。同时，关

---

① 转引自艾克恩编纂：《延安文艺运动纪盛 1937.1—1948.3》，文化艺术出版社1987年版，第83页。

心群众，服务群众，开展一些关系群众切身利益和民主权利的具体斗争，并在工、农、青、妇中培养大批积极分子，为后来许多共产党的外围组织的建立和党组织的发展，做了组织上的准备。①

抗战文化在高等教育领域有着浓重的一笔。1937 年日本全面侵华战争爆发后，中国高等学府北京大学、清华大学、南开大学，经迁湖南长沙，于 1938 年 4 月西迁至云南昆明，改称国立西南联合大学。学校设有文、理、法商、工、师范 5 个学院、26 个系，两个专修科，一个选修班。西南联大云集了一批全国著名的教授、学者，先后在联大任教的有叶企孙、陈寅恪、赵元任、吴有训、梁思成、金岳霖、陈省身、王力、朱自清、冯友兰、沈从文、陈岱孙、闻一多、钱穆、钱钟书、吴大猷、周培源、费孝通、华罗庚、朱光潜、赵九章、李楷文、林徽因、吴晗、吴宓、潘光旦、卞之琳、梅贻琦、张伯苓、蒋梦麟、冯至、刘文典、穆旦、赵以炳等，均为国内各个学科领域的顶级专家。

西南联大不仅大师云集，而且在教学和科研上成绩卓著，可谓“学术重镇，人才摇篮”。在校舍非常简陋、生活十分艰苦的条件下，联大坚持严谨的治学态度，树立优良学风，在办学的 8 年里，就读学生 8000 余人，为国家、民族培养出一大批有突出贡献的人文科技人才，其中包括后来获得诺贝尔奖的杨振宁、李政道，获得国家最高科技奖的黄昆、刘东生、叶笃正，获得国家“两弹一星”功勋奖章的郭永怀、陈芳允、屠守锷、朱光亚、邓稼先、王希季。还有近百位联大校友，之后成为中国科学院院士和中国工程院院士。在科学、教育、新闻、出版、工程技术、文学艺术等各个领域，都有不少西南联大校友成为业务骨干。在台湾省和海外，有重大成就的联大校友也不乏其人。

西南联大在昆明期间除正常教学外，还在中国共产党抗战路线的影响下，组织了各种抗日宣传活动，并在抗战结束后的爱国民主运动中发挥了重要作用，被誉为“民主堡垒”。在联大的帮助下，昆明广播电台用

① 参见中共中央党史研究室：《中国共产党历史》第 1 卷下册，中共党史出版社 2011 年版，第 603—604 页。

19种外国语向全世界宣传中国的抗战，产生了很大国际影响。联大还创办了教育学院，为组织学生实习，又建了联大附小和附中，在抗日的烽火岁月为努力推动普通国民教育做出杰出贡献。联大的社会科学、自然科学研究从未间断，直至抗战后期还开始进行关于原子弹的研究。西南联大的光荣历程，在中国抗战文化史和世界教育史上堪称奇迹。

四、新民主主义文化论和延安文艺纪盛

（一）民族的科学的大众的文化

中国共产党历来高度重视文化运动，抗日战争时期，更是把文化运动作为教育群众、组织动员群众、打击日本侵略者的有力武器。由于抗日民族统一战线初步形成，国内抗日浪潮风起云涌和中国抗战外来援助的改善，党领导抗日军民在陕甘宁边区掀起轰轰烈烈的抗战文化运动。这个文化运动有党的新民主主义文化理论的指导，有党领导的抗日救亡团体的踊跃加入，有中华民族团结抗战的爱国精神的大大发扬，其内容主要包含抗战社会教育运动、抗战文学运动和抗战艺术运动。抗战社会教育运动包括识字组、冬学和民众教育，抗战文学运动包括抗战小说、报告文学和街头诗运动，抗战艺术运动包括抗战戏剧运动、音乐运动和美术运动。这些抗战文化运动立足于抗战实际，旨在为抗战服务，其特征表现为主题的政治性、价值取向的人民性、内容的开放兼容性以及组织上的有机整体性，吸纳了大批知识青年和知识分子的热情投入，吸引了抗日根据地军民的广泛参与，增强了大家“坚持抗战、反对投降，坚持团结、反对分裂，坚持进步、反对倒退”的信心和力量，鼓舞着全民族抗战取得最后胜利。

全民族抗日战争时期，是中国共产党创立的新民主主义革命理论和新民主主义建国理论的成熟期。1940年1月9日，毛泽东在陕甘宁边区

文化协会第一次代表大会上发表《新民主主义的政治与新民主主义的文化》的讲演，原文刊登在1940年2月15日陕甘宁边区文协出版的《中国文化》创刊号上，同年2月20日在延安出版的《解放》第98、99期合刊登载，题目改为《新民主主义论》。这篇文章揭示了中国民主革命的基本规律，制定了中国共产党新民主主义革命的纲领，驳斥了国民党顽固派关于抗日战争和中国前途的种种谬论，澄清了共产党内外的某些模糊认识，鼓舞了全国抗日军民的革命热情，有力地推动了中国革命的发展。

毛泽东的《新民主主义论》深刻地论述了中国革命的历史进程，必须分为两步，其第一步是新民主主义的革命，其第二步是社会主义的革命。在中国革命的第一阶段，一是要建设新民主主义的政治，即国体——各革命阶级联合专政，政体——民主集中制。二是要建设新民主主义的经济，即操纵国民之生计的大银行、大工业、大商业归国家所有；没收地主的土地分配给无地和少地的农民，实行"耕者有其田"；因为中国经济还十分落后的缘故，并不没收其他资本主义的私有财产，并不禁止"不能操纵国民生计"的资本主义生产的发展。三是要建设新民主主义的文化，即民族的、科学的、大众的文化。

毛泽东深刻阐述了新民主主义文化的性质和内涵：第一，它是反对帝国主义压迫，主张中华民族的尊严和独立的；第二，它是反对一切封建思想和迷信思想，主张实事求是，主张客观真理，主张理论和实践一致的；第三，它是大众的，因而即是民主的；它应为全民族中百分之九十以上的工农劳苦民众服务，并逐渐成为他们的文化。总之，民族的科学的大众的文化，就是人民大众反帝反封建的文化，就是新民主主义的文化，就是中华民族的新文化。新民主主义的政治、新民主主义的经济和新民主主义的文化相结合，这就是新民主主义共和国，这就是名副其实的中华民国，这就是我们要造成的新中国。

关于近代中国文化革命的历史特点，毛泽东在《新民主主义论》中专门作了系统的论述。他指出：在中国文化战线或思想战线上，"五四"以前和"五四"以后构成了两个不同的历史时期。在"五四"以前，中国文化战线上的斗争，是资产阶级的新文化和封建阶级的旧文化的斗争。

所谓学校与科举之争，新学与旧学之争，西学与中学之争，都带着这种性质。那时的所谓学校、新学、西学，基本上都是资产阶级代表们所需要的自然科学和资产阶级的社会政治学说，中间还夹杂了许多中国的封建余毒在内。在当时，这种所谓新学的思想，有同中国封建思想作斗争的革命作用，是替旧时期的中国资产阶级民主革命服务的。可是，因为中国资产阶级的无力和世界已经进到帝国主义时代，这种资产阶级思想只能上阵打几个回合，就被外国帝国主义的奴化思想和中国封建主义的复古思想的反动同盟所打退了，被这个思想上的反动同盟军稍稍一反攻，所谓新学，就偃旗息鼓，宣告退却，失了灵魂，而只剩下它的躯壳了。旧的资产阶级民主主义文化在帝国主义时代，已经腐化，已经无力了，它的失败是必然的。

“五四”以后则不然。在“五四”以后，中国产生了完全崭新的文化生力军，这就是中国共产党人所领导的共产主义的文化思想，即共产主义的宇宙观和社会革命论。五四运动是在 1919 年，中国共产党的成立和工农运动的真正开始是在 1921 年，均在第一次世界大战和十月革命之后，中国革命和世界革命的联系是非常显然的。由于中国政治生力军即中国无产阶级和中国共产党登上了中国的政治舞台，这个文化生力军，就以新的装束和新的武器，联合一切可能的同盟军，摆开了自己的阵势，向着帝国主义文化和封建文化展开了英勇的进攻。这支生力军在社会科学领域和文学艺术领域中，不论在哲学方面，在经济学方面，在政治学方面，在军事学方面，在历史学方面，在文学方面，在艺术方面（又不论是戏剧，是电影，是音乐，是雕刻，是绘画）都有了极大的发展。20 年来，这个文化新军的锋芒所向，从思想到形式（文字等）无不起了极大的革命。其声势之浩大，威力之猛烈，简直是所向无敌的。其动员之广大，超过中国任何历史时代。①

毛泽东所说声势浩大、威力猛烈、动员广大，简直是所向无敌的文

① 参见毛泽东：《新民主主义论》，《毛泽东选集》第 2 卷，人民出版社 1991 年版，第 696—698 页。

化新军，正是从五四新文化运动的激流中一路走来，经过革命根据地文化建设的砥砺和左翼文化运动的洗礼，汇集在全民族团结抗日的旗帜下，于烽火硝烟中不断扩展、壮大的抗战文化运动的生力军和主力军。

（二）革命知识分子和延安文艺的建构

作为开辟中国现代文艺链条上最重要的一环，延安文艺运动在建构的路上走过曲折的发展阶段。1935 年到 1938 年在延安文艺的初期阶段，由于紧张战争环境的影响和知识分子的匮乏，基本上还是继承苏区文艺的形式和内容，政治宣传性远大于其文学艺术性。革命队伍中为数有限的知识分子，在本质上仍是革命战士，其文艺活动的目的也是直接配合革命和抗战的需要。

1936 年 10 月，蜚声国内文坛的丁玲来到陕北。苏区来了名作家，对中国共产党和红军来说，无疑是件盛事。党的主要领导人毛泽东、张闻天、周恩来都参加了在保安窑洞里召开的欢迎会。丁玲很快参加红军去往陇东前线，不久便收到毛泽东用电报发来的一首词作《临江仙·给丁玲同志》，赞曰："纤笔一枝谁与似？三千毛瑟精兵"；"昨天文小姐，今日武将军"。这不仅寄托着对丁玲的殷切期望，也透露出毛泽东在陕北苏区初步稳定后，渴望凝聚起一支文化大军的急迫心情。

在毛泽东的支持下，丁玲、李伯钊等人创办了《红色中华》报文艺副刊，并由丁玲、成仿吾、李伯钊等 34 人倡议发起，于 1936 年 11 月成立了中国文艺协会，以在抗日民族统一战线目标下，共同推进新的文艺工作，结成统一战线中新的战斗力量。毛泽东出席文协成立大会并作讲话指出："现在我们不但要武的，我们也要文的了，我们要文武双全……我们要文武两方面都来。要从文的方面去说服那些不愿停止内战者，从文的方面去宣传教育全国民众团结抗日……发扬苏维埃的工农大众文艺，发扬民族革命战争的抗日文艺，这是你们伟大的光荣任务。"① 1937 年 1

① 毛泽东：《在中国文艺协会成立大会上的讲话》，《毛泽东文集》第 1 卷，人民出版社 1993 年版，第 461—462 页。

月，中共中央进驻延安，西北古城延安由此成为中国共产党领导全民族抗战的坚强堡垒。

1937 年 7 月 7 日卢沟桥事变爆发，中华民族的全面抗战开始了。北平、天津沦陷之后，大批文化人和青年学生南下流亡。对于战争初期国民党军队抗战不力，广大民众深感失望。而中国共产党主张建立最广泛的抗日民族统一战线，坚决对日抗战，赢得了爱国青年的拥护。

在此前的 1936 年 7 月，埃德加·斯诺来到陕北，他是第一个深入苏区采访的美国记者，在保安的窑洞里，他和毛泽东、周恩来、彭德怀等中共领导人彻夜长谈。在观看一场红军剧社的演出时，他惊奇地发现：学员、职工、士兵和村民可以和红军领导一起观看演出；“演出生气勃勃，幽默风趣”，这些普通的农民、工人、士兵身上，洋溢着不可征服的精神、力量和热情。至卢沟桥事变之前，斯诺完成了《红星照耀中国》（《西行漫记》）的写作，该书 1937 年 10 月在英国伦敦公开出版，中译本 1938 年 2 月在上海出版发行。这部作品在中外读者中引起轰动，让世界特别是国统区的人们开始形象具体地了解中国共产党、中国工农红军及其领袖毛泽东。国统区的很多文化人、青年学生都是读了这本书，方知在中国土地上还有这么一块官兵平等、军民平等、充满光明和生机活力的好地方。

民族危难之际，大批渴望自由、民主的文化人和进步青年开始对延安产生强烈的向往。一部分左翼知识分子和进步青年冲破重重阻隔，相继来到延安和各革命根据地。据统计，1938 年 5 月至 8 月短短 3 个月期间，经八路军西安办事处赴延安的知识青年就达 2288 人，至 1938 年底，从全国各地辗转奔赴延安的知识分子人数已达十多万。① 在这些进入解放区的文化人中，有数百位有一定的创作成果的作家，其中半数以上为左翼作家，还有近百位参加过各种文艺团体的文艺家，这使得党领导的文艺力量得到空前的壮大。一时间，中国西北小城延安成了战时人才荟萃

① 参见刘悦清：《延安知识分子群体的特征及其历史地位》，《浙江社会科学》1995 年第 4 期。

的文化中心。

1938 年至 1942 年，随着陕甘宁边区民主政治的建立和初步完善，中国共产党争取和团结知识分子的政策陆续出台，延安成了向往民主自由、追求抗战革命的文化人心中的“圣地”。随着上海、武汉等文化中心城市的相继陷落，大批左翼知识分子和进步文化人士怀着满腔热血，背负着挽救民族危亡的热切期望，纷纷奔赴延安。他们的先后到来，为延安文艺的真正建构和蓬勃发展奠定了初步基础。他们加入延安文艺运动后，立即创办文艺刊物，成立文艺社团，在文艺创作和文艺活动中表现出较多的知识性和学理性，彰显出知识分子的独立精神和现代意识，为新文学现实主义的传承，为延安文艺多元并存的繁荣局面作出极大努力和贡献。

为适应抗日战争的迫切需要，中共中央提出要尽力广泛地争取知识分子参加民族解放战争，要求党的各级组织和部队大量吸收知识分子。1939 年 12 月 1 日，中共中央专门作出《大量吸收知识分子的决定》，指出：“在长期的和残酷的民族解放战争中，在建立新中国的伟大斗争中，共产党必须善于吸收知识分子，才能组织伟大的抗战力量，组织千百万农民群众，发展革命的文化运动和发展革命的统一战线。没有知识分子的参加，革命的胜利是不可能的。”中央批评一些地区和部门在执行知识分子政策工作中的缺点和错误，要求全党同志注意大量吸收知识分子参加党领导的军队、学校和政府的工作，并将具备了共产党员条件的一部分知识分子吸收入党。①

在大量吸收知识分子方面，党十分重视对青年知识分子的吸收和培养，先后建立的中国人民抗日军政大学、陕北公学、鲁迅艺术学院、马列学院等 17 所院校，面向全国招生和遴选，吸引了大批青年知识分子来到延安进校学习，不仅壮大了马克思主义文艺宣传队伍，还为抗战和革命培养了大批后备干部。

针对党内在对待知识分子问题上存在的“排斥知识分子”“不懂得知

---

① 毛泽东：《大量吸收知识分子》，《毛泽东选集》第 2 卷，人民出版社 1991 年版，第 618 页。

识分子对于革命事业的重要性”等现象，1940 年 10 月，中央宣传部、中央文化工作委员会发出《中央宣传部、中央文化工作委员会关于各抗日根据地文化人与文化团体的指示》，详细阐述了边区对文艺工作者的政策，要求“应该用一切方法在精神上、物质上保证文化人写作的必要条件”，还“应该在实际上保证他们写作的充分自由”，“力求避免对于他们写作上人工的限制与干涉”；“对于文化人的作品应该采取严正的、批判的、但又是宽大的立场，力戒以政治口号与偏狭的公式去非难作者”；“一方面应正确的评价他们的作品，使他们的努力向着正确的方向，同时鼓舞他们努力写作的积极性”；“估计到文化人生活习惯上的各种特点”，不对其提出过高的苛刻的要求；组织各种文化团体，如文学研究会、戏剧协会、音乐协会、新哲学研究会等，“在文化人比较集中的地区，应设立文化俱乐部一类的地方，以供给文化人集会与娱乐之用”；“应采取一切方法，如出版刊物、剧曲公演、公开讲演、展览会等，来发表他们的作品”；在物质条件匮乏的条件下，满足文化人的“最大要求”。①

与国民党的文化专制政策相比，共产党到延安后制定的民主开明的文艺政策，为知识分子营造了一个较为宽松、自由的文化氛围。大量涌入延安的知识分子形成了建构延安文艺的新的创造主体，衣食无忧的生存条件、民主自由的创作氛围，使知识分子按照文人固有的习惯建构自己的话语平台和延安文艺的形态。文艺创作日益活跃，开始在延安形成一个颇有声色的文坛，改变了初期延安文艺单调贫乏的局面，使之逐渐走向成熟和繁荣。

首先是大量的文艺社团和文学刊物得以建立和刊行。中国文艺协会作为延安成立的第一个以文学团体为骨干的抗日文化组织，设有诗歌总会、《文艺突击》社、戏剧救亡协会、《文艺战线》社、讲演文学研究会、大众读物社、文艺顾问委员会、抗战文艺工作团等。协会一成立，即组建人民抗日剧社（后改为抗战剧团），演出大量戏剧和歌舞节目，成为当

---

① 中央档案馆编：《中共中央文件选集》第 12 册，中共中央党校出版社 1991 年版，第 496—499 页。

时最活跃的文艺演出团体。1938 年 9 月，陕甘宁边区文化界抗战联合会在延安成立，出版机关刊物《中国文化》，以刊载人文社会科学领域的名家名篇而著称。

1939 年 5 月，以边区文艺界抗敌联合会为基础，中华全国文艺界抗敌协会延安分会成立，简称“延安文协”，艾思奇为主任，丁玲、柯仲平为副主任，并创办机关刊物《文艺战线》《大众文艺》等。这些协会都是中共抗日民族统一战线政策在文艺方面的体现，对开展边区的文艺活动有着深远的影响。其他文艺团体和文艺刊物，如文艺突击社创办的《文艺突击》，文艺战线社在延安编辑、在外地出版的《文艺战线》，文协由萧军、舒群等编辑的《中国文化》《文艺月报》，鲁迅艺术学院创办的文学刊物《草叶》《谷雨》《诗刊》等，也极大地丰富了延安的文艺活动。

1939 年 9 月，全国慰劳总会北路慰问团路经延安，受到毛泽东等边区领导人的热烈欢迎。主持全国文协日常工作的老舍随团前来，在延安停留两天，观看了新文艺节目。老舍在他的长诗《剑北行》第 26 章《榆林——西安》中赞道：“到延安，又在山沟窑洞里备受欢迎；男女青年，谐音歌咏，中西乐器，合奏联声，自制的歌，自制的谱，由民族的心灵，唱出抗战的热情；为了抗战宣传，话剧旧剧兼重，利用民歌与秦腔，把战斗的知识教给大众。”① 老舍对延安文艺运动的观感颇为新奇。

鲁迅艺术学院在延安文艺的建构和发展上功劳卓著。这是中国共产党专为培养抗战文艺干部和文艺工作者而创办的一所综合性文学艺术学校，1940 年后更名为鲁迅艺术文学院（简称鲁艺）。鲁艺初期设戏剧、音乐、美术 3 个系，后增设文学系。各系除设置专业课外，以政治理论和文艺理论为共同必修课。各专业的修业期为 9 个月。为了紧密联系实际，鲁艺设有文艺工作团、实验剧团、歌舞团、美术工作团以及其他科研组织。鲁艺当时汇集了来自全国各地的文学家、艺术家和有志于文艺事业的革命青年。曾在鲁艺任教的著名文学艺术家有茅盾、冼星海、艾青、何其芳、陈荒煤、齐燕铭、张庚、吕骥、周立波、王朝闻、严文井等。

① 曾广灿、吴怀斌编：《老舍新诗选》，花山文艺出版社 1983 年版，第 157 页。

各系研究室和附属剧团也集中了一批著名文艺工作者，如王大化、袁文殊、华君武、孙犁、鲁藜、严辰等。

1939 年 2 月，在前线坠马受伤的诗人光未然随第三厅抗敌演剧三队来到延安诊治。他两次渡黄河，在黄河边上行军，亲身感受到滔滔大河雄浑的震撼，便以灾难深重的祖国母亲河为主题写了一组诗。后为演剧三队准备新节目时，他与鲁艺音乐系主任冼星海合作，将组诗改编为大合唱的歌词。歌词雄健磅礴，深沉浑厚，以黄河这个中华民族的象征贯穿于全曲，熔铸了澎湃的激情，呈现出团结御侮、坚持抗战的强大张力。

在整个延安找不到一架钢琴的简陋条件下，冼星海在一座土窑里就着豆油灯奋笔谱曲，眼前闪现着奔腾于天际间的黄河水，浪涛汹涌中跳跃出雄健的音符，这些都象征着中国人民昂然抗战的不屈精神。只用 6 天时间他就完成了中国音乐史上的不朽名作《黄河大合唱》。全曲包括序曲和 8 个乐章，它以黄河为背景，热情歌颂了中华民族源远流长的光荣历史和中国人民坚强不屈的斗争精神，痛诉侵略者的残暴和人民遭受的深重灾难，广阔地展现了中国人民抗日战争的壮丽图景，并向全中国全世界发出了民族解放的战斗警号，从而塑造了中华民族巨人般的英雄形象。

1939 年 5 月 11 日，在庆祝鲁艺成立一周年的音乐会上，冼星海指挥 100 余人的合唱团唱响了这部雄浑的史诗。“保卫家乡、保卫黄河、保卫华北、保卫全中国”的战斗激情，震撼着山谷，震撼着夜空，震撼着每一个演员和观众的心。一曲终了，全场爆发出雷鸣般的掌声，在座的毛泽东第一个站起来鼓掌，连声说了三个“好!”作为鲁艺人的代表作，《黄河大合唱》无愧于那个风云激荡的年代，在民族危亡的紧要关头，在抗日军民最需要精神鼓舞的时刻，登上了博大苍茫的陕北高原舞台，并被誉为“崇高名曲的开端”而载入延安文艺运动的史册。5 月 10 日，毛泽东欣然命笔为鲁艺题词：“抗日的现实主义，革命的浪漫主义。”

为了适应各抗日根据地对文艺工作的迫切需要，从 1939 年开始，我党在晋察冀、晋东南、晋西北八路军抗日根据地先后开办了鲁艺分院。1941 年 2 月，华中鲁艺分院在新四军军部所在地盐城组建，时任新四军政治委员的刘少奇兼任院长。鲁艺师生活跃在课堂内外和各抗日根据地，热情洋溢地开展着各种艺术实践活动。

1940年5月，全国文协总会领导人茅盾从重庆到访延安，就住在桥儿沟鲁艺的东山窑洞。他后来回忆道：在桥儿沟，这些演员或学生，昨天她也许是从大都市来的，穿厌了绮罗，住惯了洋房，现在却是灰布制服、草鞋、爬山、吃小米的鲁艺学生。鲁艺有不少在“外边”成名的导演和演员，但更多的是崭露头角的新人，他们的技术曾使那多闻多见的中国制片厂的头等艺人大为惊讶。鲁艺聚集着全国各省的青年，他们的身世多式多样，有在国内最贵族式的大学将毕业的，也有家景平平、曾在社会混过事的，更有些是南洋华侨的儿女、偷偷从家里跑出来的，有海关邮局的职员，有中小学教员，有经过战斗的“平津流亡学生”。他们齐集在鲁艺，为了一个信念，娴习文艺这武器的理论与实践，为民族之自由解放而服务！①

整个抗日战争时期，鲁艺贯彻执行党中央提出的抗日民族统一战线的方针政策和文艺方针，把学习与创作实践结合起来，成为学习、研究、实践马克思主义文艺思想和贯彻中国共产党文艺方针的一个重要基地，培养了一大批党的抗战文艺干部和文艺工作者。从1938年4月至1945年11月，鲁艺共开办文学系4届，戏剧、音乐、美术系各5届，培养学生685人，其中穆青、贺敬之、冯牧、李焕之、郑律成、刘炽、莫耶、王昆、成荫、罗工柳、李波、时乐蒙、于蓝、秦兆阳、黄钢、康濯等文学家、艺术家、记者均为鲁艺学员。

鲁艺师生还创作了诸如秧歌戏《兄妹开荒》、歌剧《白毛女》、平剧《逼上梁山》、歌曲《黄河大合唱》《延安颂》《八路军军歌》《南泥湾》等，以及反映抗战军民斗争生活的木刻版画和漫画等一大批在抗战时期极富影响力的作品，活跃了敌后抗日根据地军民的文化生活，振奋了中国军民的抗战热情，为抗日战争的胜利作出重要贡献，并对中国现代文化艺术产生了深远的历史影响。

---

① 参见艾克恩编纂：《延安文艺运动纪盛 1937.1—1948.3》，文化艺术出版社1987年版，第190页。

（三）建立民族形式和文艺实践中的问题

当大量文化人涌入延安并开始建构延安文艺新格局的时候，毛泽东正在酝酿系统地阐述他的新民主主义革命论和新民主主义建国论，而新民主主义的文化当为题中应有之义。为此，他首先提出建立一定的民族形式问题。因为中国革命的实质是一场共产党领导下的农民战争，革命的成败在于共产党能否把占全国人口绝大多数的农民团结到自己周围，谁掌握了农民谁就掌握了中国的命运。毛泽东深知文艺在宣传发动民众方面的巨大作用，所以要把以知识分子为主体构建的延安文艺形态引向民族形式的正确方向。这就是 1938 年 10 月毛泽东在党的扩大的六届六中全会上所作的政治报告中，论述“中国共产党在民族战争中的地位”时所指出的：“马克思主义必须和我国的具体特点相结合并通过一定的民族形式才能实现”。“使马克思主义在中国具体化，使之在其每一表现中带着必须有的中国的特性，即是说，按照中国的特点去应用它，成为全党亟待了解并亟须解决的问题”。“洋八股必须废止，空洞抽象的调头必须少唱，教条主义必须休息，而代之以新鲜活泼的、为中国老百姓所喜闻乐见的中国作风和中国气派。”同时，要把“国际主义的内容和民族形式”二者紧密地结合起来。“在这个问题上，我们队伍中存在着的一些严重的错误，是应该认真地克服的。”①

这就从马克思主义在中国的具体化这个总题目中，引申出文化、文艺也要有一定的民族形式，要有中国作风和中国气派。这在延安文艺界引起了关于民族形式的讨论，主要围绕三个问题展开：一是关于传统文艺旧形式的利用；二是怎样创造新文艺的民族形式；三是批评在民族形式讨论中的错误观点。在讨论中，徐懋庸、艾思奇、周扬、柯仲平、沙汀、周文等人都发表了颇有见地的看法。重庆文化界也在南方局组织下进行了讨论。从本质上看，文艺民族形式的讨论，主要是探讨如何充分地发挥文艺在民族民主革命和抗战建国中的功能和作用。这是“五四”

① 《毛泽东选集》第 2 卷，人民出版社 1991 年版，第 534 页。

以来知识分子启蒙思想和文艺大众化讨论的延续和深入。许多知识分子是站在启蒙的立场上论述民族形式问题，在内容与形式、现代与传统等方面进行探讨，既继承新文学的优良传统，又对旧文艺进行批判地吸收，试图建立具有现代意识的、真正能够体现中华民族发展方向的民族文艺。这些探讨，从中国现代文学艺术长远发展的角度看是十分有益的。

毛泽东作为一位大政治家、战略家，在全民族团结抗战的社会政治背景下，主要将文艺看作是发动民众投入战斗的工具，凡能够最大限度地发挥这一功能的文艺就是民族形式的文艺，而与群众有隔膜，没有，甚至阻碍群众接受的文艺则被其视为“洋八股”、空洞抽象的调头或教条主义。在毛泽东看来，在革命战争和抗日战争年代，作为战争主力军的穿军装的农民——抗日的军队，和广大不穿军装的农民——支持战争的最基本的群众力量，是文艺服务的主要对象，是民族利益的代表。因此，文艺的民族形式其实就是农民形式，是长期存在于民间的、为农民所易于接受、所喜闻乐见而往往被知识分子所忽视的形式。为此，他在《新民主主义论》中提出建立“民族的、科学的、大众的文化”，就是以民族形式打头，指出了有别于五四新文化传统的新的文艺方向，即文艺“应为全民族中百分之九十以上的工农劳苦民众服务”，“民众就是革命文化的无限丰富的源泉”。

毛泽东深知中国革命的历史特点，强调民族形式在马克思主义中国化进程中的重要性，他从整个革命事业的全局出发，提出了建立文艺民族形式和促使文艺大众化的问题，通过对新民主主义文化的阐释，一步步地完善着“毛泽东文艺思想”，将文学艺术塑造为从属于政治的“整个革命机器上的齿轮和螺丝钉”。

在建构延安文艺的过程中，相对安逸、有物质保障的生活环境，使有些知识分子渐渐脱离现实，“直把延安当上海”，一部分人徜徉在自己的圈子里流露出一些不合时宜的创作倾向，一些文艺活动与群众的需求日渐隔膜。文艺实践中一个值得关注的现象，是延安兴起的“演大戏”风潮。

本来，毛泽东在1939年冬与张庚等人的谈话中指出，延安也应当上演一点国统区作家的作品，《日出》就可以上演。经过鲁艺及其他延安文化工作者的努力，1940年新年伊始，曹禺的话剧《日出》和传统京戏《法门寺》轮番上演，轰动了整个延安城，激发了人们演大戏、看大戏的热情。随后，一批后方著名剧作家的作品和一些外国名剧陆续出现在延安的舞台上，《钦差大臣》《伪君子》《悭吝人》《马门教授》《铁甲列车》等外国大戏以及《雷雨》《蜕变》《法西斯细菌》《上海屋檐下》等国内剧作纷纷上演，一时掀起了延安“演大戏”风潮。

这些大戏对提高人们的文化素质，提高艺术家的表演技巧和水平有很大作用，受到知识分子的热烈追捧，但另一方面，却脱离了群众的实际需要，缺乏直接服务于战争的功能。后来延安的观众把这些竞相上演的大戏、名戏、洋戏称为“大、洋、古”。贪大求洋的不只是鲁艺一家，包括马列学院、中央党校、延安文协等单位都赛着演大戏，形成一股风气，越演洋的、越演大的，就越有名气。这样一来，就把年轻知识分子的眼光不是引导到抗日战争迫切的需要、老百姓的需要上，而是引导到脱离现实的“高雅”的东西上，而当时的环境根本没有追求高雅艺术的客观条件。结果有的剧目在部队演出时，八路军指战员不能理解，甚至发生跑步退场现象。

这些现象表明，知识分子代表的精英文化与工农兵所需求的民间文化之间，出现明显的不适应。知识分子观念中的延安文艺应该以现代意识为核心，利用并改造现有艺术资源，在建立民族国家的过程中重塑民族的现代精神。这是中国现代文艺应有的发展之路。然而，严酷的战争环境则要求文艺作品最大限度地发挥宣传鼓动功能，以达到鼓舞士气、争取胜利的目的。那些片面追求艺术价值的作品和演出，便与现实、与民众形成了隔膜。

延安文艺实践中值得引起注意的另一个现象，是鲁迅艺术学院的“关门提高”问题。作为中国共产党在抗战时期所创办的一所文艺专门院校，鲁艺的教学方针由中央宣传部拟定，经中央书记处通过，规定：“以马列主义的理论与立场，在中国新文艺运动的历史基础上，建设中华民族新时代的文艺理论与实际，训练适合今天抗战需要的大批艺术干部，团结与培养新时代的艺术人才，使鲁艺成为实现中共文艺政策的堡垒与核心。”① 这一方针的提出，赋予鲁艺培养尽可能多的“领导文艺工作的专门人才”的任务，要求鲁艺不仅要训练大批适合于抗战需要的一般艺术干部，并且要培养许多新时代的文艺人才，许多专门家；不仅要有一般的艺术能力，并且要深研理论与实际；不仅要适合抗战的需要，并且要适合于新时代的需要，开展新时代的文艺运动。这些方针和要求，使得鲁艺形成了“正规化、专门化”艺术教育的格局。

1941 年 6 月，在周扬的主持下，鲁艺在总结过去一年文艺教育实践的基础上，对原有的教育方针、教学计划和教学机构等进行了较大的改革和调整，制定了趋向正规化和专门化的教育计划及实施方案。方案明确规定了鲁艺的教育方针是：团结与培养文学艺术的专门人才，以致力于新民主主义的文学艺术事业。教育的具体目标是：培养适合于抗战建国需要的文学艺术理论、创作，组织有某种技术专长及具有历史知识与艺术理论修养的人才。

鲁艺在教学体制和组织机构方面也进行了较大的调整。确立正规学制，修业期由原来的两年延长至三年。组建戏剧、音乐、美术、文学 4 个专业部，各部成立专业工作团，如戏剧部成立实验剧团和平剧团，音乐部成立音乐工作团，美术部成立美术工场、木刻工作团，文学部成立文艺工作团。另设立干部、教务、院务、编译 4 个行政职能处。为保证教学计划按时完成，鲁艺原先承担的各种临时性、突击性的文艺演出活动大大减少。从第三期开始，鲁艺不再派遣学生到前方实习。经过这次教学体制、组织机构的调整，鲁艺正式步入了正规化、专门化的教学轨道。

为了吸引更多的人才前来任教，鲁艺奉行“教育精神为学术自由”，“各学派学者专家均可在院自由讲学，并进行实际艺术活动”的政策。由此，鲁艺作为一所偏远边区的文艺院校，拥有了众多的文化名人，不仅有著名学者和理论家，而且有著名的诗人、小说家、剧作家、作曲家、

---

① 转引自艾克恩编纂：《延安文艺运动纪盛 1937.1—1948.3》，文化艺术出版社 1987 年版，第 62 页。

歌唱家、演奏家、画家和导演，在相对宽松的民主氛围中，他们可以自由讲学并从事实际的艺术活动。在鲁艺的政治理论、文艺理论大课上，毛泽东在繁忙工作之余来讲《论持久战》《矛盾论》；擅长文艺理论的周扬讲近代文学艺术史；茅盾讲授“市民文学概论”，现身说法《子夜》的创作过程，并热心指导学员进行文学创作；对俄罗斯和欧美文学深有研究的周立波，则在文学系名著选修课上详析列夫·托尔斯泰名著《安娜·卡列尼娜》中的人物性格。这些精彩的课程，吸引了学员们纷纷跨系前来听讲。

这时，八路军重庆办事处将一架德国老式钢琴和一把大提琴运抵延安，加上几把小提琴、二胡、笛子、土造的大提琴、四弦琴和脸盆等充当的打击乐，鲁艺就不仅有了许多中国一流的音乐家，而且有了一支高水平的演奏队伍。毕业于巴黎音乐学院的冼星海，向学员们介绍了贝多芬、巴赫、莫扎特等外国作曲家和一些西方古典名曲，在演出之外，还用留声机给学员们欣赏国外名曲，如舒伯特的《小夜曲》《鳟鱼》，托塞里的《小夜曲》等。

戏剧部是鲁艺各系中阵容最强大的。从第四期开始，戏剧部引入了苏联著名导演斯坦尼斯拉夫斯基的表演体系。这种注重心理分析和情感体验的表演理论，对鲁艺的戏剧教学和演出影响很大，刚好与鲁艺此时提倡正规化、专门化的教育方针相吻合。在相对开放、自由的创作环境下，不仅曹禺、夏衍等剧作家的作品，而且像巴尔扎克、托尔斯泰、莫里哀、果戈理、契诃夫、普希金、鲍哥廷等外国名家的作品也相继登上延安的话剧舞台。如果只看这些剧名，人们一定不会相信这些剧目会出现在 20 世纪三四十年代的西北边城延安。

这种正规化、专门化的教学，长远来看，对于培养专门文艺人才，更重要的是为抗战建国服务，而不仅仅是为当前的战争服务，是有意义的。但在抗战当头的严峻军事政治形势下，鲁艺的日益学院化、自由化，逐渐脱离现实战争的需要，疏离与民众的关系，则被认为是不合时宜的。1941 年 12 月，鲁艺音乐系隆重上演《凤凰涅槃》大合唱。这是郭沫若创作的现代诗歌《女神》中的代表作，借用凤凰经历烈火的煎熬和痛苦考验，获得重生，达到升华的典故，寓意不畏痛苦、义无反顾、不断追求、提升自我的执着精神，预示着苦难的祖国正在蜕变，正在新生。音乐会演出非常成功，寓意深远，格调高雅，然而许多老百姓并不能接受，不能理解，使得在困难条件下付出辛苦努力排演的鲁艺师生受到很大打击。这不可避免地折射出“阳春白雪”和“下里巴人”之间的不协调，在战时环境、乡土乡民的现实背景下，“其曲弥高，其和弥寡”。

胡乔木曾谈道：“在当时那种环境下，毛主席很反对鲁艺的文学课一讲就是契诃夫的小说，也许还有莫泊桑的小说。他对这种做法很不满意。”1942 年贺龙见到周扬时也表示，不满意鲁艺当时的“关门提高”，把好学生好干部都留在学校里，不派到前方去，而对于原来派到前方去的学生又不关心他们，和他们联系，研究并帮助他们解决在实际工作中所碰到的艺术上的问题。毛泽东等领导人和贺龙等前方将领所表示的不满，反映出在文艺的服务对象、文艺的作用和功能、文艺的普及和提高的关系以及鲁艺的教育体制问题上，存在着明显分歧。

再一个问题，是批判揭露文学的兴起。由于各方面对知识分子都很重视，一些文艺工作者试图以民族自我批判精神和干预生活的角度，通过对外部社会的批判和改造来充实延安文艺的建构。这在一开始曾受到党的鼓励和支持。1940 年 1 月，张闻天在陕甘宁边区文化协会第一次代表大会上作《抗战以来中华民族的新文化运动与今后任务》的报告，提倡大胆创作、著述，打破各种限制，打破各种旧观点与标准，建立新观点和标准，发展、提高学术，提倡自由研究、思想、辩论，营造生动、活泼、民主的作风。

1941 年 6 月《解放日报》先后发表《奖励自由研究》《欢迎科学艺术人才》《提倡自然科学》《努力开展文艺运动》等社论，一再申明：中国共产党非常重视思想言论的自由发展，共产党在信奉马克思主义是普遍真理的同时，也认为各派的学者和理论家只要认真进行研究、正视现实问题，对真理就能够有所发现；在抗日的共同原则下，充分获得思想、言论、创作的自由空间；既重视科学艺术活动在启蒙与应用中的作用，又重视科学艺术本身的建树，将普及与提高两方面工作合理地连接起来；

边区的缺点，也需要从艺术方面得到反映和指责。我们着重自我批评，尤其珍视真正的“艺术家的勇气”。[①] 这些政策，使得创作自由得到一定的鼓励和发扬。

另一方面，中国共产党和毛泽东一向推崇鲁迅的文学成就、思想功绩和斗争精神，并号召“学习鲁迅精神，把他带到全国各地的抗战队伍中去，为中华民族的解放而奋斗”。为深入学习和发扬鲁迅精神，延安文协成立鲁迅研究会，出版《鲁迅研究丛刊》《鲁迅研究特刊》等。延安文艺界许多知识分子都认同鲁迅是新文化运动的代表，认为他从“立国”必先“立人”的立场出发，一生都致力于国民性的改造，批判国民的劣根性，与中国社会压抑、摧残人性的行为进行不遗余力的斗争。这就促使文艺工作者自觉地师承鲁迅的战斗精神和讽刺性笔法，以批判的言说，表达他们对党对革命的忠诚，在延安掀起一场很有影响的杂文运动。

1941 年 4 月，丁玲调到中央党报《解放日报》任文艺栏主编。她在 10 月 23 日《解放日报》上发表文章《我们需要杂文》，其中写道：“即使在进步的地方，有了初步的民主，然而这里更须要督促、监视”；“现在这一时代仍不脱离鲁迅先生的时代”，学习鲁迅，“最好学习他的坚定的永远的面向着真理，为真理而敢说，不怕一切。我们这时代还须要杂文，我们不要放弃这一武器”。以此相号召掀开延安杂文运动的序幕。

在丁玲的倡导下，延安出现了一个杂文、讽刺小说创作的热潮，这些作品主要包括：朱寨的《厂长追猪去了》，丁玲的《在医院中时》《我在霞村的时候》《什么样的问题在文艺小组中》《三八节有感》，艾青的《了解作家，尊重作家》，罗烽的《还是杂文时代》，萧军的《论同志之“爱”与“耐”》《杂文还废不得》，王实味的《野百合花》《政治家—艺术家》，等等。他们从不同的角度对延安生活中的阴暗面，同志间的人情冷暖，上下级关系的隔膜，“衣分三色，食分五等”的等级制度，以及文艺中存在的缺陷不足进行了揭露和批评。

---

① 参见艾克恩编纂：《延安文艺运动纪盛 1937.1—1948.3》，文化艺术出版社 1987 年版，第 259 页。

与杂文运动相呼应，还有针砭时弊的系列短剧《延安生活素描》，中央研究院的“矢与的”墙报，延安美协主办的“讽刺画展”和中央青年工作委员会的“轻骑队”墙报，都对延安的不良现象进行了讽刺和批判。1942 年春节期间，由边区美协主办的“讽刺画展”在军人俱乐部展览，共展出华君武、张谔、蔡若虹的作品 60 余幅。内容主要是针对延安的主观主义、教条主义、党八股、男女恋爱、开会不遵守时间、乱讲自由、自高自大等不良现象而发，可谓对症下药，切中要害，妙笔横生，针砭备至。参观的同志无不同声称快，欣赏有加。“轻骑队”墙报的创刊在延安严肃的政治环境中，以文人论政的精神，直言时弊，抨击延安的阴暗面，引起观众的共鸣，很快轰动整个延安。①

这时，中共中央部署各抗日根据地高级干部的整风学习已经普遍开展起来，主要是彻底清理和克服过去党内错误路线时期的主观主义与宗派主义的思想。党内的普遍整风从延安开始，有一万多名干部参加。有一些人，主要是全面抗战爆发后来到延安的知识分子和新党员，还没有理解全党整风这场运动的深刻意义，没有把注意力放在当时最迫切需要解决的反对主观主义和宗派主义的根本问题上来，而是纠缠于一些具体的枝节问题。许多单位办起类似“轻骑队”的墙报，其中有些人以讥讽、谩骂的方式批评延安存在的某些具体现象，吸引了许多读者。一天晚上，毛泽东到中央研究院用马灯和火把照明看墙报，认为这样发展下去，整风学习是不能达到预定目的的。他说：“思想斗争有了目标了”②。

毛泽东早在 1939 年写的《中国革命和中国共产党》一文中，分析了中国社会的各阶级，其中对小资产阶级分析道：“知识分子和青年学生并不是一个阶级或阶层。但是从他们的家庭出身看，从他们的生活条件看，从他们的政治立场看，现代中国知识分子和青年学生的多数是可以归入小资产阶级范畴的。”数十年来，中国已出现了一个很大的知识分子群和

---

① 参见何满仓、师伟伟：《1938—1942：左翼知识分子主导下的延安文艺建构》，《甘肃社会科学》2009 年第 6 期。

② 中共中央文献研究室编：《毛泽东年谱（1893—1949）》中，中央文献出版社 2013 年版，第 373 页。

青年学生群。他们一般是受帝国主义封建主义和大资产阶级的压迫，遭受着失业和失学的威胁。因此他们有很大的革命性，在现阶段的中国革命中常常起着先锋的和桥梁的作用。毛泽东强调说：“革命力量的组织和革命事业的建设，离开革命的知识分子的参加，是不能成功的。但是，知识分子在其未和群众的革命斗争打成一片，在其未下决心为群众利益服务并与群众相结合的时候，往往带有主观主义和个人主义的倾向，他们的思想往往是空虚的，他们的行动往往是动摇的。因此，中国的广大的革命知识分子虽然有先锋的和桥梁的作用，但不是所有这些知识分子都能革命到底的。”“知识分子的这种缺点，只有在长期的群众斗争中才能克服。”①

延安文艺界暴露出来的问题，在整风过程中显得很突出，这就为整风运动提供了一个突破口，也为党纯洁文艺思想、重构延安文艺形态提供了一个契机。联系到当时的整风运动，1942 年 5 月 28 日，毛泽东在中央学习组上谈道：整顿三风，即反对主观主义以整顿学风，反对宗派主义以整顿党风，反对党八股以整顿文风，这“就是一个无产阶级的思想同小资产阶级思想的斗争”②。

由于文艺界人士大多是在抗战爆发后从上海等大城市来到延安的，他们满怀救国热情，但对同工农兵结合的思想准备却很不足。他们在中国共产党指导全国抗战的大本营延安，仍以五四新文学运动的现实批判为基本价值取向。尽管大多数人对延安的政治生活基本认同，也能区分延安和西安的本质差别，但是有许多人认为，延安既然是新民主主义制度真正施行的地方，当然可以自由地批评不良现状，并将揭露黑暗、祛除黑暗的现实批判，看作是自己的权利和责无旁贷的义务。这种独立自由精神的张扬、理想主义的看法，往往和政治家现实主义的要求和严酷的斗争环境发生碰撞和冲突。

延安的知识分子首先把自己看作是一个文化人而非共产党员，喜好

---

① 《毛泽东选集》第 2 卷，人民出版社 1991 年版，第 641—642 页。

② 毛泽东在中央学习组发言记录，1942 年 5 月 28 日。转引自中共中央文献研究室编：《毛泽东传（1893—1949）》下，中央文献出版社 1996 年版，第 639 页。

按照文化人的思维去进行文艺活动。他们秉心而文，率性而为，不愿涉足政治又脱离不了政治，往往忽略战争这一具体环境，忽略抗日军队和支持战争的最基本的群众力量。而中国共产党则是有着自身特定目标和代表全中国绝大多数人民利益的政治集团，为了实现抗战建国的目标，需要采取必要的方法，对前一时期以知识分子、文化人为主体建构的延安文艺形态，按照民族的科学的大众的新民主主义文化的要求，进行规范和改造。在这样的背景下，就产生了毛泽东著名的、影响至深至远的《在延安文艺座谈会上的讲话》。

五、奠定中国共产党文艺政策的基石

（一）延安文艺座谈会和毛泽东的讲话

延安文艺界忽视抗日斗争的实际需要，沉醉于追求高雅艺术的倾向，早些时候就引起有些中央领导，尤其是一些军队干部的不满。1940 年 6 月，朱德在纪念鲁艺成立两周年大会上特别指出，希望文化人“要习惯过集体的生活”，不要做“渺小”的个人，应当学习军事，要参加实际的武装斗争的工作。

实际上，鲁艺在开始办学时曾发扬了与抗日斗争密切结合的作风。以胡一川为团长，罗工柳、彦涵、邹雅、华山五人组成的鲁艺木刻工作团，一直活跃在晋东南和冀南根据地。他们一边从事抗战工作，一边搞创作，取材于陕北常见的梨木、枣木制版，创作出具有深厚生活气息和强烈战斗气氛的木刻作品，并可以一版多印，适应了广泛宣传和教育群众的斗争需要。1939 年 10 月，鲁艺木刻研究班在延安举行首次木刻展览会，连展三天，观众络绎不绝。应群众要求又延展一天。参展作品在艺术形式上摆脱了外国版画的影响，表现出鲜明的民族地域特色和美学风格，得到一致好评，被誉为“延安学派”。许多观众在留言簿上写道：

“希望木刻到前方去！”“希望木刻到敌后去！”表达了前方和敌后抗日军民的呼声。

鲁艺木刻工作团还注意到当地农村很常见的剪纸和年画，决定借鉴这种民间艺术形式宣传抗日。1940 年春节来临之际，他们在短时间内刻制了一批反映抗日生活的套色新年画，印制了几千张背着去赶集，很受欢迎，老百姓见到一下子就抢光了。1941 年秋天，朱德主持召开太行区文艺工作者座谈会，对这些开始摆脱西方化影响、具有民族化特点的木刻作品给予高度评价，认为这种为现实斗争服务，为广大群众喜爱的创作倾向，值得根据地的文艺工作者学习。① 这种切合实际斗争和抗日军民需要的文艺普及工作，与鲁艺后来一段时间的“关门提高”形成鲜明的对照。

延安文艺界“演大戏”“关门提高”“批判揭露延安黑暗面”等问题的出现，并非延安文艺构建中的主流，但由于它的存在，中央认为“文化与党的关系问题，党员作家与党的关系问题，作家与实际生活问题，作家与工农兵结合问题，提高与普及问题，都发生严重的争论；作家内部的纠纷，作家与其他的方面纠纷也是层出不穷”②。这对于抗战和革命事业毕竟是不利的，同时也妨碍了文艺本身的健康发展。为了解决这些问题，系统地制定和阐述党的文艺工作的方针政策，中共中央、毛泽东决定召开一次文艺座谈会。

为了深入了解实际情况，以解决存在的种种问题，毛泽东在会前接触了许多文艺界的朋友。他花很多时间同萧军、欧阳山、草明、艾青、舒群、刘白羽、何其芳、丁玲、罗烽等交换意见，并请他们帮助收集文艺界提出的各种意见。毛泽东对发表《三八节有感》的丁玲说，内部批评，一定要估计人家的长处，肯定优点，再谈缺点，人家就比较容易接受了。丁玲深受启发，一直谨记在心。毛泽东邀请华君武、蔡若虹、张谔三位画家谈话，开导他们说，漫画要考虑到全局，对人民的缺点不要老是讽刺，不要冷嘲，冷眼旁观，对人民要多鼓励。华君武等也感到把

---

① 参见闫东主编：《大鲁艺》，中国民主法制出版社 2014 年版，第 100 页。

② 西北五省区编纂领导小组、中央档案馆编：《陕甘宁边区抗日民主根据地·文献卷》下，中共党史资料出版社 1990 年版，第 450 页。

一些现象夸大了，有片面性；这个时候应该一致抗战，自己内部有些问题，不值得开个漫画展去讽刺，这是不对的。萧军是有一定影响的青年作家，因为与一些人意见不合想离开延安，去向毛泽东辞行。毛泽东认真听取他的意见，恳切地挽留他。后来又写信给他说："延安有无数的坏现象，你对我说的，都值得注意，都应改正。但我劝你同时注意自己方面的某些毛病，不要绝对地看问题，要有耐心，要注意调理人我关系，要故意地强制地省察自己的弱点，方有出路，方能'安心立命'。"①

1942 年 5 月 2 日至 23 日，延安文艺座谈会在中央大礼堂召开。参加会议的有在延安的文艺工作者、中央及各部门负责人共 100 多人。会议由中共中央宣传部代部长凯丰主持，在延安的中央领导朱德、任弼时、陈云、王稼祥、博古等人都出席了会议。这次会议，对后来党的文艺政策的制定和文艺工作的健康发展产生了深远的影响。

在 5 月 2 日第一次会议上，毛泽东首先发表讲话，被称"引言"。他开宗明义地说：这次座谈会，"目的是要和大家交换意见，研究文艺工作和一般革命工作的关系，求得革命文艺的正确发展，求得革命文艺对其他革命工作的更好的协助，借以打倒我们民族的敌人，完成民族解放的任务"。他强调：在我们为中国人民解放的斗争中，可以说有文武两个战线。我们首先要依靠拿枪的军队，还要有文化的军队，"这是团结自己、战胜敌人必不可少的一支军队"。他说：为了实现文艺帮助人民同心同德地和敌人作斗争这个目的，有些问题应该解决。那就是"文艺工作者的立场问题，态度问题，工作对象问题，工作问题和学习问题"。②

毛泽东说：文艺工作者应站在无产阶级的和人民大众的立场。对于共产党员来说，也就是要站在党的立场，站在党性和党的政策的立场。文艺作品在根据地的接受者，是工农兵以及革命的干部。这就发生一个了解他们、熟悉他们的问题。"许多同志爱说'大众化'，但是什么叫做大众化呢？就是我们的文艺工作者的思想感情和工农兵大众的思想感情

① 毛泽东：《给萧军的信》，《毛泽东文集》第 2 卷，人民出版社 1993 年版，第 364 页。

② 毛泽东：《在延安文艺座谈会上的讲话》，《毛泽东选集》第 3 卷，人民出版社 1991 年版，第 847—848 页。

打成一片。”毛泽东以自己为例，讲述了像他这样一个学生出身的人参加革命后在思想感情上逐步发生变化的经验。然后说：“我们知识分子出身的文艺工作者，要使自己的作品为群众所欢迎，就得把自己的思想感情来一个变化，来一番改造。没有这个变化，没有这个改造，什么事情都是做不好的，都是格格不入的。”[①] 他强调文艺工作者要学习马克思列宁主义和学习社会，只有这样才能使我们的文艺有丰富的内容和正确的方向。毛泽东最后表示，他只提出这几个问题当作引子，希望大家在这些问题及其他有关的问题上发表意见。

座谈会在20多天里开了三次大会，讨论得十分热烈。在民主、宽容的气氛中，有几十位党内外的文艺工作者在会上发言。大家各抒己见，畅所欲言，不管对的、错的都无拘无束地讲出来。讲完之后，发言者也没有被追究责任，做到了文艺方面的事情由文艺界来讨论解决，不带强迫的性质，发扬了艺术民主。如第一天会议毛泽东讲完后，萧军第一个发言说，他是从来不写歌功颂德的文章的。不管政治上面怎么样，他就是要写作，他不光要成为中国第一作家，而且要成为世界上第一作家。话一讲完，胡乔木就站起来，跟萧军只强调作家、张扬个人的观点进行辩论。艾青、丁玲等人也在会上作了发言。何其芳在会上认真作了自我批评。

5月16日全天继续开会，因为创作思想上存在着差异和分歧，文艺家们的观点并不完全一致。鲁艺戏剧系主任张庚在发言中还为鲁艺的正规化和专门化进行辩护，认为提高还是必要的。八路军一二〇师战斗剧社社长欧阳山尊是从前方回到延安的。座谈会前，他曾给毛泽东写信反映前方很需要文艺工作者的问题，毛泽东很重视，回信称其意见是对的。所以，欧阳山尊在座谈会上结合前方实际说，前方战士和老百姓迫切需要文艺工作，文艺工作者应该有一分热、发一分光，在实际中也会学到更多的东西。他提高嗓门说：这么多文学艺术家集中在延安干什么？应

---

① 毛泽东：《在延安文艺座谈会上的讲话》，《毛泽东选集》第3卷，人民出版社1991年版，第851—852页。

该上前线去，谁到我们战斗剧社来，我举双手欢迎！

5月23日下午，在文艺家们发言之后，毛泽东做总结。他一开始就从根本问题讲起："什么是我们的问题的中心呢？我以为，我们的问题基本上是一个为群众的问题和一个如何为群众的问题。""为什么人的问题，是一个根本的问题，原则的问题。"在这个根本的原则的问题上，文艺界同志"都有某种程度的轻视工农兵、脱离群众的倾向"。毛泽东说："同志们很多是从上海亭子间来的；从亭子间到革命根据地，不但是经历了两种地区，而且是经历了两个历史时代。一个是大地主大资产阶级统治的半封建半殖民地的社会，一个是无产阶级领导的革命的新民主主义的社会。到了革命根据地，就是到了中国历史几千年来空前未有的人民大众当权的时代。我们周围的人物，我们宣传的对象，完全不同了。过去的时代，已经一去不复返了。因此，我们必须和新的群众相结合，不能有任何迟疑。"①

关于如何为工农兵服务的问题，毛泽东着重谈了普及和提高的关系，他认为：我们的提高，是在普及基础上的提高；我们的普及，是在提高指导下的普及。在目前条件下，普及工作的任务更为迫切。"所谓普及，也就是向工农兵普及，所谓提高，也就是从工农兵提高"。这就需要解决向工农兵学习的问题，和新的时代相结合的问题。关于文艺批评，毛泽东说：我们要求的是"政治和艺术的统一，内容和形式的统一，革命的政治内容和尽可能完美的艺术形式的统一"。②

对于讨论中暴露出的许多思想问题，毛泽东就比较重要的进行了分析。他指出，在为工农兵和怎样为工农兵的基本方针解决之后，其他问题，例如，写光明和写黑暗的问题，团结问题等，便都一齐解决了。如果大家同意这个基本方针，则我们的文学艺术工作者，我们的文学艺术学校，文学艺术刊物，文学艺术团体和一切文学艺术活动，就应该依照

---

① 毛泽东：《在延安文艺座谈会上的讲话》，《毛泽东选集》第3卷，人民出版社1991年版，第853、857、857—858、876页。

② 毛泽东：《在延安文艺座谈会上的讲话》，《毛泽东选集》第3卷，人民出版社1991年版，第859、869—870页。

这个方针去做。离开这个方针就是错误的；和这个方针有些不符合的，就须加以适当的修正。

为了更好地帮助广大文艺工作者能真正转变立场，毛泽东强调对党内干部要进行关于知识分子政策的教育。他说："我们的政策是要小心地好好引导他们自觉地而不是勉强地和工农打成一片。少数人不能打成一片，要容忍他，这是思想问题，不能勉强，不能用粗暴的态度。"他还说：要使在军事、政府、党务、经济、教育等各方面工作的同志，"对文化人、知识分子采取欢迎的态度，懂得他们的重要性，没有这一部分人就不能成事"。①

毛泽东最后指出，延安文艺界还严重地存在着作风不正的东西，还有很多的唯心论、教条主义、空想、空谈、轻视实践、脱离群众等缺点，需要有一个切实的严肃的整风运动，展开一个无产阶级对非无产阶级的思想斗争。他相信经过整风，大家"一定能够创造出许多为人民大众所热烈欢迎的优秀的作品，一定能够把革命根据地的文艺运动和全中国的文艺运动推进到一个光辉的新阶段"②。

概括地说，毛泽东在延安文艺座谈会上讲话的"引言"部分，提出了要使文艺密切地为革命服务，主要解决几个问题：（1）立场问题，我们是站在无产阶级的和人民大众的立场，共产党员还要站在党的立场，站在党性和党的政策的立场。（2）态度问题，要暴露一切敌人的残暴、欺骗及其必然失败的前途，鼓励抗日军民同心同德，坚决打倒他们；对于朋友应有联合，有批评；颂扬人民的军队，人民的政党，人民的劳动和斗争。(3）对象问题，主要面对工农兵和党政军干部，要去了解他们，熟悉他们。(4）学习问题，学习马克思主义和学习社会，即学习马克思主义的基本观点，去研究社会上的各个阶级，它们的相互关系和各自状况，它们的面貌和它们的心理。

---

① 毛泽东：《文艺工作者要同工农兵相结合》，《毛泽东文集》第2卷，人民出版社1993年版，第430、432页。

② 毛泽东：《在延安文艺座谈会上的讲话》，《毛泽东选集》第3卷，人民出版社1991年版，第877页。

在“结论”部分，毛泽东共讲了五个问题：（1）文艺是为什么人的问题。我们的文艺是为工人、农民、人民军队、小资产阶级的。“为什么人的问题，是一个根本的问题，原则的问题。”（2）如何为工农兵服务的问题，即普及与提高的关系问题，要在普及基础上提高，在提高指导下普及。（3）关于党内关系的问题，党的文艺工作与党的整个工作的关系问题，党的文艺工作与党的整个工作的关系问题，党的文艺工作与非党的文艺工作的关系问题，文艺界统一战线问题。指出文艺是从属于政治、服务于政治的。无产阶级的文学艺术是无产阶级整个革命事业的一部分，是整个革命机器的齿轮和螺丝钉。（4）文艺批评的标准问题，政治标准第一，文艺标准第二，反对内容有害的艺术品，也反对只讲内容不讲形式的“标语口号式”的倾向。（5）针对文艺界目前存在的一些问题进行分析和批评。

总体上看，毛泽东针对文艺座谈会讨论的问题，针对延安文艺界的状况和争论，联系五四运动以来革命文艺运动的经验，从文艺为什么人服务和如何服务这一根本问题出发，谈到文艺与政治的关系，文艺的源和流的关系，普及与提高的关系，以及文艺批评的标准，文艺界的统一战线等许多重大问题。《在延安文艺座谈会上的讲话》在抗日战争的特定环境下，是站在马克思主义理论和方法论的高度，从政治的角度来看问题，系统地解决了革命文艺运动和革命文艺工作的根本问题、原则问题、方向问题，规定了完整的无产阶级革命文艺路线、方针和政策。

在民族民主革命战争的特定历史环境下，毛泽东《在延安文艺座谈会上的讲话》创造性地解决了“五四”以来文艺的大众化、民族化问题，奠定了中国共产党文艺政策的基石，将中国现代文艺运动推向一个崭新的阶段。

（二）解放区文艺运动走向崭新的阶段

毛泽东在延安文艺座谈会上的讲话，在文艺家眼前展现出一个新的天地。会后，延安文艺界纷纷投入到整风学习之中。首先是鲁艺的师生，他们认真学习整顿党风的文件和相关材料，对干部政策与领导工作，党员与非党同志关系，鲁艺与鲁艺以外的艺术界的团结，党员与党组织、个人与集体的关系，民主与纪律及怎样正确地进行党内斗争，反对平均主义等各方面问题，进行深入的讨论，在两周内提出1200余条意见，反映了鲁艺行政领导的某些缺点和一些宗派主义倾向。第一阶段学习结束时，院长周扬在大会总结中说，主观主义“关门提高”的教育方针，产生了不健全的组织领导。领导作风上，既有官僚主义的倾向，又有过于强调民主、忽视集中的现象。干部政策上，忽视思想意识的毛病，“个人第一，艺术第一”，“人性论”“温情主义”等都存在。艺术干部过于强调艺术特殊性，忽视组织原则。在与延安文艺界关系上有宗派主义倾向。周扬对此作了深刻自我反省，并在《解放日报》发表长文，对鲁艺的专门化教育进行检讨和自我批评。

青年艺术剧院召开整顿“三风”的会议，强调整风不仅要检查工作，主要检查人们的思想和做人的方法。艺术工作者要扫清“灵魂上的污点”，要做人类灵魂的工程师，首先要把自己的灵魂打扫干净。艺术工作者学习文件，主要在于求得新的艺术观及美学观。会议号召全院同志反省自己在戏剧工作创作方法上有什么毛病，强调无产阶级艺术家必须与群众结合、与斗争相联系。

延安文协的党风学习也比较深入，逐步克服了拿空洞当原则，拿琐碎当具体的偏向。为了给小资产阶级思想以无情的解剖，他们搜集材料供给反省人，在小会及大会上座谈，最后反省人和大家意见取得一致。被检查者大多诚实坦白，批评者也毫不客气，尖锐彻底，但不失其“与人为善”态度，接受批评者亦甚虚心。这些批评大多能掌握马列主义思想方法，向小资产阶级思想进攻，揭露文化人缺乏实际精神、与现实脱离的毛病。通过整风，大家对小资产阶级的“人性”与无产阶级的党性学会了区分，在生活创作上从个人中心转变到集体中心，认识到作家与工农结合的重要性，扫除了那些浓厚的小资产阶级的观点和情绪。

中央青委的墙报“轻骑队”，也在《解放日报》公开作自我批评，检讨在编辑工作中没有能坚持照顾全局、与人为善去批评，而是片面地去批评，甚至与被批评者完全是对立的。单凭主观的热情和对不良现象的憎恶，对是非利害关系不能权衡轻重，明计得失。对民主集中制作了片面理解。没有把所批评的每一事件加以周密的检查研究和慎重认真的考虑。有时只反映问题，没有提出正面的积极的意见。这就使同志间离心离德，产生涣散组织的恶果。他们表示，决心把“轻骑队”来个彻底改造，走向正确的方向。

毛泽东在讲话中向延安文艺界提出了一个刻不容缓的要求：“深入群众，改造自己”。对于这个要求，文艺界同志以前即使听过，甚至自己也主张过，却从来没有一次这样严肃地思考过。文艺座谈会后，延安的文学艺术家们纷纷要求到前线去、到农村去，蔚成风气。1943 年 3 月，中共中央文委和中央组织部召集党的文艺工作者开会，以使即将参加实际工作的党员作家充分了解党的文艺政策，实现毛泽东的讲话所指示的新方向。凯丰、陈云详细说明了作家到群众中去的重大意义和几个在认识上彻底转变的根本问题，提出为工农兵服务，必须“深入群众、改造自己”，并特别指出：作家到前方、到农村去并不是第一次，但这一次和过去各次都不同。过去很多同志都是去做客，甚至已经去工作了几年的仍觉得只是为了搜集写作材料，不觉得是群众中的一分子，和群众在思想感情上还保留着很大的距离。这次要根本打破宾主的界限。去的人不以客自居，群众也不以客相待，要直接地长期地老老实实去工作。下乡后一定会遇到很多困难，但是要有决心有耐心，“放下臭架子，甘当小学生”。①

据报载，延安作家响应党的文艺工作者会议的号召，纷纷下乡，践行党的文艺政策。诗人艾青、肖三，剧作家塞克赴南泥湾了解部队情况并进行劳军。作家陈荒煤赴延安县工作，小说家刘白羽及女作家陈学昭也准备到农村和部队去。作家、诗人高原、柳青等人出发到陇东一带。丁玲、刘白羽和其他文艺工作者，也做好下基层去的准备。延安文协许多刚从前方回来的同志，本拟停留一个时期从事创作，但参加党的文艺

---

① 艾克恩编纂：《延安文艺运动纪盛 1937.1—1948.3》，文化艺术出版社 1987 年版，第 427 页。

工作者会议后，有些同志感到以往去前方，仍是处在“做客”的情况中，并没有真正与群众为伍，因此他们又要下乡去。

1943年春节期间，延安的文艺活动空前活跃。鲁艺秧歌队百余人连续在杨家岭、中央党校、文化沟联防司令部等处表演。新节目有鲁艺的秧歌剧《兄妹开荒》，这是依据边区开荒劳动模范马丕恩父女的事迹改编创作的，反映了解放区的大生产运动，获得延安县委和部队指战员的热烈赞扬。毛泽东、朱德、周恩来、任弼时、陈云等领导人看后，都认为很好。演出还有四人花鼓《七枝花》、秧歌剧《二流子变英雄》，有快板、狮舞、旱船、推小车等，均以拥军、拥政、爱民及生产运动为主题。毛泽东看后连连点头赞道：这还像个为工农兵服务的样子。朱德说：今年的节目和往年大不同了！革命的文艺创作，就是要密切结合政治运动和生产斗争啊！

鲁艺宣传队每天给延安农村演出五六场秧歌，群众奔走相告：“鲁艺家来了！”这是老百姓对鲁艺文艺工作者亲昵的称呼。过去“关门提高”，自称“专家”，群众并不认可。如今放下架子，虚心向群众学习，诚诚恳恳地为他们服务，群众就称呼“鲁艺家”了。因此关键要看与群众结合不结合。专家这头衔，还是要由群众来封的。《解放日报》社论《从春节宣传看文艺的新方向》评论道：党中央召集文艺座谈会后，文艺界开始向新的方向转变。他们在思想上行动上的步调渐渐归于一致。许多脱离实际、脱离群众的小资产阶级自由主义的倾向逐渐受到清算，而毛泽东所指出的为工农大众服务的方向，成为众所归趋的道路。

1943年10月19日，毛泽东《在延安文艺座谈会上的讲话》在《解放日报》上全文发表。20日，中央总学委通知：这个讲话，是中国共产党在思想建设、理论建设事业上最重要的文献之一，是毛泽东同志用通俗的语言所写的马列主义中国化的教科书。此文件绝不是单纯的文艺理论问题，而是马列主义普遍真理的具体化，是每个共产党员对待任何事物应具有的阶级立场，是解决任何问题应具有的辩证唯物主义历史唯物主义思想的典型示范。各地党组织必须当作整风必读的文件，在干部和党员中进行深刻的学习和研究，规定为今后干部学校与在职干部必修的一课，并印成小册子发送到广大的学生、群众和文化界、知识界的党外人士中去。

中央宣传部于 11 月 7 日发出《关于执行党的文艺政策的决定》，要求：(1) 应认真学习毛泽东同志在延安文艺座谈会上的讲话，并实行之，使文艺更好地服务于民族与人民的解放事业，使文艺本身得到更好的发展。(2) 开展批评与自我批评，清除小资产阶级的错误思想。(3) 目前以戏剧新闻通讯为中心，面向工农兵群众。(4) 讲话精神适用于文化部门和党的工作部门，不仅是解决文艺观、文化观的材料，也是解决人生观、方法论的重要材料，要普遍深入宣传。

总之，经过整顿“三风”和学习宣传毛泽东的讲话，延安文艺界人士一扫过去那种脱离实际、脱离群众的不良风气，深入群众、深入基层、深入敌后抗日根据地，在斗争实践中创造出一大批深受工农兵欢迎的文艺作品。比如，戏剧方面有鲁艺创作的新歌剧《白毛女》，王大化和李波合演的秧歌剧《兄妹开荒》，马可的《夫妻识字》；旧剧改造方面有中央党校京剧队改编的《逼上梁山》，延安平剧院改编的《三打祝家庄》；小说、诗歌方面有赵树理的《小二黑结婚》《李有才板话》，李季的《王贵与李香香》等。在很短的时间内能涌现出这样一大批优秀作品，是文学艺术家们努力学习和实践毛泽东讲话精神所取得的成果。

1943 年 5 月，华北太行区作家赵树理通过从群众中实际调查得来的材料，发表短篇小说《小二黑结婚》，反映农村青年男女冲破封建包办婚姻，在生产劳动中自由恋爱的故事。这篇小说很快在群众中获得大量读者，仅在太行一个区就销行三四万册。故事还被改编成剧本，搬上舞台，使主人公小二黑、小芹几乎成了家喻户晓的人物。同年 10 月，赵树理又发表中篇小说《李有才板话》，他笔下的农民是地道的农民，人物对话是活生生的口语，从斗争的发展中表现人物的个性，用快板形式描写背景与人物，简洁、有力、风趣，被誉为解放区文艺的代表作，也是实践毛泽东文艺方向的杰作。

看到文艺界的进步，毛泽东十分高兴。1944 年 1 月，他在观看平剧《逼上梁山》的当晚，写了一封信给该剧的编导杨绍萱和齐燕铭。信中写道："看了你们的戏，你们做了很好的工作，我向你们致谢，并请代向演员同志们致谢！历史是人民创造的，但在旧戏舞台上（在一切离开人民的旧文学旧艺术上）人民却成了渣滓，由老爷太太少爷小姐们统治着舞台，这种历史的颠倒，现在由你们再颠倒过来，恢复了历史的面目，从此旧剧开了新生面，所以值得庆贺。郭沫若在历史话剧方面做了很好的工作，你们则在旧剧方面做了此种工作。你们这个开端将是旧剧革命的划时期的开端，我想到这一点就十分高兴，希望你们多编多演，蔚成风气，推向全国去！"①

1945 年 6 月 10 日，鲁艺为党的七大代表演出大型歌剧《白毛女》。该剧是以西北战地服务团邵子南从前方带回的河北民间传说故事作为题材的，在写出诗剧初稿后由鲁艺集体创作，由贺敬之、丁毅执笔，马可、张鲁、瞿维、焕之、向隅、陈紫、刘炽作曲，王大化、舒强、张水华导演，演员有林白、王昆、张守维、陈强、李波等。毛泽东和全体中央委员、党的七大代表观看了演出。演出获得很大成功。当戏演到喜儿被救出山洞，后台唱起"旧社会把人逼成鬼，新社会把鬼变成人"的歌声时，毛泽东和其他中央领导一同起立鼓掌。《白毛女》作为中国第一部反映劳动人民命运和斗争的新歌剧，为后来现代歌剧的发展提供了成功的经验。该剧在延安演出 30 多场，受到热烈欢迎。1946 年华北文艺工作团到了张家口继续演出，并根据群众意见作了重要修改，使剧本日臻完善。

总的来看，在深入学习和把握毛泽东《在延安文艺座谈会上的讲话》的精神以后，在延安文艺工作者的带动下，各抗日根据地、解放区及全国的文艺运动走向一个崭新的阶段。

（三）将解放区革命文艺的种子撒向全国

1945 年 8 月 15 日，日本宣布无条件投降，抗日战争以中国人民取得伟大胜利宣告结束。为了争取战后和平民主建国，10 月 28 日毛泽东亲率中共代表团飞临重庆，与国民党、蒋介石进行和平谈判。在重庆停留的

---

① 中共中央文献研究室编：《毛泽东书信选集》，中央文献出版社 2003 年版，第 199 页。

43天中，毛泽东与大后方的文化界人士进行了广泛接触。在民主同盟的"民主之家"，毛泽东挥毫写下1936年他在陕北作的词《沁园春·雪》，传遍了整个山城。当时在重庆的美国记者安娜·路易斯·斯特朗曾评述说，毛泽东写的这首词震惊了重庆文坛，"那些文人学士本以为他是一个从西北窑洞来的土宣传家，而看到的却是一个在哲学和文学方面都远远超过他们的人"①。刚健雄浑的陕北文艺，无疑成为展示中国共产党领导的革命根据地精神面貌的一个重要窗口。

抗战结束后，中国面临着光明与黑暗两种前途、两种命运的斗争。中共领袖毛泽东以"和为贵"亲赴重庆谈判，就是为了争取和平民主建国的光明前途。但在谈判期间，蒋介石命令国民党军队沿平绥、同蒲、平汉、津浦铁路向华北解放区大举推进，并向晋东南解放区发动进攻。中共中央将政治谈判与军事斗争密切结合，令华北解放区积极作好自卫还击的准备，并在晋东南上党地区给进犯的国民党军以沉重打击，迫使蒋介石不得不在谈判桌上接受中共和平建国的主张。

为配合华北前线的斗争，中央决定由延安文协发起与鲁艺联合组织文艺工作团，第一团40余人由舒群带领，准备去东北开展工作；第二团50余人由艾青带领，前往晋察冀解放区。在延安各界的欢送会上，中共中央组织部代理部长彭真指出，文艺工作者经过思想改造，使文艺普及工作有了很大的创造，以后还要把文艺普及到新解放区和全中国去。他要求：(1) 更应深入群众，准备到工厂、贫民区、矿山去。(2) 和当地干部结合，虚心当他们的小学生，先估计他们的工作成绩，然后批评缺点。(3) 反映当地群众的生活，而不是把延安的一套硬搬出去。周恩来在欢送会上勉励大家要贯彻毛主席的文艺政策和鲁迅方向，坚持文化统一战线政策；号召文艺工作者在新时期中更须长期埋头苦干，不求急于出名，不怕默默无闻；到了新地区，尤其防止骄傲，要比现在更虚心，这样才能顺利地开展工作。

---

① 安娜·路易斯·斯特朗：《中国人征服中国》，刘维宁等译，北京出版社1984年版，第49页。

经过50多天的徒步长途行军，华北文艺工作团先期到达晋察冀解放区的首府张家口，不久即归并于华北联合大学，恢复文艺学院，内设文学、戏剧、美术、音乐、新闻5个系，1个舞蹈组，并设有文工团、文艺研究室、美术工厂等。同时由华北联大校长成仿吾主编，出刊大型综合刊物《北方文化》。华北文艺工作团的艾青，以及丁玲、邓拓、萧三、杨献珍等都是这个半月刊的编委。由此，延安文艺工作者迈出了走向全国的第一步。

鉴于抗战结束后，蒋介石立即从西南、西北密集调运几十万军队前往接收东北地区，中共中央为争取主动，作出抢占东北的重大战略决策。9月15日，中央决定在东北地区成立中央局，派出中央政治局委员彭真、陈云、高岗、张闻天在内的20名中央委员、候补中央委员，迅速组织2万名军政干部和11万部队挺进东北，收复失地，建立民主政权，同国民党反动派进行针锋相对的斗争。

为了配合军事斗争，中央决定把延安大学各学院包括鲁艺，全部迁到东北新解放区继续办学，与东北文艺工作团共同开展工作。11月工作团出发前，毛泽东、周恩来分别接见并作临别赠言。周恩来说，你们到后要生根开花，必须联系那里的群众，按照当地老百姓喜闻乐见的形式来进行艺术宣传工作，决不能硬搬延安的经验。毛泽东勉励说：东北形势紧张，是必争之地，现在还是敌强我弱。我们要集中优势兵力，歼灭敌人。你们这次去东北的任务是争取青年，办大学，一定要把延安的精神和传统带到东北，要和群众结合起来，为群众服务。东北文艺工作团出发后，由于东北战场形势急转，中央电令工作团和整个延安大学迁校队伍暂转张家口待命，并与华北联合大学汇合，分编为工作队，参加正在开展的土地改革运动。

滞留半年之后，1946年6月，以鲁艺为主体的东北文艺工作团奉命从张家口出发，穿越内蒙古草原和东北的辽阔土地，冒着炮火硝烟步行几百公里，到达东北重镇哈尔滨，很快开展了许多文艺活动，特别是演出歌剧《白毛女》，把解放区文艺带到东北来，播撒新文艺的种子，受到群众的热烈欢迎。7月，鲁艺到达合江省首府佳木斯建院，由东北人熟知的作家萧军担任院长，音乐家吕骥任副院长，首批招收第七届学员50余人。当时合江省委正在组织部队进行剿匪，东北鲁艺文工团就深入到剿匪山区进行文艺宣传，配合部队开展剿匪斗争。

这时，东北的军事形势出现暂时的相持局面，中共中央东北局决定抓住这个有利时机，动员12000名干部下乡开展土改运动，巩固扩大解放区。根据形势的需要，东北局提出鲁艺要改变以课堂教学为主的学院形式，暂时编成以创作实践为主的文艺工作团。鲁艺先后组成4个工作团：瞿维、寄明为团长的一团，前往牡丹江；张水华、潘奇为团长的二团在合江；向甬为团长的三团，奔赴哈尔滨；张庚为团长的第四团，到南满。不久，鲁艺又在哈尔滨成立以吕骥为团长的东北音乐工作团。这5个工作团随同土改工作团，足迹遍及北满、南满、东满的67个市县，他们在北满长白山下，松江两岸，在南满鸭绿江畔、辽东半岛和松辽平原，深入农村和部队，以文艺创作与演出配合党的中心工作，成为一支坚强有力的文化军队。

为了支援战争，东北解放区掀起支前生产的热潮。曾在鲁艺任教的作曲家马可带领文艺战士们来到哈尔滨钢铁厂，和工人们一起加入到热火朝天的恢复生产之中，创作出脍炙人口的歌曲《咱们工人有力量》，成为中国工人阶级迈向新中国时唱出的第一首高昂的战歌。

丁玲于延安文艺座谈会后，遵照毛泽东的指示，沿着文艺为工农兵服务的方向深入生活。她多次来到农村，与农民群众结合。1945年她从延安来到晋察冀，主编文学杂志《长城》，并与人合作写了三幕话剧《窑工》。1946年到1948年，丁玲多次参加华北农村土改，在经受群众斗争锻炼、体验生活的基础上，以极大的政治热情创作了反映华北农村土地改革运动的长篇小说《太阳照在桑干河上》。这部小说艺术地再现了中国农村从未有过的巨大变革，塑造了一系列新型农民的形象。由于作品所写题材的重要意义，特别是作品在思想上和艺术上获得的成就，小说于1948年出版后引起很大反响。这部作品是丁玲整个创作生涯中最重要的收获，也是延安文艺座谈会以来我国长篇小说创作取得的突出成绩。

鲁艺文学系教师周立波，于1946年10月到达哈尔滨，并参加了土改工作团。他通过深入生活、调查研究，积累了大量素材，边搞土改，边写小说，于1948年完成了两卷本长篇小说《暴风骤雨》的创作。这是一部完全来源于实际斗争与生活的作品，形象地反映了解放战争时期东北农村土地改革运动的全程和全貌，与丁玲的《太阳照在桑干河上》一道，被誉为中国现代文学史上较早反映农民翻身解放的“史诗性作品”。之后，这两部文学作品互相媲美，共同获得1952年斯大林文学奖。

早在1946年4月，当东北民主联军接管长春时，袁牧之、舒群、田方等人就奉命组织“株式会社满洲映画协会”的进步工人接管了“满映”。不久，因东北战局发生变化，他们将“满映”从长春撤离到兴山，建立了东北电影制片厂。1947年10月，延安电影制片厂工作结束，成立西北电影工学队，成员有钟敬之、凌子风、王岚以及从陕晋两省文工团调来的成荫、刘西林、孙谦、赵伟等近30人。他们由钟敬之任队长，从晋西北兴县出发，辗转8个月才到达兴山，与东北电影制片厂会合。在拍摄大量新闻纪录片的同时，东北电影制片厂开始尝试创作美术片、动画片，《瓮中捉鳖》《皇帝梦》都是这个时期完成的寓政治于艺术的影片。新中国第一部真正意义上的故事片《桥》就诞生在东北电影制片厂，它讲述的是工人兄弟为了支援人民战争而加班加点抢修一座铁路桥梁的动人故事。这部影片的编剧就是当年延安鲁艺戏剧系教员于敏。

1948年底，中共中央东北局决定在沈阳恢复鲁艺，由吕骥、张庚分别任院长、副院长，在沈阳招收第八届学员。进入沈阳后，东北5个文艺工作团又合起来，成为东北鲁迅文艺学院。设有戏剧部、音乐部、美术部，并成立歌剧团、音乐舞蹈团。全国解放后，鲁艺在音乐部基础上成立东北音乐专科学校，后改称沈阳音乐学院；在美术部基础上成立东北美术专科学校，后改称鲁迅美术学院。鲁艺戏剧系大部分师生调到东北人民艺术剧院，一部分干部调往东北戏曲研究院。这样，从延安走出来的文艺家们就把革命文艺的火种撒向全国，他们先后随军进入全国各主要城市，从事文艺组织领导、文艺创作、艺术表演和文艺编辑出版等各项工作，像种子一样撒遍了全国，并在各地生根、开花、结果，成为新中国的艺术教育事业的中坚力量。①

---

① 参见闫东主编：《大鲁艺》，中国民主法制出版社2013年版，第122页。

（四）国统区党领导的文化第二条战线

在解放区革命文化蓬勃发展的同时，共产党在国民党统治区领导的文化工作也取得卓著成绩。中共领导的国统区文化运动的发展，一方面形成与党领导的军事战争、政治斗争相配合的文化第二条战线，一方面同抗日根据地和解放区发展起来的新民主主义文化共同构成中华民族的新文化，为新民主主义革命在全国的胜利做好了思想文化方面的准备。

在新闻宣传方面，中共中央南方局充分发挥党在国民党统治区公开出版的《新华日报》《群众》周刊的舆论导向作用，冲破国民党新闻检查制度的限制，大力宣传共产党新民主主义的革命主张，指导国统区的抗战和民主运动，反映大众的呼声。南方局还领导建立了以民间形式出现的《救亡日报》《国际新闻社》《华商报》等新闻宣传阵地，创办了“左中右三方面的人都喜欢看”，“讲人民大众想讲的，讲国民党不肯讲的，讲《新华日报》不便讲的”的报纸和通讯社，扩大了党的新闻宣传工作的影响，动员更多的民众参加到民族民主斗争中来。

到解放战争时期，南方局党的新闻宣传工作得到更大发展，在上海建立了以《群众》周刊为中心、以共产党员和进步人士创办的各种报刊相配合、反对国民党内战独裁政策的新闻宣传阵地。以后，中共又在香港建立了《群众》周刊、香港版《华商报》、“国新社”、《正报》《经济导报》等众多报刊和新闻社组成的舆论阵地，并同民主党派、进步人士主办的《光明报》《人民报》《文汇报》《大公报》《星岛日报》等，结成更广泛的新闻宣传的统一战线，掀起反对国民党反动统治，争取人民自由民主的宣传声势，有力地配合全国解放战争。中共还通过在纽约的《华侨日报》，向华人华侨介绍国内革命的发展，宣传即将建立的新中国的大政方针，号召和动员留学人员回国参加新中国建设。

南方局重视支持和引导全国文协等抗战文艺团体，组织文艺家到抗战的前线去体验生活、开展创作；开展反帝反封建文艺理论的讨论，批判影响抗战文学发展的错误倾向，引导文学坚持抗战的方向。进步文学家共同努力，在重庆、桂林、香港等地建立了抗战文学中心，极大鼓舞了中国军民抗战的决心和热情，使抗战文学成为国民党统治区文学的主流，充分发挥了文学在动员民众反抗日本侵略斗争中的作用。

1943 年毛泽东《在延安文艺座谈会上的讲话》公开发表以后，南方局引导进步文艺工作者学习讲话精神，进一步明确文艺工作者反帝反封建的任务，确立文艺为人民大众服务的方向。文艺家把“抗战、团结、民主”作为文艺创作的目标，积极探索文学为工农大众服务的道路，创作了一批暴露社会黑暗、颂扬人民反抗精神的作品。在抗日战争后期至抗战胜利后几年间的民主运动激流中，诗歌、戏剧、小说、漫画、木刻、歌咏、电影等文艺形式，都不同程度地发挥了战斗的作用。文学方面涌现出一些新的作品，如马凡陀山歌诗集，剧本《升官图》，小说《虾球传》等。这些作品受到解放区革命文艺的影响，力求向民族形式与大众化的方向发展，或以国统区市民生活为题材，从不同侧面反映国统区政治腐败、经济崩溃、社会混乱现象，或辛辣地讽刺国民党官僚集团的腐化堕落，激发读者的不满、反抗与追求新的前途的情绪。诗歌《火把》《给战斗者》以及歌曲《团结就是力量》等，鼓舞了国统区人民的革命斗志。

在戏剧方面，针对抗战后期国民党顽固派接连掀起的反共高潮，在周恩来的指导下，戏剧工作者创作演出了以《屈原》《天国春秋》《棠棣之花》《忠王李秀成》等为代表的一批借古讽今、针砭现实的历史剧，以及《法西斯细菌》《雾重庆》《风雪夜归人》等一批揭露国民党当局黑暗统治的话剧，给国民党的反共分裂行为和专制统治以有力回击，促进了国统区进步文化工作的恢复发展。1944 年春，南方局在桂林组织了来自南方 8 省 30 余个戏剧团队 1000 余人参加的长达 3 个月的西南第一届戏剧展，动员国统区人民积极投入民主运动，争取抗战的胜利。

全国解放战争时期，中共团结进步电影工作者，在上海建立电影公司，团结一批导演和演员，迅速恢复因战争受到影响的电影制作工作，相继拍摄了《八千里路云和月》《一江春水向东流》《万家灯火》等多部思想进步、艺术精湛、影响广泛的影片，深刻地反映中国社会的现实，鞭挞国民党的腐败和黑暗统治。在南方局的领导下，反帝反封建的戏剧电影在抗日救亡运动和反对国民党反动统治的斗争中得到极大发展，产生了一大批很有影响的戏剧电影作品，以郭沫若、夏衍、田汉、阳翰笙、欧阳予倩、洪深、曹禺、吴祖光、陈白尘、蔡楚生、金山、张瑞芳等为代表的一批剧作家、导演和演员，成就了中国戏剧电影发展史上一个特殊而重要的时期，发挥了进步文艺工作者在民族民主革命斗争中的重要作用。

在书刊出版方面，南方局在国民党统治区的恶劣环境下，建立了以生活、读书、新知三家书店为核心的出版阵地，建立了遍布南方各地的进步书刊发行网，坚持以进步文化思想影响和教育民众，编辑出版了一批在全国有重要影响的哲学、社会科学类书籍和抗战进步刊物，翻印了马列著作、毛泽东著作和中共领导人抗战言论集，向大后方人民提供了宝贵的精神食粮和前进动力。抗战胜利后，这三家书店又在上海建立新的出版中心，同时建立包括南方各地以及北平、台北、香港等城市的全国进步书刊发行网，有力地配合了国统区人民争取和平民主的斗争。全面内战爆发后，三家书店转移到香港，与新民主出版社、中国出版社、正报出版社、桂林文化供应社等中共和进步人士主办的出版机构建立新的出版基地，较系统地出版毛泽东著作、宣传介绍新民主主义政策的小册子、解放区的文学作品和社科文学类书籍，形成进步书刊出版的高潮。全国解放前夕，三家进步书店按照中国共产党的指示实现联合，组建了生活·读书·新知三联书店。

音乐美术方面，抗日战争胜利前后，当民主运动、反美、反饥饿、反“戡乱”等等群众运动的浪潮起伏于各大城市的时候，许多青年文艺工作者在这些伟大的斗争中所起的作用，也是不容忽视的。他们适应斗争的要求和群众的需求，临时编写了短篇报告、活报剧、街头剧、漫画、歌曲等等，既反映了群众的热烈的斗争情绪，又鼓动和组织更多的群众加入斗争。他们自身是参加斗争的成员，生活在群众中，所以在斗争中临时急就的作品一般都是有血有肉，立场明确而坚定。解放战争时期，音乐、歌咏、大合唱等艺术形式，成为学生和广大群众争取民主运动的锐利武器，讽刺国民党腐败统治、要求和平民主、鼓舞人民斗志的歌曲不断涌现。美术工作者创作了许多揭露美国扶蒋反共政策、反对内战和反映国统区人民痛苦生活的作品，动员人民起来反对国民党的内战独裁政策。

在发展教育事业方面，从全民族抗日战争时期到全国解放战争时期，南方局领导在国民党统治区建立和发展了包括初等教育、成人教育、高等教育在内的各类学校教育；抗战胜利后，还支持陶行知、李公朴在重庆创办以招收失学青年为主的社会大学，大力进行民主思想的教育。社会大学和陶行知创办的育才学校，成为重庆学生运动的生力军。国民党发动全面内战后，南方局又在香港创办了由共产党和民主党派合作的全日制文科大学——达德学院，为革命和建设培养和输送了一批人才。

在科学研究方面，首先是社会科学，南方局领导党内外学者和理论工作者，结合斗争的实际和需要，开展了社会科学研究和思想理论斗争。《新华日报》、《群众》周刊聚集了一批党的青年理论工作者，从政治理论上批驳国民党宣扬的唯心主义和反动思想，揭露其封建法西斯本质，宣传辩证唯物主义和历史唯物主义，引导人民不断前进。1943 年春夏以后，党的理论工作者发表大量文章，从政治、经济、哲学、历史等各个方面，对蒋介石《中国之命运》一书歪曲中国的历史、鼓吹中国的法西斯主义、诬蔑共产党和人民军队的谬论，进行了深刻揭露和批判。通过党内外专家学者的努力，哲学、历史学、经济学等方面都有优秀作品问世，出版了《简明中国通史》《中国社会史教程》《青铜时代》《十批判书》《中国史典》《社会史论》《中国近代思想学说史》《帝国主义与中国政治》等一批学术著作。这些学术成果开辟了以历史唯物主义和辩证唯物主义指导社会科学研究的新道路，对帮助群众认识中国社会发展规律，认识中国反帝反封建的必然性，反对唯心史观、树立唯物史观方面起到了很大作用。①

自然科学方面，先是 1939 年春，在周恩来、潘汉年的推动下，在重

① 彭亚新主编：《中共中央南方局的文化工作》，中共党史出版社 2009 年版，第 357—363 页。

庆成立了自然科学座谈会，有梁希、潘菽、涂长望、金善宝、谢立惠等约 20 位科学工作者参加。这是一个不公开的科学团体，其成员在《新华日报》发表文章则以化名出现。1944 年下半年，为了进一步扩大科学文教方面的统一战线，周恩来指示《新华日报》负责人指导和协助自然科学座谈会，积极团结更多的科学工作者、教育工作者，组织范围较广泛的、公开的科学团体。经征求国民党区域各大城市的科学技术工作者参加发起，以及周恩来向有的著名科学家做动员工作，得到竺可桢、李四光、任鸿隽、丁燮林、严济慈等著名科学家及其他科技工作者 100 余人的赞成。经过一段时间的筹备，1945 年 7 月 1 日，中国科学工作者协会在重庆成立。中国科协的领导机构是理事会和监事会。竺可桢任第一届理事长，李四光任第一届监事长。中国科协的成立，为新中国发展人民的科学事业打下了基础。中华人民共和国成立前夕，为团结科技工作者为新中国建设事业贡献力量，中共中央批准由中国科学社、中华自然科学社、中国科学工作者协会和东北自然科学研究会 4 个科学团体共同发起，筹备召开中华全国自然科学工作者代表会议，并选出正式代表 15 人、候补代表 2 人参加了中国人民政治协商会议第一届全体会议。

在抗战胜利后，尤其是全面内战爆发后，中国共产党领导国民党统治区人民开展了争取国内和平民主、反对内战独裁的斗争，党的文化统一战线进一步扩大，从国统区南方向着华东、华中地区发展。这时，一些文化团体的名称因抗战胜利有所改变，如中华全国文艺界抗敌协会更名为中华全国文艺界协会。有的文化团体和学生团体从内地迁回到战前所在地，人员有所分散，但这些都没有妨碍它们团结在当地中共党组织的周围继续斗争，以各种形式掀起声势更大的宣传和文化运动，并同国统区各界人民联合起来，形成反对国民党反动统治的第二条战线，为推翻国民党的反动统治进行坚决的斗争。

1949 年初，辽沈、淮海、平津三大战役告捷，人民解放军第四野战军接受中央军委的新任务，厉兵秣马，挥师南下，打过长江去，解放全中国。迅猛发展的革命形势，日益扩大的新解放区的各项工作，急需大批干部，特别是知识分子干部。2 月初，经中共中央批准，建立四野南下工作团，在平津地区直接招收万名学生参军，即以总团长谭政、副总团长陶铸的名义，在《人民日报》《北平解放报》《天津日报》上刊登招考启事和简章。在短短几天的时间内，清华大学便有1000多名学生报名，约占在校生的三分之一，有的全班同学都报了名。北京大学、辅仁大学、燕京大学、朝阳学院、华北学院、北平铁道管理学院、中国大学、中法大学、铁路专科学校、北平艺术专科学校等院校的学生，还有部分中学生，都争先恐后报名，场面热烈。经过笔试、面试及体检，共招收了8600余人，绝大部分是受过高等教育或中等教育的青年学生。随后，他们分别集中在北平、天津和德州进行政治、军事、文艺等各方面的强化培训。8月初，南下工作团3个分团参加了北平、天津市人民举行的盛大的欢送仪式后，乘火车南下。他们走进军营，走进厂矿，走进乡村，走进机关，走进院校，迅速成为各条战线上的一支生力军。他们走向基层，深入群众，越是艰苦的地方越是要去，在广阔的中南、西南大地到处见到他们的身影，边远山区和少数民族村寨也有他们的足迹。南下工作团成员为开辟新解放区贡献了青春年华，同时也为解放区革命文化的传播作出了历史性贡献。

纵观中国现代文学艺术发展史，自1919年到1949年的30年，从近代中国文化激荡和五四新文化运动中一路走来的中国共产党，迎来了中国革命的胜利。在中国共产党的统一领导下，在毛泽东《在延安文艺座谈会上的讲话》的指引下，作为建立和发展民族的科学的大众的文化即中华民族新文化的开拓者、先行者，革命根据地和解放区的文艺工作者，与在国民党统治区的文艺工作者，两路文化大军相逢在胜利会师的旗帜下，走上新中国文化建设更为广阔的大舞台。中国现代文艺运动史揭开了新的篇章。

第二章
新民主主义文化纲领在全国的实施

一、中国文学艺术工作者的盛会

（一）两支革命文艺队伍的团结会师

在中国人民解放军占领南京，势如破竹向南方各省的进军声中，1949年6月15日，新政治协商会议筹备会第一次全体会议在北平隆重召开，中国共产党团结带领各民主阶级、各民主党派、国内各民族以及海外华侨的代表筹备建立新中国的各项工作有条不紊地拉开了序幕。在制定建国大纲《中国人民政治协商会议共同纲领》，起草中央人民政府组织法，确定国名、国旗、国歌、纪年等建立新中国重大事项的同时，根据革命迅速走向全国胜利的形势，中国共产党还决定将党长期领导的、过去分割在解放区和国民党统治区的各界人民团体，扩大改组为全国统一的团体组织。继1948年8月第六次全国劳动大会在哈尔滨举行，恢复了中国工人阶级统一的全国性组织——中华全国总工会后，各人民团体加紧进行这方面的筹备组织工作。

1949年3月初，中华全国学生第十四届代表大会在北平举行，正式组成中华全国学生联合会。3月至4月间，全国妇女代表大会第一次代表大会在北平举行，成立了中华全国民主妇女联合会。4月，中国新民主主义青年团第一届全国代表大会在北平召开，成立了中国新民主主义青年团。5 月，全国青年代表大会第一次会议在北平举行，成立了中华全国民主青年联合总会。7 月，中国文学艺术工作者第一次代表大会（简称第一次文代会）在北平召开，成立了中华全国文学艺术界联合会。随后，全国自然科学工作者、社会科学工作者、教育工作者、新闻工作者的代表也举行会议，分别成立全国性组织的筹备委员会。这些人民团体均分别推选出参加新政协筹备会的代表人选。

在这新中国即将诞生、中华民族历史即将揭开光辉一页的日子里，中国共产党把新国家新社会的文化建设工作提上了日程。文代会的筹备工作是在北平刚解放不久就开始进行的。1949 年 2 月，大批华北解放区的文艺工作者来到北平，不久，国统区的许多文艺家也陆续到达这个文化古都，加上原来在北平坚持文艺工作的人员，这就形成了中国新文艺大军的首批大会合。3 月 22 日，华北文化艺术工作委员会和华北文协举行茶会，招待在北平文艺界人士，郭沫若在会上提议：发起召开全国文艺工作者代表大会，以成立新的全国文艺界的组织。这一倡议得到全体与会者的一致赞同。

1949 年 7 月，经过 3 个多月的筹备，中华全国文学艺术工作者代表大会开幕。先后与会的有文艺界各艺术领域、各地方、各民族的代表 824 人。与会者代表着 7 万多新文艺工作者以及数以万计的分散在广大城乡的旧戏曲和曲艺人员。毛泽东亲临大会讲话，朱德代表中共中央致贺词，周恩来向大会作政治报告。大会总主席郭沫若在会上作《为建设新中国的人民文艺而奋斗》的报告，大会副总主席茅盾、周扬分别作关于国统区、解放区文艺运动的报告。大会听取各方面代表的一系列报告和专题发言，进行热烈的讨论和交流，产生了“全国文联”和下属文学、戏剧、电影、音乐、舞蹈、美术工作者的协会以及戏曲改革协会、曲艺改进会等组织，至 7 月 19 日大会闭幕。

这次文代会是全国各路文艺大军的一次大会师。正如周恩来在大会政治报告中所概括的：“这次文艺界代表大会的团结是这样一种情形的团结：是从老解放区来的与新解放区来的两部分文艺军队的会师，也是新文艺部队的代表与赞成改造的旧文艺的代表的会师，又是在农村中的，在城市中的，在部队中的这三部分文艺军队的会师。这些情形都说明了这次团结的局面的宽广，也说明了这次团结是在新民主主义旗帜之下，在毛泽东同志新文艺方向之下的胜利的大团结，大会师。”①

中国新文学运动是无产阶级领导的统一战线的运动。在“五四”以后长期的民族民主革命过程中，虽然也有一些人经不住考验而被淘汰，却不断有成批新的分子参加进来，使新文学队伍得到发展壮大。参加这次文代会的，就不仅有历来进步的文学工作者，而且也有不同倾向、不同阶层、不同方面的文艺家。包括曾被新文学阵营作为对立面批判的“鸳鸯蝴蝶派”的有代表性的作家，后来也在现实斗争推动下投入了这个统一战线，写出了具有进步意义的作品。一般来说，在苏联等社会主义国家里，无产阶级革命的胜利曾使一些本国旧时代的作家流亡到国外。但是中国无产阶级领导的民主革命的胜利，却使广大文艺工作者感到欢欣鼓舞，连一些多年远居国外的作家也纷纷归来。这是中国革命胜利的一个特点也是优点。

中国共产党领导筹建新中国，广揽天下英才，群贤毕至，参加新政协的单位和代表人选名单被印制成表册，其中包含了各民主党派、各人民团体、各地区、人民解放军、少数民族、海外华侨和宗教界等方面的代表，也包含了中国民族民主革命各个历史时期为人民事业作出过贡献的知名人士和代表人物。正如周恩来在新政治协商会议筹备会上所说：“我们重视由革命战争中锻炼出来的朋友，在土地改革和敌后根据地斗争中锻炼出来的朋友，在国民党统治时期的民主运动中锻炼出来的朋友，脱离反动派而起义的朋友，保护国家器材有功的朋友，使这次政治协商会议成为集中代表全国人民力量的大会。”② 这就是人民民主革命的原则。这个原则，在中华全国文学艺术工作者代表大会上同样得到体现。

---

① 周恩来：《在中华全国文学艺术工作者代表大会上的政治报告》，《周恩来选集》上卷，人民出版社 1984 年版，第 358 页。

② 周恩来：《关于人民政协的几个问题》，中共中央文献研究室、中央档案馆编：《建党以来重要文献选编（一九二一——一九四九）》第 26 册，中央文献出版社 2011 年版，第 696 页。

在全民族抗日战争初期，中国共产党就在国统区建立了文艺方面的统一战线组织——中华全国文艺界抗敌协会，日本投降以后改名为中华全国文艺协会（简称文协）。文协广泛地团结各抗日阶层的文艺工作者，并动员与组织他们参加许多工作和活动。无论是抗战初期的抗日宣传工作，抗战后期对国民党顽固派的民主斗争，还是抗战胜利后，尤其是国民党发动反人民的内战以后所开展的反内战、反迫害、反伪宪法运动，文协都做了许多工作，一直坚持到最后，这个团体都还是为进步文艺工作者所领导的。为此，周恩来《在中华全国文学艺术工作者代表大会上的政治报告》中指出："抗日战争期间在国民党统治区成立的中华全国文艺协会，也就是今天的大会发起团体之一，除了很少几个反动分子被淘汰以外，那个团体的文艺工作者几乎全部都团结在新民主主义的旗帜之下，并且他们的主要代表人物也几乎全部都来参加了这个大会。"① 这个事实说明，第一次文代会是中国文艺界的一次空前广泛的团结、会师的盛会。

这次文代会又是中国新文艺成就的一次大检阅。"五四"以来的新文艺，虽然只有 30 年历史，却取得了重大的成就，涌现了许多优秀或相当优秀的作品，有力地配合了各个阶段的革命斗争，教育影响了千千万万青年走上革命的道路，对历史发展尽到了自己应尽的责任。革命的文艺工作者与人民大众经历着共同的苦难和战斗，有着共同的命运和悲欢。如同郭沫若在《为建设新中国的人民文艺而奋斗》的报告中所说，"在各个历史时期，中国新文艺运动的主流都是当时的革命政治运动的一个重要的战斗单位。为了取得新的民主主义的政治革命和文艺革命的胜利，曾经有许多文学艺术工作者和英勇的中国人民一起献出了他们的血和生命。在土地革命时期，有一些左翼文学家艺术家为国民党反动派所杀害。在抗日战争和人民解放战争时期，有更多的文学艺术工作者牺牲在战场上，牺牲在监狱中，牺牲在特务的手里"②。

就整体看来，国统区的进步的革命的文艺运动是能够配合着各个时

---

① 《周恩来选集》上卷，人民出版社 1984 年版，第 344 页。

② 郭沫若：《为建设新中国的人民文艺而奋斗》，中华全国文学艺术工作者代表大会宣传处编：《中华全国文学艺术工作者代表大会纪念文集》，1950 年，第 41—42 页。

期的革命形势，在思想斗争上起了积极作用的。无论反动派的压迫如何残酷，思想统制如何严密，进步的革命的文艺工作者始终善于灵活作战，迂回曲折，此起彼伏，乘虚伺隙，互相呼应，终于能够冲破反动派的压迫，击垮了一切反动的文艺活动，而打了胜仗。它之所以能打胜仗，基本的原因，在于进步的文艺运动是和站在人民大众立场的人民革命运动的方向完全一致的。正因为如此，进步的革命的文艺运动才有着反动派无论如何也压不死的力量，它在群众中所起的积极影响，反动派无论用什么方法也抵制不了！

基于中国共产党对近 30 年革命文艺运动的影响和作用的深刻认识，毛泽东在亲临大会的简短讲话中，对新文艺工作者给予十分亲切而崇高的评价："你们都是人民所需要的人，你们是人民的文学家、人民的艺术家或者是人民的文学艺术工作的组织者。你们对于革命有好处，对于人民有好处。因为人民需要你们，我们就有理由欢迎你们，再讲一声，我们欢迎你们"①。

由毛泽东作了重要修改的《中共中央给中华全国文学艺术工作者代表大会的贺电》，更进一步指明："人民革命的胜利，人民政权的建立，是决定一切的。如果没有人民革命的胜利，如果没有人民政权的建立，进步的文学艺术工作者就不可能有今天这样的大团结，进步的文学艺术工作就不可能在全国范围内和全体规模上获得自己的发展"②。贺电强调："我们中国是处在经济落后和文化落后的情况中。在革命胜利以后，我们的任务主要地就是发展生产和发展文化教育。人民革命的胜利和人民政权的建立，给人民的文化教育和人民的文学艺术开辟了发展的道路。我们相信，经过你们这次大会，全中国一切爱国的文艺工作者，必能进一步团结起来，进一步联系人民群众，广泛地发展为人民服务的文艺工作，使人民的文艺运动大大发展起来，借以配合人民的其他文化工作和人民的教育工作，借以配合人民的经济建设工作。"③ 人民的文化教育，人民

---

① 中共中央文献研究室编：《毛泽东文艺论集》，中央文献出版社 2002 年版，第 131 页。

② 中共中央文献研究室编：《毛泽东文艺论集》，中央文献出版社 2002 年版，第 129 页。

③ 中共中央文献研究室编：《毛泽东文艺论集》，中央文献出版社 2002 年版，第 129—130 页。

的文学艺术，人民的文艺运动，为人民服务的文艺工作，中共中央贺电的主词就是“人民”二字。

这次文代会也是“五四”以来新文艺基本经验的一次大总结、大交流。新文学30年的发展过程，可以说一方面是向世界进步文学学习，从文学内容到表现形式无不反映了中国逐渐走向现代化的过程；另一方面又是文学同人民群众日益结合，同民族传统密切结合，逐步民族化、大众化的过程。中国文学现代化的真正起点是五四文学革命。经过这场革命，中国文学才开始有了称得上是现代民主、科学的内容，才开始有了科学社会主义的思想因素，才开始与世界进步文学取得共同的语言。同时，30年的历史经验特别是延安文艺座谈会后的发展经验证明，文学的现代化又必须与文学的民族化、群众化过程相结合。只有实现这两者的结合，新文学才能具有鲜明的民族特点，才能在人民中生根，真正为广大人民服务，为工农兵服务。第一次文代会的大会宣言体现了这样的基本认识：“这些年的经验证明了毛主席文艺方针的卓越的预见与正确。文艺工作者和劳动人民结合的结果，使中国的文学艺术的面貌焕然一新。”正因为这样，解放区许多代表在大会发言和纪念文章中所讲述的他们与人民群众、与工农兵相结合的许多经验体会，受到与会代表的极大重视和热烈欢迎。

周恩来的政治报告为全国文艺工作者提出今后的任务，这就是：以《在延安文艺座谈会上的讲话》为指针，加强团结，加强学习，深入工农兵，熟悉工农兵，重视普及工作，切实改造旧文艺，使文艺更好地为人民服务。这些任务体现了中华人民共和国建立初期对文艺工作的基本要求。这些要求受到与会代表的一致拥护，大会决议并号召全国文艺工作者尽最大努力贯彻执行。

郭沫若作《为建设新中国的人民文艺而奋斗》的总报告，回顾了中国现代文学30年的历史，从理论高度为中国现代文学定性——共产党领导的人民大众的反帝反封建的文学；号召文艺界开展批评与自我批评，同时展望新中国的文艺：文艺为工农兵服务，开展广泛的群众文艺运动，吸收苏联的文学创作经验，排除资产阶级的非革命因素，作家深入生活，改造旧的文学传统。

周扬作《新的人民的文艺》的报告，全面总结了解放区文艺的经验，认为解放区文艺实现了文艺与人民与政治的紧密结合，取得了很大成功。所以，文艺应以毛泽东文艺思想为指引，反映党的政策，写重大题材和英雄人物，艺术上强调大众化的追求。同时要求对文艺工作加强党的领导。

茅盾作《在反动派压迫下斗争和发展的革命文艺》报告，认为国统区文艺取得了显著成就，文艺运动的主流也是遵循毛主席的方向前进的；同时检讨了国统区革命文艺运动的种种错误倾向，尤其是批评了胡风及其周围的一些进步作家主张文艺上的“主观精神”的理论观点，着重提出用党的政策来衡量作品的政治性和艺术性。

7 月 19 日，中华全国文艺工作者代表大会选举产生了全国性的文艺机构——中华全国文学艺术界联合会，郭沫若任主席，茅盾和周扬任副主席，并分别成立了中华全国文学、戏剧、电影艺术、音乐、美术、舞蹈工作者协会等各个下属专业协会。中华全国文学工作者协会随后改名为中国作家协会。当时，文艺组织形式，是学习苏联的文艺体制，即建立由苏共中央直接领导并提供物质保障的“作家协会”这一全国性组织，来管理作家和安排创作。中共的文艺领导人认为，这种组织的保障，对作家们的荣誉、待遇以及创作出更好的作品，有着诸多好处。为此，中国共产党在取得全国政权后，随着国家组织形式的重新建构，苏联式的作家协会作为一个重要参照物，融入中华人民共和国的文学艺术组织体制之中。

（二）确立新的人民文艺的唯一方向

从总体上看，在中华人民共和国诞生前夕举行的这次文艺工作者代表大会，是中国文学史上一次继往开来的重要会议。它总结、发扬新文学 30 年中积累的成绩和经验，确认毛泽东文艺思想为文艺界遵循的“共同纲领”，组织起一支规模宏大的建设社会主义新文艺的队伍，开创了新民主主义革命胜利以后文艺工作的新局面，将中国的革命文艺推进到一个新时期。

历史地看，第一次文代会的主要特点，是长期分离在两大政治性区域（即国统区和解放区）的文艺家的会师。但是这次大会也存在另外一些情况。一是在包容性上，对在现代文学史上作出过重要贡献的一些著名文学家如沈从文、张爱玲、朱光潜等有所排斥；二是大会对解放区文艺创作进行了高度的肯定，而对国统区作家在文艺创作上一些错误倾向进行了严肃的批判，这标志着“解放区文学传统”，即“战争文化传统”从解放区走向全中国，解放区文学的方向成为今后文学发展的方向。这反映了代表着两个不同传统的文学，在这次大会上是有轻重之分的，而他们在今后的文学发展道路上所处的地位也是有主次之分的。在“五四”以来现代文学向当代文学转变的初期，许多从部队直接进入文坛的青年作家很快成为文学创作的主要力量，展现出当代文学的新的面貌，而许多在现代文学史上取得重要成就的作家，除老舍（舒舍予）等少数人之外，绝大多数都没能在新时代的文艺创作上继续创造出更具人文价值和国际影响的作品。这种情况，是与两种文学传统在新中国当代文学中的地位和处境不同有着密切关系的。这一点，突出反映在作为党在思想文化领域的主要领导人周扬的报告中。

周扬所作《新的人民的文艺》报告，高度肯定了毛泽东《在延安文艺座谈会上的讲话》的思想，这一思想就是毛泽东文艺思想。他指出，毛泽东的讲话“规定了新中国的文艺的方向”，“解放区文艺工作者自觉地坚决地实践了这个方向，并以自己的全部经验证明了这个方向的完全正确，深信除此之外再没有第二个方向了”。

接下来，周扬以解放区的文艺为重点，从几个方面阐释了“新的人民的文艺”。首先是“新”。一是解放区文艺的主题是新的，以民族的、阶级的斗争为主，将文艺作品的背景放在抗日战争、解放战争、反封建斗争和人民军队中；二是解放区文艺的人物是新的，工农兵群众成为主人公，这与以前王侯将相为主的作品已经大不相同了，人民群众的思想开始觉醒进步；三是解放区文艺的语言是新的，特别介绍了乡土作家赵树理从群众中来的平易朴实的大众化语言。其次是“人民的”。新的人民的文艺的特点之一是在人民身上看到新的光明，另一特点是和本民族的、民间的文艺传统保持密切联系。周扬呼吁文艺工作者为人民群众服务，专业文艺工作者与业余文艺活动要共同构成新的人民的文艺，强调文化建设要从群众中来，到群众中去，人民群众是文化建设的主力军，要使他们积极参与到文化建设中来。

报告具体叙述了解放区工农兵群众的文艺活动，引用了许多军队中的枪杆诗、农民创作的翻身诗歌，也提到了开展中的工人业余文艺活动。从中可以看出“新的人民的文艺”包括枪杆诗、火线传单、快板及斗争秧歌等多种表现形式。但是，文艺作品的内容却并非多样化发展，而是具有很强的政治性，即文艺为政治服务，“文学艺术被严格限定在政治文化的范畴里去理解和认识”；同时具有鲜明的革命性，即为生产、战争服务，以教育群众、提高政治觉悟、战斗意志和生产热情为目的。报告中提出“为提高作品的思想性、艺术性而奋斗”，将“思想性”放在“艺术性”之前，同时强调作品应该站在马列主义毛泽东思想的水平上，强调文艺工作者学习马列主义毛泽东思想和各种政策的必要性和重要性。

总之，第一次文代会对 20 世纪 50 年代初期文学思潮的形成和后来文学思潮的发展产生了极为重要的影响。它以解放区文艺为新中国文学的楷模，继承和发展了解放区文艺的精神内核：以工农兵为文艺工作的服务对象，将“文艺从属于政治并为政治服务”规定为文艺工作的地位和性质；以“普及第一、提高第二”为文艺工作的基本方针，以工农兵生活和工农兵形象为文艺表现的主要内容，以民族化和大众化为文艺创作的主导风格；以“政治标准第一，艺术标准第二”为文艺批评的标准；以作家深入工农兵、改造世界观为实现上述任务的保证。

毛泽东《在延安文艺座谈会上的讲话》和解放区文艺的精神内核经过文艺领导人和理论批评家的反复倡导和阐发，逐渐形成一套较为系统的文学规范，并得到文艺工作者主体的基本认同，成为这一时期文学思潮的主要内涵，并贯彻在文学理论批评和文学创作的实践中。新的文学规范表现在创作上，就是要选择新的主题，塑造新的人物，采用新的语言、形式。在这一目标引导下，中国当代文学创作倾向于写作重大题材和主题，以塑造英雄形象为主要任务，追求语言、形式和风格上的民族化和大众化。这三者，构成了中华人民共和国当代文学创作的时代特征和总体风格。

（三）中华人民共和国的成立和文化教育政策

经过新政协筹备会3个多月紧张有序的工作，建立新中国的各项准备已全部就绪。1949年9月21日至30日，中国人民政治协商会议第一届全体会议在北平中南海怀仁堂隆重举行。这是中国近代历史上具有划时代意义的空前盛会。它在中国人民解放战争和中国人民革命取得胜利的基础上召开，就是要集中全国人民的意志，宣告中华人民共和国的成立，制定中国人民自己的宪章，组织中国人民自己的中央政府。

毛泽东在开幕词说：全国人民渴望的政治协商会议现在开幕了。现在的中国人民政治协商会议是在完全新的基础之上召开的，它具有代表全中国人民的性质，它获得全国人民的信任和拥护。因此，中国人民政治协商会议宣布自己执行全国人民代表大会的职权。中国人民政治协商会议在自己的议程中将要制定中国人民政治协商会议组织法，制定中华人民共和国中央人民政府组织法，制定中国人民政治协商会议共同纲领，选举中国人民政治协商会议的全国委员会，选举中华人民共和国中央人民政府委员会，制定中华人民共和国的国旗和国徽，决定中华人民共和国国都的所在地以及采取和世界大多数国家一样的年号。

接着，毛泽东讲出了一段最感人肺腑的话："诸位代表先生们，我们有一个共同的感觉，这就是我们的工作将写在人类的历史上，它将表明：占人类总数四分之一的中国人从此站立起来了。"[①] 这句话道出了全场代表和来宾的共同心声，也喊出了饱受屈辱、历尽苦难的中国各族人民的百年渴望。为了实现这个目标、中国人民曾经付出多么巨大的代价，进行了多少可歌可泣的斗争，才换得"中国人从此站立起来"的这一天。

---

① 毛泽东：《中国人从此站立起来了》，《毛泽东文集》第5卷，人民出版社1996年版，第343页。

参加中国人民政治协商会议第一次全体会议的文艺界、教育界、科学界的代表同其他各方面的代表一样，怀着躬逢开国盛世的使命感，共议建设大计，畅所欲言，集思广益，充分进行讨论协商，大会始终洋溢着民主、团结、严肃、负责的精神。大家在发言中结合自己过去的经验、当前的要求和未来的希望，来讨论建设新中国文件草案，表示一定要保证其彻底实现，把新中国建设得强盛和幸福美好。

著名京剧表演艺术家梅兰芳，用他动人的北京话，号召戏剧界努力学习，积极工作，推陈出新，力求进步，为建设人民的新中国而奋斗。他说：从前被人不当人看待的而今天翻了身的地方戏工作者，要下乡去开展工作，为广大人民服务。他的话博得一片掌声。这表明大家对于人民艺术工作者这种宣言是一致拥护的。

戏曲家周信芳说，我们旧剧演员原来也曾通过委婉曲折的方式来批评政治，但顶多也只能讽刺政治，却不能参与政治。“旧剧演员有机会参与政治甚至参加今天这个伟大的人民建国事业的，在中国五千年的历史上要从我们这四个人——梅兰芳、程砚秋、袁雪芬和我算起！旧剧也当作人民艺术看待，这真是我们从来不曾有过的光荣。”

林学家梁希说，人民政协的召开，表示我们伟大的祖国永远脱离了半封建半殖民地的命运，因此也就为中国自然科学界奠定了新基础。从今天起，科学在中国，不再是一种装饰品，不再是为少数人服务，而要为人民大众服务了。

大学教授马叙伦说，中国是半殖民地半封建的工业落后的国家。革命胜利以后重要的任务是生产建设，所以我们必须共同来鼓励私人资本及海外华侨与国家资本有计划地合作，发展工业；我国的民族资本家的利益与国家民族的利益是分不开的，所以必能依据共同纲领的经济政策来合力建设工业化的新中国。

许德珩代表知识界发言，在谈到这次会议的精神时他说，提交大会讨论的 3 个文件草案，是经过了筹备会多次的周详讨论的，在大会开幕以前来到北平的 600 多位代表，也曾经分组多次研讨，600 多位同仁之中，可以说很少没有发言的，也更很少发言不被重视的；凡是在目前紧要的，能够办得到的建议，都是被采纳的。这种民主的，实事求是的精神，是值得我们佩慰的。

陶孟和代表教育科学界人士发言说，我们今日建设上万端待举，科学与教育必须按共同纲领提出的普及与提高的方向发展，一方面普及科学，普及教育，另一方面还要发展高深的科学，发展高深的教育。任何建设事业，如果在本国里自己不发展科学，特别是高深科学，就好似无源之水，日久就必然会枯竭的、衰微的、落后的。

这一篇篇讲话、发言，各有其角度，又各具鲜明特点，总的精神是要共同把握千载一时的建立新中国的机会，在共产党的领导下，精诚团结，共相勉励，以完成所肩负的建设新中国、新社会的历史使命。在这样和衷共济的氛围中，各位代表纷纷直抒胸臆，为建设新中国献计献策，民主、团结、严肃、负责的新鲜气息扑面而来，这在第一届中国人民政治协商会议全体会议上体现得相当充分，大家都希望能够传之久远。

经过充分的民主讨论，大会通过了《中国人民政治协商会议组织法》《中华人民共和国中央人民政府组织法》《中国人民政治协商会议共同纲领》三大文件。《中国人民政治协商会议共同纲领》（以下简称《共同纲领》），作为中国人民革命建国的基本纲领，分序言和总纲、政权机构、军事制度、经济政策、文化教育政策、民族政策、外交政策 7 章，总计 60 条。这个纲领是全国人民意志和利益的集中表现，是 100 多年间，特别是中国共产党成立 20 多年间中国人民革命斗争经验的总结，也是中华人民共和国在相当长的时期内的施政准则。

《共同纲领》在总纲中规定：中华人民共和国为新民主主义即人民民主主义的国家，实行工人阶级领导的、以工农联盟为基础的人民民主专政，以工人阶级为领导；反对帝国主义、封建主义和官僚资本主义，为中国的独立、民主、和平统一和富强而奋斗。《共同纲领》第五章“文化教育政策”，亦即新民主主义的文化纲领，作出以下规定：

第四十一条：中华人民共和国的文化教育为新民主主义的，即民族的、科学的、大众的文化教育。人民政府的文化教育工作，应以提高人民文化水平、培养国家建设人才、肃清封建的、买办的、法西斯主义的思想、发展为人民服务的思想为主要任务。

第四十二条：提倡爱祖国、爱人民、爱劳动爱科学、爱护公共财物为中华人民共和国全体国民的公德。

第四十三条：努力发展自然科学，以服务于工业农业和国防的建设。奖励科学的发现和发明，普及科学知识。

第四十四条：提倡用科学的历史观点，研究和解释历史、经济、政治、文化及国际事务。奖励优秀的社会科学著作。

第四十五条：提倡文学艺术为人民服务，启发人民的政治觉悟，鼓励人民的劳动热情。奖励优秀的文学艺术作品。发展人民的戏剧电影事业。

第四十六条：中华人民共和国的教育方法为理论与实际一致。人民政府应有计划有步骤地改革旧的教育制度、教育内容和教学法。

第四十七条：有计划有步骤地实行普及教育，加强中等教育和高等教育，注重技术教育，加强劳动者的业余教育和在职干部教育，给青年知识分子和旧知识分子以革命的政治教育，以应革命工作和国家建设工作的广泛需要。

第四十八条：提倡国民体育。推广卫生医药事业，并注意保护母亲、婴儿和儿童的健康。

第四十九条：保护报道真实新闻的自由。禁止利用新闻以进行诽谤，破坏国家人民的利益和煽动世界战争。发展人民广播事业。发展人民出版事业，并注重出版有益于人民的通俗书报。[①]

关于新民主主义的文化政策，周恩来在中国人民政治协商会议第一届全体会议上所作的《关于〈中国人民政治协商会议共同纲领〉草案的起草经过和特点》的报告中指出，“简单地说来，就是民族的形式，科学的内容，大众的方向。草案中规定了必须强调的几项，其他没有规定的并非不作，因为在草案第五章中已经都概括地提到了”[②]。

---

① 参见中共中央文献研究室编：《建国以来重要文献选编》第1册，人民出版社1992年版，第10—12页。

② 周恩来：《人民政协共同纲领草案的特点》，《周恩来选集》上卷，人民出版社1984年版，第370页。

毛泽东在开幕词中充满信心地说："随着经济建设的高潮的到来，不可避免地将要出现一个文化建设的高潮。中国人被人认为不文明的时代已经过去了，我们将以一个具有高度文化的民族出现于世界。"①

《共同纲领》既已为中国人民政治协商会议所接受，便成为全国各族人民共同遵守的大宪章，实际上具有临时宪法的性质。在整个新民主主义建设时期，它是规范和衡量全国一切党派、团体、个人行为活动的共同准则。为此，刘少奇代表中国共产党在政协会议上郑重宣布：中国共产党当完全遵守《共同纲领》的一切规定，并号召全国人民为彻底实现这一纲领而奋斗。

9月30日，大会通过《中国人民政治协商会议第一届全体会议宣言》，向全国同胞，也向全世界庄严宣布：中华人民共和国现已宣告成立，中国人民业已有了自己的中央政府。中国的历史，从此开辟了一个新的时代。

二、对旧有教育文化事业的改造

（一）文化教育机构的接收和管制

1949年10月1日中华人民共和国成立后，新民主主义的文化纲领开始在全国范围内逐步实施。按照《共同纲领》规定的文化教育政策，需要在思想文化领域将旧中国的文化教育事业乃至精神生活、观念形态，逐步引上新民主主义的轨道，为进而过渡到社会主义社会做好思想文化方面的准备。

国民党统治时期的教育，主要是半殖民地半封建性质的。在农村，

---

① 毛泽东：《中国人从此站立起来了》，《毛泽东文集》第5卷，人民出版社1996年版，第345页。

封建的私塾占相当大的比重；在私立学校中，受外国津贴的学校占有很大的比重。例如，1947 年在 125 所大学和独立学院中，私立学校约占 44%。在私立学校中，受外国教会津贴的约占 34%。1931 年九一八事变和 1937 年七七事变后，中国的东北和华北大片领土完全沦为日本帝国主义的殖民地，日军在此实施了奴化教育。抗日战争结束后，国民党统治区又实施了国民党的党化教育。旧中国的社会文化事业，渗透着大量封建的、买办的反动腐朽思想的影响，必须彻底清除；同时社会文化的发展存在着忽视科学发展和技术进步，与经济社会发展严重脱离等缺陷。

但是，从另一方面看，旧的文化教育事业中又含有对经济社会发展有用的科学文化知识、公共事务的管理制度和经验，以及反动势力扼杀不掉的民主因素。这些因素在新民主主义的政治条件下加以发挥和利用，就使在批判旧文化的基础上进行新文化建设具有了现实的可能。中华人民共和国成立后，旧有文教事业远远不能适应新社会的需要。为此，需要在恢复和发展国民经济的过程中，有步骤地谨慎地对旧有教育文化事业进行改造。

首先，随着各大城市的解放，原来为国民党反动统治集团所控制的报纸、电台、通讯社等舆论工具，明令予以接收，完全掌握在党和人民政府手中。一些由民族资本创办、私人经营的新闻、报刊、广播事业，经申请登记核准后，可继续营业。以上海为例，新中国成立前夕上海有大小报纸 70 余家，通讯社 80 多家，外埠报社驻沪办事处 10 余家。其中既有外国人办的，也有本国人办的。在本国人办的报纸、通讯社中，有国民党官方的，也有民族资本家的，还有官僚资本与民族资本合资的。

遵照党对待旧新闻事业的根本原则，即保护人民的言论出版自由，剥夺反人民的言论出版自由，没收官僚资本归人民所有，保护民族资本家的正当权益，上海市军管会根据各新闻单位的不同，分别采取了接管、军管、管制和支持、扶持的不同措施。接管就是没收全部资产，停止出版。接管对象严格限于国民党的党、政、军、特、宪独资创办，直接控制的报纸、通讯社。上海先后接管的国民党的报馆有《中央日报》《东南日报》《前线日报》《益世报》《时事新报》《华美晚报》《自由论坛报》等

15家，通讯社有中央通讯社、华东通讯社、正一通讯社3家，另有其他外埠报纸驻沪办事处5家。

对于官僚资本和民族资本合办的、其编辑部被反动分子控制的新闻单位，先行军管，然后分别情况加以处理。对企业的资本，仅没收其中的官僚资本，私人资本仍归原主，并保护他们的合法收入。如《申报》《新闻报》这两家历史悠久的报纸，虽然名义上仍为私人集资经营，实际上国民党当局已从政治、财务、人事、编辑业务等方面控制了两报，故实行军管。《申报》编辑部立即被解散，新的《解放日报》编辑部进入《申报》大楼办公，立即出版《解放日报》和上海人民见面。《新闻报》编辑部也予改组，改出《新闻日报》。对申、新两报的资本，只没收国民党的官僚资本，对其私人资本予以保护，两报营利按股份分配。

凡是全部由民族资本投资创办的报纸、通讯社，不管其政治立场如何，资产的所有权一律仍归原主所有，并保护他们的正当收入。对于这些报纸、通讯社在政治上的措置，则视其政治态度加以具体对待。有些报纸、通讯社虽由民族资本创办，但编辑部被反动分子把持，一贯跟随国民党反动派敌视人民，就实行军管，改组其编辑部，改变其编辑方针，准其继续出版。对民族资本家创办而无反动政治背景，采取政治中立态度的报纸、通讯社，则采取管制政策。

为了便于控制刚刚解放的上海宣传战线，及时准确地传达中国共产党的政策，上海一解放，市军管会就颁布了《关于上海市报纸杂志通讯社登记暂行办法》，要求已出版、将出版或将复刊之报纸和杂志及已营业、将营业或将复业之通讯社，均须依照本办法向军管会申请登记。经军管会核查登记合格后发给临时登记证，尚未创刊或营业及未复刊或复业的报纸、杂志、通讯社，须取得临时登记证后始得运营。根据这个条例，填送申请登记表的新闻单位共244家，经审核第一批发给登记证的报纸有《解放日报》《新闻日报》《大公报》《文汇报》等14家，通讯社有新华社华东总社、新华社上海分社、工商新闻社3家，杂志28家。对于进步报纸，采取大力支持扶持的办法。上海解放前，国民党几乎封闭了所有旧上海的进步报纸，上海一解放，军管会就从政治上、物资上帮助他们复刊，如《新民报》《文汇报》等。

对于外国侨民在上海办的报纸，没有采取没收或封闭行动，仅命令外国政府设在上海的新闻处停止活动，而外国侨民在上海办的报纸只要不敌视中国人民，便允许其继续出版。如苏联侨民办的《苏联公民报》《新生活报》，美国侨民主持的《密勒氏评论报》等。《字林西报》《大美晚报》尽管一贯支持国民党反动派，还是允许其继续出版。后因两家报纸坚持敌视中国人民的解放事业而受到市军管会的警告，也遭到上海人民包括报社内部工人的反对，先后自动停刊。

其次，为了清除长期以来的帝国主义文化侵略的影响及其在华势力对文化教育事业的控制，党和政府结合抗美援朝运动，对接受外国津贴及外国人投资经营的文化、教育、救济机构及宗教团体，进行了整顿和清理。对于其中半数以上接受美国津贴的机构和组织，采取了逐步接办的方式，与美国机构和组织完全脱离关系，变成由中国人民自己举办的事业。对于接受其他国家津贴的文化教育组织，则进行登记，允许其在服从人民政府的法律和严格管理的条件下继续存在。在接办一些教会学校的过程中，着重于解决教育的主权问题，而继续保持和尊重教职员工及学生的宗教信仰自由和宗教课程的设置。

这样，中国共产党就有理、有利、有节地取缔了帝国主义、反动派残留的舆论文化阵地，开始建立起传播革命思想和新文化的宣传阵地。随后，通过有步骤地对私营报纸、刊物、广播等事业进行改造，把作为舆论宣传、大众传播重要工具的这部分文化事业，完全置于党和国家的统一领导之下，确立了马克思列宁主义、毛泽东思想在国家一切工作中的指导思想的地位。这是新中国成立后在思想文化领域的一个决定性的变化。

（二）初建文化管理体制机制

为了在马克思主义指导下，对新旧社会交替时期的思想文化进行有效的管理，中央人民政府在政务院下设立了文化教育委员会，负责指导文化部、教育部、科学院、新闻总署、出版总署等部门的行政业务工作。在执政党系统，由中共中央宣传部负责对思想文化方面总的领导和管理，拟定党在文化艺术、学校教育、报纸广播、书刊出版等方面的具体政策，并通过政务院文教委员会及所属部门的中共党组，贯彻实行党关于思想文化教育的方针、政策。由此，新中国思想文化管理体制的基本格局初步形成。鉴于当前阶段的主要任务是进行新民主主义改革和建设，有关思想文化管理工作总的来说是按照《共同纲领》的要求，适应建立新民主主义的文化教育的需要而进行的。

在新国家意识形态的确立上，首先是树立和巩固马克思列宁主义、毛泽东思想在整个国家的指导思想地位。根据中共中央关于建立健全各级宣传机构和加强党的宣传教育工作的指示，地方各级党委迅速建立宣传部，其职能首先是领导或推广马克思列宁主义、毛泽东思想的宣传，领导或推广对反马克思列宁主义、毛泽东思想的批评，领导各级各类干部的政治理论学习，组织党内外理论工作者的活动，等等。

在新闻报刊方面，首先使中共中央机关报《人民日报》成为全国的新闻舆论中心，并要求所有报纸担负起指导中心工作的职能。各省市党委都按照《人民日报》的办报宗旨，陆续办起自己的机关报，形成把地方报纸“党报化”的局面。对于民主党派所创办或主管的报纸刊物，如当时的《文汇报》《光明日报》《新建设》《新观察》等，也不例外地要求“宣传共产党的理论方针政策。引导民主党派人士和广大知识分子学习马克思主义毛泽东思想”。随着改革、改造工作的深入，各地民间的、同人性质的报刊渐次停办。

1950 年 3 月，中共中央决定将党在革命根据地时期创办的新华通讯社，改为全国统一的国家通讯社，作为全国新闻业务中心。接着，新华社国内各分支机构很快结束分散状态，改变业务上、组织上的地方隶属关系，直接受新华社领导。新华通讯社最初隶属于新闻总署，但由于所处的全国新闻舆论中心的独特地位及其工作性质和任务的特殊性，它的整个工作同人民日报社一样，都由中共中央书记处直接领导和由中宣部负责具体指导。这样，执政党和人民政府通过接管、整顿、改造等措施，完全掌握了对新闻、广播、报刊的控制权。有关重大事件的宣传报道，统一由中央引导，形成全国范围的社会舆论，从而构成了强有力和高效的宣传、动员机制。

关于党和政府在思想文化教育工作上的领导关系，1949 年 12 月，《中共中央关于中央人民政府成立后党的文化教育工作问题的指示》指出：在中央政府未成立以前，党的中央宣传部不得不实际上暂时代替中央政府的文教机关，管理国家的文化教育工作。为了便利工作的进行，在中央宣传部领导下，还组织了中央广播事业管理处、中央出版委员会、中央电影管理局等机构。在过去中央政府还未成立的情况下，这是完全必要的。现在中央政府已经成立，管理全国文化教育事务的中央人民政府政务院文化教育委员会及其所属之各部、院、署亦已先后成立。原属党的系统的新华通讯社已改为国家通讯社，广播事业管理处已改为广播事业局，均隶属于新闻总署。电影管理局已改为电影局，隶属于文化部。在出版总署下成立了出版局，原属党的系统的出版委员会及其地方组织，应即取消。新华书店改为国家书店，受出版总署的领导。除了上述组织已改属政府以外，全国的文化教育的行政工作，此后均应经由中央政府文教部门来管理。各地区有关文化教育行政的工作，此后均应经由各地政府及军管会之文教机关向中央政府文化教育委员会或适当部门报告和请示。所以需要这样做，目的在于使中央政府文化教育委员会及其所属各部门，在党（通过政府党组）的领导和党外民主人士的参与下负起管理全国文化教育行政的任务，以便党的中央宣传部和各级宣传部能够摆脱行政事务，集中注意于党内外的思想斗争、党的宣传鼓动工作的领导和党的文化教育政策的制定。而这些方面的工作，中央宣传部和各级宣传部长期做得非常薄弱，必须坚决加强的。至于文化教育方面之重大问题，各地区仍须依照中共中央关于宣传工作建立请示与报告制度的相关决定、决议的规定，经过党的系统（政府部门党组），向中央报告和请示。①

在建立和加强党的思想政治和宣传教育的工作机制方面，中华人民共和国成立后，为在全国范围和全体规模上开展对人民群众的经常性宣

---

① 参见中共中央文献研究室编：《建国以来重要文献选编》第 1 册，中央文献出版社 2011 年版，第 65—66 页。

传思想工作，中国共产党建立了宣传网制度这一自上而下的群众政治动员网络机制和渠道。它对于领导全国人民投入巩固和建设新生政权的伟大社会变革运动，使党的各项方针政策迅速传播根植于广大群众中间，确保党在新中国成立初期各项任务的顺利实现，发挥了有效的政治宣传动员和组织保证作用。

根据共产党和人民军队群众宣传工作的优良传统，并参照苏联在群众中设立宣传员、鼓动员制度的经验，中共中央宣传部于1950年初开始在东北、华北、华东、中南等地区试行建立宣传网的工作。即在各地党委的领导下，组织动员党员、干部、团员和非党积极分子，按照各自的工作系统，从上到下，建立起一支庞大的宣传员队伍，经过短暂的训练后，根据统一确定的宣传方针、内容、任务和步骤，按各地区分工负责，分片包干，采取各种宣传教育方式和途径，深入到工厂、农村、街道、机关、学校，进行广泛的政治动员和时事政策与生产宣传，密切配合各项政治运动，开展深入细致的宣传思想工作。

截至1951年初，东北大部分地区都已试验设立宣传员，部分地区和厂矿开始组建宣传网，全区宣传员人数近12万人，成为全国宣传网工作建立最早且成绩最为显著的地区。同期，华北区宣传员人数达3万人以上，华东区1.4万余人，中南区3000余人。宣传员队伍的建立和宣传工作的深入普及，有力推动了当地各项工作的进展。

1951年1月1日，《中共中央关于在全党建立对人民群众的宣传网的决定》要求，必须有系统地建立对人民群众的经常性的宣传网，即在党的每个支部设立宣传员，在党的各级领导机关设立报告员，并建立宣传员和报告员工作的一定制度。决定规定：宣传员由支部的党员、青年团员和人民群众中自愿在党的领导下担任宣传工作的革命积极分子担任；报告员则由各级党委书记、委员和各级人民政府中担任负责工作的党员，以及其他由各级党委指定的党员担任。

宣传员的任务是在党组织的领导下，用谈话、读报、传呼消息、书写和绘制宣传文字、图画，以及编辑墙报等各种简单通俗的方法，经常向自己周围的人民群众解释国内外时事，解释党和人民政府的政策，解释当地的工作任务，解答人民群众的疑问，批驳各种谣言，传播人民群众在劳动生产及其他工作中的优良经验。报告员的任务则是经常地向人民群众作关于时事、政策、工作任务及工作经验的有系统的报告。宣传网制度力求在全民性的宣传教育运动中，建立党领导的，以报告员和宣传员为核心骨干的群众宣传工作队伍及其组织制度。这一制度在长时期内成为党的群众宣传工作的重要机制。

（三）改革旧有教育和建立人民教育

按照建设民族的科学的大众的文化教育的总方针，《共同纲领》规定："人民政府的文化教育工作，应以提高人民文化水平、培养国家建设人才、肃清封建的、买办的、法西斯主义的思想、发展为人民服务的思想为主要任务"。"提倡爱祖国、爱人民、爱劳动、爱科学、爱护公共财物为中华人民共和国全体国民的公德"；"努力发展自然科学，以服务于工业农业和国防的建设。奖励科学的发现和发明，普及科学知识"；"提倡文学艺术为人民服务，启发人民的政治觉悟，鼓励人民的劳动热情"；"人民政府应有计划有步骤地改革旧的教育制度、教育内容和教学法"；"有计划有步骤地实行普及教育，加强中等教育和高等教育，注重技术教育，加强劳动者的业余教育和在职干部教育"等。这些文化教育政策是改造旧有教育文化事业的基本依据。

对旧中国文化教育的改造，从根本上说，是使文化教育事业从过去掌握在少数人的手里，转移到广大劳动人民手中，并有效地为恢复与发展生产事业服务。在学校教育方面，对原国民党政府主办的各类公立学校，一律实行接管；各学校的教职员，除极反动的个别分子听候处理以外，其余的允许其按照原职原薪继续工作。对私立学校，则一律维持原状，工作照常进行。这样，既维护了学校秩序和一大批知识分子的思想稳定，又照顾了教育事业必要的历史继承性和延续性，使原有的教育事业完整地回到人民手中。

中央人民政府成立后，很快确定了逐步改革旧教育、发展新中国教育事业的正确方针。1949 年 12 月 23 日至 31 日，中央教育部召开了第一次全国教育工作会议。会议指出：必须在原则上坚持新民主主义教育的总方针，另一方面也反对对旧教育采取否定一切，不批判地吸收历史遗产中优良的部分的态度，或对新解放区的教育工作者采取排斥的态度而违反争取、改造和团结的方针；同时，又要反对不顾情况，单凭主观愿望，不讲求步骤、急于求成的急躁和盲目的态度。会议明确对旧教育的改造方针："以老解放区新教育经验为基础，吸收旧教育有用经验，借助苏联经验，建设新民主主义教育。"这个改革方针是谨慎的、正确的，以学习、吸收、继承为主。旧中国的教育历经近代以来几十年的改革，虽仍残留一些封建、半殖民地色彩，但基本属于资本主义现代教育。对于旧中国教育不简单否定，而是接受旧教育这一份遗产，吸收其有用经验即现代教育因素来建设人民的新教育，这个方针是明智的。新中国没有重复俄国十月革命初期对待旧俄教育的"左"的错误。

改造旧教育和建设新教育是两个密切联系和不可分开的过程，前者要在后者的指导下进行，新教育的建设也必须从旧教育中吸取合理的成分。会议研究确定了新教育工作的总方针，规定新民主主义教育的主要任务，是提高人民文化水平，培养国家建设人才，肃清封建的、买办的、法西斯的思想，发展为人民服务的思想。新教育是民族的、科学的、大众的教育，其方法是理论与实际一致，其目的是为人民服务，首先是为工农兵服务，为当前的革命斗争与建设服务。新区教育工作的关键是争取团结改造知识分子，有计划、有步骤地在教师和青年学生中进行政治与思想教育，逐步地建立革命的人生观。在新区必须维持原有学校，逐步作可能与必要的改善。明确人民的新教育"应着重为工农服务"，"普及与提高正确结合，在相当长的时期内以普及为主"的发展方向。

第一次全国教育工作会议为改造旧教育和建设新教育规定了基本的方针和政策。根据上述精神，1950 年 6 月中央教育部召开第一次全国高等教育会议，随后陆续召开全国工农教育会议、中等教育会议、初等教育会议及师范教育会议、中等技术教育会议等，对各级各类教育的改造作了具体部署。随着后来有步骤地进行社会主义改造和建立社会主义基本政治经济制度，我国在教育改革中逐步形成了社会主义的、正规的现代教育。

1950 年 6 月，毛泽东在党的七届三中全会上的报告中提出："有步骤地谨慎地进行旧有学校教育事业和旧有社会文化事业的改革工作，争取一切爱国的知识分子为人民服务。在这个问题上，拖延时间不愿改革的思想是不对的，过于性急、企图用粗暴方法进行改革的思想也是不对的。"[①] 这个方针，对改造旧文教事业和发展人民的新文教事业具有重要指导意义。

对旧教育制度的改革，首先是废除反动的政治教育，废止国民党政府颁布的"党义""公民""童子军""军事训练"等反动课程；建立革命的政治教育，增设政治经济学、新民主主义论、社会发展史等新课，使马列主义、毛泽东思想的教育进入学校。同时，着手改变旧社会绝大多数劳动人民没有受教育机会的状况，解决教育为工农大众开门的问题，大力发展工农教育。为此，各地兴办多种多样的工农速成中学、干部文化补习学校（班）或各类专修班，采取短期速成的方法，使一批工农干部、产业工人和解放军指战员达到中等文化程度。许多普通劳动者通过工农速成中学掌握了基础文化知识，或继续接受高等教育，成长为新一代知识分子和生产建设上的骨干。

在中华人民共和国成立之初，中央人民政府曾允许接受外国津贴的文化教育救济机构，在遵守政府政策法令的原则下继续接受外国津贴。但是，某些外国教会藐视我国政府的这个原则，甚至继续利用教会学校暗中进行反动的宣传和活动。尤其在美帝国主义侵略朝鲜和侵占中国台湾后，破坏活动更加活跃起来。出于永久占领这些文化侵略据点的企图，他们施展种种阴谋，对学校师生胁迫利诱，阻挠改革，甚至用断绝经费来源相要挟。在这种情况下，我国政府开始接办教会学校的工作。

首先接办的是罗马教廷创办的辅仁大学。1950 年 7 月，教会驻校代表芮歌尼先后致函陈垣校长，提出 4 项干涉学校行政的条件和解聘 5 位

---

① 毛泽东：《为争取国家财政经济状况的基本好转而斗争》，《毛泽东文集》第 6 卷，人民出版社 1999 年版，第 71 页。

进步教授的要求。当其无理要求遭拒绝后，教会便停拨了一切经费。中央教育部部长马叙伦召见芮歌尼，阐明人民政府对教会学校的原则态度，责令其放弃一切无理要求，但教会仍坚持反动立场。为此，教育部报准中央人民政府政务院于10月明令将辅仁大学正式接收，由中国人民自办。

1950年12月底，针对美国冻结中国在美资产的挑衅行为，中央人民政府发布《关于处理接受美国津贴的文化教育救济机关及宗教团体的方针的决定》。教育部根据这个决定的精神，于1951年1月发出《关于处理接受美国津贴的教会学校及其他教育机关的指示》，为具体接办教会学校提供了依据。1951年初，全国对接受外国津贴的高等学校（辅仁大学除外）共20所、中等学校共514所、初等学校共1132所实行接办，分别情况由政府接办改为公立，或维持私立由中国人民自办，政府予以补助。

在接办教会学校的过程中，也出现一些偏差，如没有把正常的中外文化交流与帝国主义的文化侵略区别开来，有些学校与外国大学正常的交换图书、资料的工作也中断了；对在教会学校工作的外国教员，不分好坏，全都任其回国，而其中有不少教员对中国人民是友好的，并愿意以自己的学识为中国人民服务。总的来说，接办教会学校，收回教育主权，割断文教机构同帝国主义的联系，由中国人民自己办教育和宗教事业，从根本上改变了旧教育为帝国主义服务的性质，有力地促进了人民教育事业的发展。

在发展人民教育方面，中华人民共和国成立后，为了培养具有马克思列宁主义素养和专业知识的新中国的建设人才，中共中央决定以华北大学为基础，组建中国人民大学。1949年12月16日，中央人民政府政务院第十一次政务会议根据中共中央政治局的建议，通过《关于成立中国人民大学的决定》。1950年2月，中央人民政府任命吴玉章为中国人民大学校长，胡锡奎、成仿吾为副校长。这是中国共产党开始在全国执政后创办的第一所新型正规大学。至1952年底，中国人民大学已经初具规模，设有9个系、38个教研室、1个编译室，此外还有专修科、预科、马列主义研究班、马列主义夜大学、夜校、函授专修班和附设工农速成中学等，这就在正规教育外，开辟了一条培养新型工农知识分子的道路。

中华人民共和国是以汉族为主体的统一的多民族国家，在一切工作中坚持民族平等和民族团结政策，并采取适当办法发展各民族的文化、教育、艺术和卫生事业。中共中央、毛泽东认为，“要彻底解决民族问题，完全孤立民族反动派，没有大批从少数民族出身的共产主义干部，是不可能的”①。随着民族工作的推进和少数民族建设事业的发展，少数民族干部的需要日渐迫切。为了普遍而大量地培养少数民族干部，1950年11月，中央人民政府政务院颁发了培养少数民族干部试行方案和筹办中央民族学院试行方案，随后，在北京建立了中央民族学院，并由中央拨款在西北、西南、中南分别设立了中央民族学院分院。

各地除了在工作中放手使用和大胆提拔少数民族干部外，还普遍开办了各种民族干部训练班和民族干部学校。至1954年底，连同中央民族学院在内的全国8所民族学院，共毕业学生1.1万名，其中包括蒙古族、回族、藏族、维吾尔族、壮族、朝鲜族、彝族、苗族、傣族、瑶族、侗族、白族、布依族等十几个民族的学生。这批学生成为少数民族干部队伍的重要骨干。另外，国家通过实际工作锻炼和短期培训等办法，大量培养少数民族干部。到1954年，全国少数民族的干部队伍已发展到14万人。大量培养少数民族干部的工作取得明显成效。

为使高等教育更好地适应国家建设的需要，教育主管部门参照苏联的经验，对全国的高等学校及其所属各院系进行了一次全面的调整。这次院系调整从1951年底开始，确定调整的方针是：“以培养工业建设人才和师资为重点，发展专门学院与专科学校，整顿和加强综合性大学，逐步创办函授学校和夜大学，并在机构上为大量吸收工农成分入高等学校准备条件。”② 以此改变旧中国高等学校布局和系科设置不合理的状况。

---

① 毛泽东：《大批培养少数民族干部》，《毛泽东文集》第6卷，人民出版社1999年版，第20页。

② 《做好院系调整工作，有效地培养国家建设干部》，中共中央文献研究室编：《建国以来重要文献选编》第3册，中央文献出版社1992年版，第346页。

1952 年至 1953 年，全国分期分批进行了院系调整，对原来学科设置较为繁杂的综合大学，以文理科为主实行合并；将综合大学所属各工科院系，独立出来成立专门学院；新建立航空、钢铁、矿冶、地质、石油、水利、农机等工业专门学院；同时，加强师范、农林、医药等院校。

在高等学校的院系调整中，原有 79 所私立高等学校全部改为公办，实行全国高等学校统一招生和毕业生统一分配制度。经过调整，辅仁大学并入北京师范大学。撤销金陵大学、齐鲁大学、圣约翰大学、之江大学、沪江大学、震旦大学、岭南大学、华南联合大学的校名，其所属各系并入同一地区的其他院校。新设立北京地质学院、华东工业学院、华东水利学院、华东航空工业学院、华东体育学院、重庆土木建筑工程学院、东北地质学院、东北林学院、沈阳农学院、八一农学院、重庆化工学院等。南开大学、山东大学改为综合大学。南京工学院、重庆大学改为多科性工业高等学校。经过院系调整，全国共有高等学校 184 所，开始初步形成学科、专业设置比较齐全的高等院校体系，旧中国高等学校布局不合理的状况有所改变。

高等学校的院系调整，加快了对国家急需的建设人才的培养，但由于缺乏经验，在实际工作中也出现一些缺点。主要是照搬苏联高等教育模式，未能充分吸收中国教育遗产中的优良部分；偏重专业教育，批评西方的通才教育，采取理工分家的做法，造成学科分割，不利于各学科间的渗透、综合及对学生的全面培养。当时认为政法各专业是为反动阶级培养人才的，财经各专业是脱离中国实际的，对文法、财经等系科砍得过多。重理工轻文科，造成新的学科结构不合理和人才结构不合理，使财经、政法、社会学等一些对经济社会发展有用的学科专业受到严重削弱，给我国教育事业的发展留下一些缺陷。

（四）改造旧有文化和初创科学卫生事业

对社会文化事业的改革，党在文学艺术方面确定“文艺为人民服务，首先为工农兵服务”的基本方针，成立全国文学艺术界联合会及其下属各艺术门类全国性协会的统一组织，以团结和动员全国文学艺术工作者努力创作和学习，积极为中国革命和建设事业服务，在党的领导和马列主义、毛泽东思想指导下，努力实践文艺为人民服务、为工农兵大众服务的方向，发展和繁荣新中国的文艺事业。党和人民政府大力倡导继承和发扬民族文化中的优良传统，有步骤有重点地发展人民的文学、艺术、戏剧、电影等文化事业。

鉴于中国拥有丰富的戏曲遗产，党和政府强调要团结包含几十万艺人并影响几千万观众、听众的旧文艺队伍，提高旧艺人的社会地位，改善他们的生活工作条件。在解放之初，各地戏剧舞台上充斥着含有封建毒素、诲淫诲盗、宣传迷信的旧戏，而且在旧戏班里残存的不合理的封建剥削制也继续存在着。根据《共同纲领》关于肃清封建的、买办的、法西斯主义思想文化的规定，各地人民政府陆续公布了一批禁演的剧目，对于戏剧舞台的净化起到了积极作用。但是，由于公布的禁戏在数量上多了些，面宽了些，把一些只是舞台艺术上有些毛病的剧目也包括进去了，产生一些消极影响，影响了一部分艺人的生活。为此，中央强调对书报、戏曲、电影的审查尺度要放宽，要谨慎处理问题，否则会使很多人失业。

经过一年多的努力，各地改造戏曲的工作取得较大进展。1950 年 11 月至 12 月，文化部在北京召开了全国戏曲工作会议。这个会议有中央和各大区、各省市戏曲工作者 210 人出席，包括京剧、评剧、川剧、越剧、沪剧、汉剧、楚剧、秦腔、晋剧、丝弦、花灯戏、粤剧、湘剧、河北梆子等十几个剧种有代表性的戏曲艺人。代表们在会上交流了各地戏曲改革工作的经验，经讨论研究，会议决定各地文教机关应负责审查上演剧目，应以主要力量对旧有剧目进行适当修改，并强调历史剧及现代剧的创造与交流。会议还研究了对戏曲艺人的团结教育、对旧有班社不合理制度的改革问题。会议集中了代表们的意见，提出《关于戏曲改进工作向中央文化部的建议》，由文化部向中央报告。以此为基础，1951 年 5 月 5 日，中央人民政府政务院发布《关于戏曲改革工作的指示》，明确地提出“改戏、改人、改制”的“三改”方针。在此期间，毛泽东为中国戏曲研究院的建立题词，提出“百花齐放，推陈出新”这一繁荣戏曲事业的方针。

关于改戏，指示要求各地对上演剧目采取积极改革的方针，依靠广大艺人共同审定、修改与编写剧本，应以主要力量审定流行最广的旧有剧目，对其中的不良内容和不良表演方法进行必要的和适当的修改，其中有少数对人民有毒害的剧目必须由中央文化部禁演。关于改人，指示指出戏曲艺人在娱乐与教育人民的事业上负有重要责任，应在政治、文化及业务上加强学习。新文艺工作者应积极参加戏曲改革的工作，与戏曲艺人互相学习、密切合作，共同修改与编写剧本，改进戏曲音乐与舞台艺术。关于改制，指示指出旧戏班社的某些不合理制度，如旧徒弟制、养女制、“经励科”（旧戏曲界“把头”性质的人物）制度等，严重地侵害人权与艺人福利，应分步骤地加以改革，这种改革必须主要依靠艺人群众的自觉自愿。并对各省市戏剧改革工作提出明确要求。根据政务院的这个指示，全国各地以“百花齐放，推陈出新”和“三改”方针为指导，以条件较好的旧有剧团、剧场为基础，采取公营、公私合营或私营公助的方式，积极推进当地的戏曲改革工作，在各方面取得显著成绩。

1952 年 10 月至 11 月间，中央文化部主办的第一届全国戏曲观摩演出大会在北京举行。这次会演有全国各地 23 个剧种演出 88 个剧目。这次会演中演出的剧目如越剧《梁山伯与祝英台》，京剧《将相和》《三岔口》，川剧《柳荫记》《秋红》《评雪辨踪》，秦腔《游龟山》，晋剧《打金枝》，河北梆子《秦香莲》，桂剧《拾玉镯》，汉剧《宇宙锋》，楚剧《葛麻》，湘剧《琵琶上路》，湖南花鼓《刘海砍樵》等，都是经过整理、改编的传统剧目；评剧《小女婿》、沪剧《罗汉钱》、淮剧《王贵与李香香》等，是改编、创作的现代戏；京剧《白蛇传》、豫剧《花木兰》、越剧《西厢记》等，是改编、创作的历史剧。这些优秀剧目中有不少都成为各个剧种的保留剧目，受到广大人民群众的普遍欢迎，展现了戏曲初步繁荣的局面。

在书刊出版方面，首先是统一全国新华书店为国营的书刊发行机构，成立人民出版社等十余家规模较大的国营专业出版社；合理调整公私出版业的关系，划分国营与私营出版社出书的范围和重点；实行进步出版业的联合，成立生活·读书·新知三联书店；促进商务印书馆、中华书局、开明书店等历史悠久、影响较大的私营出版业实行联合经营，进而有步骤地实行公私合营。这些措施，实现了全国出版业的统一领导、统一管理，逐渐消除出版发行工作的无组织、无计划现象，基本满足了中华人民共和国成立初期人民对各种出版物的需要。

中华人民共和国成立后，党和人民政府十分重视科学技术在建设事业中的重要作用，《共同纲领》明确规定："努力发展自然科学，以服务于工业农业和国防的建设。奖励科学的发现和发明，普及科学知识。"中央人民政府组织法规定：成立中国科学院，由政务院文化教育委员会直接领导。随后，相关部门对所接收的原国民党政府中央研究院、北平研究院所属各研究所共 22 个单位进行改组与整顿，于 1949 年 11 月 1 日正式成立中国科学院，郭沫若任院长。

组建初期的中国科学院辖有 14 个研究所、1 个天文台、1 个工业实验馆。根据中央人民政府的要求，中国科学院的基本任务是：确立科学研究为人民服务的观点，力求科学研究与实际密切结合，吸收国际上先进的科学经验，从事有计划的基础研究与应用研究，加强各学科之间的有机联系。中国科学院自己规定的主要任务是："有计划地利用近现代科学成就以服务于工业、农业和国防的建设，组织并指导全国的科学研究，以提高中国的科学研究水平。"

中国科学院成立后，分别组建了东北、华东、中南、西北、西南分院和华北办事处，以及新疆分院，吸收了一批在旧社会报国无门、为工作和生计所困的科学家，使他们有了从事科学研究的基础条件和施展抱负的机会。确定科学研究为人民服务的方向，学术研究与实际需要密切配合的方针，调整和充实科学研究机构，培养及合理地分配科学人才。随后，在包括地质、冶金、机械、铁道、交通、燃料、电子、邮电、建筑、纺织、林业系统在内的政府各部门，都相继建立了各种专业性的研究机构；各省、市以及许多厂矿也建立了研究试验机构。由此，逐步建立起专门科研机构与高等院校、产业部门、国防部门所属科研机构相配合的科研体系，加强了科研队伍的组织建设，为中国科学事业由近代的落伍逐渐走向振兴打下了初步基础。

卫生工作也是社会文化建设的一个不可缺少的方面。新中国成立前，中国人民长期遭受帝国主义、封建主义和官僚资本主义的压迫，享受不到健康的保障。在新中国成立之初，卫生工作面临着的是一个人民疾病丛生、缺医少药的严峻局面。当时威胁人民生命与健康的最主要的疾病是急、慢性传染病，寄生虫病和地方病。新中国成立前中国人口的死亡率是25‰左右，婴儿死亡率是200‰左右，人口的平均寿命是35岁。中华人民共和国成立之初，卫生工作队伍和机构以及药品、器械供应极为缺乏，为数不多的医院、医护人员大多集中在城市，占全国人口85%以上的农村缺医少药的情况更为严重。全国药品供应非常不足，绝大部分化学药品国内不能自制，最简单的医疗器械也要依靠进口。中医人员受到歧视，中西医之间存在着隔膜，也削弱了整个医药卫生技术力量。

中央人民政府成立后，于1950年8月召开第一届全国卫生会议。会议提出“面向工农兵、预防为主和团结中西医”的卫生工作方针，决定要组织力量防治流行性疾病；要消除过去存在于中西医之间的隔阂；要大力培养卫生人员，为建立基层卫生组织做好准备；要建立最必需的规章制度，加强医院管理。随后，1952年12月，第二届全国卫生会议召开。会议提出卫生工作与群众运动相结合的方针，指出这个方针是和面向工农兵、预防为主的方针密不可分的，号召广大医务工作者必须发动群众，向群众深入宣传，让群众自己起来同疾病和不卫生的习惯作斗争，同时要求各有关部门协同作战，战胜疾病。这次会议上成立了全国性卫生组织爱国卫生运动委员会，由周恩来任中央爱国卫生运动委员会第一届主任委员。从此，各地各级的爱国卫生运动委员会相继成立，成为经常性的卫生运动领导机构。

新中国的卫生工作的四大方针，是在中共中央的领导下制定的。

一是面向工农兵，就是为广大人民群众服务。这是在革命根据地时期已经实行的一条方针。卫生工作不应仅仅为少数人服务，更重要的是为大多数人服务。因为长期以来最容易受到疾病侵害的是广大群众，享受不到医疗保健的是广大群众，迫切需要改善卫生条件的是广大群众，迫切需要得到卫生科学知识、改变不卫生习惯的是广大群众。由于农民占当时中国人口的85%以上，农村缺医少药的情况又最为严重，毛泽东十分强调“要把医疗卫生工作的重点放到农村去”。

二是预防为主，就是对待疾病要首先从预防着手，主动地和疾病作斗争。只有实行这一条方针，才能达到减少疾病的目的，才能把有条件消灭的疾病予以消灭。实行预防为主的方针并不是不重视治疗，而是无病防病，有病治病，防治结合，立足于防。这一方针在革命根据地时期已经提出和实行过，中华人民共和国成立以后在贯彻执行中使其内容更加丰富起来。

三是团结中西医，这是新中国成立前在革命根据地实行过的方针。这不仅是新中国成立时期的需要，同时也是医学发展的需要。在中国的卫生工作队伍中，有中医和西医，在中国的医学中，有传统医学和现代医学。这是中国医学发展的历史所形成的。从我国广大人民防治疾病的需要出发，从中国医药科学的发展规律出发，必须团结中西医药卫生人员，共同为人民服务，必须既发展现代医学，又发展传统医学。党和人民政府的中医政策是针对中医长期以来受到歧视而提出的。它的基本精神是：保护中医，重视中医，积极发挥中医在人民卫生事业中的作用；对于中国丰富的医药学遗产要努力发掘、继承，并且要用现代科学方法整理研究，加以提高。中西医不仅要在政治上、防治工作上互相团结，积极合作，而且要在学术上互相交流，取长补短。中西医在学术上的互相影响和互相渗透是科学发展的必然趋势。根据这个客观规律，毛泽东、周恩来在中西医团结的基础之上，又提出了中西医结合的方针。

四是卫生工作与群众运动相结合。在革命根据地已经有过卫生运动的经验。在1952年抗美援朝战争期间，为反对美帝国主义施行的细菌战而开展的爱国卫生运动中，又有了新的、全国性的、大规模的经验。由此确立了卫生工作与群众运动相结合的方针。爱国卫生运动的主要内容是除“四害”、讲卫生、减少以至消灭疾病，做法是领导、群众与卫生技术人员相结合。总之，面向工农兵、预防为主、团结中西医以及卫生工作与群众运动相结合这四项方针的提出和确立，为新中国卫生事业的发展指明了方向。

三、马克思主义国家意识形态的确立

（一）慎重对待观念形态的转变问题

20世纪初，中国人初识马克思主义。1919年五四运动后，马克思主义在中国得到广泛传播，并为越来越多的先进分子所信奉。以毛泽东为杰出代表的中国共产党人在长期的革命斗争中将马克思主义中国化，于20世纪30年代末40年代初形成具有较完备理论体系的毛泽东思想。中华人民共和国建立后，马克思主义及其中国化的理论成果——毛泽东思想，成为影响国家政治、经济、文化及社会生活等方方面面的主导意识形态。

早在新民主主义革命时期，毛泽东从中国的具体国情出发，运用马克思主义的国家学说，构建了一套完整的新民主主义国家理论，即政治上实行无产阶级领导的以工农联盟为基础的人民民主专政，经济上在国营经济领导下，合作社经济、公私合营经济、个体经济、私人资本主义经济五种成分共同发展，文化上建设马克思主义指导下的民族的科学的大众的文化。1949年9月制定的《共同纲领》，就是新民主主义国家建设理论的具体化。

新中国的文化教育政策中包含“提倡用科学的历史观点，研究和解释历史、经济、政治、文化及国际事务”“提倡文学艺术为人民服务，启发人民的政治觉悟，鼓励人民的劳动热情”“给青年知识分子和旧知识分子以革命的政治教育，以应革命工作和国家建设工作的广泛需要”等内容，这种革命的政治教育，就是确立马克思主义作为国家意识形态地位的重要途径。1949年以后，中国共产党作为执政党，党的组织分布到全国每一个城镇和县区，每个重要的企业，并且分布到各个民族，这为马克思主义国家意识形态的确立创造了强有力的政治和组织保障。新中国建立后，中国共产党以执政党的地位，凭借着国家政权的强大力量，因应着社会各阶层人们对新国家、新社会发生巨大变化的强烈感受，将马克思主义理论的学习、宣传和普及推进到全国范围。

从 1949 年中华人民共和国成立到 1950 年，由于解放战争后期作战还在继续，恢复国民经济的工作迫在眉睫，新解放区的“剿匪”、建政、土地改革、镇压反革命等实际工作紧张进行，国内配合抗美援朝战争又开展了轰轰烈烈的抗美援朝运动，使马克思主义占据国家主导意识形态地位的任务尚不突出。执政的中国共产党集中精力于百废待兴的实际工作，在思想文化领域内的政策相对低调，基本上是按照《共同纲领》的规定，在社会上和人民群众中反对和批判买办的、封建的、法西斯主义的思想，树立为人民服务的思想；组织相关人群学习、熟悉和了解中国共产党的方针、政策，以达到首先在政治上认同或拥护共产党的领导；并且注重强调目前是新民主主义建设时期，不是立即实现社会主义，要把作为观察问题、研究学问、处理工作、训练干部的共产主义理论和方法，同作为现阶段国民文化建设的新民主主义方针区别开来。而对“封建的、买办的、法西斯主义思想”的清理和批判，当然涉及对马克思主义的宣传和应用，但这种宣传和教育还不是直接的。在较有文化的社会群体特别是青年学生和知识分子中提倡和鼓励学习马列主义和毛泽东思想，但还不是硬性的规定。

进入 1951 年后，新政权在全国已经初步巩固，革故鼎新的各项实际工作已步入轨道。确立马克思主义作为新国家主导意识形态的任务提上执政党的议事日程。1951 年 2 月，中共中央发出《关于健全各级宣传机构和加强党的宣传教育工作的指示》，明确各级党委宣传部的职责，即领导和推广马克思主义、毛泽东思想的宣传和对反马克思主义思想的批判，领导各级各类干部的政治理论学习，组织党内外理论工作者的活动，拟定党关于文化艺术、教育、新闻出版的政策等。同年 5 月，毛泽东发动了对电影《武训传》的批判。他尖锐地抨击武训的行乞兴学行为，批评

《武训传》是站在维护旧事物的立场上，宣扬向反动的封建统治者投降的思想，否定被压迫人民的阶级斗争，由此掀起一场全国范围对电影《武训传》的批判运动，使整个文化界受到很大的震动，其深层意义在于明确提出用马克思主义观点重新研究和评价一些历史人物，用马克思主义指导文艺创作和进行文学批评的问题。

同年5月23日，刘少奇在中国共产党第一次全国宣传工作会议上的讲话中提出："用马列主义的思想原则在全国范围内和全体规模上教育人民，是我们党的一项最基本的政治任务。"同时，讲话根据当时新民主主义建设的要求，对"必须用马列主义的观点和方法去教育人民"做了一些界定，即"在党内，只承认一种思想是合法的，就是无产阶级思想，马列主义。在党外，非无产阶级、非马列主义的思想，还是合法的。但是要批评，指出它的错误"。首先要肃清帝国主义和封建主义的思想。"对于资产阶级、小资产阶级、农民阶级的思想体系，即非马列主义、非无产阶级的思想体系，要批评，但不能肃清，也肃不清。"因为它们在经济上是合法的存在，那就"必须承认它们思想的存在与合法"。它们也有好的一面，如政治上反对帝国主义、封建主义等，但是它们的思想体系是不正确的，不能让资产阶级思想、小资产阶级思想在中国人民中间占了上风，一定要批驳它，指出它的错误。总之，"我们要肃清帝国主义思想、封建主义思想，批评一切非无产阶级的思想，这样才能确立马列主义——工人阶级思想的领导权。确立马列主义即工人阶级的思想领导，巩固与加强这种领导，是在政治上、经济上加强工人阶级领导的前提"。①这些论述的基本出发点，在于注重旧的观念形态赖以存在的经济基础，承认新民主主义社会中非无产阶级思想、非马列主义思想存在的客观性、合法性及其合理性的一面，主张慎重对待观念形态的转变问题。

正是基于这一认识，中国共产党和人民政府着重从正面提倡用科学的历史观点，研究和解决历史、经济、政治、文化及各种国际国内事务，

---

① 刘少奇：《党在宣传战线上的任务》，《刘少奇选集》下卷，人民出版社1985年版，第82—83、90页。

使思想界能够通过实践和比较，自觉自愿地为历史唯物主义的立场、观点和方法所吸引，从而逐步接受马克思主义的正确指导。这样，实际上也就缩小了资产阶级唯心主义思想发生作用与影响的范围。对于资产阶级本身，也要通过鼓励其成员在经济、政治及社会活动的实践中，逐渐认识社会发展的规律，将其思想行为方式纳入《共同纲领》所允许的范围之内，并不在《共同纲领》规定的限度之外提出别的过高的要求。

在1952年开展“三反”“五反”运动，打击资产阶级在经济领域违法行为的斗争期间，中共中央宣传部主办的理论刊物《学习》杂志，在第1、2、3期连续发表了带有严重错误的批判资产阶级思想的理论文章。这些文章的共同倾向是对民族资产阶级在新民主主义革命和建设中的一定地位和作用，不加分析，一笔抹杀，实质上否定了民族资产阶级在新民主主义阶段还存在两面性，主张“敲响资本主义的丧钟”，严重违反了党的路线和政策，受到中央的批评。

经毛泽东修改由中共中央批转的中央宣传部关于《学习》杂志错误的检讨报告，指出这一错误的思想根源在于，把在文教部门和国家机关工作人员中，用马列主义的思想体系进行教育，以消除资产阶级的思想影响，以及用《共同纲领》去改造资产阶级的不合于《共同纲领》的“五毒”思想，这两件事混同为一件事，即把后者混同于前者，不允许资产阶级有自己的任何思想，这些都是不现实的，不合马克思主义的观点的，而且是幼稚可笑的。在这里，中共中央和毛泽东注重把马克思主义的政治教育和理论宣传，同新民主主义社会阶段的路线、政策紧密结合，而与将来实行的社会主义转变严格加以区别。即使批判资产阶级思想，也仅限于资产阶级那些不合于《共同纲领》即新民主主义行动纲领的思想，一切把对资产阶级思想的批判，同消灭私人资本主义和资产阶级直接联系起来的倾向和做法，都是错误的，必须加以纠正。

为了进一步澄清思想理论战线上的混乱认识，1952年3月经毛泽东修改的中央统战部的一个文件强调指出：在新民主主义时期，即允许资产阶级和小资产阶级存在的时期，如果要求他们合乎工人阶级的立场与思想，取消他们的资产阶级和小资产阶级的立场和思想，其结果不是造成混乱，就会逼出伪装，这是对统一战线不利的，也是不合逻辑的。在这里，毛泽东加写一段话指出："在允许资产阶级和小资产阶级存在的时期内，不允许资产阶级和小资产阶级有自己的立场和思想，这种想法是脱离马克思主义的，是一种幼稚可笑的思想。在三反和五反中，我党已有些党员产生了这种错误思想，应予纠正。"① 总之，这一时期在确立马克思主义国家意识形态地位的过程中，呈现了比较复杂的情况。

（二）马克思主义理论的学习宣传和普及

自 1951 年开始，马克思主义理论的学习、宣传和普及发展到全国范围，以城市为主，同时以工人、干部，特别是学生和知识分子群体为主。学习和普及的方式灵活多样，有集中一段时间的学习和培训，如各种革命大学、军政大学、训练班、讲习班等，也有业余时间的学习和培训，如各种夜校、学习班等；有固定时间的政治学习，也有结合重大运动和方针、政策的贯彻而临时安排的政治学习。对于不同的社会群体也有不同的要求，如普通农民、工人，主要是结合土改、贯彻婚姻法、合作化运动、企业的民主改革和所有制改造等实际运动，向他们灌输阶级剥削、阶级斗争、社会主义、男女平等观念，进行马克思主义的政治启蒙。对于知识分子和青年学生，则要求进行较系统的马克思主义理论学习，包括学习马克思主义哲学、政治经济学、中国革命史、毛泽东的主要著作等。

根据毛泽东在中共七届三中全会上提出的"对知识分子，要开办各种训练班，办军政大学、革命大学，要让他们学社会发展史、历史唯物论等几门课程"的要求，1950 年教育部颁布《关于实施高等学校课程改革的决定》，废除国民党时期的政治课，开设新民主主义政治课，如"社会发展史""辩证唯物主义与历史唯物主义"等，教育部还直接派员到高

① 中共中央文献研究室编：《毛泽东思想形成与发展大事记》，中央文献出版社 2011 年版，第 549 页。

校授课，解决学校政治课师资不足问题。1952 年 10 月教育部又发出《关于全国高等学校马克思列宁主义、毛泽东思想课程的指示》，规定：综合大学及财经、艺术院校依一、二、三年级次序开设“新民主主义论”“政治经济学”“辩证唯物主义与历史唯物主义”课；工、农、医等专业院校，依一、二年级次序开设“新民主主义论”及“政治经济学”课；各类高校及专科学校均应开设“马列主义基础”课。由此，高校政治课教育初步形成体系。

在马克思主义理论的学习、宣传和普及运动中，马克思、恩格斯、列宁、斯大林、毛泽东等的论著和译著加快出版。1949 年 2 月至 1950 年上半年，中共中央编辑了一套“干部必读”丛书，包括《社会发展史》《政治经济学》《共产党宣言》《社会主义从空想到科学的发展》《国家与革命》《共产主义运动中的“左派”幼稚病》《列宁主义基础》《列宁斯大林论中国》等 12 种，在帮助和促进干部学习和教育、掌握马列主义基本理论知识上起了十分重要的作用。同时，俄文翻译局和《斯大林全集》编译室成立，两家机构于 1953 年 1 月合并组建马恩列斯著作编译局，统一规划马列主义经典著作的翻译和出版工作。1949 年至 1956 年，一批马列著作单行本得以编印、重印。如郭大力、王亚南合译的《资本论》《剩余价值学说史》，吴黎平翻译的《反杜林论》，张仲实翻译的《家庭、私有制和国家的起源》等；编译的马列书籍有《马克思论印度》《论住宅问题》《法德农民问题》《自然辩证法》《哲学笔记》等。此外，各种杂志还登载了为数众多的马克思、恩格斯、列宁等人的单篇译文。

为了系统学习和掌握马克思主义理论，指导新民主主义革命、社会主义革命和建设，中华人民共和国成立后不久，中共中央即着手马克思、恩格斯、列宁、斯大林全集的翻译和出版。为使党员、干部和知识分子通过了解苏联社会主义建设所走过的路以借鉴其经验，相关部门首先翻译出版了《斯大林全集》，共 13 卷，1955 年开始翻译出版《列宁全集》，至 1963 年出齐，共 39 卷。1956 年，中共中央决定翻译出版《马克思恩格斯全集》，至 1974 年出版 39 卷，“文化大革命”结束后又出版 11 卷，全集共 50 卷 3200 万字。马、恩、列、斯著作的大量翻译和出版，推动了马列主义在中国人民特别是共产党员、干部和知识分子中的学习和普及，它对于马克思主义主导意识形态地位的巩固与加强起了重要作用。

这一时期，毛泽东著作的出版对于马克思主义理论学习和宣传运动起到直接推动作用。毛泽东思想是中国化的马克思主义，它以中国人习惯的语言和叙述方式深入浅出地阐释并发展了马克思主义理论，出版毛泽东著作实际上是普及马克思主义的重要组成部分。抗战时期，毛泽东的著作曾有单篇出版。解放战争时期，晋察冀、苏中、山东、哈尔滨、晋冀鲁豫等地的新华书店印行有毛泽东文集、选集 5 种版本。中华人民共和国成立后，中共中央于 1950 年 5 月成立《毛泽东选集》出版委员会，负责毛泽东著作的编选、注释和出版工作。1951 年至 1953 年，《毛泽东选集》第一卷至第三卷出版，收录 1926 年至 1945 年的报告、文章等著作 117 篇；1960 年 6 月又出版了第四卷，所收为 1945 年至 1949 年间的重要讲话和著作。四卷本《毛泽东选集》，都经过毛泽东本人校阅，并有所修改、补充和注释。

1950 年 12 月和 1952 年 4 月，《人民日报》重新发表毛泽东的哲学著作《实践论》和《矛盾论》。理论界发表许多文章，对“两论”的基本思想进行大力宣传，阐释其中的基本观点及其意义，对“两论”的学习和宣传起了推动作用。此后，《毛泽东选集》每一卷出版之际，都伴随着一段集中宣传、介绍、阐释和学习浪潮。由于毛泽东著作的中国作风、中国气派和中国特色，更能为中国人所理解和接受，许多人是通过读毛泽东著作而开始熟悉和接受马克思主义的。

在确立马克思主义作为国家主导意识形态地位的过程中，马克思主义理论家如艾思奇、李达、杨献珍、胡绳等作出了突出贡献，他们发表了大量宣传和阐释马克思主义、毛泽东思想的文章，作了大量宣讲马克思主义理论的报告、演讲等。与此同时，一支分布在不同学科的马克思主义理论研究和学术队伍亦初具规模。在哲学界，有艾思奇、李达、杨献珍、严北溟、潘梓年、肖前等著名学者，还有孙叔平、孙定国、钱仲宜、丁雨晴、张镛、林青山、王若水、张世英、程力群、吴江等新中国第一代哲学新秀。在思想史界，运用辩证唯物主义原理研究和整理中国传统思想文化的著名学者，有杜国庠、杨荣国、侯外庐、张岱年、汤用彤、任继愈、赵纪彬、嵇文甫、朱伯崑、高亨、杨向奎等。在史学界，有著名的马克思主义史学家郭沫若、范文澜、吕振羽、侯外庐、翦伯赞，有中华人民共和国成立后接受马克思主义的史学大师陈垣，还有周谷城、胡绳、黎澍、蔡尚思、郑天挺、白寿彝、金毓黻、唐长孺、尚钺等中华人民共和国成立后在马克思主义史学方面作出重大成就的著名学者。在文学艺术界，有茅盾、周扬、冯雪峰、何其芳、秦兆阳、邵荃麟、林默涵等马克思主义文学家。在经济学界，有沈志远、许涤新、王亚南、马寅初、薛暮桥、王学文、孙冶方、苏星、徐禾、骆耕漠、王思华、千家驹等马克思主义政治经济学家。这支专业队伍在研究、诠释、宣传马克思主义理论方面起了十分重要的作用，同时，又把马克思主义作为各学术研究领域的指南，推动了哲学、史学、文学、经济学等学科的建设。

四、知识分子的思想改造运动及其影响

（一）从爱国的民族立场进到人民立场

在有步骤地谨慎地改革文化教育事业的过程中，党十分重视知识分子在革命和建设中的作用，强调必须把知识分子团结在党和人民政府周围，充分利用他们的科学文化知识为新中国建设事业服务。对旧社会过来的知识分子，党和政府采取全部包下来的政策，使他们绝大多数继续从事原来的教育、文化、科学、技术等工作，以用其所长。同时，党强调要根据形势的变化和新社会的要求，做好对知识分子团结、教育和改造的工作。

新中国成立时，从旧社会过来的知识分子约有 200 万人，其中一部分是积极参加民主革命的进步分子，大部分是同情革命，拥护共产党和

人民政府的。复兴中华民族的强烈抱负，使知识分子的大多数没有跟随国民党迁居台湾。旧中国的最高学术机构国立中央研究院是旧中国知识分子精华的聚集地，该系统共有13个研究单位，1个管理机构。成建制迁台的除了管理机构总办事处外，只有1个历史语言研究所。其余11个自然科学研究所和1个社会学研究所都留在了大陆。中央研究院共有506人，迁往台湾的130人，占总数的25.6%，其中研究人员的比例更低。当时中央研究院共有81位院士，1949年底随国民党迁往台湾的9人，去美国工作的12人，其余均留在大陆迎接共产党，比例占到74%。①

整体来看，中国知识分子的基本队伍是爱国的。为了充分发挥知识分子建设新中国的积极作用，《共同纲领》明确规定："给青年知识分子和旧知识分子以革命的政治教育，以适应革命工作和国家建设工作的广泛需要"。从旧社会过来的中国知识分子，大都接受的是封建旧式教育或西方资产阶级教育，并受到近代以来帝国主义文化侵略的影响，头脑中各种社会思潮杂陈，留存着五花八门的思想观念，如同郭沫若所比喻的："就像一个世界旅行家的手提筐一样，全面都巴满了各个码头上的旅馆商标"。进入新社会后，知识分子中许多人都有重新学习的愿望，希望深入地了解革命，了解共产党，了解新社会，以适应形势的巨大发展和变化。

针对知识分子上述思想情况，中央和各级党政部门先后举办军政大学、革命大学及各种政治训练班，吸收大批青年学生和知识分子学习社会发展史、历史唯物论等基本课程；学习结束后，分配到各种实际工作中去。各地还利用寒暑假组织各大中学校的教师、学生集中学习政治理论和时事政策，帮助他们提高思想政治水平。仅1950年，就有100万人参加了各种学习。通过马克思主义的启蒙教育，一大批新解放区的青年学生，包括许多接受旧式教育或西方教育的知识分子，开始了解劳动创造人类、创造世界等基本道理，加深对共产党、人民政府的认识，为逐渐树立革命的人生观打下初步的基础。在土地改革、镇压反革命、抗美

① 参见李扬：《解放前夕南京科技界反搬迁斗争》，《炎黄春秋》1999年第3期。

援朝三大运动中，知识分子和各民主党派、无党派民主人士、人民团体、工商界、宗教界人士一道，经受实际斗争的锻炼和教育，思想政治觉悟有了很大提高。许多知识分子是在参观或参加土地改革和镇压反革命之后，思想开始发生转变的。

北京大学工学院院长马大猷教授说：“两年的工作和学习使我的思想有很大转变。尤其是参加土地改革工作的经验，使我更加认识了人民政府一切政策的正确性，对阶级立场、群众路线等也有了进一步的体会。”燕京大学历史系教授侯仁之说：“在土地改革中我首先发现了自己的思想感情和劳动人民的思想感情是有很大距离的。除非我能够从思想上把自己彻底加以改造，否则我就不可能很愉快地生活在今天的人民中国，更说不到全心全意为人民服务了。”清华大学吴景超教授在《参加土地改革工作的心得》中写道：“我们每一个人都更明确地学会了阶级观点”，“更体会到群众观点”，“一方面认识个人能力之有限，一方面在群众的身上，发现了取之不尽的智慧泉源，便会诚心诚意的学习走群众路线了”。

在理论与实践的学习初步结合的基础上，党和人民政府在全国范围领导开展了一场知识分子思想改造运动。这场运动首先是在教育界展开的。1951 年 6 月，马寅初出任北京大学校长，他了解到教师们一方面愿意接受新思想，改造旧北大，另一方面思想状况复杂，教育改革不易开展。如进行院系调整时，都强调“以我为主”，各不相让；讨论改革旧教育内容和教育方法时，主张欧式教育、崇尚美式教育的各种观点莫衷一是，但对发展民族的科学的大众的教育却缺乏了解或不以为然。为此，马寅初会同汤用彤副校长、张景钺教务长、杨晦副教务长等 12 位教授，决定在北大教师中开展一次政治学习运动，期望通过学文件、听报告、座谈讨论、开展批评与自我批评，用马列主义、毛泽东思想武装头脑，清除旧思想、旧观念，树立新思想、新观念，以推动学校的改造和各项改革工作。

为了搞好这次政治学习运动，9 月 7 日，由马寅初出面给周恩来写了一封信，汇报了北大有关组织教师学习的情况，信中敦请毛泽东、刘少奇、周恩来、朱德、董必武、陈云、彭真、钱俊瑞、陆定一和胡乔木为教师，请周恩来代转各位教师到校作报告，辅导教员的政治学习。毛泽东对北大教授们的行动非常支持，9 月 11 日他在马寅初的信上批示：“这种学习很好，可请几个同志去讲演。”中共中央对此事很重视，指定由彭真、胡乔木负责领导，首先组织北京、天津两市的 20 所高校教师参加学习，待取得经验，再进一步扩展到全国所有高校。为了加强对这次学习运动的领导，教育部成立了以马叙伦为主任委员的京津高等学校教师学习委员会，各高校也成立了学习委员会分会。

9 月 29 日，周恩来在北京、天津高等学校教师学习会上作《关于知识分子的改造问题》的讲话。周恩来结合自己参加革命的经历和思想转变的体会，深入浅出地讲述了有关知识分子思想改造的几个问题。关于立场问题，知识分子应当从过去单纯爱国的民族立场前进一步，进到“为绝大多数人民的最高利益着想的人民立场”，“再进一步站到工人阶级立场”。当然这要有一个过程，一方面“要促进这个发展过程，推动知识分子的进步”，另一方面，要“防止这个过程中可能发生的各种偏差”。关于态度问题，主要是分清敌我友的界限。在目前学习阶段，可以允许对某些问题采取观望态度，但在关于国家对内对外基本政策的重大问题上，则必须有明确的态度，不应当也不可能采取中间态度。至于其他方面的思想问题，应当通过学习及批评与自我批评，使广大知识分子逐步清除自己身上从旧社会带来的与新民主主义制度、为人民服务、国家经济文化建设格格不入的旧思想、旧观念、旧意识、旧习惯，以便适应新的社会环境和革命工作和建设工作的广泛需要。周恩来勉励大家，只要不断地学习，有改造自己的信心和决心，不论是怎样从旧社会过来的人，都是可以改造好的。① 周恩来的报告亲切诚恳，语重心长，使到会的教师深受教育和启发。

随后，整个教育界开展了以学习马列主义、毛泽东思想为主要内容的学习运动。教师们联系本人思想和学校实际，通过批评与自我批评，肃清封建买办思想，批评资产阶级和小资产阶级思想，并进一步把讨论

---

① 参见《周恩来选集》下卷，人民出版社 1984 年版，第 59—71 页。

集中到怎样把高校现有的力量，“更有效地为人民服务”的问题上来，收得较好效果。据统计，全国高等学校教职员的91%，大学生的80%，中等学校教职员的75%参加了这次运动。这不仅促进了教师和学生的思想变化，而且推动了学校教育制度的改革，加强了党对教育工作的领导。

10月23日，毛泽东在全国政协一届三次会议上的讲话中指出：“在我国的文化教育战线和各种知识分子中，根据中央人民政府的方针，广泛地开展了一个自我教育和自我改造的运动，这同样是我国值得庆贺的新气象。”“思想改造，首先是各种知识分子的思想改造，是我国在各方面彻底实现民主改革和逐步实行工业化的重要条件之一。”① 他预祝这个自我教育和自我改造运动能够在稳步前进中获得更大的成就。毛泽东的号召，使知识分子的思想改造运动迅速推广到社会各界。

11月17日，全国文联召开扩大会议，分析了中华人民共和国成立后两年文艺创作和文艺工作者队伍的状况，在肯定成绩的同时，指出文艺界普遍存在脱离政治、脱离实际、脱离群众以及资产阶级、小资产阶级倾向，决定首先在北京文艺界组织整风学习。24日，北京文艺界举行整风学习动员大会，参加会议的文艺工作者有800余人。中宣部副部长胡乔木在会上作《文艺工作者为什么要改造思想?》的演讲，他说：许多文艺工作者还没有树立工人阶级的世界观，对文艺还抱着资产阶级、小资产阶级的见解，因而作品往往缺乏新的人物、新的事件、新的感情、新的主题，不能与劳动人民新的生活相呼应。因此，文艺界必须认真学习马克思主义，改造思想，走与劳动人民相结合的道路；必须整顿文艺事业的领导及文艺团体、文艺出版物，克服各种错误。全国文联副主席周扬在讲话中号召一切文艺工作者都要自觉地进行思想改造，用马列主义、毛泽东思想的文艺观点批判各种错误文艺思想，树立起革命的文艺观。丁玲、欧阳予倩、老舍、李伯钊、黄钢、瞿希贤、华君武、李广田等文

---

① 毛泽东：《在全国政协一届三次会议上的讲话》，《毛泽东文集》第6册，人民出版社1999年版，第183、184页。

艺家也在会上作了发言，带头进行批评与自我批评，并表示要积极参加整风学习，努力改造思想。

中共中央对文艺界的整风学习十分重视，要求各中央局、分局、省市区党委仿照北京的办法在当地文学艺术界开展一个有准备的有目的的整风学习运动，发动严肃的批评与自我批评，克服文艺干部中的错误思想，发扬正确思想，整顿文艺工作，使文艺工作向着健全的方向发展。遵照中央的指示，各级党委根据当地的文艺机关、团体、学校及文艺工作者队伍的状况，制定了整风学习计划。到 1952 年 5 月中下旬，以纪念毛泽东《在延安文艺座谈会上的讲话》发表 10 周年为契机，各地采取报告会、座谈讨论等方式，掀起文艺整风学习的高潮。

总的来说，通过文艺界的整风学习，广大文艺工作者按照《在延安文艺座谈会上的讲话》精神，结合自己的思想和工作，开展批评与自我批评，围绕文艺的方向、领导、立场、态度、对象、源泉、形式、标准等问题，展开热烈的学习讨论，澄清了文艺应为谁服务和如何服务，文艺的源泉是书本还是劳动人民的实践，文艺批评的标准等问题，促使文艺工作者逐步树立起马克思主义的文艺观。但整风学习中也发生一些问题，例如上海文艺界围绕如何贯彻文艺为工农兵服务的方向问题引发了一场关于“可不可写小资产阶级”的论争。以冼群为代表的一方认为，文艺作品不但可以写小资产阶级，在某种情况下，还可以以小资产阶级人物为主角。因为“写什么”仅仅是题材问题，“怎样写”才是立场问题；另外，文艺为谁服务与文艺以谁为主角是两个根本不同的问题。而以陈白尘为代表的另一方则认为，为工农兵服务的文艺，只能以工农兵为主角。因为工农兵是社会主义革命的主力军，作家要忠实现实，就只能把“主力军”作为描写对象；即使作品涉及小资产阶级，也必须主要写工农兵对他们的影响与教育。在 1951 年底的文艺整风运动中，冼群受到严厉批判并作出检讨，承认自己犯了以小资产阶级思想立场来保卫小资产阶级文艺倾向的错误。

文艺界整风运动还涉及对“萧也牧创作倾向”的批判。萧也牧的一篇小说《我们夫妇之间》，主要描写知识分子出身的丈夫和农民出身的妻子之间的感情纠葛。小说取材新颖、人物形象生动，受到读者的喜爱。但是在文艺评论家看来，小说选取的题材就是一种错误的创作倾向。其一，新中国有意义的题材那样丰富，作者不去写，却从大时代的角落里去搜寻无意义的题材。其二，是对待工农的态度问题。作者把一个工农干部写成了雌老虎似的泼妇，实际上是歪曲了嘲弄了工农兵①，对于我们的人民是没有丝毫真诚的爱和热情的，其原因“还不是由于作者‘脱离生活’，而是由于作者脱离政治”②。文艺界整风运动的一个重要内容，就是批判和检讨文艺工作者对新生活新人物缺乏讴歌热情、歪曲工农兵形象等资产阶级或小资产阶级思想，要求改造世界观，划清无产阶级文艺与资产阶级、小资产阶级文艺的界限。

知识分子思想改造学习运动也推广到科学界。1951 年 12 月 18 日，中国科学院举行思想改造学习的动员大会，郭沫若院长针对一些科学工作者的“超阶级”“超政治”的错误观点，诸如“你做你的革命家，我做我的科学家”“中国的政治水平已经够高，现在应主要提高科学水平而不是政治水平”等，进行分析和批评。郭沫若号召科学工作者“努力学习，纠正自己错误的思想，克服科学研究中的缺点”。广大科学工作者拿起批评与自我批评的武器，加入到思想改造的行列，批评科学界存在的“门户之见”“文人相轻”等片面性的思想方法，努力用毛泽东思想武装起来的“新我”战胜旧观念的“旧我”，做一个人民的科学家。

中国科学院副院长李四光在全国政协一届三次会议的发言中，分析了中国的科学工作者绝大多数是直接或间接从各资本主义国家的科学界脱身出来的。因此，在思想意识上难免不打上两层烙印：一是在外国所打上的，那便是资本主义社会里，名为科学的而实际是反科学的思想烙印。二是在中国旧社会所打上的，那便是半殖民地半封建的思想烙印。如“科学超政治”的错误观念，很容易使科学工作者脱离现实，着重于学院式的研究，或者强调纯技术性的观点，或者倾向于求得外国人的赏

---

① 丁玲：《作为一种倾向来看——给萧也牧同志的一封信》。

② 李定中：《反对玩弄人民的态度，反对新的低级趣味》。

识，缺乏科学研究自立的精神等。因此，问题不是从旧社会出来的科学家们的思想要不要改造，而是要怎样改造。

中国科学院植物病理研究所所长戴芳澜检讨自己过去轻视实践、轻视劳动人民的思想，并觉得经过清算之后，好像洗了一个澡，去掉了很多障碍，精神上倒很痛快，不但没有丧失反而增添了自信心，坚定了为人民服务的思想。戴教授没有想到，“洗澡”这一带着新的政治寓意的词语，很快便成为各级领导机关普遍号召知识分子彻底检查自己思想的一个专用语，以至于被当作特定时期进行知识分子思想改造运动的代名词之一。

1952 年 1 月 7 日，全国政协作出《关于开展各界人士思想改造学习运动的决定》，要求各级政协要负责组织和领导各界知识分子学习马克思列宁主义、毛泽东思想，以求了解中国革命的前途，取得正确的革命的观点；学习《共同纲领》和共产党的政策，以求理解和自觉执行政策；认真开展批评与自我批评，以求纠正违反国家和人民利益的错误思想和行为。各民主党派、工商界、宗教界以及各级人民政府、人民团体、企事业单位中的各界知识分子也积极参加了思想改造学习运动。

1952 年初，“三反”“五反”运动相继进入高潮，中央又发出指示，要求各界知识分子都应毫无例外地参加运动，并强调指出这是最实际的思想改造。结合“三反”“五反”运动，1952 年 1 月以后，知识分子思想改造运动在全面动员的基础上，普遍进入思想检查阶段。各级党组织根据“启发自觉、主动交待”的原则，要求知识分子结合自己的经历，在一定范围的会议上进行思想检查，听取并接受群众的评议，并由所在单位的学习委员会根据知识分子的不同表现，提出帮助他们改进的意见。

在思想改造期间，《人民日报》《光明日报》等报刊还公开发表文教界知名人士写的检讨文章，其中有清华大学教务长周培源《批判我的资产阶级的腐朽思想》、副教务长钱伟长《我跳出了帝国主义的陷阱》、文学院院长兼哲学系教授金岳霖《批判我的唯心论的资产阶级教学思想》、营建系主任梁思成《我为谁服务了二十余年》、物理系教授葛庭燧《批判我的崇美思想》等，中央民族学院副院长费孝通《清洗自己，站进人民队伍》、辅仁大学副教务长林传鼎《我的反省》、北京大学化工系主任傅鹰《我认识了自己的错误》、燕京大学新闻系主任蒋荫恩《我要彻底改造我的思想》、中国科学院语言研究所所长罗常培《从三反运动中认识了我的资产阶级腐朽思想》、复旦大学理学院院长卢于道《扫除我过去反动的科学思想》，上海电影制片厂导演郑君里《我必须痛切地改造自己》，中央音乐学院上海分院院长贺绿汀《检查我在工作上和创作上的错误》等等。

这些检讨文章，大都从剖析个人的历史（出身、所受教育、在旧社会的政治关系及政治表现等）出发，批判自己的教育思想、科学思想、文艺思想等，表明对思想改造的认识和决心。从坦露的心路历程看，知识分子对思想改造的态度是真诚的，对新中国是热爱的，对自己存在的缺点也是有认识并决心改正的。但是，这些检讨大都带有过度的自我贬抑和心灵鞭挞。例如，说自己解放前去欧美留学，是"逃避革命"；回国后在美国人资助的学校里讲学，是"开门揖盗"，归根到底是为帝国主义服务的；鼓励学生用英文写报告，是"中了西方资本主义文化的毒"；认为苏联科学院李森科的生物学说是"无产阶级的"，而将西方科学家摩根的遗传学说贴上"资产阶级"的标签；把思想观念、思想方法上一般的缺点或不足，上升为"极端反动腐朽的资产阶级思想"；把正常而又十分必要的中外文化学术交流说成是接受帝国主义的文化侵略；等等。

这些情况的出现，是与抗美援朝运动中号召彻底肃清亲美、崇美、恐美的思想，强调彻底批判资产阶级腐朽思想的斗争密切相关的，不可避免地带有特定的时代印记。它反映了这一代知识分子在"下水洗澡"的思想改造群众运动当中，急于甩掉历史包袱，站稳政治立场，不得不力求表现积极、无情解剖自己的复杂心态，在相当程度上毋宁说是一种心理上的煎熬，以及对个性和人格尊严的折磨与无奈。人人过关的规定给知识分子造成巨大的心理压力。这里不存在愿意不愿意的问题，也不会真正耐心等待你觉悟。既然要接受群众的帮助、鉴定甚至斗争，那么经受"狂风暴雨"就在所难免。在生存的压力面前，知识分子的自尊与自我遽然崩塌，过去信守的价值观和引以为荣的学术、艺术成就，必须经受猛烈的批判和否定。

1952 年 7 月，五十年代出版社出版了一本名为《批判我的资产阶级思想》的书，书内收录了陈撷英、游国恩、钱端升、金岳霖、陈鹤琴、周培源、梁思成、傅鹰、郑君里、贺绿汀等知名人士的检讨。该书“编者的话”中说，这些检讨者“是在各方面具有一定的代表性的，他们有哲学家、科学家、教育工作者、出版工作者、文艺工作者、翻译工作者、美术工作者、音乐工作者、电影工作者、新闻工作者、农业工作者、医务工作者……他们通过‘高等学校思想改造学习’及‘三反’‘五反’运动，对于一切非无产阶级思想，特别是资产阶级的腐朽思想，都做了比较深刻和比较全面的自我批判，因此，我们认为这些作品对于各种知识分子思想改造是可以发生启示作用的”①。这篇评论，反映了党的思想文化领导部门对指导部署知识分子思想改造运动的一种评价。

重新审视这些检讨，共同的特点是对个人在新中国成立以前的人生经历，包括价值观、学术及艺术成果甚至秉性人格，几乎全盘否定。他们迈出的每一人生脚步、做出的每一重要选择，几乎都是个人利益、名利思想、崇洋观念、改良主义、动摇投机、自高自大、自由主义等驱使下的产物，对于中国的革命事业来讲没有真正的意义甚至起着阻碍的作用。从这些检讨里，可以清晰地感受到这一代知识分子那种痛苦、悔罪、真诚、希望交织在一起的复杂心理，感受到为了“过关”与“新生”，可以不惜贬损自身的人格和自尊的决心。

在普遍开展思想检查、着重进行思想教育过后，文教界知识分子思想改造运动进入组织清理阶段。结合当时党政军机关正在开展的清理“内层”“中层”“外层”的内部肃反运动，教育、科学、文化等部门及所属机构，要求知识分子忠诚老实地写出个人政治历史的材料，以便放下历史包袱，获得谅解，轻装前进。根据中共中央有关文件的精神，知识分子必须在群众面前进行检讨，分批实行“洗澡”和“过关”。以高等院

---

① 陈撷英、傅鹰等：《批判我的资产阶级思想》，五十年代出版社 1952 年版，第 2 页。

校为例，那些年轻的、职称较低、历史简单或“清白”、家庭出身较好的知识分子，一般较容易过关，而且是在教研室小范围的群众面前过关；中年以上、职称高级或担任系主任一类领导职务、阅历复杂、出身于“剥削阶级”家庭的知识分子，过关便难多了，一般要反复检讨数次方能通过，而且要在院系一级检讨过关；有影响的著名知识分子特别是担任着一个单位的领导职务如校长、院长等，则要在全校、全院群众大会上作检讨。对于受到政府特别礼遇和信任的知识分子来说，虽然也要认真检讨，但一般会受到特殊对待、保护过关。有些具有高级职称，据信政治历史复杂且检讨不深入、态度不端正的人，则被认为是有严重问题的知识分子。

根据北京、上海两地高校的做法，在作了必要的自我检讨后迅速过关的教师占60%至70%，经过适当批评以后再行过关的教师占15%至25%，经过反复批评检查以后始予过关的教师占13%左右，他们一般是较有学术影响和社会影响且政治历史复杂的高级知识分子。例如，清华大学教授潘光旦先后4次检讨，第四次检讨的“摘要”就长达28000字；复旦大学、北京大学作过2次以上检讨的教授可以列出长长的名单。此外，还有2%左右的教师不能过关，需要做适当处理。中共中央认为，“这样的比例大体上是合适的”，对于不能过关的教师，处理要慎重。一部分人可以继续留校教书，但“决不能让其继续担任校内各种行政领导职务”①。

1952年5月进入组织清理阶段后，知识分子必须向政府和组织老实交清自己的历史，并检举自己知道的反革命分子。在这个阶段，大多数知识分子由于历史问题已经大体讲清或基本涉及了，相对比较“轻松”过关。而在前一阶段没有过关、被怀疑有政治历史问题的人则要接受“敌”或“友”的裁判。经坦白和检举，被认定有严重政治问题的人分别受到逮捕、管制和调离教学岗位等处分。虽然中共中央指示组织清理工

---

① 《中共中央关于在高等学校中批判资产阶级思想和清理“中层”的指示》，中共中央文献研究室编：《建国以来重要文献选编》第3册，中央文献出版社2011年版，第153页。

作必须坚持启发自觉、不追不迫的原则，但是有的单位还是发生了乱斗争乱批判的过火行为，伤害了一些本来没有什么政治历史问题或者有些许问题但实在算不上反动的知识分子。最后，由各级党组织根据中央关于审查从严、处理从宽的原则，作出结论。经过上述步骤，全国规模的知识分子思想改造运动于 1952 年秋基本结束。

中华人民共和国成立初期对知识分子的思想改造运动，是新旧社会历史变迁特定环境下的产物。它在总的方面适应了国家建设对大量知识分子及他们所拥有的科学文化知识的需要，也适应了当时知识分子希望重新学习的要求。它帮助从旧社会过来的知识分子清除思想上残存的帝国主义、封建买办阶级的影响，在政治上划清革命与反革命的界限，促进他们在社会大变动中适应时代变化，跟上时代要求，特别是在帮助知识分子学习掌握唯物史观和唯物辩证法，初步接受马克思主义的世界观，逐渐由民族的、爱国的立场前进到人民的立场，确实起到重要的推动作用。这是党对知识分子改造工作取得的积极成果，也是中华人民共和国成立初期知识分子思想改造运动的主流。

从另一方面看，相对于经济社会的变革来说，与之相应的新的观念形态的形成，应该经历一个较长的复杂过程，需要做大量的艰苦细致的教育说服工作和思想转化工作。由于党刚刚走上全国执政地位不久，在这方面还缺乏充分的认识和必要的经验，因而在知识分子思想改造工作中，采用了过去习惯的搞运动的方法来解决思想问题，这就不免失之偏颇和粗糙，带来许多弊病。尤其是在后半期思想检查阶段，要求“人人过关”，“脱裤子割尾巴”（“尾巴”指封建买办、资产阶级思想），每个教师必须在群众面前进行检讨，实行“洗澡”和“过关”，并发动学生敦促教师作检讨，出现一些过火行为。对旧思想、旧观念的批评，有不少上纲上线过高，过于片面、武断、简单化，形成紧张政治氛围。许多学校都有一些教师几次作检查也过不了关，经受了很大的精神压力。在组织清理阶段，有的部门把知识分子的一般历史问题夸大为严重政治问题，处理失当。这些明显带有强制力的做法，偏离了用民主的方法自我教育、自我改造的健康轨道，伤害了一批愿意为人民服务的知识分子的感情，一定程度上造成他们对党的隔膜，以致带来长期的负面影响。

（二）对电影《武训传》的政治批判

知识分子的思想改造，涉及人们观念形态的改变，这是一项十分复杂、艰巨而又细致的工作。毛泽东对此曾经有过清醒认识，他在党的七届三中全会上说，观念形态的东西，不是用大炮打得进去的。他主张缓进，用10年到15年的时间来做这个工作。在新民主主义建设的现阶段，党强调要用马克思主义的辩证唯物论和历史唯物论的观点来教育人民，对封建观点、资产阶级唯心主义观点要进行批评，指出它的错误，以此由浅入深、循序渐进地引导人们观念形态的转变。在人民民主政权已在全国建立，而土地制度改革等民主革命任务仍在紧张进行的环境下，如何用马克思主义来教育人民，正确地开展反对资产阶级唯心主义的思想斗争，这对执政党来说是一个需要慎重对待的新课题。

1951年元旦前后，京、津、沪几个大城市上映了电影《武训传》。这部影片在新中国成立前由进步电影工作者开拍，屡断屡续，新中国成立后经中共中央宣传部审查同意后摄制完成。影片描写清朝末年有着“千古奇丐”之称的武训历尽屈辱，“行乞兴学”，以表达身处社会底层的贫苦农民不甘愚昧、需求文化的愿望；同时刻画了武训自卑自贱、仰人鼻息、乞求恩舍的奴性的一面，试图体现武训其志可嘉，却无法从根本上改变穷人受压迫地位的主题。影片上映后，引起很大反响，各报刊发表几十篇评论文章，称赞这是一部“富有教育意义的好电影”，颂扬武训“是一个劳动人民的伟大典型”，是中国历史上劳动人民“从文化上翻身的一面旗帜”等。在一片赞扬声中，也有文章持不同意见，指出武训“不足为训”，他的行为不论过去还是现在都是不值得表扬和歌颂的。这场围绕武训和电影《武训传》的讨论，引起毛泽东的关注。

武训行乞兴学，过去长时期被传为一桩美谈。文化教育界包括郭沫若、陶行知、柳亚子、李公朴、邓初民、潘梓年、黄炎培等进步人士，都参加过纪念和颂扬武训的活动，推崇过“武训精神”。毛泽东在延安时期，也在一些讲话中称赞过“武训精神”，以此鼓励大家克服困难，把革命坚持下去。在紧张的战争环境中，人们无暇深思对这个具有复杂性格的历史人物如何进行科学的评价。而在人民革命斗争已经取得胜利的新形势下，毛泽东敏锐地感到必须把武训其人其事摆到近代中国革命历史发展的大背景下加以考察，并用马克思主义的历史观点给予重新评价。为此，他亲自审阅了《人民日报》1951 年 5 月 20 日的社论《应当重视电影〈武训传〉的讨论》，改写和加写了大段文字，提出一些尖锐的看法。

毛泽东写道："《武训传》所提出的问题带有根本的性质。像武训那样的人，处在清朝末年中国人民反对外国侵略者和反对国内的反动封建统治者的伟大斗争的时代，根本不去触动封建经济基础及其上层建筑的一根毫毛，反而狂热地宣传封建文化，并为了取得自己所没有的宣传封建文化的地位，就对反动的封建统治者竭尽奴颜婢膝的能事，这种丑恶的行为，难道是我们所应当歌颂的吗？向着人民群众歌颂这种丑恶的行为，甚至打出'为人民服务'的革命旗号来歌颂，甚至用革命的农民斗争的失败作为反衬来歌颂，这难道是我们所能够容忍的吗？承认或者容忍这种歌颂，就是承认或者容忍污蔑农民革命斗争，污蔑中国历史，污蔑中国民族的反动宣传，就是把反动宣传认为正当的宣传。"毛泽东着重指出，对于武训和《武训传》的歌颂竟如此之多，说明了我国文化界的思想混乱达到何种程度！他批评一些共产党员，号称学得了马克思主义，但是一遇到具体的历史事件、历史人物和反历史的思想，就丧失了批判的能力，甚至向这种反动思想投降，由此断言："资产阶级的反动思想侵入了战斗的共产党"。①

全国各主要报刊都迅速转载了《人民日报》的这篇社论，其中严厉的措辞和尖锐的批判，在思想、文化、教育界引起强烈的震动。在这篇社论的直接推动下，全国很快掀起一场群众性批判运动，对武训和《武训传》作了全盘否定。许多批判者认定武训是"封建统治的维护者、封

① 毛泽东：《应当重视电影〈武训传〉的讨论》，《毛泽东文集》第 6 卷，人民出版社 1999 年版，第 166—167 页。

建制度的崇拜者、封建道德的支持者”，指责《武训传》的思想内容是反历史的，艺术手法是反现实主义的，是一种“公开的反动宣传”，是有意识地“用武训这具僵尸欺骗中国人民”“向革命的新中国挑战”，等等。

根据毛泽东的意见，人民日报社和文化部组成“武训历史调查团”，到武训的家乡山东堂邑等县去调查。临行前，毛泽东对调查团成员指示说；武训本人是不重要的，他已经死了几十年了，武训办的义学也不重要，它已经几经变迁，现在成了人民的学校。重要的是我们共产党人怎么看待这件事，对武训的改良主义道路，是应该歌颂，还是应该反对。

按照毛泽东的意图，调查团的工作在毛泽东的夫人江青（化名李进）的实际主持下，从预先作好的结论出发，经过对历史事实的主观筛选、加工、改造，写出带有很大片面性的《武训历史调查记》。毛泽东对《武训历史调查记》作了多达十几处的修改，把武训定性为“被当时反动政府赋予特权而为整个地主阶级和反动政府服务的大流氓、大债主和大地主”；所谓“义学”，其实是依靠封建统治势力，剥削、榨取劳动人民的财富，替地主和商人办学。这些结论，是与有关史实不相符的。《人民日报》随即发表《武训历史调查记》，实际上为这场批判作了结论，《武训传》被定为反动电影打入冷宫，武训其人则成为“万劫不复”的封建地主阶级的奴才和公认的“历史反革命”。

应该说，对武训这样既深受封建压迫，又对封建制度毫无认识的愚昧落后的农民形象，一味赞扬是不对的。电影《武训传》由于艺术手法的失当，造成把武训自甘下贱的丑行当作美德来歌颂的某种客观效果，理应给予批评。毛泽东以敏锐的洞察力发动对《武训传》的批判，实际上成为当时知识分子思想改造运动的一个组成部分。通过武训这个具体形象，在知识分子中间进行历史唯物论的教育，帮助他们从思想上分清什么是人民民主革命，什么是资产阶级改良主义，是促使我国旧有思想文化、观念形态转变所需要的，适合了新旧社会转型的要求。特别是毛泽东提出要用马克思主义的观点来重新研究一些历史人物的任务，对于克服民族传统中落后、消极、有害的东西，继承和发扬中华民族优秀文化传统，是有指导意义的。

但是，这次讨论和批判带来的消极影响是明显的。在新旧社会的转换中，许多文化人士由于不熟悉历史唯物论的观点和方法，出现对《武训传》的颂扬，本是不足为怪的。只要因势利导，允许不同意见之间进行自由讨论，开展正常的文艺批评，是可以克服错误意见，发展正确意见，帮助人们逐渐学会用马克思主义观点评价历史人物的。可是，当时把问题一下子提到污蔑中国历史、中国民族和农民革命斗争的反动宣传的政治高度，这就使事态的发展超出了正常批评的轨道。从《人民日报》社论起，对《武训传》思想内容的缺点和对武训的历史评价，就由不得历史学家、教育家和艺术家在不抱任何成见的自由讨论中去解决。

从总体上看，这次批判是非常片面的，非常极端的，甚至是非常粗暴的，不仅给《武训传》和武训本人加上了过分夸大的罪名，而且扩展到批判近代以来许多爱国民主人士致力于“教育救国”“工业兴国”“知识救国”“科学救国”“卫生救国”的“资产阶级改良主义思想”，把这些主张及其历尽艰辛的实践，统统说成是为反动统治阶级服务的，使得以“阶级斗争”解释历史现象的简单化和片面的观念占据了主导地位。不仅知识界著名人士纷纷做检讨，进行自我批判，其还给长期追随我国著名教育家陶行知从事平民教育的不少教育界人士，包括电影艺术工作者等造成很大的政治压力。

特别是在知识分子思想改造进行之中，发起对电影《武训传》的批判，随之而起的猛烈的政治批判，以及对武训其人查三代、乱上纲的做法，给电影界和文化教育界造成强烈的冲击。思想领域的政治批判夹杂着过火的做法，又与知识分子思想改造中的简单粗暴偏差互为补充，增加了思想改造中的政治压力和精神负荷，使思想改造不能按照预先规定的目的、政策和方法正常发展，也给电影和文艺的创作以及教育改革带来消极的影响。这就使思想文化建设走上新民主主义轨道发生了一些波折。

知识分子思想改造和电影《武训传》批判中出现的偏差，说明了建立新民主主义文化的艰巨性和复杂性。在政治上同民族资产阶级联盟、经济上存在多种经济成分的条件下，思想文化作为这种政治经济状况在观念形态上的反映，交织着许多矛盾，有其多样化的内在要求。因此，思想文化的新旧转换必须谨慎，既要有马克思主义的科学指导，又要有明确的阶段性划分，更需要做长期的准备，不能用粗暴的方法去强制转变。这种割断历史的错误的批判方法，违背了用民主的方法鼓励知识分子自我教育和自我改造的初衷，开了用强制、压服的办法解决人民内部思想性质问题的不良先例。以这次批判为发端，毛泽东后来在思想文化领域又发动和支持了多次批判运动，均未取得良好效果，反而给新中国文化教育事业的发展带来严重损害。这里的经验教训，值得深刻记取。

五、民族的科学的大众的文化事业初兴

改造旧有社会文化事业与建设发展新的社会文化，是与新旧社会的转换同步进行的。人民革命的胜利和人民政权的建立，给人民的文化教育和人民的文学艺术开辟了发展的道路，由此推动了整个国家文化建设的转型。第一次文代会把毛泽东《在延安文艺座谈会上的讲话》提出的“文艺为人民服务、首先是为工农兵服务”的方针确定为今后全国文艺运动的总方向，提出面向人民革命胜利的新的现实，为建设新中国的人民文艺而奋斗的新的任务。广大文艺工作者通过土地改革、抗美援朝、镇压反革命等实际斗争的锻炼，通过知识分子思想改造及文艺界的整风学习，端正了对文艺发展方向、文艺创作的源泉等问题的认识，逐步树立起马克思主义的文艺观，广泛地发展为人民服务的文艺工作，使文学艺术同人民群众日益结合，同民族传统密切结合，开始了当代中国文艺逐步民族化、大众化的进程。

在 1949 年内，汇集延安文艺座谈会以来解放区优秀文艺作品的“中国人民文艺丛书”计 53 种全部出版，如歌剧《白毛女》、小说《太阳照在桑干河上》《暴风骤雨》等，带给文艺界扑面而来的新鲜气息。广大文艺工作者积极投身于现实斗争，深入社会生活，新创作出一批以革命战

争、民主改革为题材，启发人民政治觉悟，鼓励人民劳动热情的优秀作品，丰富了人民群众的精神文化生活，配合了国民经济的恢复与生产建设等各方面的工作。

在文学创作方面，一个显著特点是革命战争和社会改革题材占有重要位置。战争题材的小说可分为两类，一类是反映革命历史斗争的。其中刘白羽的中篇小说《火光在前》，描写人民解放军在鄂西渡江战役中黑夜与黎明交替时刻的激动人心的战斗场面。马加的《开不败的花朵》，通过描写一支护送干部的部队从陕甘宁边区前往东北经过内蒙古草原时经历的一场特殊战斗，歌颂党的民族政策和革命战士的牺牲精神。陈登科以涟水战役为背景写的《活人塘》，孔厥、袁静的《新儿女英雄传》，都较真实地反映了解放战争时期的战斗生活。这类作品中影响较大的是柳青 1951 年 9 月出版的《铜墙铁壁》。作品以沙家店战役为背景，较成功地塑造了优秀村干部、共产党员石得富的形象，再现陕北农民在战争中支援前线的故事。战争题材另一类作品是反映抗美援朝战争的。比较优秀的是杨朔的《三千里江山》和陆柱国的《上甘岭》。路翎的《在洼地上的“战役”》也颇具艺术特色。魏巍的通讯《谁是最可爱的人》，巴金的散文《我们会见了彭德怀司令员》等也是这类题材的代表作。

社会改革题材主要是反映新区土地改革运动、宣传新婚姻法等完成民主革命遗留任务中所经历的轰轰烈烈场景和人民群众的生活。1950 年 3 月，《人民日报》发表谷峪的《新事新办》等短篇小说，随即在全国许多报刊转载。1951 年 7 月，《人民日报》又转载《中国青年报》发表的马烽的短篇小说《结婚》，赵树理的《登记》，马烽的《一架弹花机》，高晓声的《解约》等，这些作品都产生了积极的社会影响。

新中国第一批诗歌创作是在庆祝共和国诞生的欢呼声中问世的。郭沫若的《新华颂》讴歌人民中国“光芒万丈”屹立在亚洲的东方。何其芳以《我们最伟大的节日》为题，歌唱“如此巨大的国家的诞生”。臧克家为纪念鲁迅而作的《有的人》，以深刻的哲理和积极的人生观激励人民为创造新生活而奋斗。朱子奇献给中华人民共和国成立一周年的《我漫步在天安门广场》，充满激情地吟道：在这空中飞翔的每只鸟都展开快活的翅膀，在这路上行走的每个人都浴着幸福的阳光。冯至的《我的感谢》，表达了广大知识分子对党的感谢和热爱之情，诗人柯仲平的长诗《献给志愿军》深情歌颂志愿军是“栽种”和平与自由的英雄。王莘的著名歌词《歌唱祖国》因洋溢着对祖国充满热爱的激情而唱遍全国。志愿军战士麻扶摇写的“雄赳赳，气昂昂，跨过鸭绿江……”由新华社记者陈伯坚写入通讯发表在《人民日报》后，被谱成歌曲，成为《中国人民志愿军战歌》。

戏剧、电影、音乐也取得许多成就。第一次文代会提出改革旧戏剧的任务后，立即成立了以欧阳予倩为主任的全国戏曲改进会筹备会，毛泽东为该会题写了“推陈出新”的题词。1950 年 7 月，文化部又组成戏曲改进委员会，作为戏曲改革工作的顾问机关，委员会由戏曲界代表、戏剧专家和有关部门负责人组成，周扬任主任委员，田汉、洪深、欧阳予倩等 43 人为委员。同年 11 月，文化部召开全国戏曲工作会议，检查各地戏曲改革工作的情况，讨论党的戏改政策、如何帮助旧艺人、加强编写和修改剧本等问题。会议认为，戏曲必须发扬新的爱国主义精神，鼓舞革命斗志和劳动生产中的英雄主义。会议决定，各地戏改工作应以当地地方戏为主要对象。会议还确定了审定曲目的标准。

1951 年 4 月，中国戏曲研究院在北京成立，梅兰芳任院长，程砚秋等任副院长。毛泽东为该院题院名并题词：“百花齐放，推陈出新。”周恩来的题词是：“重视与改造，团结与教育，二者不可缺一。”1951 年 5 月，政务院发布《关于戏曲改革工作的指示》，提出“改戏、改人、改制”的号召，明确了“百花齐放，推陈出新”的方针，就是保留与发展旧戏曲的优良传统部分而去其不合理、由长期封建社会所造成的反现实的落后部分，使其成为以新民主主义及爱国主义精神教育人民的民族的戏曲艺术，同时鼓励各种戏曲自由发展，互相竞赛，共同繁荣。到 1952 年，文化部陆续发出通知，禁演某些具有严重封建毒素的旧戏共 26 出，其中有京剧《杀子报》《奇冤报》《探阴山》《铁公鸡》《大劈棺》，评剧《黄氏女游阴》等。在旧戏的改革方面，由南薇、宋之由、徐进等改编的越剧《梁山伯与祝英台》，既保留了这个民间传统戏的优点和特点，同时又对剧本及演出进行了大胆适当的改造，因而被认为改革的方法和道路都是正确的。

1952 年 10 月至 11 月间，文化部举办第一届全国戏曲观摩演出大会，以便通过观摩演出，互相交流经验，奖励优秀剧目，推动戏曲艺术进一步改革和发展，贯彻“百花齐放，推陈出新”的方针。参加这次会演的有京剧、评剧、越剧、川剧等 20 多个剧种，1800 多人。大会为梅兰芳、周信芳、程砚秋、袁雪芬、常香玉、王瑶卿、盖叫天颁发了荣誉奖，评出越剧《梁山伯与祝英台》、评剧《小女婿》、沪剧《罗汉钱》、川剧《柳荫记》、京剧《将相和》、淮剧《王贵与李香香》、越剧《西厢记》、楚剧《葛麻》、秦腔《游龟山》为剧本奖，评剧《雁荡山》等 4 个剧为演出一等奖，沪剧《罗汉钱》等 18 个剧为演出二等奖。这次会演历时 39 天，是对中华人民共和国成立初期戏曲改革工作的一次检阅，为正确地对待祖国戏曲遗产作了可资借鉴的探索。

话剧艺术创作在中华人民共和国成立后结出的第一个硕果，是老舍于 1950 年 10 月发表在《北京文艺》创刊号上的《龙须沟》。该剧于 1951 年 2 月由北京人民艺术剧院首次上演，焦菊隐导演，于是之饰程疯子，反映了解放后北京市成功地治理臭水横溢的龙须沟，使城市环境发生巨大变化的事例，受到首都观众的热烈欢迎。工人的创作热情在话剧方面得到体现。1950 年 4 月，文化部召开专门座谈会，讨论石家庄工人魏连珍创作的三幕 14 场话剧《不是蝉》。这个剧本反映工人阶级为创造新生活自觉劳动的热情。欧阳予清、周巍峙、张庚等在座谈会上称赞这是中华人民共和国成立以来第一个“工人写”“写工人”的较优秀的话剧。大连黑嘴子车站工友集体创作的剧本《装卸工》，荣获旅大市第二届工人文艺活动周特奖。天津市搬运工会运输二分会业余文工团创作并演出话剧《搬运工人翻身记》，该剧后来被改编为《六号门》搬上了银幕。

电影事业方面，1949 年到 1955 年拍摄的故事片 100 余部（其中有私营电影厂 1951 前拍的 51 部），纪录片 100 余部，苏联及其他人民民主国家的译制片 200 部左右。国营电影厂拍摄的第一部故事片是东北电影制片厂于 1949 年 5 月封镜发行的《桥》（于敏编剧，王滨导演）。在百余部影片中比较优秀的故事片有《赵一曼》(于敏编剧，沙蒙导演)、《钢铁战士》(成荫编导)、《高歌猛进》(于敏编剧，王家忆导演)、《民主青年进行曲》(贾克、赵寻编剧，玉逸导演)、《刘胡兰》(林杉编剧，冯白鲁导演)、《翠岗红旗》(杜谈编剧，张骏祥导演)、《白毛女》(水华编导)、《上饶集中营》(冯雪峰编剧，沙蒙导演)、《新儿女英雄传》(史东山编导)、《龙须沟》(冼群编导)、《南征北战》(沈西蒙等编剧，成荫、汤晓丹导演)、《智取华山》(郭维等编导)、《鸡毛信》(张骏祥编剧，石挥导演)、《渡江侦察记》(沈默君编剧，汤晓丹导演)、《董存瑞》(丁洪编剧，郭维导演)、《平原游击队》(邢野、羽山编剧，苏里、武兆堤导演)、《宋景诗》(陈白尘等编剧、郑君里导演) 等。戏曲片有京剧《宇宙锋》《盖叫天的舞台艺术》《梅兰芳的舞台艺术》、评剧《秦香莲》、豫剧《打金枝》、越剧《梁山伯与祝英》、黄梅戏《天仙配》等。这些优秀影片分别在国内或国际电影节 (捷克斯洛伐克电影节) 上获奖。

音乐方面，群众演唱歌曲成绩显著。《全世界人民心一条》(招司词，翟希贤曲)、《歌唱祖国》(王莘词曲)、《中国人民志愿军战歌》(麻扶摇词，周巍峙曲)、《歌唱毛泽东》(托尔逊瓦依提词，阿不力克木曲)、《我是一个兵》(陆原、岳仑词，岳仑曲)、《草原上升起不落的太阳》(美丽其格词曲)、《小鸽子》(冷岩词，刘守义曲)、《歌唱二郎山》(洛水词，时乐蒙曲) 等，都是为群众所喜闻乐见竞相传唱的。这些歌曲集中反映了现实的社会精神风貌，很适合大众演唱，代表了一个时代留在人们的记忆中。

党和人民政府十分注重少数民族文化教育、卫生事业的发展。针对少数民族因疾病原因，人口死亡率很高，亟待防治疾病的迫切要求，中央人民政府积极开展民族卫生工作，先后拨给少数民族地区的卫生事业补助费达 1092 万余元。到 1952 年初，在各少数民族聚居的县份，恢复和建立的县卫生院和县卫生所有 187 个，在民族杂居的县份还建立了许多卫生院和卫生所。为了加强民族卫生工作，中央卫生部和各地卫生机关前后派出 50 多个卫生队到西北区、西南区、中南区、内蒙古自治区替少数民族群众免费治疗。进入少数民族地区的人民解放军医疗队也热情地为少数民族人民治病。西藏和平解放后，中央卫生部立即派遣入藏医疗工作组，并拨款数十万元作为替西藏人民医疗的费用。这些流动的卫生队和医疗组克服了种种困难，深入草原，远达边疆，在广大的少数民族地区救死扶伤，受到各少数民族人民的热烈欢迎。他们在各地区除治疗疾病外，还进行了卫生宣传和大力推广妇幼保健卫生工作。

在帮助少数民族发展教育事业方面，有的地区教育已经相当普及，如东北朝鲜族入学儿童已达学龄儿童的92%左右。有的地区的学校数量发展很快，如内蒙古自治区的小学比日本统治时期的最高数字增加3倍多。有些过去根本没有学校的民族如鄂伦春族，已有了自己的学校。新疆和延边朝鲜族自治地方，不仅有小学和中学，而且还有了高等学校。若干地区还开展了群众性的冬学运动。中央人民政府重视发展少数民族的语言文字，政务院文化教育委员会特别成立民族语言文字研究指导委员会，负责指导和组织关于少数民族语言文字的研究工作，没有文字的帮助创立文字，文字不完备的帮助其完备。西康彝族新彝文的创立，是这方面工作的开端。

人民政府还充分运用现有条件，大力发展少数民族文字的出版事业。到1952年，仅中央民族事务委员会用蒙文、藏文、维吾尔文翻译出版的书刊就有70多万册。地方的民族文字出版事业和新闻事业也有相当的发展。蒙古族、藏族、维吾尔族、哈萨克族、朝鲜族的人民都在用本民族的文字阅读马克思列宁主义和毛泽东的著作，阅读中央人民政府的政策文件以及科学技术知识读物和文艺作品。此外，少数民族语言的广播和电影也在发展中。许多文艺工作者深入民族地区采风，积极研究和整理少数民族的音乐、舞蹈等优秀传统艺术，由此产生一批具有各民族鲜明特色和浓郁风情的文艺作品，并得到广泛传播。

在对外文化交流方面，新中国成立以后，积极开展同各友好国家的文化交流。截至1955年底，中国共派出15个文学艺术类代表团近2000人分别到亚洲、欧洲、美洲的24个国家进行友好访问。1955年6月，中国艺术团应邀参加巴黎第二届国际戏剧节，在巴黎举行首次演出。著名京剧表演艺术家叶盛兰、张云溪、张春华、杜近芳等演出了京剧《三岔口》《断桥》《闹天宫》《秋江》《雁荡山》等剧目，受到法国观众的热烈欢迎。在欧洲观众的请求下，戏剧节后中国艺术团访问的国家由原定的二三个增加到八九个，先后访问了比利时、荷兰、捷克斯洛伐克、瑞士等国，出访时间由原定的一两个月延长到 7 个多月。英国广播公司还首次在电视节目中播放演出实况，使 1400 万英国观众欣赏到中国优秀的传统艺术表演。中国杂技团访问北欧芬兰、丹麦、瑞典，在 67 个城市巡回演出，受到 10 余万观众的赞赏。郑振铎、丁西林还率团访问了印度尼西亚、越南等亚洲国家，代表团演出京剧《霸王别姬》《盗仙草》《闹龙宫》等剧目。中国艺术家还向外国观众介绍了越剧、杂技及中国民族乐曲。中国古典歌舞剧团访问丹麦、冰岛等国时，一位老妇人把一个手镯赠给中国演员，表示“愿这个手镯象征着友谊永远把我们紧紧地连在一起”。

友好各国来中国访问的艺术团日益增多，到 1954 年 8 月达 16 个，人数 1900 余人。1952 年中国、苏联举办了中苏友好月活动，苏联艺术工作团和红旗歌舞团在中国的 140 余个城市演出 140 余场，观众 90 万人，演出的实况转播和广播大会 22 次，有组织的听众 2500 万人。1953 年，朝鲜、匈牙利、捷克斯洛伐克、罗马尼亚、波兰、德意志民主共和国、保加利亚、印度、印度尼西亚等国的歌舞团或杂技团、音乐队等也先后访问中国。莫斯科“小白桦树”舞蹈团、民主德国的吹奏乐和世界著名的捷克斯洛伐克木偶戏、匈牙利的瓶舞都给中国观众留下了深刻的印象。1955 年又有 13 个国家的 16 个艺术团和许多国家的艺术家到中国访问演出。其中南斯拉夫、缅甸和日本等国是第一次向中国派出艺术团体，使中国观众欣赏到日本著名戏剧家的歌舞伎、南斯拉夫“科罗”民间歌舞、美国黑人歌唱家奥布雷·潘基表演的黑人民歌。印度文化代表团先后在中国的北京、上海、广州、乌鲁木齐、重庆等 15 个城市演出。

交换影片是文化交流活动的一种重要形式。中国同各人民民主国家都订有影片交换合同，互相举办电影周。中国影片和约 60 个国家的观众见了面。中国还参加了各种国际电影节。在 1950 年 7 月第五届捷克国际电影节上，中国故事片《中华儿女》获“为自由而斗争奖”，纪录片《百万雄师下江南》等 4 部影片获“名誉奖状”，演员石联星（电影《赵一曼》主演）获“演员优等奖状”。在1951年第六届捷克国际电影节上，中国电影代表团带去12部影片分别参加竞赛与举办电影展，故事片《钢铁战士》获本届电影节5项主要奖之一的“和平奖”，《白毛女》获“特别荣誉奖”，《新儿女英雄传》的导演史东山、纪录片《中国民族大团圆》获“特别荣誉奖”。1952年8月在第七届捷克国际电影节上，中国故事片《人民的战士》（刘白羽编剧，翟强导演）获“争取自由斗争奖”，《内蒙古人民的胜利》的剧作者王震之获“电影剧本奖”，《翠岗红旗》的摄影师冯四知获“摄影工作奖”，纪录片《抗美援朝》和《抗战中的越南》获“劳动人民争取和平斗争奖”。1954年在第八届捷克国际电影节上，中国故事片《智取华山》《梁山伯与祝英台》荣获“剧本奖”。

从1950年至1953年，我国翻译了苏联各种影片177部，其他人民民主国家影片59部。这些影片不仅具有较高的思想性和艺术性，深为中国观众所喜爱，其中的一批科教片还起到传播新技术、普及科学知识的作用。比如1955年12月，苏联科学家访华团向中国政府赠送的关于和平利用原子能的科学电影片就属这一类。中苏两国电影工作者还合作拍摄了《中国人民的胜利》和《解放了的中国》，这两部影片都获得“斯大林文学艺术奖”。

文学作品的交流逐年增加。到1954年6月底，我国共翻译出版世界各国进步作家的文学作品和科学著作7000余种。奥斯特洛夫斯基的《钢铁是怎样炼成的》，柳·科斯莫杰米扬斯卡娅的《卓娅和舒拉的故事》《普通一兵》，伏契克的《绞索套着脖子时的报告》等革命题材的著作，激励了新中国的一代青年。而阿里斯多德的喜剧，阿尔德里奇的《外交家》等古典和现代文学名著作为世界文化的精品，给中国人民以精神上的享受。

新中国作家的作品被翻译成外文出版的首推丁玲的《太阳照在桑干河上》。这部长篇小说1949年10月译成俄文在苏联《旗》杂志上发表后，苏联评论界认为其“真实而富有感召力”，“有很高的艺术价值”。《太阳照在桑干河上》获1951年斯大林文学奖（二等奖），同时获奖的还有贺敬之等的歌剧《白毛女》（二等奖），周立波的小说《暴风骤雨》（三等奖)。《李有才板话》《活人塘》《吕梁英雄传》《平原烈火》等文学作品还在日本翻译出版。与此同时，中国国家图书馆——北京图书馆还同21个国家的文化教育单位建立了交换图书的关系，到1954年6月，中国向各国赠送70余万册书刊，收到各国书刊30余万册。

组织和举办展览，也是对外文化交流的重要方式之一。到1954年8月底，中国在世界各国多次举办文化艺术展览会，也协助各国在中国举办多个展览会。1950年8月，由文化部筹办的新中国第一次大规模中国艺术展览会在苏联莫斯科和列宁格勒展出中国古代和现代作品1000多件，包括齐白石、徐悲鸿等艺术大家的国画、油画、木刻、年画、漫画以及艺术摄影等，还有从史前的仰韶文化直到清代中叶的古代艺术品。该展览于1951年在苏联闭幕后又分别在民主德国柏林博物馆和华沙展出。1951年至1953年，在北京、上海、广州举办了匈牙利人民共和国展览会，观众达225万人。展品有匈牙利19世纪和现代油画、木刻、雕塑等复制品100余件，历代革命重要事件画作70多幅以及匈牙利各地区的民间工艺品等。

1952年，政务院副总理李富春访问苏联，苏方在谈判中提出在中国展示苏联的建设成就事宜。经中央决定，分别在北京、上海建设苏联展览馆，以学习、借鉴苏联社会主义建设的经验。至1954年9月，位于北京西郊的苏联展览馆（1958年改名北京展览馆）仅用一年就竣工投入使用，随即举办了苏联经济及文化建设成就展览会，全面系统地向中国人民介绍苏联的经济、文化等各方面的建设成就。随着我国社会主义建设事业的发展，北京、上海这两个展览馆，就成为接待五大洲几十个国家、地区和我国举办各种展览和交流活动的场所，为促进我国的对外经济贸易和文化科技交流，增进我国人民同世界各国人民的友谊发挥了积极作用。

总体来看，中国革命的胜利不仅是国家政治经济制度的重建，而且是整个社会形态的随之转型，其中包括相应的文化观念形态的转型。文化转型的核心是确立马克思主义的国家主导意识形态的地位。1949年中华人民共和国成立后，在中国共产党的领导下，我国逐步实现了社会文化的制度转型，并在继续完成民主革命遗留任务和顺利完成恢复国民经济任务的同时，建立起管理和促进社会文化建设的领导体制和运行机制，使整个社会的观念形态适应经济结构的转轨，逐步走上新民主主义的轨道。树立蓬勃向上的革命人生观逐渐成为各界人民的思想主流，社会风尚和道德水平显著提高，人民群众的精神面貌发生了巨大的变化，这是社会文化转型的主要方面。

历史地看，一方面，在新中国文化转型的过程中，伴随着肃清封建主义、帝国主义买办思想，用马克思主义的立场、观点、方法批判资产阶级思想的知识分子思想改造运动。由于中国知识分子所信奉、传播和研究的近代以来的世界文化成果，大多源于西方资本主义国家，在结构复杂的文化体系中，如何分清哪些是体现资产阶级利益和要求而应当抛弃的，哪些是人类创造的文明成果和共同精神财富而应当吸取继承的，这不是靠武断和简单化方式可以解决的，而是必须采取科学的态度加以区分和慎重对待的重要问题。

另一方面，一个社会的文化转型应该是一个复杂而又循序渐进的过程，有其自身的发展轨迹。新中国的文化转型在某种意义上说不是内源性的而是外源性的。它受引导、灌输、压力、转换交互作用，是一个有时稍有不慎就会牵一发动全身的系统工程。虽然执政党在理论上承认文化的相对独立性和变化的渐进性，但在实际指导上和推进过程中，却力图加快实现整个文化体系的转变和重建。由于从激烈的阶级斗争和军事战争环境转入相对和平的建设时期不久，中国共产党对于文化转型的复杂性和规律性还缺乏深入的认识。革命战争、阶级斗争的思维模式及其支配下的惯常做法，要求对文化方面的事物也要有一个清晰的敌、我、友的划分界线，强调“集中统一”“步调一致”“舆论一律”，要求不假以时日、立竿见影的终极效果，这体现了新中国文化转型的进程比较粗疏、不平稳的特征。历史的发展表明，对过去旧的价值观和内容庞杂、性状和来源各异的文化成果不加分析地予以否定是最容易的事情，但是，运用马克思主义的理论指导，按照新的文化建设的客观要求去进行新的文化创造就不那么容易了。

应该说，解放区革命文化的历史功绩和成就是辉煌的，是有目共睹并获得社会广泛认同的。但是文化作为一个复杂的系统进行新旧转换，如同毛泽东在党的七届三中全会上所讲的：观念形态的东西，不是用大炮打得进去的，应当缓进，用十年到十五年的时间来做这个工作。相对于经济社会的变革来说，与之相应的新的观念形态的形成，必然经历一个较长的复杂演变过程，需要做大量的艰苦细致的教育说服工作和思想转化工作。由于共产党刚刚走上全国执政地位不久，在这方面还缺乏充分的认识和必要的经验，因而在知识分子思想改造工作中，采用了历来习惯的搞运动的方法来解决思想问题，这就不免失之偏颇，带来许多弊病。

总之，在建立全国政权、开始从事和平建设时期，指导全国性的文化转型和新文化建设，仅靠解放区文艺运动的经验是有历史局限性的，必须在党的领导下，更注重文化成果的积累和文化传统的继承，更多地依靠作为文化成果创造者的各方面专家、学者的共同努力，才能使新中国的文化建设事业走上全面、健康的发展道路。中华人民共和国成立后社会文化的转型，确立了马克思主义在中国思想文化领域的领导地位，对于文化创造者群体知识分子在马克思主义理论、观点、方法指导下从事教育科学文化事业和文学艺术创作，是一个重要的开端。同时，由于对文化演变的特点和规律认识不足，新中国成立初期的文化转型从本应为平缓、交融、继承、剔除、创新的过程，演变为一个过急、过快、过于粗糙、形式过于单一的历史场景，因而不能不影响民族的科学的大众的文化更具生机活力，不能不影响新的人民的文艺运动走向更大的繁荣。

第三章
经济社会过渡时期的文化转型

一、过渡时期总路线和普及社会主义观

（一）党在过渡时期总路线的提出

1953 年，中国开始了以实施发展国民经济第一个五年计划为中心的大规模经济建设。这一年，毛泽东正式提出中国共产党在过渡时期的总路线，要求逐步实现国家的社会主义工业化，逐步实现国家对农业、手工业和资本主义工商业的社会主义改造，并把这条总路线作为党和国家一切工作的指针。毛泽东还发出号召，要求全国人民认真学习苏联的先进经验来建设我们的国家。由此，中国进入了有计划的经济建设和全面实行社会主义改造的时期。

经过新中国成立后三年多的发展，新民主主义经济的内部关系发生了很大变化。随着国民经济的迅速恢复和国营经济的不断增长，工人阶级在国家中的领导地位以及国家对社会经济活动的控制力都得到很大加强。经济结构中公私经济所占比重有了明显变化，社会主义性质的国营经济日益壮大，尤其是国营工业对私人资本主义工业已占明显优势，成为中国有可能开始向社会主义过渡的物质基础。在这种情况下，中国共产党开始考虑从现在逐步过渡到社会主义去的问题。

关于党在过渡时期的总路线，毛泽东从 1952 年下半年开始提出。

1953年6月15日，毛泽东在中共中央政治局会议上比较完整地表述了党在过渡时期的总路线的内容。他指出："从中华人民共和国成立，到社会主义改造基本完成，这是一个过渡时期。党在过渡时期的总路线和总任务，是要在十年到十五年或者更多一些时间内，基本上完成国家工业化和对农业、手工业、资本主义工商业的社会主义改造。"① 关于从中华人民共和国成立起，我国事实上已经和正在逐渐向着社会主义过渡，毛泽东在修改党在过渡时期总路线的学习和宣传提纲时，作了如下说明："我们说标志着革命性质的转变、标志着新民主主义革命阶段的基本结束和社会主义革命阶段的开始的东西是政权的转变，是国民党反革命政权的灭亡和中华人民共和国的成立，并不是说社会主义改造这样一个伟大的任务，在人民共和国成立以后就可以立即在全国一切方面着手施行了。""那时在农村中的主要矛盾是封建主义与民主主义之间的矛盾，而不是资本主义与社会主义之间的矛盾，因此需要有两年至三年时间在农村实行土地改革。那时我们一方面在农村实行民主主义的土地改革，一方面在城市立即着手接收官僚资本主义企业使之变为社会主义的企业，建立社会主义的国家银行，同时在全国范围内着手建立社会主义的国营商业和合作社商业，并已在过去几年中对私人资本主义企业开始实行了国家资本主义的措施。所有这些显示着我国过渡时期头几年中的错综复杂的形象。"②

历史和实践表明，在中华人民共和国成立头几年发展新民主主义经济的过程中，在土改后的农村提倡组织起来，积极而又谨慎地发展农业互助合作，对私营工商业采取加工订货、经销代销以及个别企业的公私合营等国家资本主义形式，虽然还不是直接实行社会主义的政策，但实际上是带有社会主义性质的措施。而中华人民共和国成立之初没收官僚资本、组建国营经济，既是完成新民主主义革命的任务，又具有社会主义革命的性质。在这些方面，实际上迈开了向社会主义过渡的步伐。

---

① 中共中央文献研究室编：《毛泽东年谱（1949—1976）》第2卷，中央文献出版社2013年版，第116页。

② 毛泽东：《革命的转变和党在过渡时期的总路线》，《毛泽东文集》第6卷，人民出版社1999年版，第315—316页。

中国共产党在过渡时期总路线的提出，在中华人民共和国的历史发展上具有转折性的意义。本来，从党的七届二中全会决议到《共同纲领》有关经济政策的确立，对于“要在实际上保证中国向社会主义前途走去”已经作了原则性的解决。中华人民共和国成立后，经济社会发展中起决定作用的，不仅有工人阶级领导的人民民主政权的巩固，还有社会主义性质的国营经济与半社会主义性质的合作社经济的不断增长，并且在国民经济的恢复和发展中，包含着对资本家私有制和农民小私有制的初步改造。党认为必须充分利用中华人民共和国成立三年来所创造的经济、政治条件，改变原来的设想，不是等待长期准备之后再采取实际的社会主义步骤，而是不失时机地采取社会主义工业化和社会主义改造同时并举的方针，实行以多种过渡形式改造个体经济和私人资本主义经济的具体政策，积极而又循序渐进地推动中国逐步过渡到社会主义。

过渡时期的总路线，是中国共产党依据中国社会发展的历史趋势以及新中国成立后经济、政治条件的新变化而作出的重大决策。1954 年 9 月，第一届全国人民代表大会第一次会议召开，制定和通过了《中华人民共和国宪法》。中国共产党在过渡时期的总路线的内容，被载入中华人民共和国颁布的第一部宪法，使之成为整个国家的统一意志。过渡时期总路线提出以后，中共中央向全党和全国人民进行了广泛深入的宣传和教育工作。首先在党内迅速统一认识，并在全国人民中取得广泛的理解和拥护，使党和国家的工作全面转向动员一切力量为把我国建设成为一个伟大的社会主义国家而奋斗的新阶段。

1953 年 6 月至 8 月，中共中央举行全国财经工作会议。会议听取和讨论了高岗、李富春分别所作的关于经济建设计划的报告，李维汉关于利用、限制、改造资本主义工商业的意见的报告。周恩来在会上传达了毛泽东在中央政治局会议上提出的党在过渡时期总路线的内容，指出：我们在各个方面执行任务、检查工作和批判错误的时候，都必须以党的总路线为指针。毛泽东也到会作了团结全党为实现过渡时期总路线而奋斗的讲话。这次为时两个月的会议，成为党的高级干部学习和贯彻总路线的一次动员大会。

9 月 7 日，毛泽东同民主党派和工商界部分代表谈话，向他们解释党对资本主义工商业实行社会主义改造的方针、政策。毛泽东说：国家资本主义是改造资本主义工商业和逐步完成社会主义过渡的必经之路。这一点无论在共产党和民主人士方面都应该明确起来。将全国私营工商业基本引上国家资本主义轨道，至少需要三年至五年的时间。至于完成整个过渡时期的任务，包括基本上完成国家工业化，基本上完成对农业、对手工业和对资本主义工商业的社会主义改造，则不是三五年所能办到的，而需要几个五年计划的时间。在这个问题上既要反对遥遥无期的思想，又要反对急躁冒进的思想。他指出："实行国家资本主义，不但要根据需要和可能（《共同纲领》），而且要出于资本家自愿，因为这是合作的事业，既是合作就不能强迫，这和对地主不同。""有些资本家对国家保持一个很大的距离，他们仍没有改变唯利是图的思想；有些工人前进得太快了，他们不允许资本家有利可得。我们应向这两方面的人们进行教育"。[①] 他要求继续在资本家中间进行爱国主义教育，有计划地培养一部分眼光远大的、愿意和共产党和人民政府靠近的资本家，经过他们去说服大部分资本家。

根据毛泽东的建议，9 月 8 日至 11 日，政协全国委员会召开第四十九次常委扩大会议，邀请部分工商界代表人物参加。周恩来作关于过渡时期总路线的报告和总结讲话。针对工商界对社会主义改造的疑虑，周恩来系统阐述了我国社会主义改造的方针和步骤。他指出：国家资本主义并没有取消资本主义所有制。工商业者只要遵守国家政策法令，不投机不垄断，以企业产品用于满足人民的需要，他们的任务就是光荣的。周恩来还指出，过渡时期我国的国家制度，是属于社会主义性质的，但和社会主义制度也不完全相同。"我们是以工人阶级为领导、工农联盟为基础、团结四个阶级建立人民民主专政，一直到完成向社会主义的过渡。集中地说，我国新民主主义建设时期，就是逐步向社会主义过渡的时期，

① 毛泽东：《改造资本主义工商业的必经之路》，《毛泽东文集》第 6 卷，人民出版社 1999 年版，第 292 页。

也就是社会主义经济成分在国民经济比重中逐步增长的时期。……在绝对数字上公私都增加了，但国营增加得更多。这个趋势就说明了我国是在向社会主义过渡。”

毛泽东的谈话和周恩来的报告，减少了资产阶级上层代表人物的思想疑虑，他们中间有的对“资本家现在有利润可得、将来有工作可做”表示满意；有的则形容党的社会主义改造方针是“同登彼岸、花团锦簇”，表示拥护过渡时期总路线和国家资本主义的方针。这种态度，代表了靠近共产党、顺应历史潮流的工商界代表人物的进步倾向。另一方面，对于消灭资本家私有制，很多工商业者内心深处是矛盾的，有人觉得“船在河中，只好认头”；有人表示“跟着走，能有出路，逆着办，只有下水”。对于国家资本主义政策，多数中小资本家的态度是“随大流”。总的来说，中国的私营工商业者是在复杂的心态下接受社会主义改造的，但他们大都看到社会主义的前途是不可避免的，是大势所趋。

10 月 23 日，第一届中华全国工商业联合会会员代表大会开幕。根据毛泽东同民主党派和工商界部分代表谈话的精神，大会主席陈叔通在开幕词中号召全国工商界人士要为实行国家在过渡时期的总路线，正确地发挥私营工商业的积极作用而奋斗。李维汉到会发表讲话，阐述了过渡时期总路线的内容及党对私营工商业的有关政策，尤其对各种形式的国家资本主义作了具体说明。他指出：一切积极为实现过渡时期总路线努力的私营工商业者，今天有合法的利润可得，将来有适当的工作可做，和全国人民一道为社会主义事业服务，这是私营工商业者的现实和前途，也就是他们的光明大道。大会于 11 月 12 日通过决议，宣告全国工商联接受和拥护国家在过渡时期的总路线和对私营工商业所采取的利用、限制、改造的政策。会后，中华全国工商业联合会围绕传达贯彻这次会议的精神，开展了对过渡时期总路线的学习和宣传活动。

（二）学习和宣传过渡时期总路线

从 1953 年底开始，在工矿企业和全国农村普遍开展了对总路线的宣传和教育活动。11 月 25 日，中华全国总工会下发《关于学习、宣传与贯彻过渡时期总路线的指示》，要求务必使每一个职工和家属懂得，只有实现国家社会主义工业化和对农业、手工业和资本主义工商业的社会主义改造，才能使中国由落后的农业国变成一个社会主义工业国，才能满足工人阶级和全体劳动人民日益增长的物质和文化需要。工人阶级对实现这一伟大艰巨的历史任务，担负着主要的责任。响应总工会的号召，全国职工发扬工人阶级勤劳勇敢、艰苦奋斗的光荣传统，用忘我劳动把增产节约劳动竞赛向前推进一步，努力保证国家第一个五年建设计划的胜利完成。按照总工会的要求，私营企业中的工会组织和职工群众积极行动起来，一方面对资本家进行教育，并协助其改善经营管理，发展有利于国计民生的生产和经营。另一方面对资本家实行监督，使他们遵守国家的政策法令，从这两方面来引导资本家走上国家资本主义的道路。

11 月间，《人民日报》连续发表《必须大张旗鼓地向农民宣传过渡时期的总路线》《领导农民走大家富裕的道路》等多篇社论，用通俗易懂的语言，阐述了国家为什么要实现工业化，工业化与农业发展、提高农民生活有什么关系等道理，使广大农民群众懂得为了支援国家搞工业化，就要多卖粮食给国家，而要多打粮食，必须组织起来。在总路线的学习宣传当中，各地党委轮训和抽调大批干部深入农村，与农村干部一道，以读报座谈、放映电影幻灯、举办图片展览、演示拖拉机耕地、组织农民参观工厂、矿山等多种形式，向农民讲解国家工业化、农业合作化的好处。各地还帮助农民算清三笔账：一是解放以来农民得到了哪些利益，说明农民的利益同工人阶级的利益、同国家工业化的利益是分不开的；二是农民把粮食和其他农产品卖给国家，对国家有什么好处，对农民有什么好处；三是农民参加互助合作，对国家有什么好处，对农民有什么好处。通过具体深入的宣传，广大农民踊跃表示拥护总路线。有的农民说，学了总路线，“脑筋开窍了，心眼也亮了”，“为了过更好的光景，实现工业化，一定要多卖余粮给国家”。各地农民普遍用售粮款买牲畜、添农具，增加生产投入。不少地方的农村出现爱国售粮和互助合作的热潮。

向农民进行过渡时期总路线的宣传中，许多地方还请访问苏联集体农庄的农业劳动模范作报告来宣传农村集体化的优越性。例如，1952 年

4 月，中央农业部和中共华北局派出一个代表团参观苏联集体农庄，全国农业劳动模范耿长锁、李顺达等最早开展生产互助合作的农村基层干部均为代表团成员。代表团在莫斯科受到热烈的欢迎，5 月初乘火车到乌克兰，参观了十月胜利集体农庄。它初建于 1922 年，二战期间毁于德军的炮火，战后获得重建。集体农庄的主人向中国客人们介绍了拖拉机的威力，讲述没有拖拉机，就不可能有繁荣和现代生活方式，而有了拖拉机，集体化的农村才过上富裕和幸福的生活。在十月集体农庄，耿长锁和代表团成员惊奇地看到，一台“斯大林”型拖拉机每天能耕 450 亩地，且深耕 23 厘米，而在耿长锁的家乡河北省五公村，完成这个任务需要 150 人，150 头牲口，150 把犁铧，还只能达到 10 厘米深。在苏联，中国农民亲眼见识了农业机械化的威力。

在历时 3 个多月的访问中，中国代表团参观了 25 个集体农庄、11 个国营农场、6 个拖拉机站、9 个研究所和大量的电站。代表团还去哈萨克斯坦考察如何在土壤贫瘠和气候恶劣的条件下取得苏联式农业的成功。耿长锁、李顺达等回国后，通过各种报告会向农民群众介绍了苏联农村的全盘集体化是怎样成为成功的典范，介绍苏联国营农场向他们展示的影剧院、托儿所和设施齐全的浴室，介绍一个集体农庄只有 589 户(2296 人)，如何耕种着 5.5 万亩土地。他们参观的有代表性的农庄家庭，由全天工作的夫妻、2 个孩子和祖母组成，家里有 3 间房，1 个储藏室和车棚，1 匹马，10 只羊，2 头奶牛，并有 5.6 亩自留地；农庄里的奶牛听着优美欢快的轻音乐催产出更多的奶水……实际上，中国访问者并没有看到苏联农业长期存在的问题和失败的教训，但他们对苏联集体农庄实地考察的报告使众多农民群众大开眼界，认同了农村集体化的优越性，对实现工业化和农业合作化将给农村带来“楼上楼下，电灯电话”的巨大变化寄予美好的憧憬，相信拖拉机和集体农庄是实现无法想象的富裕的秘密所在。

为了使全党、全国人民对过渡时期总路线有较为全面的了解，1953 年 12 月，中共中央批准中央宣传部制发的《为动员一切力量把我国建设成为一个伟大的社会主义国家而斗争——关于党在过渡时期总路线的学习和宣传提纲》，作为党内文件在党刊上登载，或印成单行本在党内发行。各级党组织根据提纲的基本精神和主要内容，将过渡时期总路线的宣传教育活动推向政府机关、国营企业、中等以上学校以及各民主党派和人民团体。许多城市举行各种报告会，向文化教育、新闻出版、科学技术、医药卫生工作者宣传总路线。

中国共产党在过渡时期的总路线，是依据列宁的过渡时期学说提出的。苏联作为世界上第一个社会主义国家，它的建设社会主义的经验对中国具有直接借鉴意义。为此，中共中央、毛泽东十分重视学习苏联经验。1953 年 2 月，毛泽东在全国政协一届四次会议上发出号召："应该在全国掀起一个学习苏联的高潮，来建设我们的国家"。他强调说，我们要进行伟大的五年计划建设，工作很艰苦，经验又不够，因此要学习苏联的先进经验。在这个问题上，"应该采取真心真意的态度，把他们所有的长处都学来，不但学习马克思列宁主义的理论，而且学习他们先进的科学技术，一切我们用得着的，统统应该虚心地学习"①。

随着总路线学习和宣传提纲的下发，中共中央决定，组织党员干部学习《联共（布）党史简明教程》，主要学习第九章至第十二章，即苏联共产党领导人民恢复国民经济、实行国家工业化和农村集体化的内容，同时学习列宁、斯大林论社会主义经济建设的有关著作，要求全党通过系统地了解苏联建设社会主义的经验，并参考中共七届二中全会决议、毛泽东在七届三中全会上的报告、周恩来在 1953 年夏季全国财经工作会议上所作的结论等重要文件，来加深理解和贯彻执行党在过渡时期的总路线。中央各国家机关，各中央局、分局、省市委领导机关高度重视这个学习活动，将党员干部分别编为高、中、初级组，集中一段时间认真学习掌握理论政策，结合本地、本部门的实际情况，讨论研究苏联以优先发展重工业实现社会主义工业化的经验，加深对社会主义工业化的意义、工业化事业的艰巨复杂性质、工农联盟中工人阶级的领导作用、增

---

① 毛泽东：《在全国政协一届四次会议闭幕会上的讲话》，《毛泽东文集》第 6 卷，人民出版社 1999 年版，第 264 页。

强党的领导作用和党的统一团结的意义的理解，从理论上和思想上弄清有关工业化时期所要遇到的工农业产品不足等各种困难问题，认清粮食计划收购、计划供应和服从国家计划的必要性，艰苦奋斗和增产节约的意义等。各地通过学习，在推动贯彻过渡时期总路线方面取得很好成效。

学习和宣传党在过渡时期总路线的内容，大体反映了中国共产党在从新民主主义向社会主义转变的历史阶段对“什么是社会主义”问题的理论认识，主要是认为实现社会主义，就要使生产资料的社会主义所有制成为中国唯一的经济基础，就要在全部社会经济生活中实行国家集中统一的计划管理，包括“计划经济是社会主义的根本特征”“计划就是法律”等观念，在党内和社会范围内深入人心。历史地看，这是在苏联社会主义模式的影响下，各社会主义国家共产党普遍接受和认同的社会主义观。

总的来说，学习和宣传过渡时期总路线，是新中国成立后在全体人民中间普及社会主义观念的一次空前规模的学习活动，它在党员干部、人民群众的广大范围内解决了由新民主主义逐步过渡到社会主义的思想转变问题，明确了中国走社会主义道路是历史的必然选择，从而把党内外的思想认识基本统一到过渡时期总路线上来，坚定了中国人民沿着社会主义道路实现国家工业化的信心。在思想统一的基础上，过渡时期总路线成为团结全国人民为建设一个伟大的社会主义国家而共同奋斗的行动纲领。

（三）《中华人民共和国宪法》和文化建设的原则规定

在开展大规模经济建设的同时，国家在民主政治和法制建设方面也迈出了重要的一步。这就是召开第一届全国人民代表大会，制定和通过《中华人民共和国宪法》，进一步健全国家的民主制度，以更好地为建立社会主义经济基础服务。

1952 年 9 月，第一届中国人民政治协商会议任期已到，中共中央向全国政协常委会提出召开全国人民代表大会的提议。全国政协常委会举行扩大会议，就中共中央的提议交换意见。会议认为，在中华人民共和国成立之初，由于各方面的条件尚未成熟，暂由政协全体会议代行全国人民代表大会的职权，选举中央人民政府委员会，并行使国家权力的职权，在过渡时期已经过去，我国即将进入大规模的经济建设的新时期，为着适应这一新时期的国家任务，必须召开全国人民代表大会和地方各级人民代表大会。为此，应进行起草选举法和宪法草案等准备工作。与会各委员对中国共产党的提议表示赞同，认为在几年全面恢复国民经济的基础上，在开始大规模建设的时候，召开全国人民代表大会和地方各级人民代表大会，是符合全国人民要求的。

1953 年 1 月 13 日，中央人民政府委员会举行第二十次会议，讨论关于召开全国人民代表大会问题。毛泽东对讨论作了简短的结论，指出：就全国范围来讲，召开全国人民代表大会及地方各级人民代表大会的条件已经成熟；“人民代表大会制的政府，仍将是全国各民族、各民主阶级、各民主党派和各人民团体统一战线的政府，它是对全国人民都有利的”①。

会议对召开普选的地方各级人民代表大会，并在此基础上召开全国人民代表大会，制定宪法，批准国家五年建设计划纲要和选举新的中央人民政府等项工作作了部署，分别成立以毛泽东为主席，朱德、宋庆龄等 32 人为委员的中华人民共和国宪法起草委员会；以周恩来为主席，由 23 人组成的中华人民共和国选举法起草委员会，领导进行宪法和选举法的起草工作。

为了在全国开展选举工作，我国开展了第一次全国人口普查工作。经过全国各地认真进行调查登记、复查核对、补登补报等大量工作，截至调查的标准时间 1953 年 6 月 30 日 24 时，全国人口总数为 601938035 人。其中，直接调查的人口为 574205940 人。② 其余为用其他办法调查的人口，包括没有进行基层选举的和交通不便的边远地区、待解放的台湾

① 参见中共中央文献研究室编：《毛泽东年谱（1949—1976）》第 2 卷，中央文献出版社 2013 年版，第 9 页。

② 《中华人民共和国国家统计局关于全国人口调查登记结果的公报》，《人民日报》1954 年 11 月 1 日。

省以及国外华侨和留学生等。1953 年第一次全国人口调查登记，不仅有利于选举工作的进行，更重要的是为国家的经济、文化建设提供了确实的人口数字。根据 1953 年 2 月通过的选举法，全国各地经过一年多的紧张工作，在 21 万余个基层选举单位，3.23 亿登记选民中进行了基层选举，共选出基层人民代表大会的代表 566 万余名。接着，县、市、省相继召开人民代表大会，选举产生了 1226 名出席全国人民代表大会的代表。

在一切准备工作就绪后，1954 年 9 月 15 日，第一届全国人民代表大会第一次会议在北京隆重开幕。大会的任务是：制定宪法；制定几个重要的法律；通过政府工作报告；选举新的国家领导工作人员。毛泽东致开幕词，他说，这次会议是我国人民在 1949 年新中国成立后的新胜利和新发展的里程碑。我们的总任务是，团结全国人民，争取一切国际朋友的支援，为了建设一个伟大的社会主义国家而奋斗，为了保卫国际和平和发展人类进步事业而奋斗。他号召全国人民，应当努力工作，准备在几个五年计划之内，将我们现在这样一个经济上文化上落后的国家，建设成为一个工业化的具有高度文化程度的伟大的国家。

刘少奇作《关于中华人民共和国宪法草案的报告》，他回顾了近代中国的宪政史，指出：中华人民共和国宪法，是中国人民一百多年以来英勇斗争的历史经验的总结，也是中国近代关于宪法问题和宪政运动的历史经验的总结，又是中华人民共和国成立以来新的历史经验的总结，是一部真正代表中国各族人民利益的宪法。1949 年中国人民政治协商会议通过的《共同纲领》，起了临时宪法的作用。这部宪法草案总结了五年国家机关工作的经验和各级人民代表会议的经验，对我们国家的政治制度作出了更加完备的规定。他强调说，中国共产党是我们国家的领导核心，一切共产党员都要同各民主党派、同党外的广大群众团结在一起，为宪法的实施而积极努力。

周恩来作《政府工作报告》，指出，从 1953 年起，我国开始了经济建设的第一个五年计划，经济建设工作在整个国家生活中已经居于首要的地位。我们的目标是：使我国的国民经济沿着社会主义的道路得到有计划的迅速的发展，建设起强大的现代化的工业、现代化的农业、现代化的交通运输业和现代化的国防。他指出，即将由大会产生的国家行政机关，根据宪法规定的各项原则，依靠全国人民的支持和全国人民代表大会的监督，一定能把我国的各项事业推向新的更大的胜利。

大会经过充分讨论，通过了《中华人民共和国宪法》《中华人民共和国全国人民代表大会组织法》《中华人民共和国国务院组织法》，中华人民共和国人民法院、人民检察院、地方各级人民代表大会和地方各级人民委员会组织法。代表们在讨论发言中对政府的工作表示满意，大会批准了政府工作报告。

大会依据宪法和有关组织法选举和决定了国家领导工作人员。毛泽东当选为中华人民共和国主席，朱德为副主席。刘少奇当选为全国人民代表大会常务委员会委员长，宋庆龄等 13 人为副委员长。选举董必武为最高人民法院院长，张鼎丞为最高人民检察院检察长。根据中华人民共和国主席毛泽东的提名，大会通过决定以周恩来为国务院总理。根据周恩来的提名，决定任命陈云、林彪、彭德怀、邓小平、邓子恢、贺龙、陈毅、乌兰夫、李富春、李先念为国务院副总理。9 月 28 日，大会圆满完成了它所担负的各项重大历史任务，胜利闭幕。

第一届全国人民代表大会的召开，标志着中国人民当家作主的根本政治制度正式建立。

一届全国人大一次会议通过的《中华人民共和国宪法》，是在毛泽东的主持下起草的。宪法起草委员会先后 7 次举行会议，对宪法草案初稿进行研究讨论；同时，北京和全国各大城市组织各方面代表人物 8000 多人，用 2 个月的时间讨论宪法初稿，共提出 5900 余条修改意见，给予起草工作以重大帮助。6 月 14 日，中央人民政府委员会举行会议通过了宪法草案，并决议交付全国人民讨论。毛泽东讲话说，这个宪法草案，是一部比较好的、比较完全的宪法草案。说它好，主要有两条：一条是总结了历史经验，另一条是结合了原则性和灵活性。原则基本上是两个：民主原则和社会主义原则。他说：一个团体要有一个章程，一个国家也要有一个章程，宪法就是一个总章程，是根本大法。用宪法这样一个根本大法的形式，把人民民主和社会主义原则固定下来。使全国人民有一条清楚的轨道，使全国人民感到有一条明确的和正确的道路可走，就可以提高全国人民的积极性。

《中华人民共和国宪法》，既是一百多年中国人民的英勇斗争，包括中国共产党领导的新民主主义革命的历史经验的总结，也是中华人民共和国成立以来新的历史经验的总结。宪法用法律的形式把中国共产党提出的过渡时期总路线，作为全国人民在过渡时期的总任务确定下来。宪法明确规定："中华人民共和国依靠国家机关和社会力量，通过社会主义工业化和社会主义改造，保证逐步消灭剥削制度，建立社会主义社会。"①

宪法规定："中华人民共和国是工人阶级领导的、以工农联盟为基础的人民民主国家。""中华人民共和国的一切权力属于人民。人民行使权力的机关是全国人民代表大会和地方各级人民代表大会。""全国人民代表大会、地方各级人民代表大会和其他国家机关，一律实行民主集中制。"② 这种人民代表大会的政治制度，是同人民民主国家的根本性质相联系的。依照宪法规定，我国的全国人民代表大会完全统一地行使最高国家权力，我国的国家行政机关，从国务院到地方各级人民委员会，都由全国人民代表大会和地方各级人民代表大会产生，受它们的监督，并可由它们罢免。国家行政机关不能脱离人民代表大会或者违背人民代表大会的意志而进行活动。一切重大问题都应当经过人民代表大会讨论，并作出决定。全国性的重大问题，经过全国人民代表大会讨论和决定；在它闭会期间，经过它的常务委员会讨论和决定；地方性的重大问题经过地方人民代表大会讨论和决定。这种区别于西方国家"三权分立"的人民代表大会制，既有利于人民切实行使自己的权力，又便于人民经常参加国家的管理，从而有助于充分发挥人民群众参与管理国家政治事务和社会经济文化事务的积极性和创造性。

---

① 中共中央文献研究室编：《建国以来重要文献选编》第5册，中央文献出版社1993年版，第522页。

② 中共中央文献研究室编：《建国以来重要文献选编》第5册，中央文献出版社1993年版，第522页。

中华人民共和国的第一部宪法，虽然没有专章列举国家的文化教育政策，但在许多条文中，规定了我国公民享有广泛的自由和权利，涉及文化教育和文化建设的一些基本原则。如宪法规定公民有言论、出版、集会、结社、游行、示威的自由，并且规定国家要供给必需的物质上的便利，以保证公民享受这些自由。宪法规定中华人民共和国各民族一律平等。各民族都有使用和发展自己的语言文字的自由，都有保持或者改革自己的风俗习惯的自由。宪法还规定："中华人民共和国公民的人身自由不受侵犯。任何公民，非经人民法院决定或者人民检察院批准，不受逮捕。""中华人民共和国公民的住宅不受侵犯，通信秘密受法律的保护。""中华人民共和国公民有居住和迁徙的自由。"宪法又规定公民有劳动的权利和受教育的权利、劳动者有休息的权利和在年老、疾病或者丧失劳动能力的时候获得物质帮助的权利，并且规定国家要逐步扩大还不充分的物质条件，以保证公民享受这些权利。此外，宪法还规定公民有宗教信仰的自由。宪法规定："国家用经济计划指导国民经济的发展和改造，使生产力不断提高，以改进人民的物质生活和文化生活，巩固国家的独立和安全。""中华人民共和国公民有受教育的权利。国家设立并且逐步扩大各种学校和其他文化教育机构，以保证公民享受这种权利。""中华人民共和国保障公民进行科学研究、文学艺术创作和其他文化活动的自由。国家对于从事科学、教育、文学、艺术和其他文化事业的公民的创造性工作，给以鼓励和帮助。"①

《中华人民共和国宪法》上述条文的规定，为中国共产党领导我国的文化建设，繁荣和发展社会主义文化事业提供了原则性的法律依据和根本大法的遵循。彭真在第一届全国人民代表大会第一次会议上所作的发言中指出："我国全体公民和所有的国家机关、民主党派、人民团体都必须严格地遵守宪法，都必须用宪法规定的标准来检查我们的思想和行动，并且和一切违法现象进行斗争。只有这样，才有可能使我们六万万人民

---

① 中共中央文献研究室编：《建国以来重要文献选编》第5册，人民出版社1993年版，第524、540—541页。

万众一心，步伐整齐地按照我们的宪法所规划的道路，向着繁荣幸福的社会主义社会大踏步地前进”①。

二、贯彻总路线的文化动员和文化建设高潮

（一）文学艺术的社会主义现实主义方向

1954年中华人民共和国宪法将中国向社会主义过渡时期的总路线载入国家根本大法，大规模有计划的经济建设和对农业、手工业、资本主义工商业的社会主义改造工作全面展开，大大加快了中国经济社会制度向社会主义的过渡和转变。与此相配合，文化、教育、科学、卫生等事业都适应向社会主义转变的新形势，加快了前进的步伐。毛泽东在新中国成立时就预见到，随着经济建设高潮的到来，不可避免地将要出现一个文化建设的高潮。文化、教育、科技、卫生等方面的各项建设，着重于提高我国人民的文化科学素质，促进社会生活中社会主义因素的增长，更好地服务于整个国家的建设和发展。

文化艺术事业是与整个国家建设事业不可分离的一个组成部分。新中国成立后，中国文学艺术事业获得了很大发展。新的人民的文学艺术已经基本上代替了旧的、腐朽的、落后的封建阶级和资产阶级的文学艺术。文学家、艺术家努力在自己的创作中表现人民革命斗争及新生活建设的题材，塑造工农兵的形象，表现他们新的面貌和新的品质。歌颂伟大祖国和保卫世界和平的主题，在文艺作品中得到强烈的鲜明的表现。文学艺术与人民群众进一步相结合，使各种文艺形式的创造获得丰富的源泉。

① 彭真：《公民在法律面前人人平等》，中共中央文献研究室编：《建国以来重要文献选编》第5册，人民出版社1993年版，第518—519页。

从另一方面看，由于革命胜利的新现实是过去时代所未曾遇到的，文艺家需要观察、适应和提高认识；而文艺领导工作上又存在一些“左”的或者右的偏差，造成文艺工作出现一定程度的思想混乱。这主要表现在两个方面。一是某些放弃无产阶级领导，脱离政治，脱离群众，追求小资产阶级艺术趣味的右的倾向。二是庸俗地、机械地理解文艺和政治的关系：在领导上，忽视艺术基本规律，以行政方式干涉文艺；在批评上，从教条出发简单粗暴裁决作品；在创作上，违背生活真实，搞概念化、公式化，不利于文艺事业的发展。这种倾向在《武训传》批判运动和随之而来的文艺整风运动中又有所发展。这使得文学艺术的发展同整个国家的事业相比，同人民的需要相比，还是有很大的差距。文学艺术的现状要求总结几年来的文艺运动的正反经验，将文艺纳入正确的发展轨道。同时，国家正开始进入大规模经济建设和社会主义改造时期，文艺面对新现实应有新的发展，达到新的高度。实际上，整个文学艺术事业面临着创建社会主义先进文化的历史任务，这就需要适应新的形势作出相应的部署。

在这样的背景下，1953 年 9 月 23 日至 10 月 6 日，中国文学艺术工作者第二次代表大会在北京中南海怀仁堂举行。出席大会的有 560 位代表，广泛地代表了全国各地的文学、戏剧、电影、音乐、美术、舞蹈、曲艺等各方面的艺术工作者。这是一次全面贯彻党和国家在过渡时期总路线的文化动员大会。全国文联主席郭沫若在开幕词中指出：大会的中心任务是总结四年来的工作经验，进一步发展文学艺术的创作事业，鼓励作家和艺术家创造出更多更好的作品，加强文学艺术界更紧密的团结，健全文艺工作者的组织，改进文艺工作的领导，使文学艺术创作能够蓬蓬勃勃地发展起来。政务院总理周恩来莅会作政治报告，阐述了过渡时期总路线问题、执行总路线中目前国内外情况和为总路线而奋斗的文艺工作者的任务。全国文联副主席周扬作题为《为创造更多的优秀的文学艺术作品而奋斗》的主题报告。报告概述了第一次文代会以后全国文学艺术工作的情况，肯定了文学家、艺术家所创造的一切优秀的艺术作品都迅速地为广大群众所接受，成为他们共同的精神食粮；同时群众又通过多样的活动方式积极地参加了艺术创造的事业。所有这些，都使人民的文化生活得到改善和丰富，并使文学艺术和人民群众有了更进一步的密切的联系。报告继续肯定了1951年对电影《武训传》的批判，同时批评了在文艺工作的领导上所表现的某些粗暴态度，如用简单的行政方式领导创作等现象，提出文学艺术工作的中心任务是进一步发展文学艺术创作，并在现在的基础上沿着社会主义现实主义方向逐步提高。报告还提出系统地整理和研究民族文学艺术遗产，同时必须向外国的先进经验学习，努力创造新的民族风格和进一步加强普及工作等任务。

第二次全国文代会提出，社会主义现实主义是我国文艺创作和批评的基本准则；社会主义现实主义的创作方法，不是现在才开始有的，实际上五四新文化运动就是朝着这个方向前进的；五四新文化运动30多年来，中国文化的主导思想就是社会主义现实主义，这是文学艺术的方向。当前我国已进入过渡时期，在人民生活中社会主义因素正日益迅速地增长并起着决定性的作用，这就使得社会主义现实主义的文学艺术的发展有了更广大的现实基础。社会主义现实主义不但不束缚作家在选择题材、表现形式和个人风格上的完全自由，而且正是最大限度地保证这种自由，借以发挥作家的创造性和积极性。会议认为，毛泽东为指导戏曲工作提出的“百花齐放”原则，应当成为整个文学艺术事业发展的方针。为此，一方面必须对资产阶级思想的各种表现继续进行斗争；另一方面必须反对文艺创作上的概念化、公式化，以及文艺工作的某些领导者把艺术服从政治的关系简单化、庸俗化的思想。应当更多地依靠作家、艺术家自己的团体来组织他们的创作，发动创作上的自由竞赛，开展批评和自我批评，用正确的社会舆论来推动和指导创作，为作家的艺术劳动创造最有利的条件。这样做不是削弱党和政府对文学艺术的领导，恰恰是更好地实现这种领导。只有这样，才能产生出无愧于伟大时代的文学艺术作品。

第二次全国文代会主要讨论和明确的问题有以下几点：

第一，会议提出，在国家新的建设时期，文艺工作的主要任务是以抓创作为主。郭沫若在大会开幕词中号召进一步发展文学艺术的创作事业，鼓励作家和艺术家创造出更多更好的作品，把任务明确化，改进工作，改进领导，使文学艺术的生产能够蓬蓬勃勃地发展起来。

第二，会议确定将社会主义现实主义作为文艺创作和批评的最高准则。什么是社会主义现实主义？周恩来在政治报告中指出，“革命的现实主义和革命的理想主义结合起来，就是社会主义现实主义”。具体到当时，就是文学艺术要用社会主义的思想感情，用我国民族的革命传统精神，用革命的乐观主义和爱国主义，去鼓舞、教育全体劳动人民，积极地发挥其创造精神和劳动热忱，为社会主义工业化而奋斗；培养人民中间特别是青少年中间共产主义的道德品质，以这种道德力量来帮助社会主义改造事业加速推进；以阶级斗争的精神教育人民去克服工人阶级队伍中间的资产阶级思想影响，去说服广大农民和手工业者，在加强工农联盟的基础上自觉地向社会主义前进，去教育资产阶级和小资产阶级的爱国分子服从社会主义改造，并在联合的条件下对资产阶级进行思想斗争。

第三，会议对中华人民共和国成立后文艺创作上的概念化、公式化及其他反现实主义的倾向，对文艺批评上的简单化、庸俗化的倾向和文艺领导上的行政命令等进行了认真总结和初步的清算。茅盾在《新的现实和新的任务》的报告中，从三个方面详尽地分析了概念化、公式化的倾向，并提出克服此倾向的具体途径。同时，他又提出希望：作家必须有历史唯物主义的观点，必须有世界的和历史的胸襟，有高瞻远瞩的视力，而同时又有具体的丰富的生活经验与知识；有工人阶级的英雄气概，同时又有实事求是的精神，这样才能使我们的作品具有广阔的内容和丰富的色彩，才能有效地克服作家对于认识生活的狭隘和庸俗观点。周扬在报告中肯定几年来文艺批评是有成效的，但存在不良倾向：在批评态度上，没有将整个倾向是反人民的作品和有缺点错误但整个倾向是进步的作品加以区别；没有把作家对生活的有意识歪曲和由于作家认识能力不足或是表现技术不足而造成对生活的不真实的描写加以区别，而是一律采取揭露的、打击的态度，一般批评也是指责多、帮助少；在批评方法上，有些批评家“常常不是从实际出发，而是从教条公式出发。他们常常武断地笼统地指责一篇作品这样没有描写对，那样也没有描写对，却很少指出究竟怎样描写才对。批评家往往比作家更缺乏对于生活的基本知识和深刻的理解，同时缺乏对作品作具体的艺术分析的能力”。茅盾也着重指出文艺批评“有严重缺点”，“比创作还要落后”。大会报告向批评家郑重提出了掌握马克思主义的文艺理论，学会对作品进行历史的和美学的分析，克服教条主义的任务。

第四，提出如何运用社会方式领导文艺工作，以克服违背艺术规律的行政方式和不恰当的干涉。中央宣传部副部长胡乔木在闭幕式上作《关于文学艺术团体为争取我国文学艺术的繁荣的组织任务》的报告，他指出，文学艺术工作是一种社会工作，不是党所可以设想包办的工作，因此应当充分发挥文艺团体的作用，运用社会方式来领导文艺创作和批评活动。周扬也指出，文艺组织领导工作中习惯于采取简单的行政方式，而不善于用社会方式来领导艺术创作的活动，这种领导方式同时也就助长了创作上的概念化、公式化的错误倾向，强调采用社会方式并不是为了减弱党和政府对文学艺术事业的领导，而恰恰是为了更好地实现这种领导，按艺术规律，运用社会方式领导文艺，是领导文艺工作的一条重要组织原则和经验。

第二次全国文代会是在国家已经进入大规模有计划的经济建设时期举行的，大会对中国文艺团体的组织构成进行了一些调整，各文艺团体制定新的章程，对其工作方针、职责、任务等作了进一步的明确。中华人民共和国成立之初的文艺团体，在全国，主要是全国文联、全国文协；在地方，是大区、省、市、自治区文联、文协。全国文学艺术界联合会是党领导下的全国文学艺术团体的联合组织，采取团体会员制，下辖全国性的文学、戏剧、音乐、美术、电影、舞蹈、戏曲、曲艺等团体及各省、市、自治区文学艺术界联合组织。成立之时，全国性的团体会员即有中华全国文学工作者协会、中华全国戏剧工作者协会、中华全国电影工作者协会、中华全国音乐工作者协会、中华全国美术工作者协会、中华全国舞蹈工作者协会、中华全国戏曲改进会、中华全国曲艺改进会，后来又有中国民间文艺研究会，共近十个全国性文艺团体。地方文艺团体则包括各大区的文联（1954年撤销）和各省、市、自治区的文联，约有40个。

在1953年9月召开的第二次文代会上，全国文学艺术界联合会改称为中国文学艺术界联合会，全国文联的简称遂改为中国文联。按照新的章程，中国文联的职责是：对全国性文艺协会、研究会或学会和各省、直辖市、自治区文联负有协调联络和服务的责任，并代表各协会和艺术团体进行必要的对外文化交流活动。中国文联的任务是：团结和动员全国文学艺术工作者努力创作和学习，积极为中国革命和建设事业服务，在党的领导下在马列主义毛泽东思想指导下，努力实践文艺为人民服务、为工农兵大众服务的方向，发展和繁荣新中国的文艺事业；不断提高表演艺术水平，丰富人民群众的文化生活，指导群众的文艺工作，开展少数民族的文艺活动，加强同世界各国的文化交流，增进同世界人民的了解和友谊。在全国文联第二次代表大会上，地方文联的方针、任务也进一步明确下来，即不再是团体联合会，而是当地文艺工作者综合性的、自愿性的组织，主要任务是组织会员从事文艺创作和开展当地的文艺活动。

中华全国文学工作者协会在1949年7月建立时，属于全国文联下辖的全国性文学团体，1953年9月，中华全国文学工作者第二次代表大会决定将中华全国文学工作者协会改组为中国作家协会，名义上仍属中国文联的团体会员，实际上已独立建制成为高于别的艺术团体、与中国文联平行的全国文学团体。新的章程规定中国作家协会为“以自己的创作活动和批评活动积极参加中国人民的革命斗争和国家建设的作家、批评家的自愿组织”。其主要任务是：组织作家创作具有社会主义思想和高度真实性的文学作品，加强对创作活动和批评工作的领导；在思想上和方法上，加强指导文学普及工作；努力培养青年作家，注意推进各兄弟民族的文学运动；用马克思列宁主义的观点和方法，批判地接受中国和世界的古典文学遗产，整理和研究古代及近代的中国文学，发扬中国民族文化的优秀传统；促进国际的文化合作，加强国际的文化交流，积极参加保卫世界和平和进步文化的伟大斗争。第二次全国文代会之后，全国各地的文学团体依照这次大会的精神重新进行了改组。一些有条件的省市、自治区，也将作协由文联分离出来，单独建制。这一体制一直延续至今。

第二次全国文代会在指导思想上比第一次文代会前进了一步，大会号召全国文学艺术工作者，在中国共产党领导下，掌握为工农兵服务的方向，深入实际生活，提高艺术修养，努力艺术实践，用艺术的武器来参加逐步实现国家的社会主义工业化的伟大斗争。大会提倡作家学习和掌握社会主义现实主义创作方法；必须在表现现实生活的矛盾和冲突中创造人物，并强调塑造英雄人物的重要性；还要求加强党对文艺工作的领导，重新规定了文联和各协会的章程，这些都为我国在向社会主义过渡时期组织好文学艺术的创作起到了积极推进作用。

同时，为从文学艺术方面推动实现过渡时期总路线的新形势所需要，第二次全国文代会提出文艺作品应该表现党的政策问题，即周扬在大会报告中所指出的：当然，文艺作品是应当表现党的政策的。文艺创作离开了党和国家的政策，就是离开了党和国家的领导。作家在观察和描写生活的时候，必须以党和国家的政策作为指南。作家对社会生活中的任何现象都必须从政策的观点来加以估量。作家必须表现政策在群众生活中所产生的伟大力量。在艺术作品中表现政策，最根本的就是表现党和人民的血肉相连的关系以及党对群众的领导，表现人民中先进和落后力量的斗争，表现共产党员作为先锋队的模范作用，表现人民民主制度的优越性。

总的来看，第二次全国文代会在实现国家过渡时期总路线的新的历史时期，要求文学艺术工作者用自己的创作积极地参加国家建设，更多地创造有正确思想内容的优秀文学艺术作品，这对于以社会主义的精神教育、鼓舞广大人民为逐步地实现国家工业化和过渡到社会主义社会而奋斗，是有积极指导意义的。

在为过渡时期总路线而奋斗的文化动员中，1953 年 9 月 10 日，中共文化部党组向中央报送了《关于目前文化艺术工作状况和今后改进意见的报告》。该报告提出，在过渡时期，文化艺术工作的方针和任务应该是：积极发展为人民服务的文学艺术创作，以社会主义精神教育广大人民，鼓舞群众努力参加国家经济建设，并逐步满足群众日益增长的文化要求。1954 年 1 月，中共中央批准了文化部党组的报告，并就加强和改进党对文化艺术工作的领导作了长篇批示。批示中指出，随着我国经济的恢复和发展，人民群众的文化要求已在不断增长，今后通过文学艺术形式向群众进行爱国主义与社会主义教育的任务，将日益重要，必须认真地改进并加强对文化艺术事业的领导；文化工作的首要任务是积极地发展适合群众需要的新的文学艺术和电影的创作，同时对民间原有的各种艺术和文化娱乐形式应广泛地、正确地加以挖掘、利用、改革和发展。中央要求各级党委宣传部和政府文化主管部门，应抓紧对文艺创作（包括文学、戏剧、电影、美术、音乐等）的领导，引导作家按照文艺为工农兵服务的政治方向和社会主义现实主义的创作原则前进，鼓励他们努力学习，深入实际生活，加强艺术实践；必须切实克服在领导创作上的简单行政方式和粗暴态度，对作家的创作活动应耐心地、分别地给予必要的具体指导和帮助，使他们能有良好成绩。①

第二次文代会对促进文学艺术的繁荣发展产生了积极的影响。在“百花齐放，推陈出新”方针的指引下，文艺工作与国家建设、人民群众现实生活的联系明显加强，大批作家以更多的主动性深入到工矿农村体验生活，涌现出一批在思想性和艺术性，在反映生活的深度和广度上都很有生气的优秀作品，文艺创作活动呈现出欣欣向荣的景象。

首先，文学园地出现了一个繁荣期。文学创作不仅在数量上大幅度增长，质量上也有显著提高。如李准 1953 年 11 月发表的短篇小说《不能走那条路》，通过翻身贫农宋老定想买地的故事，反映了土改后农村出现两极分化及广大农民要求走共同富裕道路的愿望。赵树理 1955 年发表的《三里湾》，以他惯常的为群众喜闻乐见的风趣幽默的表现手法，描绘了农业合作化时期农村的复杂斗争和各个阶层人物的内心世界。欧阳山

① 《中共中央对中央文化部党组〈关于目前文化艺术工作状况和今后改进意见的报告〉的批示》，参见中共中央文献研究室编：《建国以来重要文献选编》第 5 册，中央文献出版社 1993 年版，第 18—19 页。

的《前途似锦》、王希坚的《迎春曲》、刘谢德的《桥》、康濯的小说集《春种秋收》、刘绍棠的《运河的桨声》等都是展示农业合作化历程的作品。

反映革命历史题材的作品，也达到一个新的艺术水准，出现了思想性和艺术性都比较成熟的好作品。峻青 1954 年发表的《黎明前的黑暗》，描写交通员小陈带领武工队负责人通过敌人封锁区时，把革命同志和革命任务看得高于一切，最后同母亲、弟弟一起壮烈牺牲的故事，具有强烈的感染力。王愿坚 1954 年发表第一个短篇作品《党费》，主人公黄新那种无畏的斗争精神和不怕牺牲的正气，给读者留下深刻印象。同年杜鹏程发表的优秀长篇《保卫延安》，是第一部大画面描写解放战争的鸿篇，当时被评论界称为“具有古典文学中的英雄史诗的精神”。小说不仅成功地塑造了一批解放军指战员的英雄形象，再现了保卫延安的几次著名战役，而且第一次在当代文学中描绘了现实军事将领彭德怀的人物形象。高玉宝 1955 年出版的自传体小说《高玉宝》，也以记述自身在革命队伍中的成长经历受到普遍欢迎。

此外，还有一大批优秀的中长篇小说是在中华人民共和国成立初期酝酿和着手写作，在过渡时期相继问世的。其中有梁斌的《红旗谱》、杨沫的《青春之歌》、吴强的《红日》、曲波的《林海雪原》、艾芜的《百炼成钢》、周而复的《上海的早晨》、高云览的《小城春秋》。

文艺、戏剧、电影等方面涌现的优秀作品还有：小说《铁道游击队》《风云初记》《活人塘》《五月的矿山》，以及反映少数民族人民生活的《在茫茫的草原上》；表现抗美援朝伟大斗争的通讯特写集《保卫和平的人们》、报告文学集《志愿军一日》等；话剧《考验》《晴朗的天》《西望长安》《万水千山》等；新编京剧《将相和》等。电影事业也有较大发展，故事片制作逐年增加，上映了《智取华山》《渡江侦察记》《董存瑞》《上甘岭》《祝福》《李时珍》，以及第一部国产彩色戏曲片《梁山伯与祝英台》等一批优秀影片。

诗歌创作从 1953 年起到 1956 年进入蓬勃发展时期，一批优秀诗篇从不同角度歌颂了美好的新生活。臧克家的《李大钊》尝试用诗歌描写革命领袖人物。严辰的《祖国》一诗，讴歌志愿军的爱国热情，《心愿》描绘了水电建设者的英姿。阮章竟的《金色的海螺》是深受青少年喜爱的优秀童话诗，《新塞外行》歌颂了内蒙古工业建设。张志民《小姑的故事》反映了农村新道德风尚的一个侧面。李季的《玉门诗抄》《生活之歌》《师徒夜话》再现了社会主义建设和石油工人的精神风貌。郭小川的政治抒情诗《投入火热的斗争》《向困难进军》等在广大青年中拥有很好反响。少数民族叙事长诗的搜集、整理也取得较大成绩，其中，云南省人民文工团深入彝族撒尼人聚居区，搜集到多种民间传说，经黄铁等人整理、公刘润色后发表的长诗《阿诗玛》，取得的成就和影响最大。

传统的民族戏曲，经过在内容和舞台形象上的初步改革，创造出一批新的优秀剧目，不仅使古典戏曲艺术放出新的光彩，而且很好地发挥了优秀历史剧对现实的教育作用。文化部继 1952 年举办第一届全国戏曲观摩演出大会后，1953 年举办了全国第一届民间音乐舞蹈会演。1954 年华东地区举办了有 35 个剧种 158 个剧目参加的戏曲观摩演出大会。1956 年举办的第一届全国话剧观摩演出会，有来自全国 41 个话剧团体，2000 余人参加，共演出 50 多个剧目。剧目中有半数以上是 1955 年新创作的，《马兰花》《战斗里成长》等 26 个剧目获得演出一等奖，《早晨》《如兄如弟》等剧目获得演出二等奖。

1956 年 5 月，浙江昆曲剧团进京演出昆曲《十五贯》，毛泽东、刘少奇、周恩来、朱德等党和国家领导人观看了演出，周恩来称赞这是“一出戏救活了一个剧种”。《人民日报》发表社论对“满城争说十五贯”的盛况作了评论，指出：《十五贯》不仅使日渐衰微的古典昆曲艺术放出新的光彩，而且说明了历史剧同样可以很好地起到现实的教育作用，使人们更加重视民族艺术的优良传统，为进一步贯彻执行“百花齐放，推陈出新”的文艺方针，树立了良好的榜样。①

总体来看，在进行有计划的经济建设时期，广大文艺工作者创作的优秀文艺作品，鼓舞了全国人民为实现国家工业化而奋斗的劳动热情，

---

① 《从“一出戏救活一个剧种”谈起》，《人民日报》1956 年 5 月 18 日。

丰富了人民群众的精神文化生活，从而为创造社会主义先进文化打下良好的基础。

（二）教育培养社会主义工业化建设人才

大规模经济建设需要大量的各方面的专门人才，这就为教育事业提出了加快培养国家建设人才的紧迫任务。适应新的形势，我国教育事业也面临着工作任务的转变。1953 年 1 月，政务院文化教育委员会在北京召开大区文教委员会主任会议，提出“整顿巩固、重点发展、提高质量、稳步前进”的文教工作方针。这个方针明确了文教工作的重点是教育，教育工作的重点是高等教育，中心是要培养人才，特别是培养高、中级技术人才。这是必须全力以赴保证完成的。普通教育是高等教育的基础，要整顿巩固中小学，特别要大力整顿小学，把它办好；扫盲工作要贯彻“积极准备，重点推行”的方针，并作为一项长期的任务。关于提高教学质量，会议明确提出要给学生以“智、德、体、美”的全面教育的方针。

5 月 17 日、18 日和 27 日，毛泽东主持中共中央政治局会议讨论教育工作，并就有关问题作出决定：(1) 从宣教部门、青年团抽调干部充实大学的领导。几年内由地方逐渐解决中小学的领导骨干。抽调大批干部编教材。(2) 允许小学民办，不限定几年。整顿小学，不可能整齐划一，不应过分强调正规化。农村小学应便于农民子女上学。(3) 要注意青年健康，对大中学学生要增加助学金。学生健康不好，要增加营养，搞好卫生，减少负担，克服忙乱现象。(4) 要办重点中学。要特别着重培养工人出身的干部。要强调小学、初中毕业生参加生产劳动。

6 月 5 日至 22 日，教育部在北京召开第二次全国教育工作会议，讨论第一个五年计划期间普通教育和师范教育的工作方针和任务。会议强调，在五年计划中，教育事业必须适应国家建设的需要，正确地有步骤地解决教育事业与国家建设需要及国民经济发展之间的不平衡，教育事业内部存在的各级学校供求关系的不平衡，教师量少、质差与学校发展规模、要求的不平衡等问题。会议规定今后的工作重点，一是加强发展高等师范教育和中等教育，特别是高中。中等师范、小学、工农业余教育等，在整顿巩固的基础上有计划有重点地发展。

高等教育作为整个教育工作的重点，亟待加强。1953 年 5 月，中共高等教育部党组就全国高等教育的基本情况和今后方针向党中央作了报告。报告认为，培养干部应与国家建设特别是工业建设的需要相适应，首先要保证重工业、国防工业及与此密切相联系的地质、建筑等方面的技术干部的供应。高等教育的方针，应以办好高等工业教育和大学理科为重点；兼顾目前需要与长期建设需要，高等工业学校应以本科为主，专科为辅；综合大学是高等教育的基础，必须加强领导，着重发展理科；高等政法、财经学校及社会科学、哲学、文史等科系应适当集中，进行改造，为以后发展准备条件；建立和加强与科学院的合作，结合学校的教学工作逐步开展科学研究，以提高教学质量和培养科研人才；进一步贯彻向工农开门的方针，吸收优秀的产业工人入学，培养工人出身的专家和工业领导骨干。9 月 24 日，中共中央批准了这个报告。

1953 年 5 月，政务院规定，继续进行高等学校的院系调整，以中南地区为重点，并在华北、华东、东北三区同时进行。西北、西南两区进行了局部的院系调整和专业调整。在院系调整中，周恩来亲自指导在北京建立了“八大学院”，即北京航空学院、北京钢铁学院、北京矿业学院、北京石油学院、北京地质学院、北京农业机械化学院、北京林学院、北京医学院等。经过调整，全国共有高等学校 184 所，其中综合大学 14 所，工科院校 38 所，师范院校 33 所，农林院校 24 所，少数民族院校 3 所，其他院校 1 所。到 1953 年底，高等学校的院系调整基本完成。

1955 年，为了使高等教育布局更加合理，改变高等学校过于集中于沿海大城市的状况，高等教育部决定将沿海地区一些高等学校的同类专业、系，迁至内地组建新校，或加强内地原有学校，或将少数学校全部或部分迁至内地建校。经国务院批准，在武汉、兰州、西安、成都等城市设置了一批新校，并决定将交通大学迁往西安，后经调整，将学校大部分专业和师生迁往西安，小部分留在上海与原上海造船学院及正在筹建的南洋工学院合并，作为交通大学的上海部分，上海与西安两部分仍实行统一管理，之后分别独立为两个交通大学。

在院校调整中，改革旧中国政法、财经、文科的学科设置和教学内容，是必要的，但是对这类专业不够重视使其受到严重削弱是不适当的。当时只较多地看到旧中国的政法专业是为反动统治培养人才的，财经、文科专业是脱离中国实际的，而对于这类专业在法制建设、经济管理中的作用认识不足。从根本上来说，导致这一失误，是因为缺乏社会主义建设的经验，偏于重视政策的作用，忽视法学和经济科学的作用，因而也不重视对这类人才的培养。结果造成了在社会主义建设中严重缺乏政法、财经以及一些文科专业人才的不良后果。

此外，在院校调整中，设置了一批独立的专业性学院，这对于加速专业人才的培养、满足国家建设急需，起到了好的作用。但是，采取全国一刀切的办学模式，就难免要造成学术结构上的不合理，出现了理工分割、文理分家的现象。随着科学技术的发展和社会主义建设对人才需求的变化，越来越暴露出这一缺陷的严重性。总之，对于这一时期高等学校的院系调整，一方面要看到在当时历史条件下调整的必要性，肯定取得的成绩；另一方面也要承认在调整中采取一刀切的办法，照搬苏联的办学模式，造成了一些失误。

经过几年有领导有步骤的调整，我国高等工科院校基本上形成了以机械、电机、建筑、化工等主要专业比较齐全的体系，体现了优先发展重工业的建设方针；同时师范、农林、医药院校的校数也有所增加，高等学校布局不合理的状况有所改变。到 1956 年，全国高等学校发展到 227 所，形成了以北京大学、中国人民大学、复旦大学、武汉大学等为代表的综合性大学，清华大学、交通大学、同济大学、浙江大学、华南工学院等为代表的多科性工业高等院校，以及一批师范、农林、医药、财经、政法、艺术、体育等各类专科院校及少数民族院校，构成了我国比较完整的高等教育体系。高等学校在校学生由 1952 年的 19.1 万人上升到 40.3 万人。各类中等学校在校学生由 1952 年的 314.5 万人增加到 600.9 万人，小学在校学生由 1952 年的 5110 多万人增加到 6346.6 万人。成人教育、职工教育和工农群众的业余文化教育也都有了很大发展。

加强成人教育，是发展人民教育事业的一个有机组成部分。中华人民共和国成立后，党和政府参照苏联的经验，继承根据地的优良传统，把成人教育摆在和学校教育同等重要的位置。为使学校教育同革命和建设更好地结合起来，贯彻“教育为生产建设服务，学校向工农开门”的方针，满足广大劳动人民，首先是工人、农民、干部及其子女就学的要求，提高他们的道德、科学、技术、文化、管理水平，教育部和中华全国总工会早在1950年9月就联合召开了第一次全国工农教育会议。中央批准的会议报告指出：工农教育“是巩固与发展人民民主专政，建立强大的国防军和强大的经济力量的必要条件；没有工农文化教育的普及和提高，也就没有文化建设的高潮”。当时的工农教育，主要包括干部教育、农民教育和职工教育。

一是干部教育。新中国建立之初，中共中央、中央人民政府就把提高工农干部的文化科学水平作为教育工作战略任务。党在过渡时期总路线提出后，1953年，政务院文化教育委员会在北京召开了第一次全国干部文化教育会议，讨论了《中共中央关于加强干部文化教育工作的指示》。当时确定干部文化教育的方针任务是：“大量培养与提拔工农干部，和有计划地提高他们的政治、文化、业务水平，使他们成为各项建设事业中的骨干”。由于当时工农干部的文化水平较低，因此要求将工农干部的文化水平提高到相当于小学、初中的水平，以便有效地学习政治理论、钻研业务，提高其工作能力；有条件的工农干部可以升入高级中学和大专院校进行深造。

按照中央指示的精神，各级政府建立了干部教育的机构，制定了干部教育的制度，开展了干部教育活动。干部教育以不脱产的在职教育为主，其办学形式有干部业余文化学校、工农干部文化补习学校，同时也举办了脱产的高等学校老干部特别班。教学工作依照成人教育的特点，采取以短学制为主的速成办法，教学内容“少而精”，教学方法是学用一致、学习与工作相结合。通过对各级干部进行政治、文化的教育和业务培训，提高了干部的素质，为各方面工作的有效开展提供了保障。

二是农民教育。新中国建立初期，中央人民政府政务院就提出，有计划有步骤地开展农民业余教育，提高农民的文化水平，是当前文化建设的重大任务。1954 年，教育部召开第一次全国农民业余文化教育会议，规定农民教育的任务，是密切配合农业互助合作运动和农业生产发展，积极地有计划地扫除农民中的文盲，逐步提高农民的文化水平，有效地为农业社会主义改造和发展农业生产服务。1956 年 1 月，中共中央发出“向现代化科学进军”的号召。中共中央、国务院在《关于扫除文盲的决定》中，又提出使广大人民摆脱文盲状态，具有现代文化知识的要求，将农民教育工作向前推进了一步。

农民教育的组织形式，继承革命根据地农民教育的经验，采取教育与生产相互结合、相互促进的办法。（1）教育组织与生产组织相统一，以生产队、生产大队为单位组织教学，对生产和教学实行统一领导和管理。（2）集中与分散相结合，对不便于集中到班级学习的人，采取学习小组的教育形式。例如，对有家务拖累的妇女，组织炕头学习小组；在农忙季节，组织地头学习小组；对有特殊困难的人，采取“送字上门”包教包学的形式。各种学习班、组均采取不误农时的原则，农闲多学，农忙少学，大忙放假。农民教育一般是以业余为主，但也可根据需要与可能，采取短期脱产、半脱产的学习形式。新区土地改革运动大大促进了农村文化的发展。随着土改后农村经济的恢复，农民的文化需求日益增加。为了满足农民学习文化的迫切需要，各地农村普遍开展文化扫盲运动，利用冬季农闲时间，组织农民学习文化，学习政治。1950 年全国农民上冬学的达 2500 万人以上，1951 年上常年夜校的农民有 1100 余万人，切实有效地提高了我国农民的文化素质。

三是职工教育。早在 1950 年 6 月，中央人民政府政务院就颁发《关于职工业余教育的指示》。同年 9 月，教育部和中华全国总工会联合召开第一次工农教育会议，讨论、修改并通过《职工业余教育实施办法》，对职工教育的任务、方针、制度、教学计划的原则、师资、经费和管理，都作出了明确的规定。同年 12 月，经中央人民政府批准，公布《各级职工业余教育委员会组织条例》。最初职工教育的重点是识字教育，扫除文盲。其目的是提高职工的文化、政治、技术水平，以加强国防和生产建设，并提高职工参与管理国家的能力。从 1953 年起，职工教育向提高的方向发展，业余初等学校的高级班大量增加，并出现了不少业余中学班。1955 年工农速成中学停办后，采取函授或举办夜大学等办法，吸收工矿干部、技术人员和工人进行在职学习。

1955 年 12 月，高等教育部、教育部和全国总工会联合召开全国职工业余教育会议，大会的报告指出：中共中央和国务院对于大力开展从小学到大学的正规职工教育已经有了明确的指示，广大职工学习的积极性也很高，当前的问题是需要教育部门会同有关部门进行全面规划，加强领导，并把业余教育作为培养国家建设人才的一条广阔道路。当时提出使职工教育正规化和把业余教育作为培养人才的重要途径，是完全正确的，但是也曾出现脱离企业的实际，搬用普通学校的一套教学计划和管理办法的缺点。但总的来看，职工教育的推广，提高了工矿企业职工的素质，为各产业部门培养了一大批骨干，他们在不同的工作岗位上发挥了重要作用。

此外还有扫盲教育，旨在逐步扫除文盲。新中国成立后，党和政府十分重视对人民群众进行扫盲教育。1952 年 11 月，中央人民政府专门成立了扫盲工作委员会，后于 1953 年 11 月与教育部合并；1956 年 3 月又成立了全国扫盲协会。在建立扫盲领导机构的同时，中央人民政府还发出一系列指示和实施扫盲教育的办法。当时扫盲工作的宗旨是："开展识字教育、逐步减少文盲。"1952 年 5 月，教育部发出《关于各地开展"速成识字法"的教学实验工作的通知》，提倡西南军区某部文化教员祈建华创造的识字方法。后因在实际工作中出现了草率、急躁的毛病，1953 年 1 月，政务院文教委员会确定采取"积极准备，重点推行"的方针，将扫盲工作纳入正轨，参加识字学习的人数逐年增加，并出现了扫盲的高潮。

1956 年 3 月，中共中央、国务院发布了《关于扫除文盲的决定》，要求用五至七年的时间，基本扫除文盲；把扫除文盲作为社会主义建设中的一项重大政治任务，并作为文化领域的一个大革命，摆上各级党委和政府的重要议事日程；扫盲工作要与国家的社会主义工业化和农业合作化的进程相辅而行，并切实解决好扫盲的师资、教材和组织领导问题。这项决定的精神是正确的，但对扫除文盲的艰巨性估计不足，加之有关领导机构不够重视和措施不够有力，所以扫盲工作在第一个五年计划时期没有达到预期的目标。

由于制定了新的学制，把工农速成学校、中等专业学校和各级各类补习学校同其他各类教育置于同等重要地位，各地采取一系列措施，如开展识字教育，举办工农速成学校、工农业余学校、各类干部专修科、各类补习学校；在高等学校招生中，在同等条件下，优先录取工农干部及其子女；在中等以上学校设立人民助学金，吸收数以万计的工农群众、干部及其子女参加学习。1950 年至 1955 年间，全国各地创办的干部文化补习学校（班）、工农速成中学和大学预科（班），使 3 万多名工农干部、劳动模范、产业工人受到较正规的学校教育，其中有些优秀人物还上了大学。有的重点大学还举办了老干部特别班、各种专业的专修科，使数千名中级干部受到高等专业教育。与此同时，中等技术教育也有很大发展，1951 年全国中等技术学校在校学生 16 万多人，到 1956 年增长到 63.8 万人。

新中国成立后，由于受到帝国主义的封锁和包围，又缺乏社会主义建设的经验，只有苏联这个世界上第一个社会主义国家的经验可以借鉴，因此，1949 年第一次全国教育工作会议确定，要借助苏联的经验来建设中国的教育。教育的改革也是与学习苏联的经验结合进行的。

在实际工作中，教育部组织力量编写中小学教材时，就参考苏联的教科书，改编了数理化等教材。各地先后开展了学习苏联教育经验的活动。在普通中小学及中等专业学校、技工学校中普遍学习凯洛夫的《教育学》。1950 年，在苏联专家的帮助下，我国创办了中国人民大学。教育部和一些大专院校陆续聘请了一批苏联专家。在教学领域，从培养目标、学制、专业设置到教学计划、教学大纲、教学方法、组织机构和师资培训，都参照了苏联教育工作的一套办法。1953 年前后，我国翻译出版了大量的苏联高等学校和中等专业学校的教材和教学参考文献。

1954 年到 1956 年，学习苏联教育经验达到高潮。1955 年 10 月，教育部派出教师代表团访苏，学习苏联综合技术教育、教学工作、师范教育、教育行政等方面的经验。1956 年 2 月，教育部作出决定，把苏联教育工作的经验运用到实际工作中去，同年 10 月苏联教育代表团及苏联教育专家凯洛夫先后访华，并做学术报告，介绍苏联的教育经验。1955年，高等教育部在苏联专家的指导下，参考苏联最新教学计划，开始组织部分高等学校制订五年制统一教学计划和修订四年制统一教学计划，并颁发各校认真执行。同年，中国还派出高等教育考察团访问苏联，学习苏联高等教育工作的经验。1956年3月，国务院批准高等教育部《关于执行中苏两国高等教育部间建立直接联系的暂行规定》和《中国高等学校、中等专业学校和苏联高等学校、中等专业学校直接联系的暂行规定》。到1957年11月，中国已有63所高等学校同苏联及东欧各国高等学校之间建立了联系。在学习苏联教育经验中，教育部、高教部和各地还组织参观团，召开经验交流会、座谈会、报告会等，推广苏联的教育经验，翻译出版了苏联的教育书籍360多种1000余万册。

从总体来看，学习苏联的教育经验，对于肃清半殖民地半封建教育思想的影响和改革不合理的教育制度，对于中国建立社会主义教育制度，提高教育质量，加速人才的培养，是起了积极作用的。各地在学习苏联教育经验过程中，把马列主义理论教育列入正式课程，并注重理论联系实际的原则，在某些方面推动了教育与生产劳动的结合。这些都有利于教育的社会主义方向。将自然科学的各学科从国民党时代停留在抗日战争前引进的已经陈旧的美国、英国的教材，提高到苏联四五十年代较先进的水平，也适应了文化知识和科学技术更新的需求。在学习苏联教育经验中，有些方面也出现了生搬硬套、结合中国国情不够的缺点。

例如1956年教育部颁发的《师范学校规程》《师范学校附属小学条例》《高等学校规程》以及在此以前修订的《中等专业学校章程》等，基本上是照抄苏联的，存在着不切合中国的实际的问题。有的学校不顾客观条件，出现推行六年一贯制，推迟小学生入学年龄（七岁入学），中小学的学制由十二年缩短到十年等现象，在主客观条件不具备的情况下，导致教育水平下降。这些问题中央一经发现，即进行了纠正。当然，学习苏联经验也不是一切照搬，特别是思想政治教育，仍然保持了革命根据地的优良传统。当时教育部门不顾苏联专家持有不同意见，坚持开设高新技术方面的专业，也是一个例证。总之，在20世纪50年代以苏联、美国为首的两大阵营对峙冷战的国际大环境下，中国“一边倒”地学习苏联教育的经验的确事出有因，要放在当时的历史范围考察和具体分析，给予历史的、合理的评价。

（三）科学工作的方针任务及其组织形式

大规模经济建设的展开，向科学工作提出了新的要求和新的任务。1953 年 10 月，中国科学院召开院属研究所所长会议，根据国家过渡时期总路线的精神，讨论研究了研究所今后发展方向和 1954 年研究工作重点。会议指出，中国科学院要逐步向研究带有根本意义的理论问题发展，但又必须根据实际情况有选择地逐步解决产业部门提出的实际问题，以促进科学与生产的创造性合作。

遵照中共中央的指示，中国科学院党组 11 月 19 日向毛泽东和中共中央呈送了《关于目前科学院工作的基本情况和今后工作任务给中央的报告》。这个报告的主要内容，一是对中国科学院现有科学基础和力量作了估计。经过 4 年的发展，中国科学院的研究所已由初建时的 20 个发展为 36 个，研究人员也由 212 人增加到 347 人。但发展是不平衡的，存在着不少薄弱和空白学科，与国家建设的要求，还有相当的距离。二是分析了团结现有科学家和培养新生力量方面的问题，认为对科学家的创造发明缺乏物质和精神的奖励；对他们的生活和工作条件还关心得不够；一些青年共产党员干部，对团结科学家的工作也做得不够。这些影响了老科学家安心工作和培养科学干部的积极性。三是关于具体贯彻理论联系实际方针方面存在的问题。比如在一些干部中，存在着急于求成的情绪和片面强调联系实际的倾向，少数人甚至把“实际”理解为单纯的直接的生产任务，甚至把阅读理论书籍也指责为脱离实际，引起了科学家的不满。报告还指出中国科学院行政领导多、学术领导少的严重情况，认为主要是缺少领导骨干，学术领导机构不健全。概括地说，就是与当前国家的需要相比，现有科学基础和力量还有相当的距离；在团结现有科学家和培养新生力量方面也存在不足；在贯彻理论联系实际的方针上，有急于求成和片面强调理论联系实际的倾向等。

对于当前科学工作的方针、任务和重点工作，报告中提出，中国科学院克服过去中国科学落后所造成的困难，积极发挥现有科学家的高度积极性和创造性，在实践中发展科学事业，充实与壮大科学队伍。为此，报告提出了当前的六项重点工作任务：(1) 在现有基础上把目前可以使用上的科学力量适当组织起来，全力支援国家工业建设，首先是重工业建设；(2) 有重点地对正在建设或即将建设的工业中心或经济区域，进行地上地下资源和自然条件的调查研究，提出按照社会主义原则综合利用国家资源的具体建议或参考资料；(3) 相应地发展基础科学，使之成为不断支援国家建设和不断提高科学水平的有力保证；(4) 对于在生产上或学术上迫切需要，而依然十分薄弱或根本缺门的学科，应立即准备条件，设法充实与建立起来；(5) 设法加强社会科学方面的力量；(6) 继续团结现有科学家，积极培养新生力量，扩大科学工作的队伍与后备力量。

在相关建议方面，报告提出：(1) 建议在国家计划委员会内成立专门机构，负责综合审查全国科学研究计划；(2) 建议高等教育部有重点地在有条件的高等学校中开展科研工作，希望在培养研究生方面与高校加强合作；(3) 建议实施院属技术科学各研究所与有关工业部门的对口合作；(4) 建议农业部在适当时机筹建农业科学院，卫生部应加强对中央卫生研究院的领导等。

中共中央对中国科学院党组的报告十分重视，于 1954 年 3 月 8 日批准了这个报告，并将报告与中央对科学院党组报告的批示在党内转发。中央的批示要点如下：

第一，阐明科学工作对国家建设的重要意义。要把中国建设成为生产高度发达、文化高度繁荣的社会主义国家一定要有自然科学和社会科学的发展。在国家有计划的经济建设已经开始的时候，必须大力发展自然科学，以促进生产技术不断进步，并帮助全面了解和更有效地利用自然资源，否则就会由于科学落后而阻碍国家建设事业的发展。党必须关心科学研究工作，从各方面为科研工作的开展创造有利条件。

第二，团结科学家是党在科学工作中的重要政策。科学家是国家和社会的宝贵财富，经过解放后 4 年多的教育，中国科学家绝大多数都愿意接受党的领导，在科学工作上做出了一番成绩，贡献给了国家。在这个前提下，首要的任务便在于发挥科学家在科研上的积极性，关心与帮助他们，为他们的研究工作安排好的条件，使他们有可能集中精力和时间于科研工作，并培养出学生来，把他们的专长传授给下一代。为了使他们安心于科研工作，还必须免除其对家庭生活困难的顾虑。对科学家也应进行必要的思想教育，但必须是在尊重他们的科学工作，发扬其科研积极性的前提下，而不能损伤他们的自尊心。科学家在政治上受到歧视，在工作上和生活上得不到保证的状况，在某些地方某种程度上仍然存在着，这是不能允许的，必须坚决予以改变。

第三，大力培养新生的科研力量扩大科研工作队伍，是发展中国科学事业的重要环节。科学院与高等学校应认真进行培养青年科研人员的工作，并建立制度加以保证。每年应选拔一定数量的最优秀的大学毕业生去做科学研究工作。在高校招生和选派留学生时，除应有大量学习技术科学外，还应保证相当数量的优秀学生去学习基础科学和社会科学。

第四，科学院是全国科学研究的中心，除了应以主要力量组织本院的科学研究工作外，还必须密切联系全国科学工作者，协助各方面的科学研究工作。批示指出，全国各方面的科学研究工作应当有适当的分工。科学院主要是研究基本的科学理论问题和解决对于国民经济具有重要意义的关键性的科学问题。生产部门的科研机构主要是解决生产中的实际技术问题。高等学校则视具体条件研究基础的科学理论或实际生产中的科学问题。国家计划委员会应负责审查上述三方面的科研计划，以便解决科学研究和生产实践相结合的问题以及各方面在科研工作中的分工与配合问题。①

中共中央的这个长篇批示，全面阐述了中国共产党发展科学事业的基本政策，首次提出了建设以中国科学院为中心、包括高等学校和各生产部门科学研究机构在内的全国科学研究工作体系的方针，明确了我国

---

① 《中共中央对中国科学院党组〈关于目前科学院工作的基本情况和今后工作任务给中央的报告〉的批示》，参见中共中央文献研究室编：《建国以来重要文献选编》第5册，中央文献出版社1993年版，第164—167页。

科学事业进一步发展的方向。这是新中国成立以来，中共中央在科技方针政策方面的奠基性文件，不仅对中国科学院，而且对全国的科学技术工作都产生了历史性的重大影响。中国科学院党组的报告和中共中央的批示批转到全国以后，中国科学院和全国有关部门都采取了相应措施贯彻执行。

中华人民共和国的成立，使许多侨居海外的科学家、学者极为振奋，他们强烈希望回到祖国的怀抱，为人民贡献自己的聪明才智。中国共产党和人民政府高度赞扬他们的爱国热忱，并通过各种渠道，千方百计地争取在国外的科学家回国参加社会主义建设。截至1956年底，共有1805名侨居海外的科学家陆续回到了祖国。他们大都成为各方面的学术带头人和科研领路人，为发展新中国的科学技术事业，特别是在科研攻关方面，建立了不可磨灭的功绩。

中国科学院成立后，为争取并协助在国外的科学家回国参加建设，做了多方面努力。由于中国政府和有关部门支持，研究所和国内科学家积极配合，许多旅居国外的科学家排除艰难险阻，回国工作。到科学院工作后即担任研究员的科学家，1949年底到1950年有李四光、赵忠尧、葛庭燧、高怡生、曹日昌等，1951年至1957年陆续来院的有李薰、张沛霖、殷宏章、吴文俊、徐仁、钱学森、郭永怀、汪德昭、张文裕、张香桐、熊庆来、陆元九、林兰英、程茂兰等。据不完全统计，1950年至1956年7年间，回国到院属生物研究部门工作的副研究员以上的科学家达36人，占当时生物学部门高级研究人员总数的1/5以上。回国后到从事原子核科学研究的物理所工作的科学家，1950年至1953年有13人，1955年以后又有十余人。海外学子的回归，加强了研究所的学术领导力量，许多新兴学科或空白薄弱领域得以建立、填补或充实。原有科学家和新回国科学家团结共事，使科学院成立后新组建的许多研究所在不长时间里得到迅速发展，成为国内各有关学科领域的重要研究基地或中心之一，为国家建设和发展作出了贡献。

1954年9月，一届全国人大一次会议通过中华人民共和国宪法和国务院组织法以后，中国科学院不再作为政府的一个机构，而成为国务院领导下的国家最高学术机关。适应这一变化，中国科学院的组织形式也要做出相应的重大改变。由于当时设立国际上通行的院士制度的条件还不成熟，中央决定分学科成立学部，以便更好地团结全国科学家，领导并推进科学事业的发展，并通过学部委员制度为向院士制度过渡做准备。建立学部的工作在这之前已开始筹备，中国科学院为此设立了 4 个筹委会：(1) 物理学数学化学部筹委会，主任吴有训，副主任庄长恭、华罗庚；(2) 生物学地学部筹委会，主任竺可桢，副主任黄汲清、许杰、陈凤桐；(3) 技术科学部筹委会，主任严济慈，副主任茅以升、恽子强；(4) 哲学社会科学部筹委会，主任郭沫若，副主任潘梓年、张稼夫。在此基础上，有关部门开始酝酿推选学部委员。

1954 年 7 月初，中国科学院以院长郭沫若的名义向全国自然科学家发出 645 封信，请他们推荐学部委员人选。入选标准主要有 3 条，即在学术上的成就、在推动中国科学事业方面的作用和忠于人民的事业。社会科学方面，由社会科学部筹委会向有关专家个别征求意见，依据回收的推荐书等进行综合。11 月 11 日，院务常务会议第一次讨论 165 人的学部委员名单草案，后经向各方面征求意见，又根据中央政治局会议讨论成立学部等问题的精神，推选人数几经变动。

1955 年 5 月 15 日，中国科学院党组向国务院报送 235 人的名单。5 月 31 日，国务院第 10 次全体会议批准其中的 233 人。6 月 3 日，周恩来签发国务院命令，公布学部委员名单，其中物理学数学化学部 48 人，生物学地学部 84 人，技术科学部 40 人，哲学社会科学部 61 人。

经过积极而稳妥的筹备，6 月 1 日至 10 日，中国科学院学部成立大会在北京举行。参加大会的除学部委员外，还有科学院各所、高等学校及有关单位的负责人 500 余人。苏联科学院和波兰科学院的代表团以及捷克斯洛伐克、匈牙利等国科学家应邀参加大会。大会听取并讨论院长郭沫若的工作报告，副院长张稼夫关于科学院第一个五年计划纲要草案的说明，以及 4 个学部的主任或副主任关于各学部的工作报告；通过科学院第一个五年计划纲要草案和各学部的 1955 年工作计划纲要，选出了 4 个学部的常务委员会。会议宣读了 39 篇学术论文。大会进行期间，周恩来总理、陈毅副总理、中共中央宣传部部长陆定一先后到会讲话。

中国科学院设置物理学数学化学部、生物学地学部、技术科学部和哲学社会科学部，规定各学部的主要任务是：根据国家建设的需要和科学发展的规律，制定科学工作发展的长远计划和目前计划；组织全国的科学力量，充分运用和发挥各单位的特长，将分散的力量集中起来，用以解决国家建设的重要任务。

各学部负责人为：物理学数学化学部主任吴有训，副主任庄长恭、华罗庚、恽子强；生物学地学部主任竺可桢，副主任黄汲清、童第周、许杰、陈凤桐、尹赞勋；技术科学部主任严济慈，副主任茅以升、赵飞克；哲学社会科学部主任郭沫若，副主任潘梓年。4 个学部首次聘任了 233 位学部委员。原国民政府中央研究院留在大陆的自然科学方面的院士，基本上都被聘为学部委员；人文社会科学方面的院士，多数也被聘为学部委员；由于种种原因，生物学家胡先骕，法学家周鲠生、钱端升，社会学家陈达，史学家张元济，古史学家顾颉刚等前中央研究院院士，未被聘为学部委员。

在学部成立期间，经过学部委员讨论，确定了中国科学院主要研究基本科学理论，解决对国民经济具有重要意义的关键性科学问题。生产部门的科学研究机构主要解决生产中的实际技术问题。高等院校的研究部门可根据具体条件，研究基础科学理论和解决生产中的科学技术问题。会议还确定了中国科学院的 10 项重点工作：（1）原子能和平利用的研究；（2）配合新钢铁基地建设的研究；（3）液体燃料问题的研究；(4) 重要工业地区地震问题的研究；（5）配合流域规划和开发的调查研究；(6) 华南热带植物资源的调查研究；（7）中国自然区划和经济区划的研究；(8) 抗生素的研究；（9）中国过渡时期国家建设中的各种基本理论问题的研究；(10) 中国近代现代史和近代现代思想史的研究。

中国科学院学部的建立，标志着中国最优秀的科学家进入了学术领导的行列，使得中国科学院可以对全国科学研究工作进行统筹安排与规划，同时也为进一步建立学术称号与学位制度准备了必要的条件。中国科学院学部的成立，推动全国逐步形成科学研究体系，为以后全面发展科学事业，制定科学长远规划奠定了基础。

在新中国科技事业发展中，中国科学院起了极其重要的作用。中国科学院创立之初，老一辈的中国现代科学家和他们的学生，成了中国科学院的主要奠基者和建设者，他们同中华人民共和国成立后从国外回来的科学家们一起，把过去发展中国科学之梦和理想，绘成蓝图，变为现实。在规划开发大西南、大西北方面，竺可桢领导并亲自参加了自然资源和自然条件的综合考察工作，并建立起第一批综合考察队伍。在发现和开采地下资源方面，李四光以陆相生油学说理论指导实践，发现东北松辽平原有良好的储油条件，并主持石油普查勘探工作，先后发现了大庆、胜利、大港、华北、江汉等油田，为中国甩掉“贫油国”的帽子立下了不朽功勋。

中国科学家在超导方面作出的优异成绩，有吴有训、施汝为、陆学善、钱临照、黄昆等人在固体物理方面打下的基础。标志着中国科学技术综合水平的原子能、人造卫星的成就，凝结着钱三强、钱学森、赵忠尧、赵九章、王淦昌、彭桓武、郭永怀等一批科学家长期的辛勤的劳动。熊庆来等培养了一大批中国数学家。华罗庚领导筹建了中国第一个计算技术研究所。王应睐、汪猷等人领导的科研团队，把中国蛋白质和核酸的一些研究领域推进到国际的先进行列。周仁、李薰、叶渚沛等科学家发展了中国的冶金学和金属学。王大珩、龚祖同等奠定了中国的应用光学基础。①

中华人民共和国成立后，党和政府十分重视加强国防工业建设，提高人民解放军武器装备的现代化水平，为此，对国防科技事业尤其是尖端技术的领导机构和部门作出专门的安排。1952 年 8 月，主管国防工业的第二机械工业部成立，归口管理兵器坦克、航空电信工业，并对国防工业实行集中统一管理。1953 年 8 月，中共中央政治局讨论并审定国防工业“一五”建设计划的安排，批准新建的航空、无线电、兵器、造船等大型骨干工程共 44 项，改建扩建老厂的大中型工程共 51 项。这一批

---

① 参见中国科学院办公厅编：《中国科学院年报 2001》，2002 年，第 4 页。

由苏联援助我国新建、改建和扩建的大型军工企业，使我国常规武器的生产具备了一定规模，逐步在全军装备了统一制式的武器。

1955年1月，中共中央、毛泽东不失时机地把发展国防尖端技术提上国防现代化的议事日程，作出发展原子能事业、研制原子弹的决定。同年7月，中共中央指定陈云、聂荣臻、薄一波组成中央原子能事业领导小组（简称三人小组），负责指导发展原子能事业的工作。1956年4月，中央任命聂荣臻为主任组建领导导弹和航空事业发展的航空工业委员会。10月，中央决定成立导弹研究机构国防部第五研究院。11月，全国人大常委会决定设立第三机械工业部（后改为第二机械工业部），主管核工业建设和核武器研制工作。历史证明，重点突出尖端技术的发展，是一项很有远见、很有胆略的战略决策，对于中国国防科技事业发展和国防现代化建设具有重大而深远的意义。①

科学在空间上是开放的，人们吸取着人类智慧所创造和积累的成就，同时也为人类的进步贡献着聪明才智。科学在时间上是连续的，而且继承着前人的遗产，不断发扬光大。科学的进步同时标志着文明的建设，它不仅是改造自然的锐利武器，也是提高人的素质和加强人自身改造的力量。历史的发展反映出科学技术是如何影响着整个社会经济面貌的改变，是如何在文明建设中发挥作用的。这对国家的整体发展是至关重要的。

（四）国家的文字改革方案及推广应用

中华人民共和国成立后，国家的文字改革工作取得重要进展。中国的汉字笔画繁、字数多、读音乱、检索难，使汉字难认、难识、难学、难写。1911年辛亥革命以后，国内兴起一个深刻而广泛的文化思想运动，即五四新文化运动，在文化上提倡白话文，反对文言文，提倡新文学，反对旧文学。在“文学革命”口号的影响下，学术界在社会上展开汉字改革的讨论，提出“汉字革命”的口号。针对汉字的“四难”，众多文化

---

① 参见中共中央党史研究室：《中国共产党的九十年》，中共党史出版社、党建读物出版社2016年版，第445页。

学者、语言学家提出了定形、定量、定音、定序的文字改革对策。郭沫若、郑振铎、马叙伦、周建人、吕叔湘、郭绍虞、倪海曙、叶圣陶、陈望道、章锡琛、周予同、方光焘、魏建功等文化学者，都积极宣传和呼吁简化汉字和拼音文字的改革。上海、武汉、广州等地还形成提倡和推广拉丁化新文字的中心。但是，在民国时期特别是抗日战争以来战乱连绵的政治环境下，几经周折和反复，汉字的简化和拼音化未能形成社会共识及适合推广的方案。

而在中国共产党的领导下，新文字得到边区民主政府的重视和人民群众的拥护。1938 年 1 月，延安成立陕甘宁边区新文字促进会，出版新文字刊物《抗战到底》，举办讲习班，对汉字简化和拉丁化拼音的文字改革做了有益的探索。边区普遍设立农民新文字夜校或新文字冬学，还大批举办拉丁化干部训练班，经常派遣拉丁化教师到农村和工厂去教授新文字。部队中经过培训的士兵能写新文字的约有 2 万人。1940 年 1 月毛泽东发表《新民主主义论》，指出：“文字必须在一定条件下加以改革，言语必须接近民众，须知民众就是革命文化的无限丰富的源泉”①。1941 年 11 月，陕甘宁边区新文字协会成立，边区政府在法律上给予新文字合法的地位。同年 12 月，《陕甘宁边区政府关于推行新文字的决定》颁布，规定新文字与汉字有同等法律地位；从 1941 年 1 月 1 日起，一切上下公文、买卖账目、文书单据等，用新文字书写与用汉字书写同样有效；政府的一切法令、公文、布告，一律新文字与汉字并用。有陕甘宁边区的倡导，其他解放区都积极地推行了新文字的使用。

随着中国人民革命取得全国性胜利，即将诞生的新中国建设离不开广大工农群众的教育大普及。怎样使文盲占绝大多数的基本群众迅速掌握文化，汉字改革和汉字拼音化的问题，提上了日程。许多参加新政协筹备会的语文专家、文字改革工作者纷纷呼吁在新的政治环境下恢复一度沉寂的文字改革事业。这一呼吁受到中共中央、毛泽东的重视，并指定吴玉章、成仿吾、范文澜、马叙伦、郭沫若、沈雁冰等共同筹建中国

① 《毛泽东选集》第 2 卷，人民出版社 1991 年版，第 708 页。

文字改革协会。经过相应的准备，1949 年 10 月 10 日，中国文字改革协会在北京正式成立。根据成立大会提出的任务，中国文字改革协会的主要工作是，组织对拉丁化汉语拼音文字方案的研究，汉字的整理和简化的研究以及少数民族语言文字的研究。

文字改革是一项巨大的社会改革和文化改革，需要一定的社会政治条件。在战争年代，军事和政治斗争压倒一切，文字改革运动基本上处于停顿状态。新的人民政权的建立，为中国的文化建设创造了优越的条件，文字改革工作也随之进入了一个崭新的时期。在中国共产党与人民政府的支持和领导下，文字改革成为国家的一项重要的语文政策，文字改革事业成为社会主义文化事业的一部分。1952 年 2 月，中国文字改革研究委员会成立，这是新中国主管文字改革工作的第一个国家专职业务研究机构，马叙伦为主任委员，吴玉章为副主任委员。成立会上传达了毛泽东的指示：文字必须改革，要走世界文字共同的拼音方向；形式应该是民族的，字母和方案要根据现有汉字来制定。根据毛泽东的指示，文字改革研究委员会决定以民族形式的拼音文字为中国文字改革的方向。1952 年 3 月，以制定汉字笔画式拼音方案为主的研究工作开始。为了加强对文字改革工作的指导，中共中央于 1953 年 10 月成立中央文字问题委员会，主任胡乔木，副主任范文澜。党中央成立这个委员会的目的是协调党内对于文字改革的不同意见，研讨文字改革工作上的重大原则和实行步骤问题，向党中央提供切实可行的意见。

党在过渡时期总路线提出后，中央文字问题委员会加紧研究汉字整理和简化汉字问题，根据中国文字改革研究委员会一年多来研究所得的材料，向中央写请示报告，提出可以首先实行的初步改革办法：(1) 推行简体字；(2) 统一异体字；(3) 确定常用字，并对非常用字加注音；(4) 极少数汉字改用拼音字母。为了加强文字改革工作的领导，把文字改革工作由研究阶段推向实践阶段，国务院总理周恩来提议，把中国文字改革研究委员会改组成为中国文字改革委员会，作为国务院的直属机构，以便采取步骤在全国推行国家的文字改革政策。这不仅仅是名称的改变，而是机构性质的改变。过去基本上是研究机构，现在应该走到人民中间去，走到生活中间去，根据政府的政策，采取切实可行的步骤来推行各项文字改革的具体工作，把中国文字改革运动向前推进一步。

1954 年 12 月，经第一届全国人大常务委员会会议批准，中国文字改革委员会（简称文改会）正式成立，作为国务院直属机构。国务院任命吴玉章为委员会主任，胡愈之为副主任。文改会确定 1955 年的任务，是要发动全国讨论《汉字简化方案》，继续整理汉字，编订汉字标准字表，拟出拼音文字的初步方案，展开群众性的讨论，同时进行广泛的试验。文改会还要研究和推行标准音教学，解决同音词问题，试编常用词汇等。

1955 年 10 月，教育部和中国文字改革委员会联合召开全国文字改革会议，参加会议的有来自全国 28 个省、市、自治区和中央一级有关机关、人民团体和部队的代表 207 人。大会的主旨是，在深入贯彻过渡时期总路线的新形势下，总结中华人民共和国建立以来的文字改革工作，确定文字改革的方针，促进文字改革工作的全面发展。陈毅副总理在开幕会上的讲话中强调：在有几万万文盲的国家里，不可能建成社会主义社会，不可能有强大的工业建设。因此，不能简单地从文字改革本身来看文字改革问题，应该把它和完成三个五年计划和我国建成社会主义工业国家联系起来。中央文化部部长沈雁冰在讲话中指出：文字改革的每一个步骤，都是提高群众文化水平的有效措施。可以说，文字改革工作也是为文化艺术工作的更大发展创造必要的条件。

吴玉章主任在大会的报告中指出：这次会议的任务是在汉字改革的正确方针之下，首先解决两个迫切的具体问题，这就是简化汉字和推广以北京语音为标准音的普通话——汉民族共同语。会议代表讨论并一致通过了《汉字简化方案修正草案》和《第一批异体字整理表草案》。这次会议是中国历史上第一次全面地讨论文字改革问题的会议。它标志着新中国文字改革工作研究准备阶段的完成而进入了全面实施的阶段。

《汉字简化方案修正草案》经全国文字改革会议通过以后，1956 年 1 月 28 日，国务院全体会议通过《关于公布〈汉字简化方案〉的决议》。31 日，《人民日报》发表国务院的决议和《汉字简化方案》。这个方案规定 515 个简体字和 54 个简化偏旁，后来类推成为《简化字总表》（共

2235 字）。决议规定简化字从 1956 年 2 月 1 日起在全国印刷的和书写的文件上一律通用。除翻印古籍和有其他特殊原因以外，原来的繁体字在印刷物上停止使用。《汉字简化方案》的公布，是对古已有之、流行在民间的俗体字、减笔字、手头字的规范，是对清末以来汉字简化工作的综合。简化汉字减轻了人们学习和使用汉字的负担，在一定程度上缓和了学文化和汉字难的矛盾，对普及教育起了很大作用。这是新中国文字改革工作的第一个重大成果。

与此同时，根据中央的部署，1956 年 1 月 1 日起，全国报刊实行横排横写。过去中国的文字基本是竖排，其中有左行竖排、右行竖排，间有横排，非常不统一不规范。1955 年 1 月 1 日，《光明日报》首先实行横排，并发表胡愈之的文章《中国文字横排是和人民的生活习惯相合的》。后来全国许多报纸、刊物、图书也陆续实行横排。到 1956 年 1 月 1 日，《人民日报》和地方报纸也一律改为横排。至此，全国全面实行横排横写。这是汉字排写方式的一大改革，是符合科学技术进步的需要的，也是新中国文字改革的又一个重要成绩。

文字改革的另一项重要内容——汉语拼音方案的制定，经过新中国成立以来一系列反复讨论和认真严肃的探索，到贯彻过渡时期总路线时期也取得关键性进展。1954 年 7 月，中国文字改革研究委员会第四次会议上，拼音方案组提出了 5 个民族形式的拼音方案草案供讨论。但会后始终确定不出一个令人满意的方案，因为这些方案草案所需要的字母都在 40～60 个之间，在学习上使用上很不方便。新构造出来的汉字笔画式字母，与汉字有一定的差别，群众不容易接受。借助草书，却难以做到简明易认。尤其是拼写出来的文字不能保持方块汉字的特点，也就失去所谓“民族形式”的意义。这表明，通过采用汉字笔画拼音字母来显示民族性的做法是不甚理想的，很难符合现代社会发展的需要。

1954 年 12 月中国文字改革委员会成立后，专门成立拼音方案委员会，吴玉章任主任，胡愈之任副主任，委员有韦悫、丁西林、林汉达、罗常培、陆志韦、黎锦熙、王力、倪海曙、叶籁士、周有光。这时，社会上热心文字改革的各界人士通过潜心研究，有 633 人提交汉语拼音方案 655 种。文改会从中选择了 264 种，作为制定汉语拼音方案的重要参考资料。1955 年 10 月召开的全国文字改革会议上，提出 6 种汉语拼音方案的初稿，征求到会代表的意见。除了 1 种汉字笔画式方案之外，还有一种斯拉夫字母式方案和一种拉丁字母式方案。

1956 年 1 月 20 日，中共中央召开知识分子问题会议。吴玉章在会上作关于文字改革工作的发言，讲到汉语拼音方案中有拉丁字母式方案。毛泽东当场表示赞成。他说："关于文字改革，采用罗马字母，我很赞成。因为它字母很少，只有几十个，向一边写，简单明了。我们汉字在这方面实在比不大上。现在全世界大多数国家都用这个罗马字母。凡是外国的好东西，有用的东西，我们就要学，并把它变成我们自己的东西。所以，这个罗马字母是以学到为好，恐怕要采用。"① 毛泽东的这番话，生动而深刻，使得在几年中反复争论而举棋不定的字母形式问题，有了清晰的方向。中央最后拍板：拼音方案采用拉丁字母。

从文化史的传承和创新的角度看，在制订汉语拼音方案时，曾有人顾虑采用拉丁字母会不会损害中国人民的民族自尊心和爱国感情。实际上，现在世界各国所用的字母几乎都是外来的，例如英国、法国、德国、越南等采用拉丁字母，都不是它们本国自造的字母。拉丁字母源于希腊字母，希腊字母来自腓尼基字母，腓尼基字母又有其来源。字母是拼写语言的工具，正像阿拉伯数字、加减乘除等各种科学符号、公历纪年、公制度量衡，以至火车、轮船、汽车、飞机一样，都是世界通用的东西。使用它们，根本不存在什么有损于爱国感情的问题，相反，吸取外国有用的东西，正体现了利用人类创造的一切文明成果"洋为中用"的精神，不但便于我国人民的使用，也便于外国人学习汉语文，更有利于当代国际社会之间文化科技的合作与交流。

1 月 27 日，中共中央批转了中国文字改革委员会党组和教育部党组共拟的《关于全国文字改革会议的情况和目前文字改革工作的请示报

---

① 中共中央文献研究室编：《毛泽东年谱（1949—1976）》第 2 卷，中央文献出版社 2013 年版，第 514 页。

告》。在同时发出的《中共中央关于文字改革工作问题的指示》中，明确了“中央认为，汉语拼音方案采用拉丁字母比较适宜”的态度。至此，汉语拼音方案的研制从以汉字笔画式字母为主，到各种形式方案的全面摸索，最后转向采用拉丁字母阶段，加快了制定、公布方案的步伐。

2 月 12 日，中国文字改革委员会发表了第一个拉丁字母式的《汉语拼音方案（草案）》。随后，方案提交政协全国委员会常委会会议讨论，会后还举行了在京全国政协委员、全国人大常委会委员和文化部、教育部、高等教育部、科学院等单位的代表的分组座谈会，全国各地政协中有 22 个省、3 个市、2 个自治区、26 个省辖市、4 个县和 1 个自治州组织了《汉语拼音方案（草案）》的讨论，参加讨论的有 1 万人以上。同汉语拼音关系比较密切的邮电、铁道、海军、盲聋哑教育等部门都组织了专门讨论。此外，中国文字改革委员会还收到全国各地各方面人士以及海外华侨的书面意见 4300 多件。

根据各界的意见，中国文字改革委员会拼音方案委员会连续召开 10 次会议，讨论和修订《汉语拼音方案（草案）》，后将修正方案（草案）报请国务院审议。国务院为此设立了以郭沫若为主任，张奚若、胡乔木为副主任的汉语拼音方案审订委员会，进行了大量工作，最重要的是确定汉语拼音方案是给汉字注音的，而不是文字方案，还不能代替汉字，更不能废除汉字，从而使各方面的不同意见获得统一。经组织广泛的讨论和国务院审订委员会加以审核修订，《汉语拼音方案（草案）》由国务院全体会议通过，并于 1957 年 12 月 1 日在《人民日报》公布，获得绝大多数人的拥护。

1958 年一二月间，一届全国人大五次会议正式批准了《汉语拼音方案》。从此，《汉语拼音方案》从研制阶段走向推行和应用阶段，逐渐成为我国人民文化生活中必不可少的语文工具。《汉语拼音方案》作为拼写汉语的最佳方案，是五四新文化运动以来中国人民创造拼音方案的总结和结晶，它的诞生是中国文字改革史上的一个里程碑，是新中国文字改革的又一个重大成果，同时也是中国共产党领导文化建设的一个重要内容。

（五）城乡医疗卫生和体育事业的建设

医疗卫生工作也同其他文教工作一样，必须服从和服务于国家过渡时期的总任务。从中华人民共和国成立到1954年，是新中国卫生工作奠定基础的时期。在原有的十分薄弱的工作条件下，新中国的卫生工作首先从抓两件事做起：一是集中力量预防那些严重危害人民健康的流行性疾病和严重威胁母婴生命的疾病；二是整顿卫生工作队伍，建立农村、工矿和城市的基层卫生组织。为此，卫生行政领导部门在卫生宣传、医学教育及药品的生产和供应方面，做了大量工作。

中央人民政府决定，在最近几年内，要在每个县和区建立卫生工作机构，以改进人民群众长期的健康不良状况。各地积极落实这一决定，我国农村、工矿和城市的医疗卫生组织发展很快。到1953年底，全国县医院和县卫生院已经由新中国成立前的1437所发展到2102所，并且开始发展了县以下的区、乡基层卫生组织，工矿企业医院已经由新中国成立前的150所发展到367所，全国医院病床数较解放前增加了4倍多。全国已经新培养出6万多名高中级卫生人员，60多万名初级卫生人员。国家在少数民族聚居的地区，建立了350个卫生院和30多个医院，培养了2000多名民族卫生干部。为了加快卫生机构和卫生工作队伍的发展，卫生部门重视发挥医学教育的基础作用，根据实际需要将医学教育分为三级：高级是四年制，培养医师和药剂师；中级是二年制，培养护士、助产士、医士和其他专业技术人员；初级一般是3个月为期，培养乡卫生委员、村卫生委员、妇幼保健员、助理护士。

新中国成立初期，全国卫生防疫的重点，是预防对人民身体健康危害最大的烈性传染病、肺结核、寄生虫病和性病。到1950年底，全国已经有88个专业防疫队，共有防疫人员1100人，另有鼠疫防疫队12个，防疫人员有1400人，还有卡介苗接种推广人员1600人。此外，各地还有中西医参加的地方防疫队。从1953年起，城乡各地开始建立各级卫生防疫站，进一步加强了防疫工作。

在疾病防治方面，例如血吸虫病，是我国南方13个省、市、自治区严重危害广大农民健康与生命的寄生虫病，党中央极为重视血吸虫病的防治工作。毛泽东、周恩来、陈毅等中央领导人都亲自过问，亲自督促这项工作的进行。消灭血吸虫病中间宿主钉螺是一项改造自然的艰巨任务，必须组织各有关部门协作，并且把群众发动起来，才能做好。为此，根据毛泽东的提议，于1955年成立了由党政领导主持的、各有关部门负责人参加的中共中央防治血吸虫病领导小组以及血吸虫病防治办公室。省、地、县各级政府也都成立了领导小组和办公室。这样，防治血吸虫病就有了更为有力的组织保证。1958年江西省余江县首先消灭了血吸虫病，毛泽东为此写了《送瘟神》的诗篇，之后血吸虫病防治工作进入一个新阶段。

在保护母亲和婴儿的健康方面，重点是预防产妇的产褥热和新生儿破伤风。为此国家开始大力推广新法接生（即在无菌操作下接生）。当时正式的助产人员很少，绝大部分产妇靠旧接生婆接生。所以，训练旧接生婆和培养正式的助产人员就成为妇幼卫生工作的一项首要任务，成为保护母亲和婴儿健康的最关键的措施。

这一时期，卫生事业中还存在私人医疗机构和私营药品生产。根据当时党的公私兼顾、劳资两利的政策，国家对卫生事业中的公私关系进行了调整，主要规定：一是促进公立的、私立的和公私合营的医疗机构的互相合作，不得有所歧视；二是各医疗机构都要接受卫生防疫和战勤任务；三是公私药厂在统一计划下进行合理的分工。这较好地解决了医药卫生事业中的公私关系问题。

1950年第一届全国卫生会议提出“面向工农兵、预防为主和团结中西医”的卫生工作方针后，1952年召开的第二届全国卫生会议，提出了卫生工作与群众运动相结合的方针。会议要求，在总结城市、农村、工矿、铁路、部队的卫生运动经验的基础上，重点解决卫生工作中领导、卫生专业技术人员与群众三结合的问题，号召广大医务工作者必须发动群众，向群众深入宣传，让群众自己起来同疾病和不卫生的习惯作斗争，同时要求各有关部门协同作战，战胜疾病。在成立中央爱国卫生运动委员会的推动下，各地各级的爱国卫生运动委员会相继成立，成为经常性的卫生运动领导机构。

1953 年 12 月，第三届全国卫生会议在北京召开。会议根据党中央提出的过渡时期总路线和总任务的精神，结合卫生工作四大方针的落实情况，总结了中华人民共和国成立后卫生工作的成绩、经验和教训。会议提出，今后要进一步做好团结中西医的工作，切实落实好党的中医政策，消除那种轻视、歧视中医的现象。会议要求更加努力地培养卫生干部，坚持不懈地把爱国卫生运动和预防流行性疾病的工作开展下去。在此之间，中共卫生部党组于 1953 年 10 月在向中央的报告中提出：根据国家建设的需要和目前的实际情况，今后卫生工作的重点首先是加强工业卫生工作和城市医疗工作，继续开展爱国卫生运动，防治对人民群众危害最大的疾病；农村卫生事业应与互助合作运动相结合，有步骤地开展。中共中央于 1954 年 4 月批转了这个报告。

医疗卫生工作需要解决的一个问题，是切实贯彻中央关于“团结中西医”的方针，改变长时期以来社会上存在的中西医对立和歧视中医的情况。但是，医疗卫生部门存在着对党的中医政策理解不够、贯彻无力的情况。对此，毛泽东、周恩来等多次对中医政策作了阐述，指出轻视中医的错误。为了促进中西医之间的互相团结，互相了解，互相沟通，并为了促进中西医合作整理研究我国的传统医学，毛泽东 1954 年发出西医学习中医的号召。1955 年毛泽东又提出：要以西方的近代科学来研究中国的传统医学的规律，发展中国的新医学。后来 1958 年他又进一步提出：“中国医药学是一个伟大的宝库，应当努力发掘，加以提高。”① 针对当时对待传统医学的不正确态度，1954 年中央提出要大力号召和组织西医学习中医，鼓励那些具有现代科学知识的西医，采取适当的态度同中医合作，向中医学习，整理祖国的医学遗产；纠正对待中医的武断态度和宗派主义情绪，巩固地建立中西医之间相互尊重和团结的关系，使我国固有的医药知识得到发展，并提高到现代科学的水平。

---

① 毛泽东：《中国医药学是一个伟大的宝库》，《毛泽东文集》第 7 卷，人民出版社 1999 年版，第 423 页。

在毛泽东、周恩来的指示下，胡乔木主持起草了《认真贯彻中医政策》的社论，在《人民日报》上发表。社论详细地阐明发展传统医学的必要性，同时阐明了现代医学与传统医学的关系，以及传统医学的继承与研究提高的关系。根据中央的指示精神，在医药卫生界，相关部门对违背团结新旧医方针所散布的“旧医是封建医”、要“消灭中医”等错误观点和言论公开进行了批判，指出如何对待中医，首先是一个对待民族文化遗产的问题，同时还是一个关系到广大人民生命健康的问题。为了落实团结中西医的方针，各有关部门采取了一系列组织措施。

这一时期，在国家机关和国营企事业已开始实行公费医疗制度和医疗上的劳动保护制度，国家公职人员、大学生和工矿企业职工都得以享受到有病就医的经济保证。由于国家的经济条件所限，这种医疗制度还不能扩大到占全国人口绝大多数的农民。但是，对于那些严重危害健康的流行性疾病的治疗，则采取了减免费的办法。这方面的医疗保障制度有待于国家综合实力的增强逐步加以解决。

在过渡时期，卫生工作的一项重大举措，是提倡节制生育政策的提出。中华人民共和国成立几年来，由于经济发展、人民生活水平提高等因素，我国出现人口增长过快趋势（年均增长率 2‰），节制生育的问题开始显现。而中央卫生部对这样一个重大问题，没有从思想上政策上引起重视，未经认真研究便采取了反对节育的政策。中央及时注意到这个问题，自 1953 年 8 月以后，政务院副总理邓小平一再指示卫生部要加以改正。1954 年 12 月，刘少奇代表党中央召集卫生部等有关方面负责人座谈节制生育问题，明确指出“党是赞成节育的”，“反对的理由都不能成立”。①节制生育对国家经济建设、改善人民生活和保护人民健康是有利的，首先要把党内思想统一起来，在医务工作人员中讲清道理，以澄清思想。可以用卫生常识的形式进行宣传指导，并组织好有关药品和器具的生产、供应。

---

① 刘少奇：《提倡节育》，《刘少奇选集》下卷，人民出版社 1985 年，第 171、172 页。

1955 年 3 月 1 日，中共中央批转中共卫生部党组关于节制生育问题的报告。该报告认为，中国现在已有 6 亿以上的人口，而且每年要增加人口 1200 万到 1500 万。当然，这并不是坏事，而是好事。但在目前条件下，人口增加过速会使国家和家庭暂时均感困难，应当适当地节制生育；在将来，也不应反对人民群众自愿节育的行为。中央在批示中指出："节制生育是关系广大人民生活的一项重大政策性的问题。在当前的历史条件下，为了国家、家庭和新生一代的利益，我们党是赞成适当地节制生育的。各地党委应在干部和人民群众中（少数民族地区除外），适当地宣传党的这项政策，使人民群众对节制生育问题有一个正确的认识。"① 这是党和政府着眼于国家长远大计对节制生育问题做出的正确部署，尽管后来在制定节制生育政策上发生了反复，但我国在过渡时期毕竟为逐步确立计划生育的国家政策打下了初步基础。

在过渡时期，我国医药卫生事业取得显著成绩。城乡卫生医疗网初步建立起来。国家公职人员、大学生和工矿企业职工享受到公费医疗和劳动保护。国家采取减免收费的办法，加强对严重危害农民健康的流行性疾病的治疗。烈性传染病、肺结核病和性病初步得到控制。1956 年由私人开业医生组织起来的农村联合诊所由 1950 年的 803 所发展到 5.1 万所以上。② 中医在群众医疗保健工作中发挥了重要作用。人民的健康水平有了明显提高。

体育事业是与国家文化建设紧密相关的组成部分。近代体育项目在 19 世纪末 20 世纪初传入我国以后，主要在城市，特别在学校有一定发展，基础十分薄弱。而民间体育活动则为城乡群众所喜闻乐见，源远流长。在旧中国，许多体育工作者竭尽努力，在传播体育知识技能和组织运动训练与竞赛方面做出了一些成绩，但由于国家经济文化落后，与世界体育强国相比有着很大的差距。新中国成立后，体育工作者成为国家

---

① 《中共中央对卫生部党组关于节制生育问题的报告的批示》，中共中央文献研究室编：《建国以来重要文献选编》第 6 册，中央文献出版社 1993 年版，第 56 页。

② 参见《当代中国》丛书编辑部编：《当代中国的卫生事业》（上），中国社会科学出版社 1986 年版，第 13 页。

的主人翁，政治上受到信任，生活上有了保障，可以充分发挥自己的才能，在党和政府制定的一系列方针政策指导下，开拓中国体育事业繁荣的新局面。

1949 年 10 月，中华全国体育总会成立。总会名誉主席朱德在会上指出，体育事业一定要为人民服务，使国民都锻炼成为身体健康、精神愉快的人，以便担当起繁重的新中国建设的任务。在新中国成立之初，由于没有专门的体育组织机构，党中央委托青年团具体管理体育工作。团中央书记冯文彬在会上指出，新的体育应当是民族的、科学的、大众的体育，要采取各种各样的形式开展体育活动，积极创造新的体育形式，建立和发展各种体育组织。青年团朝气蓬勃，充满活力，认真贯彻党和政府的体育方针、政策，从团中央到各级团组织都建立了军事体育部，团支部大都有军体委员。同时国家着手建立和健全各级体育组织，拟定发展体育活动的各项方针，相继在全国建立各级体育分会，有计划有步骤地发展体育事业。

1952 年 11 月，政务院决定建立国家体育运动委员会，任命贺龙为国家体委主任。贺龙到任后在体委作的第一个工作报告中明确提出，体育工作必须积极地为国家的总路线服务，为了保证体育运动的开展，必须迅速建立和健全各级体委，并建议工会、青年团、教育部门等建立和健全体育机构。经政务院会议批准，县级以上政府逐步建立了体育运动委员会。教育部、中华全国总工会、中国人民解放军等也建立了体育工作机构。铁路、煤矿、冶金、公安等 20 多个系统分别建立了行业体育协会和基层体育协会。在刘少奇的倡议下，全国各地还建立了一批国防体育协会和俱乐部，总计近 400 个。

党和政府十分重视体育工作。1951 年 8 月，《政务院关于改善各级学校学生健康状况的决定》指出："增进学生身体健康，乃是保证学生完成学习任务，并培养出有强健体魄的现代青年的重大任务之一。"1952 年毛泽东为体育工作题词："发展体育运动，增强人民体质。"1953 年他又号召全国青年做到"身体好、学习好、工作好"。

1954 年毛泽东主持中央政治局会议，讨论并批准了中央体委《关于加强人民体育运动工作的报告》。中共中央在批示中指出：人民的体育运动是国家的一项新的事业，应作为党的一项重要政治任务。各级党委必须充分重视，加强领导，协助政府配备必要的干部，建立和充实各级体育运动委员会。结合各地实际情况，领导和推动各有关部门共同努力，使群众性的体育运动首先在厂矿、学校、部队和机关中切实开展起来。各级党委应将体育工作作为各级党委宣传部门的业务之一。青年团应该把它作为自己的一项重要工作，并且在这个工作中起骨干作用。工会应具体领导厂矿、企业中的体育工作，使之得到正常的开展。军委总政治部亦应在全军中注意开展群众性的体育运动。

1956 年，周恩来在中国共产党第八次全国代表大会上所作的报告中强调："我们应该在广大群众中进一步开展体育运动，有效地增强人民的体质，并且提高我国体育运动的水平。"

这些都充分体现了党和政府对体育事业的重视、支持。各有关单位认真地加以贯彻落实，使新中国成立初期的体育工作生机勃勃，健康发展。参加做广播操的有上亿人，参加射击、摩托车、航空模型、跳伞、滑翔、航海运动和军事野营活动的达近百万人。

在当时困难艰苦的条件下，国家体委和各地政府为发展体育事业做了许多工作：

一是兴建体育场地。逐步修建一批中小型体育场馆，并对原来的一些简陋的体育场所进行改造。到 1956 年，各省、自治区、直辖市都有一些可供群众活动和比赛的场地，使体育事业的发展有了必要的物质基础。

二是建设体育队伍。首先团结老体育工作者，举办各种学习会，帮助他们掌握新知识，逐步熟悉人民体育事业；其次举办各级各类的短期体育干部训练班，迅速培养一批人才，以适应工作发展的需要。从长远着眼，先后在上海、北京、南昌、西安、沈阳、成都创办 6 所体育学院，并在其他地方办了 11 所体育学校和中等体育专科学校，恢复、建立了 28 所师范院校的体育系科，并创办 77 所少年儿童业余体育学校。

三是加强体育宣传。1950 年创办第一个全国性体育杂志《新体育》，1954 年成立人民体育出版社。通过体育书刊和其他报刊、电台的宣传，逐步普及体育知识，使越来越多的人了解和热爱体育运动。

四是建立体育制度。为使新中国体育工作有章可循，1951 年起着手建立各项制度。其中有“准备劳动与卫国体育制度”（简称“劳卫制”）条例，运动员、裁判员等级制度条例（草案），基层体育协会示范章程等。到 1956 年，已有 83 万多人（主要在学校）通过“劳卫制”标准，38000 多人达到一、二、三级运动员标准，有 49 人成为我国第一批运动健将。

我国创立的广播操、工间操制度，也是这个时期开始建立的。1951 年 11 月，中华全国体育总会和中央广播事业局联合公布第一套广播体操，受到广大群众的热烈欢迎。每天喇叭一响，千百万人随着广播乐曲做操，这是中国历史上破天荒的新鲜事。1954 年，周恩来总理在政务会议上指出，为了建设社会主义，需要增强人民的体质。经他倡议，政务院发布《关于在政府机关中开展工间操和其它体育活动的通知》。这一年，有 70％的机关干部做工间操。接着，国家体委和有关单位又公布推行第一套少年广播体操和第一套儿童广播体操，很快成为中小学生每日必做的早操和课间操。

本着面向群众、服务生产的精神，党和政府要求群众性的体育运动首先在厂矿、学校、部队和机关中切实地开展起来，工会应具体领导厂矿、企业中的体育工作，使之得到正常的开展。全国各级工会、体委和青年团等组织积极行动，密切配合，贯彻落实党中央、政务院的指示。中华全国总工会要求各级工会必须根据为生产服务、为群众服务的原则，有计划、有领导、有准备地利用业余时间开展职工体育运动。1954 年 11 月，全国总工会和国家体委在北京联合召开了第一次全国职工体育工作会议。会议制定了《关于开展职工体育运动暂行办法纲要》，提出了“积极领导，逐步发展”的方针，要求进一步巩固和普及广播操，根据职工爱好和自愿原则，开展田径、球类等多种多样的体育运动，组织各种运动队和锻炼小组，进行经常的锻炼；逐步在有条件的产业系统和基层单位建立职工体育协会。同时，纲要对职工体育的组织建设、宣传教育、运动竞赛、场地设备的修建管理和利用、经费和奖励等，都作了明确规定。这是指导职工体育的一个重要文件。

在开展农村体育活动方面，根据我国各地农村生产、生活差异很大等实际情况，党和政府采取区别对待、分类指导、普遍提倡、重点扶持、以点带面、逐步发展的方针，积极地有步骤地开展农村体育活动。国家体委建立以后，提出在农村中主要结合民兵训练，利用农闲季节开展体育活动，提倡有利于增进人民健康的民族形式体育。各地青年团、妇联和民兵组织，在开展农村体育活动中做了大量的工作，使农村体育活动出现了前所未有的活跃景象。

人民解放军历来有重视发展体育运动的传统。1950 年军委总政治部提出“大力加强部队体育活动”，确定各级文化部门负责领导体育活动，连队革命军人委员会设立体育委员，负责本单位体育工作，并号召营、团组织加强对体育工作的领导。各军区、各军兵种积极贯彻落实，西北军区在各级文化部门中配备了体育干部，华北军区制定了部队体育实施方案，空军成立体育机构，制定体育工作规章条例，总后勤部团以上单位都有负责体育工作的干部。

1952 年 8 月，首届全军运动会举行。朱德在开幕词中强调：“提倡开展适合于军事需要的体育活动，为战斗和国防建设服务。要着重普及。要发扬集体主义、团结进步的精神，提倡革命竞赛，反对锦标主义。”① 总政治部在向党中央汇报全军运动会情况的专题报告中提出，为增强指战员的体质，提高部队战斗力，今后我军应当更广泛地开展群众性的体育运动，将锻炼指战员的体质，作为我军训练工作的重要任务之一。报告还提出，要成立体育指导委员会，将体育教育列为部队正式的课程，增加体育设备，健全各级俱乐部机构并加强其工作；要以青年团为核心，将部队体育运动变成经常的运动；选拔优秀选手成立体育工作队，起示范提高作用，经常到连队指导和推进连队体育运动；同时扩大在全国和国际上的影响。这个报告经党中央和中央军委批准，成为指导军队体育工作的一个重要文件。

---

① 中共中央文献研究室编：《朱德年谱》，人民出版社 1986 年版，第 363—364 页。

1953年部队开始试行“准备劳动与卫国体育制度”，先在华北军区和华东军区试点，然后逐步在全军推广，成为衡量部队体育工作的一个标志。1954年，国防部命令各军兵种健全体育机构，在团以上单位配备专职体育干部。

总的来说，这一时期我国体育事业的发展，无论在规模上还是水平上，都处于奠基和起步阶段。有了兴建体育场地、建设体育队伍、加强体育宣传、建立体育制度等方面的基础性工作，不断地总结经验，逐步形成一套行之有效的做法，这对于如何走出一条中国自己的体育发展道路是一种有益的探索，具有重要意义。

三、在全部思想战线同资产阶级思想的斗争

（一）在思想文化领域贯彻过渡时期总路线

在推动文化建设高潮的同时，为了提高人民群众的社会主义觉悟，为实现社会主义改造奠定思想基础，中共中央加紧实施总路线的宣传教育工作和思想政治工作。为了确定新的指导方针，1954年5月中国共产党第二次全国宣传工作会议召开。会议明确提出，在中国革命的现阶段，党的思想工作的根本任务，是要对人民群众进行社会主义思想的教育，鼓舞他们对于社会主义建设的政治积极性和劳动积极性。会议强调党的宣传教育工作要为贯彻过渡时期总路线而斗争，要反对资产阶级思想对党的侵蚀，要对党内的个人主义、分散主义、宗派主义倾向和破坏党的集体领导、妨碍党的团结的言论与行动，进行批判斗争。作为会议文件发出的《中共中央关于改进报纸工作的决议》和《中共中央关于加强党在农村中的宣传工作的指示》，对于在报纸上加强理论宣传、经济建设宣传、党的生活宣传以及利用报纸进一步开展批评与自我批评等起到了积极的推动作用，对于在广大农村中有系统地对农民群众进行社会主义教

育，将他们的政治觉悟提高到社会主义水平，也提出各项具体要求，以为农村开展社会主义改造建立必要的思想基础。

这次全国宣传工作会议作为在思想文化战线全面贯彻过渡时期总路线精神的一次重要会议，它的一个突出特点，是着重于改变过去几年对资产阶级思想批判不力的状况，强调在党和国家一切环节的思想工作上反对资产阶级思想的极端重要性。会议的报告认为，过渡时期总路线的实施，是中国历史上空前深刻的革命；它要消灭任何形式的剥削制度，基本上消灭生产资料私有制，因此，它对于全国每个人的生活和思想都要引起从来未有的根本变化，比民主革命的影响要广泛和强烈得多。由于资产阶级分子对于社会主义事业的每一步进展都会作出各种不同形式的抵抗，要在人们头脑中用社会主义思想来代替资本主义思想，需要经过比社会主义建设和社会主义改造更为长期的斗争。

报告还对中华人民共和国成立后思想工作的状况作了全面回顾和检查，指出过去几年党在集中力量于各项民主改革和生产改革时，只能比较着重于民主任务的宣传，而对于社会主义思想的宣传，对于党内和社会上的资产阶级思想所作的斗争在范围上和程度上都比较有限，在党的过渡时期总路线公布和实施以后，情形就根本改变了。这就是说，今后在思想、宣传工作方面必须结合各项社会主义建设和社会主义改造事业的进行，向全党和全国人民有系统地、经常地、生动地、切合实际需要地灌输工人阶级的社会主义思想，宣传一切为着社会主义工业化和服从国家计划的思想，宣传个人利益与国家利益一致以及个人利益服从国家利益的思想。同时，要向妨碍社会主义建设和社会主义改造的资产阶级思想进行坚决的斗争。

根据 1953 年 2 月党的七届四中全会通过的《关于增强党的团结的决议》，以及反对高岗、饶漱石分裂党的行为的斗争，报告提出要警惕一切国内外敌人破坏党的团结，并在党内寻找他们的代理人的斗争方式，谨防资产阶级利用同工人阶级的联盟关系，通过各种方式向共产党内部散布他们的思想影响，要求党的宣传工作必须站在反对党内的资产阶级思想斗争的最前线。报告强调目前最重要的任务就是提高全党和全国人民的警惕，坚决抵抗和清除资产阶级的思想影响，向一切资产阶级思想展开严肃的斗争。报告对思想战线上的形势作了严重的估计，着重指出，在实行社会主义建设和社会主义改造的紧要历史关头，无产阶级与资产阶级的思想斗争是更加激烈起来了。据此，会议总结提纲进一步提出“在社会主义革命阶段必须在全部思想战线上和资产阶级思想进行严肃斗争”的基本任务。

同 1951 年的第一次全国宣传工作会议相比，思想战线上的任务已经从着重肃清帝国主义、封建主义、官僚买办思想，转到公开批判资产阶级思想，包括社会上的和党内的资产阶级思想。在这里，没有把批判统治中国 2000 多年之久的封建主义思想，列在“全部思想战线”之内。也就是说，随着封建土地制度被推翻后，思想战线上反封建的任务似乎已经完成了，斗争的矛头只能而且必须立即指向资产阶级。这就不能不使思想战线的工作陷入很大的片面性。

1954 年 8 月，中共中央政治局批准第二次全国宣传工作会议的报告和总结提纲，这标志着中国共产党在思想文化、宣传教育方面的指导方针的重大转折。紧接着，对人民群众进行社会主义思想教育和向一切资产阶级思想开展严肃斗争，作为党在思想文化战线上的中心工作，在全国范围普遍展开。

（二）从“红学”批判到清算胡适派思想

在思想文化战线贯彻过渡时期总路线，一方面是大力宣传辩证唯物主义和历史唯物主义，一方面是组织对资产阶级唯心主义思想的批判。这个批判，最初是由两个青年批评俞平伯《红楼梦》研究的学术观点引起的。

毛泽东始终关注思想文化战线的动态，早在 1951 年就亲自发动过对电影《武训传》的批判，把当时党内一些同志和社会人士对于武训及电影《武训传》不同程度的称赞，归结为向资产阶级反动思想投降，作出“资产阶级的反动思想侵入了战斗的共产党”的论断。这场思想斗争一时波及文化界和教育界，来势甚猛，但当时主要是集中精力恢复发展国民经济，完成民主革命的任务，这场批判没有持续多久就平息下来。对毛泽东认为是宣扬“卖国主义”的电影《清宫秘史》，也未能进行认真的批判。事隔三年，对资本主义私有制的社会主义改造已在全国范围展开，思想文化领域的社会主义革命任务已提上日程，毛泽东在《红楼梦》研究问题上找到了突破口，决定把曾经中断的这场斗争在更大的范围重新掀起来。

《红楼梦》作为中国优秀的古典文学名著，历来受到学术研究者的关注。对它的各种不同评价和不同的研究方法形成不同的学术流派，共同构成一个专门的学问——“红学”。俞平伯作为五四新文学运动后兴起的新红学派的代表之一，在红学界颇具影响。1952 年 9 月，俞平伯将他 1922 年写的《红楼梦辨》略加修改，以《红楼梦研究》为书名重新出版。1953 年 5 月，全国文联机关刊物《文艺报》向读者推荐这部著作，给予很高的评价。1954 年 9 月和 10 月 10 日，两位青年学者李希凡、蓝翎（杨建中），先后在山东大学学报《文史哲》和《光明日报》发表《关于〈红楼梦简论〉及其他》《评〈红楼梦研究〉》两篇文章。文章着重批评俞平伯否定《红楼梦》的“反封建倾向”，批评俞的基本观点和方法是“反现实主义的唯心论”。

《文史哲》刊登的文章，在有关方面引起不同反响。9 月中旬，在文化部文艺处任职的江青，拿着这篇文章到《人民日报》编辑部要求转载。人民日报社及文艺界负责人考虑到党中央机关报刊登这样引起争论的文章不太适宜，经商定，改由《文艺报》全文转载。《文艺报》在转载时，由主编冯雪峰加写编者按语，指出文章作者是两个刚开始研究中国古典文学的青年，他们试着从科学的观点对俞平伯先生的观点提出批评，希望引起大家讨论；同时指出，作者的意见显然还有不够周密和不够全面的地方，但他们这样去认识《红楼梦》，基本上是正确的。

这件事引起毛泽东的高度重视。他亲自审阅《文艺报》和《光明日报》转载和发表的两篇文章和编者按语，认为这是一个批判错误思想的重大问题。为此，毛泽东于 10 月 16 日给中央政治局和文艺界负责人写了《关于〈红楼梦〉研究问题的信》。信中指出：驳俞平伯的两篇文章，“是三十多年以来向所谓《红楼梦》研究权威作家的错误观点的第一次认真的开火”；是“反对在古典文学领域毒害青年三十余年的胡适派资产阶级唯心论的斗争”。他批评说：“事情是两个‘小人物’做起来的，而‘大人物’往往不注意，并往往加以拦阻，他们同资产阶级作家在唯心论方面讲统一战线，甘心作资产阶级的俘虏，这同影片《清宫秘史》和《武训传》放映时候的情形几乎是相同的。被人称为爱国主义影片而实际是卖国主义影片的《清宫秘史》，在全国放映之后，至今没有被批判。《武训传》虽然批判了，却至今没有引出教训，又出现了容忍俞平伯唯心论和阻拦‘小人物’的很有生气的批判文章的奇怪事情，这是值得我们注意的。”①

在毛泽东看来，由批评俞平伯的红学观点所提出来的问题，不仅是如何评价和研究《红楼梦》这部古典文学名著，而且是要对五四新文化运动以来最有影响的胡适派资产阶级学术思想，进行一番清理和批判。毛泽东指出：“俞平伯这一类资产阶级知识分子，当然是应当对他们采取团结态度的，但应当批判他们的毒害青年的错误思想，不应当对他们投降。”②

毛泽东的信，很快在文化工作的领导机关进行传达贯彻。中国作家协会党组紧急召集会议，对照毛泽东的信进行思想检查，布置开展批判运动。中国作协古典文学部迅即召开关于《红楼梦》研究的座谈会，批判在古典文学领域的资产阶级唯心主义思想。从 10 月底到 12 月初，中国文联主席团和中国作家协会主席团连续召开八次扩大的联席会议，对《文艺报》“容忍”资产阶级错误思想、“轻视和压制”马克思主义新生力量的错误问题进行处理，对俞平伯研究《红楼梦》的立场、观点、方法展开批判。

在这场批判运动中，全国报刊就《红楼梦》研究问题发表了数百篇文章，其中绝大多数把本来属于学术观点的问题提到政治的高度来批判，形成对俞平伯的政治围攻。有的文章甚至认为，在党提出过渡时期总路线、宣布对私有制进行社会主义改造的关键时刻，俞平伯抛出资产阶级唯心主义的货色，这是胡适派资产阶级知识分子在意识形态领域配合社会上的资产阶级对社会主义改造的“抗拒”和“反抗”。这种牵强附会、胡乱上纲的批判，将俞平伯在《红楼梦》“辨伪”“存真”等方面的学术贡献一笔抹杀，

---

① 毛泽东：《关于〈红楼梦〉研究问题的信》，《毛泽东文集》第 6 卷，人民出版社 1999 年版，第 352—353 页。

② 毛泽东：《关于〈红楼梦〉研究问题的信》，《毛泽东文集》第 6 卷，人民出版社 1999 年版，第 353 页。

造成对老一代文化学者精神上的伤害，不利于学术研究工作的健康发展。

1954 年 10 月 27 日，毛泽东批示“照办”的陆定一关于展开《红楼梦》研究问题的批判的报告中指出：这次讨论不应该仅停止在《红楼梦》一本书和俞平伯一个人上，也不应仅限于古典文学研究的范围内，而应该发展到其他部门去，从哲学、历史学、教育学、语言学等方面彻底地批判胡适的资产阶级唯心论的影响。[①] 由于俞平伯和胡适同属于“新红学派”，对俞平伯的批判很快转向对胡适派资产阶级唯心论的批判。胡适曾是中国新文化运动的倡导人之一，他的学术观点和研究方法在旧中国知识分子中间发生过多方面的影响，由此，对于胡适派资产阶级唯心论的批判就从文学艺术界扩大到哲学、历史学、教育学、政治学、心理学等诸多领域，致使思想文化界许多卓有建树的知识分子受到了牵连。这场斗争，当时被称为实现国家在过渡时期总任务的“文化动员”。

为清除“五四”以来胡适派资产阶级唯心论在整个思想界的影响，中国科学院和中国作家协会举行联席会议，推举郭沫若、茅盾、周扬、潘梓年、邓拓、胡绳、老舍、邵荃麟等人组成委员会，由郭沫若为主任，决定从胡适的哲学思想、政治思想、历史观点、文学思想、中国哲学史观点、中国文学史观点等方面开展批判和讨论。1954 年 12 月底到 1955 年 3 月，由这个委员会主持的对胡适思想的批判讨论会，共举行 21 次。同时，全国各地都有组织地开展对胡适思想的批判，全国省、市级以上的报纸和学术刊物发表大量批判文章。1955 年由生活 · 读书 · 新知三联书店出版的《胡适思想批判（论文汇编）》共 8 册，收入文章 150 多篇，200 多万字。

这些文章集中批判胡适的实用主义哲学思想，包括他的实用主义世界观和真理论，实用主义的唯心史观及美学、教育学和心理学，批判胡适的改良主义政治思想和反对人民革命的反动立场，批判胡适“大胆假设，小心求证”的治学方法及其反科学的历史观，批判胡适的文学思想、文学史观中的虚无主义态度和“全盘西化”的主张，以及烦琐考据造成

---

① 毛泽东：《对陆定一关于展开〈红楼梦〉研究问题的批判的报告的批语》，中共中央文献研究室编：《建国以来毛泽东文稿》第 4 册，中央文献出版社 1990 年版，第 588 页。

的危害，等等。这些批判对于清除胡适思想中的毒素在中国文化学术界的影响，有一定积极意义。但是在运动一哄而起，把思想批判确认为“对敌斗争”的政治氛围下，批判斗争的正义性大大超过了应有的科学性，对胡适在中国近现代思想史、文化史和政治史上的多重性影响和作用，缺乏具体的历史分析，特别是没有把他在学术上的贡献同他的政治立场严格区别开来。

应该说，结合实际事例，开展批评和讨论，对于反对资产阶级唯心主义，宣传历史唯物主义和辩证唯物主义，是有其积极作用的。但是，思想问题和学术问题是属于精神世界的很复杂的问题，采取批判运动的办法来解决，容易流于简单和片面，学术上的不同意见难以展开必要的争论。尤其是过分强调思想文化领域阶级斗争的严重性，对俞平伯“红学观点”的批评实际上形成一场政治围攻，产生了消极影响。[①] 对胡适思想的批判，也因过于片面、割断历史等缺陷，从而给中国文化的繁荣和思想学术的发展带来很大负面影响。

（三）胡风文艺思想批判和酿成文坛错案

然而，对俞平伯《红楼梦研究》的批判，对《文艺报》阻拦“小人物”很有生气的文章的批判，不过是过渡时期思想战线上阶级斗争的突破口，继之而起的是在全国范围内展开对胡风文艺思想的公开批判，使这场严重斗争滑向铸成一桩文坛错案的轨道。

胡风是国内较有影响、知名度较高的作家、诗人、文艺评论家。他早年投身于革命文艺运动，政治上倾向中国共产党，反对国民党的反动统治，对进步的文化事业有过贡献。长期以来，胡风在文艺理论和创作

---

① 1986 年 1 月，中国社会科学院为庆贺俞平伯先生从事学术活动 65 周年举行纪念会。中国社会科学院院长胡绳在会上对 1954 年的那场批判作了历史的评价，指出俞平伯早在 20 世纪 20 年代初对《红楼梦》进行的研究，具有开拓性的意义。对于他研究的方针和观点，其他研究者提出不同的意见或批评本来是正常的事情。但是 1954 年下半年因《红楼梦》研究而对他进行政治性的围攻，是不正确的。胡绳强调，对于学术领域的问题，只能由学术界自由讨论，我国宪法对这种自由是严格保护的，党对这类属于人民民主范围内的学术问题不需要，也不应该作出任何“裁决”。

实践的一些基本问题上有自己的一套见解，特别是在文艺的本质、文学创作方法、创作对象、创作主体以及民族形式与传统的继承等方面，多次与党的文艺领导者发生过文艺争论，被认为是“小资产阶级文艺思想”。在新中国成立前后的几年里，党的文艺领导者和一些文艺工作者曾以发表文章、组织座谈、个别谈话等方式，对胡风进行批评，要求他放弃自己的见解，检查自己的错误。但是，胡风坚持认为自己的观点是符合马克思列宁主义的文艺理论和毛泽东《在延安文艺座谈会上的讲话》精神的，认为党的文艺领导者对文艺本质、文学创作方法等问题的公式化、概念化的理解，在文艺实践中造成了很大的危害。他还认为新中国成立以后党在文艺界的领导工作方面存在着严重的缺点和错误。

为此，胡风于 1954 年 7 月通过正常途径向中共中央、毛泽东送交了长达 27 万字的《关于几年来文艺实践情况的报告》，史称“三十万言书”。报告就文艺方面几个重要的理论性问题陈述了自己的看法，就批评他的文艺观点的文章作了辩驳，对党的文艺领导工作，以及一些党员领导干部提出尖锐的批评，同时，对改进文艺领导工作提出一些建设性意见。胡风报告中最尖锐的部分，是他认为当前违背文艺发展规律的文艺批评，是在读者和作家头上放下了“五把理论刀子”。概括地讲，这“五把理论刀子”是：

第一，作家要从事创作实践，非得首先具有完善无缺的共产主义世界观不可，否则，不可能望见和这个“世界观”“一元化”的社会主义现实主义的创作方法路子。胡风认为，单单这一条就足够把一切作家都吓哑了。

第二，只有工农兵的生活才算生活，日常生活不是生活。这就把生活肢解了，使工农兵的生活成了真空管子，使作家不敢也不必把过去和现在的生活当作生活。

第三，只有思想改造好了才能创作。这就使作家脱离了实践，脱离了劳动，使思想改造成了一句空话或反话。

第四，只有过去的形式才算民族形式，只有“继承”并“发扬”“优秀的传统”才能克服新文艺的缺点，如果要接受国际革命文艺和现实主义文艺的经验，那就是“拜倒于资产阶级文艺之前”。这就使得作家在沉重的复古空气下无所动、无所言。

第五，题材有重要与否之分，题材能决定作品的价值，“忠于艺术”就是否定“忠于现实”。这就使得作家变成了“唯物主义”的被动机器，完全依赖题材，劳碌奔波地去找题材，直至完全脱离政治脱离人民为止。

随后，胡风在中国文联举行的批判俞平伯和《文艺报》的会议上，作了两次发言，批判了胡适派的唯心论观点，同时批评了文艺领导机关存在的以简单行政方式领导文艺创作的粗暴态度，以及官僚主义、宗派主义作风。这两次发言公开发表后，《人民日报》《文艺报》收到了许多反驳胡风观点的读者来信，同时也有一些读者来信表示赞同胡风的观点。

1954 年 12 月 8 日，党在文艺界的主要领导人周扬在中国文联主席团、中国作协主席团扩大联席会议上作《我们必须战斗》的发言，公开挑明与胡风观点的基本分歧，并号召为着保卫和发展马克思主义和社会主义现实主义，为着经过社会主义革命将我国建设成为一个伟大的社会主义国家——“我们必须战斗!”这就将长期以来，特别是新中国成立以后在文艺界较小范围内对胡风文艺思想的批判，同整个思想文化领域批判资产阶级唯心论的斗争结合起来，并使它成为后一阶段批判斗争的重点。

1955 年 1 月 20 日，中共中央宣传部提出《关于开展批判胡风思想的报告》，要求在全国公开批判胡风思想。这个报告断言胡风的文艺思想是彻头彻尾资产阶级唯心论的，是反党反人民的文艺思想；他的活动是宗派主义小集团活动，其目的是要为资产阶级文艺思想争取领导地位，反对和抵制党的文艺思想和党所领导的文艺运动，企图按照他自己的面貌来改造社会和我们的国家，反对社会主义建设和社会主义改造，他的思想代表了反动的资产阶级思想，他对党领导的文艺运动的攻击，反映了目前社会上激烈的阶级斗争。由于胡风“披着马克思主义的外衣”，因而他的思想比公开的资产阶级思想更危险。这个报告基于对文艺界资产阶级思想影响的严重估计，完全看不到极端夸大胡风文艺思想在具体表述上难免存在的某些缺点，把文艺问题上不同意见的分歧与争论上升为两个阶级、两条道路的斗争，这就势必将这场斗争引上非正常的轨道。

1 月 26 日，中共中央批准了这个报告，并指示全党：胡风的文艺思想，是资产阶级唯心论的错误思想，其披着“马克思主义”的外衣，在长期内进行着反党反人民的斗争，对一部分作家和读者发生欺骗作用，因此必须加以彻底批判。各级党委必须重视这一思想斗争，把它作为工人阶级与资产阶级之间的一个重要斗争来看待。这个指示明确地把思想斗争上升到阶级斗争的高度，作为批判胡风的主题，遂将对胡风反党反人民的文艺思想的批判运动推向猛烈发展。

根据中共中央的指示，批判胡风文艺思想的运动在全国范围内展开。中国文联和作家协会多次举行扩大会议，许多著名作家、艺术家都作了批判性发言或表态，全国各地文学艺术团体纷纷组织座谈会、讨论会，各大城市分别召开作家、艺术工作者、大专院校有关教师、学生的座谈会，批判胡风的文艺思想。中央和省市一级的报刊集中发表大量的文章，形成对胡风的“围剿”。

1955 年 3 月，中共中央发出《关于宣传唯物主义思想批判资产阶级唯心主义思想的指示》，要求各级党委重视思想、理论工作，在知识分子和广大人民中宣传辩证唯物主义和历史唯物主义思想，批判资产阶级唯心主义思想，并在这个思想战线上取得胜利。指示认为“随着社会主义建设和社会主义改造的进展，阶级斗争更为复杂和尖锐起来”，如果“没有这个思想战线上的胜利，社会主义建设和社会主义改造的任务就将受到严重阻碍”。为此，要求各级党委进一步发展反对资产阶级思想的斗争，用各种方法使它的影响扩大到党内外知识分子中，普及到广大人民群众中。指示还认为，在学术问题上的资产阶级唯心主义思想是社会生活中的形形色色的资产阶级思想的理论化、系统化、集中化的表现，绝不能把学术问题上的反对资产阶级唯心主义思想的斗争局限在学术界内部。指示一方面确定了在各个学术领域中清除资产阶级错误思想的任务，一方面将批判各个学术领域中的“资产阶级思想代表人物”，作为在学术界、在党内外知识分子中宣传唯物主义、推动科学文化进步、促进新生力量成长、培养组织理论队伍的有效方法加以鼓励和提倡。这样，就使已经表现出简单、粗暴的批判斗争，发展为超越学术界的群众性政治批判运动。

然而，斗争发展的严重性还远不止于此。对胡风的批判进一步升级为革命与反革命的斗争。5月30日至6月10日，《人民日报》分三批登载了所谓关于胡风反革命集团的材料，随后又将这些材料汇编成册，以《关于胡风反革命集团的材料》为书名出版，在国内广泛发行。毛泽东为这些材料写了许多条按语，并为全书写了序言。这些材料是胡风曾经扶持过的作家舒芜交出来的，内容基本是从胡风与同事、朋友间的私人书信中摘录出来，然后加以注释、引申，作为“反革命”的物证来使用的。根据这些断章取义、只言片语的所谓“物证”，毛泽东作出胡风及与他有过联系的人是“一个暗藏在革命阵营的反革命派别，一个地下的独立王国”的结论，并断言“这个反革命派别和地下王国，是以推翻中华人民共和国和恢复帝国主义国民党的统治为任务的”。由此，对胡风文艺思想的批判骤变为揭露“胡风反革命集团”的斗争。5月17日，胡风被逮捕，后被判刑。①

把胡风文艺思想上纲为“反党反人民的文艺思想”，是不符合中国现代革命文艺和社会主义文艺发展的实际情况的。而对胡风在不同年代特定环境下与友人的通信，仅凭主观推定进行摘编，并作为“定罪”的证据，把胡风和同他有联系的一批文艺工作者当作“反革命集团”来斗争，在全国范围组织声讨，这样的做法更是混淆了敌我界限，从而严重地违反了国家法治原则，造成共和国成立以来的一桩重大错案。1956年底，被正式定名为“胡风反革命集团”分子的有78人（内有共产党员32人），分别受到撤销职务、劳动教养、下放劳动等处理。全国有一大批所谓与胡风“有思想联系”的知识分子被定为“胡风分子”，受到株连和错

---

① 党的十一届三中全会以后，1980年9月，中共中央批转《关于“胡风反革命集团”案件的复查报告》指出：“胡风反革命集团”一案，是在当时的历史条件下，混淆了两类性质不同的矛盾的一件错案。凡定为“胡风反革命分子”的，一律改正，恢复名誉；凡因“胡风问题”受到株连的，要彻底纠正。并指出：这件错案的责任在中央。1985年5月，公安部对胡风政治历史中遗留的几个问题进行了复查，予以平反撤销，并经中共中央书记处同意，向有关部门发了通报。1988年6月，经中央政治局常委会讨论决定，中央办公厅发出《关于为胡风同志进一步平反的补充通知》，决定对1980年复查报告中保留的政治性结论予以撤销。补充通知指出：对于胡风的文艺思想和主张，应按照宪法关于学术自由、批评自由的规定和党的“百花齐放、百家争鸣”的方针，由文艺界和广大读者通过科学的正常的文艺批评和讨论，求得正确解决，不必在中央文件中做出决断。

误处理。这是在思想文化领域发动群众性政治批判运动并不断推动它向罪案发展所必然造成的历史结局。

在对“胡风反革命集团”的清查中，牵连到在批判《红楼梦研究》中分别受到处分和批评的丁玲和陈企霞。丁玲时任中国作家协会党组书记，陈企霞时为《文艺报》主编之一。1955年八九月间，中国作家协会党组连续举行16次扩大会议，对丁玲、陈企霞进行揭发批判，错误地认为已形成了一个以丁玲为首，以丁、陈为中心的“反党小集团”，“他们的反党活动实际上与胡风反革命集团的破坏活动起了互相呼应互相配合的作用”。1955年9月，作协党组向党中央呈送《关于丁玲、陈企霞等进行反党小集团活动及对他们的处理意见的报告》，决定对他们的政治历史进行审查。12月，中央批发了这个报告。1957年6月反右派斗争开始后，丁玲、陈企霞及被划为这个“反党集团”成员的冯雪峰、艾青等，被定为右派。[①] 丁玲是中国左翼文化运动和解放区最著名的作家之一，在国内外享有盛誉。1955年对丁玲等人的错误批判及其后的错误处理，在文艺界造成了很坏的影响。

（四）思想文化领域政治批判的经验教训

从1951年批判电影《武训传》，到1954年批判俞平伯、批判胡适、批判胡风，虽然都有其特定的社会历史背景和向社会主义过渡的现实需要，但运动的方式和结果却使一系列简单粗暴的做法在知识界恣意横行，造成过渡时期思想文化转型的严重失衡。新民主主义的思想文化和观念形态，本来是在国家民主与法制建设有了一个良好开端的情况下，逐步朝着社会主义方向转型的。但是批判资产阶级唯心论的斗争一开始，首

---

① 党的十一届三中全会以后，1979年，中国作家协会党组对丁玲的问题进行复查，做出改正结论。1984年，中央组织部下发《关于为丁玲同志恢复名誉的通知》，指出：1955年、1957年定丁玲为“丁、陈反党集团”“右派分子”，“都属于错划、错定，不能成立”；对1955年12月、1958年1月中央批发中国作协党组关于丁玲、陈企霞“反党集团”的两个报告“应予撤销”，“一切不实之词，应予推倒，消除影响”；“文化大革命”中把丁玲打成“叛徒”，“属于诬蔑不实之词，应予平反”；明确结论为丁玲“彻底恢复名誉”。因丁、陈一案被划为右派的其他人也得到彻底平反。

先从文学艺术界发难，迅速波及整个思想文化领域乃至社会生活领域，猛然开展的政治批判运动，造成党内和思想文化界人士全面紧张的情势。上自中国共产党最高领袖，中及一代文学巨匠、著名作家、诗人及马克思主义理论家，下至一般知识分子、干部和群众，人人揭发批判，口诛笔伐，显现出空前未有的“舆论一律”。然而，透过历史现象深入去看，由新中国的成立而萌发的学术民主、思想自由的希望，却随着批判运动的不断升级而受到强力遏制，各个社会阶层，主要是担负思想文化建设重任的知识分子阶层，在紧张的政治氛围里承受着强大的心理压力和精神负荷。寻章摘句、断章取义的粗暴批判，使在人民群众中宣传辩证唯物主义和历史唯物主义的初衷，没能收到实际的效果，违反民主与法治原则的群众运动方式，极大地抵消了为建立向社会主义转变的思想基础所付出的努力。这不能不造成共和国思想文化建设的失衡。

从中国共产党的指导思想来说，主要失误在于过分夸大了在思想文化领域对资产阶级斗争的意义，把发动政治批判的基本出发点，建立在“没有这个思想战线上的胜利，社会主义建设和社会主义改造的任务就将受到严重阻碍”这个因果倒置的判断上。当时认为，用资产阶级的思想反对马克思主义的思想，用唯心主义的世界观反对唯物主义的世界观，是国内外阶级敌人破坏社会主义事业的“最重要的方法之一”。因此，必须在思想战线上取得对资产阶级唯心主义世界观的胜利，才能为实现过渡时期总路线提供思想保障和前提。这就势必造成把属于社会意识形态的唯心主义世界观、方法论等问题，同抗拒社会主义改造、破坏社会主义建设的行为活动相提并论；把在意识形态领域反对资产阶级思想的斗争，强调到比在经济领域变革资本主义生产关系更为首要的地位。这样，刚刚转型不久的新民主主义的思想文化建设，就不能在经济基础逐渐变革中向着社会主义思想文化循序渐进，资产阶级思想非但不能一下子清除，又因袭着根基牢固的封建、愚昧、散漫、落后的观念形态前行，结果是难于建立起真正健全的社会主义意识，也不可能为向社会主义转变奠定巩固的思想基础。

本来，相对于经济关系的变革来说，意识形态等上层建筑的转变是滞后的。在过渡时期，资本主义私有制及与其相适应的社会关系还存在，社会上形形色色的资产阶级思想也就必然存在。党曾经认识到，只要产生资产阶级思想的经济社会关系不发生基本的变化，资产阶级思想就不可能被消除。但是，思想文化领域的政治批判，却超越客观条件的限制，将在各个学术领域乃至社会生活领域消除资产阶级思想作为在过渡时期，大张旗鼓、不遗余力地去加速实现的任务，这就脱离历史唯物主义的基本观点，以超越现实条件的“时间差”，去压缩旧的社会意识形态转变的长期过程。从根本上说，消除资产阶级思想的影响，有待于社会生产力的更大提高，有待于社会主义公有制的建立和不断完善。在这个基础上，必须随着人民物质生活水平的提高而日益加强新的思想、道德、文化等多方面的建设，必须经过耐心细致的、多种形式、多种渠道的教育、疏导过程，并付出长期、艰苦的努力，才能逐步达到目的。试图通过一次或几次思想批判或政治批判来取代上述全部社会机制的复杂运转，只能是欲速而不达，带来适得其反的结果。

在全部思想战线上只强调反对资产阶级的斗争，忽视或减弱对于封建思想的斗争，带来两方面的结果。一方面，肃清封建专制主义文化毒素的斗争未能深入、持久地进行下去，封建主义赖以产生的政治文化土壤远未得到清除，家长制、一言堂、官僚主义、个人专断等恶习在党和国家生活中逐渐滋长，成为健全国家民主与法治的严重障碍。另一方面，把资本主义经过长期发展所形成的属于人类共同财富的许多科学文化知识、现代管理方式、行之有效的民主形式与程序等，统统贴上资产阶级的政治标签，看作是资本主义制度的专有物，而未能进行必要与可能的区别和借鉴，致使走向社会主义的思想文化建设会出现排斥现代科学、民主的制度化建设等封闭现象。

从促成思想文化建设转轨的方式上看，一个根本性失误在于采取群众运动的方式解决思想领域的问题。从对俞平伯的批判到对胡风的批判，所涉及的多是一些文学艺术、学术观点方面的思想问题。在这些问题上有不同意见，应当通过平等的、自由的、平心静气的讨论，用各抒己见、互相商榷的办法求得解决；一时解决不了的，要允许保留意见，允许进一步探讨。即使对于确实存在的错误思想，也要在民主的气氛中，在尊重科学的基础上，进行实事求是的批评，充分说理，以理服人。包括对胡适的唯心主义哲学思想，以及凡不属于其反动的政治思想体系的东西，也应当在学术范围内进行全面的历史的分析，而不应当笼统地全盘否定。对于这类人民民主范围内的思想学术问题，任何人或任何方面都不需要，也不应该作出任何“裁决”。

但是，新中国成立初期的思想批判运动，基本上不是这样做的。从党和国家最高领导人的直接干预开始，全国上下一哄而起，对持不同意见者实行政治围攻，造成紧张情势。大多数批判文章简单粗暴，武断片面，以势压人，把思想方法、研究方法和具体学术问题上的某些错误观点，乃至需要进一步研究才能分清是非的问题，同资产阶级的立场和政治态度混为一谈，无限上纲，使被批判者完全置于受审判的地位，只能一再加深检讨、自责、认错，不能有丝毫自我辩护和解释的余地，更不能坚持己见，旁人也只能附和批判，不能仗义执言。这就造成强大的精神压力，迫使许多人在违心地检讨、违心地批判别人的过程中，无论在人格尊严上，还是在心理平衡的维系上，都受到相当的损害。其影响甚至造成社会良知系统的某种倾斜。

由于运动明确鼓励在各个学术领域批判资产阶级唯心主义思想的代表人物，许多有关部门一味地“上挂下联”，寻找各自领域的所谓代表人物，作为“资产阶级学术权威”来批判，甚至当作思想上的“敌人”展开斗争。这样，就不可避免地牵涉到知识界许多有名望、有影响的人士，使他们不同程度地受到不公正的对待。批判所谓代表人物的做法，伤害了一批愿意从事有益于人民工作的知识分子，否定了他们既有的学术成就和对文化教育事业的贡献，挫伤了他们在各自的研究领域不断探索的进取精神。这实际上是在学术领域设置人为的障碍，阻滞了学术和艺术的正常发展。

在采取政治运动的方式下，中共中央虽然也作了一些诸如“学术批评和讨论，应当是充分说理的”规定，批判当中也有一些采取比较说理态度的文章，但总的来说都被运动本身咄咄逼人的气势所淹没，没有起到实际的效应。应该说，自新中国成立以后，以往通过运动方式统一革命阵线的思想，以绝对服从军事战争、服从革命利益的无上权威的做法，已经显露出口号单一、行动划一、强制多于说服等弊病，它把思想文化领域多方面、多种类、多层次的复杂问题简单化，不可避免要带来各种偏差。党在引导思想文化建设向社会主义方向转型的进程中，没有注意总结这方面的实践经验，以致发生了范围很广、性质十分严重的失误。

总之，1954 年到 1955 年思想政治批判运动，使许多思想文化工作部门把主要精力由为社会主义经济建设和社会主义改造事业服务方面，转移到批判资产阶级唯心主义的运动上来。由于党对社会意识形态发展的规律性缺乏清醒的认识，指导思想和方式方法上失当，不仅没有在宣传辩证唯物主义和历史唯物主义方面取得预期的、切实有效的成绩，反而造成理论科学研究中行政干预倾向不断强化。公式化、教条化倾向日益严重，文学艺术在创作形式、内容和题材等方面受到不适当的限制，新闻报道变成“舆论一律”，形式和内容愈益呆板和官样化，报纸广播的信息渠道也趋于狭窄、单一，等等，对此后我国科学文化事业的发展产生深远的不利影响。

尽管在当时的历史条件下，对于把思想问题混淆为政治问题所带来的严重危害认识得还不是很清楚，党还是对这方面出现的问题进行了初步总结。1955 年 3 月，《中共中央关于宣传唯物主义思想批判资产阶级唯心主义思想的指示》指出，在各个学术和文化领域中清除资产阶级错误思想的任务，不是一个短期的批判运动所能解决的，必须以长期的努力，开展学术批评和讨论，才能达到目的。指示对正确开展学术批评和讨论提出若干原则，包括：第一，在学术批评和讨论中，任何人都不能有特权。以“权威”自居压制批评，或者对资产阶级错误思想熟视无睹，采取自由主义甚至投降主义的态度，都是不能容许的。第二，学术批评和讨论，应当是说理的，实事求是的；应当以研究工作为基础，反对采取简单、粗暴的态度。第三，解决学术问题上不同意见的争论，应当采取自由讨论的方法，反对采取行政命令的方法。应当容许被批评者进行反批评，而不是压制这种反批评。应当容许持有不同意见的少数人保留意见，而不是实行少数服从多数的原则。第四，应当坚持党的统一战线政策和团结改造知识分子的政策。首先，应当分清思想上的敌友我三方，对于虽有错误但倾向于唯物主义的知识分子，应当视为朋友，帮助他们进步；应当分清政治上的反革命分子和学术思想上犯错误的人，对于后者，应当保障他们有可能继续进行对于社会有用的研究，尊重和发挥他们对社会有用的专长，同时鼓励他们实行自我改造。①

这些原则和要求，反映了中国共产党对学术和文化领域的规律性认识的有益探索，是比较符合实际的。但是，在大轰大嗡的思想批判中，这些正确的政策并未真正上升到党内的主流认识，因而在后来不断激化的思想战线的斗争中没有得到坚持。相反，这里所批评的群众批判运动简单、粗暴、压制和行政命令等做法，在20世纪50年代后期至60年代中期的意识形态过火斗争中愈演愈烈，直至在“文化大革命”时期发展到登峰造极的程度。

历史实践表明，在学术和文化领域，党如何在坚持以马克思主义为指导的前提下，进行有益的和有效的工作，是一个需要认真解决的问题。采取简单、粗暴的态度是有害无益的。依靠行政命令，发动群众性批判运动，既解决不了学术争论的问题，也不能正确地确立马克思主义的指导地位，只能造成负面影响。工人阶级政党在已经成为执政党的时候，一方面必须高度重视确立马克思主义在意识形态领域的指导地位问题，另一方面又必须认真地加强和改进对文化艺术及学术研究工作的领导。这不仅需要在指导思想上，而且需要在各项实际工作中，严格地遵循文化艺术、学术思想发展的规律，采取充分说理、以理服人的民主的方式，正确而又耐心地引导党内外作家和文艺家，使他们通过自身的思想实践和艺术实践，自愿接受为人民服务、为社会主义服务的方针，自觉地纠正某些不良的思想倾向，不断朝着健康的方向前进。

---

① 参见中共中央文献研究室编：《建国以来重要文献选编》第6册，中央文献出版社1993年版，第67—71页。

第四章
社会主义文化建设的开局

一、社会主义文化建设的总方针

（一）首次知识分子会议和“向科学进军”的号召

从中华人民共和国成立到社会主义改造基本完成这段时间，我国科学文化领域获得了许多新的成果，国家的文化建设事业扎实推进。但是，由于强调在文化建设中，要使苏联创造的新文化，成为我国建设人民文化的范例，因而科学文化领域受到苏联学术批评中粗暴作风和教条主义的影响，推崇一个学派压制一个学派，出现乱贴政治标签等现象，在生物学界、医药卫生界、文学艺术界等学术领域表现比较突出，在社会科学其他领域，宗派主义的影响也很大。比如，哲学和社会科学界的一些党员学者有排斥党外专家，把学术工作垄断起来的倾向；有的人提出对中国古代历史分期的不同学术观点，要由中共中央宣传部来评判是非；等等。针对这些情况，毛泽东在开始探索中国自己的社会主义建设道路的思考中，要求中央宣传部门专门研究在科学研究和学术研究中对待苏联科学流派的教条主义态度问题。

从当时的国际国内形势来看，面对世界范围内科学技术的迅猛发展和我国社会主义建设的大规模展开，科学技术和知识分子的作用日益重要。据统计，我国的高级知识分子由1949年的6万余人增加到1955年的约10万人。尽管如此，知识分子在数量上仍远不能满足大规模经济建设的需要。这就要求大量培养国家建设所需的各种人才，尽可能发挥知识分子队伍的作用。但是当时在知识分子工作上还存在诸如对于科学技术和科技人员重要性缺乏认识甚至不尊重知识分子的严重宗派主义倾向等很多问题。

1955年11月，周恩来准备在政协全国委员会会议上讨论知识分子问题，并向毛泽东汇报有关知识分子问题的情况。11月23日，毛泽东召集中央书记处全体成员和中央有关方面负责人会议，决定采纳周恩来的意见，召开全面解决知识分子问题的会议，并决定成立由周恩来负责，彭真、陈毅、李维汉、周扬、胡乔木等参加的中共中央研究知识分子问题十人领导小组，进行会议的筹备工作。周恩来布置并直接组织对知识分子状况的详细调查，指示各地在12月先召开一次知识分子问题会议并成立领导小组。他主持起草《中共中央关于知识分子问题的指示（草案）》，还指导起草了11个有关知识分子问题的专题报告。在广泛深入调查的基础上，周恩来指出，中国的知识分子不是多，而是少了，绝大多数知识分子在政治上是热爱社会主义中国的，在工作上是积极为社会主义服务并取得了很大成绩的。对知识分子要坚持用而不疑，给予信任。周恩来特别强调："信任的中心问题，就是我们要尊重这些知识分子。"①

1956年1月，中共中央召开中华人民共和国成立后的首次关于知识分子问题会议。在京的中共中央委员、候补中央委员，各省、市、自治区党委和省辖市市委书记或副书记及各部门、各方面的负责人共1279人参加。刘少奇主持会议。周恩来代表中共中央作《关于知识分子问题的报告》。报告从我国基本完成社会主义改造后党面临的任务说起，对整个知识分子队伍的现状，包括他们的成长过程和政治思想、工作状态，都作了详细的分析。他指出，我们现在所进行的各项建设，正在愈来愈多地需要知识分子的参加；而正确地解决知识分子问题，更充分地动员和

① 中共中央文献研究室编：《周恩来年谱（1949—1976）》上卷，中央文献出版社1997年版，第520页。

发挥他们的力量，为伟大的社会主义建设服务，也就成为我们努力完成过渡时期总任务的一个重要条件。周恩来分析说：经过中华人民共和国成立后六年来贯彻执行党对知识分子的团结、教育、改造的政策，我国知识界的面貌已经发生根本变化，“他们中间的绝大部分已经成为国家工作人员，已经为社会主义服务，已经是工人阶级的一部分”。他强调，社会主义建设“除了必须依靠工人阶级和广大农民的积极劳动以外，还必须依靠知识分子的积极劳动，也就是说，必须依靠体力劳动和脑力劳动的密切合作，依靠工人、农民、知识分子的兄弟联盟”；“知识分子已经成为我们国家的各方面生活中的重要因素”。报告提出在知识分子中大量吸收党员的计划，争取在 1962 年做到党员占高级知识分子总数 1/3 左右。这个对知识分子阶级属性和社会作用的实事求是的判断和估计，以及制定的相应方针政策，奠定了社会主义时期党对知识分子的正确政策的基础。

这次知识分子问题会议，还提出了向“现代科学进军”的口号。周恩来在会议上分析世界科学技术巨大而迅速的进步，已经“把我们抛在科学发展的后面很远”的现实状况。他强调：在社会主义时代，比以前任何时代都更加需要充分地提高技术、发展科学和利用科学知识。科学是关系国防、经济和文化各方面的有决定性的因素。现代科学技术正在一日千里地突飞猛进，人类正处在一个新的科学技术和工业革命的前夕。我们必须急起直追，“向现代科学进军”。周恩来在报告中提议组织力量，制定 1956—1967 年科学技术发展的远景规划。①

毛泽东在会上讲话，提出要进行技术革命、文化革命；要搞科学，要革愚昧和无知的命。搞这样的革命，单靠大老粗，没有知识分子是不行的。他要求在比较短的时间内造就大批的高级知识分子，同时要有更多的普通知识分子。他号召全党努力学习科学知识，同党外知识分子团结一致，为迅速赶上世界科学先进水平而奋斗。②

---

① 参见周恩来：《关于知识分子问题的报告》，《周恩来选集》下卷，人民出版社 1984 年版，第 158—189 页。

② 毛泽东在中共中央召开的关于知识分子问题的会议上的讲话记录，1956 年 1 月 20 日。

为贯彻知识分子问题会议精神，中共中央发出了《中共中央关于知识分子问题的指示》等一系列文件，肯定我国知识分子的面貌发生了根本的变化，知识分子基本上是为社会主义服务的工作人员，知识分子的基本队伍已经成为劳动人民的一部分；要求各级党委全面规划，加强领导，采取一系列有效措施，充分调动党员和发挥知识分子的力量，并在知识分子中吸收党员，特别是高级知识分子；制定相关政策，解决知识分子的工作条件、政治待遇、安排使用、生活改善等。

20 世纪 50 年代中期，世界处在新技术革命的时代。蓬勃发展的高新技术，一方面带动了科学技术的全面发展，另一方面也形成了少数大国以核武器威胁世界和平的局面。中国共产党在基本完成生产资料所有制的社会主义改造任务之后，顺应新技术革命发展的潮流，提出社会主义制度的根本任务就是解放和发展生产力，及时发出了向科学进军的号召，决定制定一个长远的科学规划，争取在几十年内赶上世界先进水平，打破核威胁，并要求科学院成为新中国科学技术的火车头。

为推进“向现代科学进军”的口号贯彻实行，1956 年 3 月，国务院成立了科学规划委员会，着手制定全国自然科学和社会科学长期规划。国家科学规划委员会汇集 600 多位科学家，并邀请苏联专家参加，历时数月反复论证，编制出《一九五六——一九六七年科学技术发展远景规划纲要（修正草案）》，在“重点发展，迎头赶上”方针的指导下，规划纲要提出 13 个方面、57 项国家重要的科学技术任务，并确定 12 个带有关键意义的重点项目或课题。科学技术发展远景规划成为当时全国人民向现代科学进军的行动纲领。在中央宣传部的指导下，中国科学院哲学社会科学部还组织一批专家，编制了十二年哲学社会科学发展的远景规划。全国各界掀起了“向科学进军”的热潮。

曾经对中国科技政策做过专门研究的美国学者理查德·萨特米尔在其所著《科研与革命》一书中，对中国十二年科学规划有过这样的分析：这一规划反映了当时科学研究的一个显著特征，就是科学技术的创造力与大型组织（包括政府）的资源与目的的结合。第一，它阐明了许多研究部门中科学研究的重点；第二，它指明了贯彻这一规划的不同阶段，实现规划目标所需要的财力、人力、物力和技术服务；第三，科学技术规划的制定同经济计划的制订和发展是紧密结合的；第四，中国科学院起了核心作用，规划有许多科学家积极参与。①

新制定的十二年科学技术发展远景规划纲要（草案）及其附件，共计 600 多万字。规划中提出的 57 项重要任务，包括 616 个研究课题。当中国科学院党组书记、副院长张劲夫带着规划草案向周恩来总理汇报时，周总理提出，这么多重点，国务院应该主要抓哪些呢？张劲夫当机立断，趁着参加规划制订的科学家还没有离开北京，又召集他们研究规划的重点问题。科学家们情绪很高，各抒己见，提出许多好意见。张劲夫等加以归纳，提出最重要、最紧急的有 6 项，其中，原子弹和导弹这两项属于保密的军工尖端技术，国家已经做了特别安排。此外还有 4 项：计算技术、半导体、自动化技术、无线电电子学。当时，这些科技领域在国际上发展很快，中国还是空白，必须采取紧急措施，把它们搞上去。于是中国科学院制定了 1956 年“四项紧急措施”上报国务院，并立即得到周恩来总理的批准。

为落实“四项紧急措施”，需要集中全国可以集中的科技力量，也需要再从国外吸纳一些专家回来，大家齐心合力干。为此，科学院着手筹建这 4 个领域的研究机构。一时没有工作的地方，周恩来总理下决心从新建的西苑饭店拨出 3 座楼来给科学院，以便集中人马，大干快上。“四项紧急措施”的提出及其快速落实，至少起了 4 个作用：一是带动了规划的其他任务的提前完成；二是为“两弹一星”提供了配套的尖端技术；三是在后来苏联撤走专家时我国已经有了相当的研究基础；四是把一个科学技术落后的大国，推进到现代化的轨道之上。特别是为给科学技术发展培养大批新生力量，1958 年，仅仅用不到半年的时间，一所与十二年规划确定的研究重点相关、设有 13 个系的中国科学技术大学就高速度地建立起来。

---

① 参见萨特米尔：《科研与革命》，袁南生等译，国防科技大学出版社 1989 年版，第 230 页。

在周恩来总理的亲自过问下，“四项紧急措施”工作进展很快。比如，中国第一台计算机于1958年就研制出来了，名字叫“八一”；然后是第二台计算机“109”，运算速度达到每秒10000次。接着第二代的109丙机，已达到每秒数十万次，成了研制“两弹一星”的功臣。1964年3月12日，聂荣臻副总理在作“十二年科学技术规划执行情况”的报告时说，“如果拿世界科学技术先进国家的水平作比较的话，我们从极其落后的状况出发，现在已经大体上赶上四十年代的水平”。在这样短的时间内取得这样巨大的发展，在世界科学技术发展的历史上也是少有的。我国的科学技术事业进入了一个有计划的蓬勃发展阶段。

（二）确定“百花齐放、百家争鸣”方针

在基本完成社会主义改造，开始全面建设社会主义的历史转折时期，中国共产党迫切需要制定一个领导社会主义经济建设、政治建设、文化建设、社会建设并且处理好各方面相互关系的总方针。知识分子会议的召开以及“向现代科学进军”口号的提出表明，党的工作重心开始向全面建设社会主义转变的新形势和新任务，对制定社会主义科学文化建设的总方针有着强烈的内在要求。

1956年4月，毛泽东在中共中央政治局扩大会议上作《论十大关系》的报告。这个报告确定了一个基本方针，就是“尽量争取化消极因素为积极因素”，“努力把党内党外、国内国外的一切积极的因素，直接的、间接的积极因素，全部调动起来，把我国建设成为一个强大的社会主义国家”。① 报告论述的10个问题（即在社会主义建设中需要处理好的十大关系），一方面是从总结我国经验、研究我国建设发展的问题中提出来的，另一方面是以苏联的历史经验和教训为鉴戒提出来的。毛泽东强调：“最近苏联方面暴露了他们在建设社会主义过程中的一些缺点和错误，他们走过的弯路，你还想走？过去我们就是鉴于他们的经验教训，少走了

① 毛泽东：《论十大关系》，《毛泽东文集》第7卷，人民出版社1999年版，第23、44页。

一些弯路，现在当然更要引以为戒”①。“我们要学的是属于普遍真理的东西，并且学习一定要与中国实际相结合。如果每句话，包括马克思的话，都要照搬，那就不得了。我们的理论，是马克思列宁主义的普遍真理同中国革命的具体实践相结合。”② 这就明确了建设社会主义必须根据中国情况走自己的道路，反映了党领导进行社会主义建设的基本指导思想。这是中国共产党从新形势、新任务出发，为进行社会主义现代化建设作出的重大战略部署。一方面，在调动一切积极因素思想指导下，全面地解决知识分子问题，动员全国知识分子积极发展我国科学、文化事业；另一方面，要以苏联为鉴戒，摆脱教条主义束缚，探索中国自己的路。

中共中央政治局扩大会议在讨论毛泽东《论十大关系》报告的过程中，提出要把政治思想问题同学术性质的、艺术性质的、技术性质的问题区别开来；为了发展文化和科学，要贯彻毛泽东过去分别提过的“百花齐放”“百家争鸣”两个口号。会议期间，浙江昆曲《十五贯》的演出引起轰动。毛泽东、周恩来等许多中央领导同志都观看了演出。周恩来高度评价这部戏：“《十五贯》一针见血地讽刺了官僚主义、主观主义，是成功的。官僚主义和主观主义在现在不是个别的。现代戏还没有一个能这样深刻地批判官僚主义和主观主义的。”“《十五贯》为进一步贯彻执行‘百花齐放，推陈出新’的方针树立了良好榜样。”③

4 月 28 日，在中共中央政治局扩大会议上，毛泽东作总结讲话：“艺术问题上的百花齐放，学术问题上的百家争鸣，我看应该成为我们的方针。”“讲学术，这种学术也可以讲，那种学术也可以讲，不要拿一种学术压倒一切。你讲的如果是真理，信的人势必就会越来越多。”5 月 2 日，毛泽东在中南海勤政殿主持召开最高国务会议第七次会议，再次讲话，并正式提出了“百花齐放、百家争鸣”的方针。他说：在艺术方面的百花齐放的方针，学术方面的百家争鸣的方针，是有必要的。现在春天来

① 毛泽东：《论十大关系》，《毛泽东文集》第 7 卷，人民出版社 1999 年版，第 23 页。

② 毛泽东：《论十大关系》，《毛泽东文集》第 7 卷，人民出版社 1999 年版，第 42 页。

③ 周恩来：《关于昆曲〈十五贯〉的两次讲话》，《周恩来选集》下卷，人民出版社 1984 年版，第 195、196 页。

了嘛，一百种花都让它开放，这就叫百花齐放。百家争鸣，是说春秋战国时代，有很多学派，诸子百家，大家自由争论。现在我们也需要这个。在中华人民共和国宪法范围之内，各种学术思想，正确的、错误的，让他们去说，不去干涉他们。①

5 月 26 日，中央宣传部部长陆定一向知识界作题为《百花齐放，百家争鸣》的报告，代表党中央对“双百”方针作了详尽的阐述。他首先明确：“中国共产党对文艺工作主张百花齐放，对科学工作主张百家争鸣，这已经由毛主席在最高国务会议上宣布过了。”他指出：“我们所主张的‘百花齐放，百家争鸣’是提倡在文学艺术工作和科学研究工作中有独立思考的自由，有辩论的自由，有创作和批评的自由，有发表自己的意见、坚持自己的意见和保留自己的意见的自由。”陆定一列举了前几年在戏剧方面实行“百花齐放”和我国历史上春秋战国时期出现“百家争鸣”局面的例子，说明由于有各种剧种之间的自由竞赛和相互观摩，戏剧的进步就很快，有了对独立思考的鼓励，有了自由的讨论，学术就能迅速发展。在总结自然科学、社会科学、文学艺术工作经验教训的基础上，陆定一强调：“应当提倡建立在科学基础上的尖锐的学术论争。批评和讨论应当以研究工作为基础，反对采取简单、粗暴的态度”。“‘百花齐放、百家争鸣’的政策，就是要我们在文艺工作和科学工作方面，也把一切积极因素都调动起来，更好地为人民服务，为繁荣我国的文学艺术而努力，为使我国的科学工作赶上世界先进水平而努力”。②

党在知识分子问题和发展科学文化等方面作出的这些决策，初步提出了中国社会主义文化建设的若干新方针，促使人们从对苏联经验的教条主义的束缚中进一步解放出来，充分调动一切积极因素为社会主义服务，这对探索中国自己的建设社会主义道路产生了重要影响。

1957 年 2 月至 3 月，毛泽东在《关于正确处理人民内部矛盾的问题》的讲话和《在中国共产党全国宣传工作会议上的讲话》中，对“双百”

---

① 参见毛泽东：《在中共中央政治局扩大会议上的总结讲话》，《毛泽东文集》第 7 卷，人民出版社 1999 年版，第 54—55 页。

② 陆定一：《百花齐放，百家争鸣》，《人民日报》1956 年 6 月 13 日。

方针作出全面、系统的阐述。讲话对“双百”方针提出的背景和必要性，对“双百”方针的性质、内涵和政策原则，作了深刻、具体的论述，并且针对部分人的不理解、疑虑，着重说明这个方针是一个基本性的、长期性的方针，“是促进艺术发展和科学进步的方针，是促进我国社会主义文化繁荣的方针”。说明正确处理人民内部矛盾，是实行“双百”方针的理论依据和指导思想；“双百”方针则是在思想文化领域正确处理人民内部矛盾的具体实践。这样的方针有利于我们国家的巩固。执行“双百”方针，只会发展真理，发展艺术，使我们少犯错误。这是发展的辩证法。他还进一步拓展“双百”方针的作用范围：“这个方针不但是使科学和艺术发展的好办法，而且推而广之，也是我们进行一切工作的好方法”。

“双百”方针提出后，最初的推广并非十分顺利，国际上有人歪曲“双百”方针，国内许多人也不赞成这个方针。苏联最高领导人赫鲁晓夫坚决反对这一方针。在国内，“双百”方针提出以后，党内干部中就有一种不理解甚至抵触的情绪，在知识分子中也有不少人顾虑重重。

1957 年 1 月 7 日《人民日报》登载《我们对目前文艺工作的几点意见》的文章，代表了许多人反对“双百”方针的观点。该文章一发表立即引起毛泽东的注意，他多次批评这篇文章的错误观点，指出这篇文章对形势的估计是错误的，思想方法是教条主义、形而上学、片面性的，无非是来阻止百花齐放、百家争鸣。周扬也指出：“当现在正在要求排除‘百花齐放，百家争鸣’的障碍、鼓励大家来‘放’和‘鸣’的时候，这篇文章实际上起了一种障碍‘放’和‘鸣’的作用。”问题的严重性在于持这种错误观点的在党内不是少数。正如毛泽东所估计的：“地委书记、地区专员以上的干部约一万多，其中是否有一千人是赞成百花齐放、百家争鸣的都很难说，其余十分之九还是不赞成的，这些都是高级干部呢!”费孝通在《知识分子的早春天气》一文中写出了他当时感受到的氛围，指出：“对这方针抗拒的人固然不算多，但对这方针不太热心、等着瞧瞧再说的人似乎并不少。”

为推动“双百”方针贯彻执行，毛泽东力排众议，身体力行。1957 年 3 月 27 日，在全国宣传工作会议结束以后，毛泽东就离开北京，在 4

天时间里，连续在天津、济南、南京、上海作了4场报告，宣讲正确处理人民内部矛盾和“双百”方针问题。他要唤起全党的高度重视，以求贯彻实施。在这期间有一件事引起他的注意。4月4日，他在杭州南屏游泳池召开江苏、浙江、福建、安徽、上海等省、市领导干部会议，听取有关思想动态的汇报。在会上有人提到著名越剧演员范瑞娟的文章引起的风波。毛泽东当即表示支持这篇文章，批评领导干部干涉过多的做法。4月29日，《光明日报》登载北京大学教授李汝祺的《从遗传学谈百家争鸣》一文。毛泽东读后即让胡乔木在《人民日报》上转载，并亲自写了“本报编者按”，说“我们将原题改为副题，替作者换了一个题目，表示我们赞成这篇文章”。换的题目是《发展科学的必由之路》。这个题目既是对百家争鸣作用的阐释，也是对科学发展规律的概括。毛泽东还在上海的讲话提纲中写道：“采取现在的方针，文学艺术、科学技术会繁荣发达，党会经常保持活力，人民事业会欣欣向荣，中国会变成一个大强国而又使人可亲。”这正是毛泽东提出“正确处理人民内部矛盾”思想的基本出发点。

从这一段时间毛泽东的谈话、报告、批注中可以看出，为进一步贯彻“双百”方针，毛泽东循循善诱，不遗余力地从各方面进行指导和推动，表现了他深远的思考、坚定的信心和开放宽容的心态。但是，值得注意的是，这时毛泽东对“双百”方针阐释的重点，还是明显偏于“斗争”的目的和意义。他指出：我们提倡百家争鸣，可就世界观来说，在现代基本上只有两家，就是无产阶级一家，资产阶级一家。这就为后来一些人把这一方针曲解为“斗争策略”“斗争手段”留下了口实。

党和国家其他领导人也对“双百”方针进行了阐述。刘少奇在党的八大政治报告中说：“科学上的真理是愈辩愈明的，艺术上的风格是必须兼容并包的。党对于学术性质和艺术性质的问题，不应当依靠行政命令来实现自己的领导，而要提倡自由讨论和自由竞赛来推动科学和艺术的发展。”① 邓小平在一次干部会上，讲到“百花齐放、百家争鸣”方针时

---

① 刘少奇：《在中国共产党第八次全国代表大会上的政治报告》，《刘少奇选集》下卷，人民出版社1985年版，第239页。

说："这十六个字的方针对我们国家有深远的影响，对我们党有极大的好处，对发展马克思列宁主义有很大的好处。如果我们不注意，不搞'百花齐放、百家争鸣'，思想要僵死起来，马克思主义要衰退，只有搞'百花齐放、百家争鸣'，各种意见表达出来，进行争辩，才能真正发展马克思主义，发展辩证唯物主义。"① 在毛泽东、刘少奇、周恩来等党和国家领导人的推动下，"双百"方针在科学和文化领域很快得到贯彻执行。

（三）贯彻"百花齐放、百家争鸣"方针初见成效

党中央提出的"百花齐放、百家争鸣"方针，受到文化界、学术界人士的热烈欢迎，广大知识分子的积极性被调动起来。特别是在 1956 年初到 1957 年春夏之交的近一年半时间里，各个科学文化领域的思想空前活跃，知识分子参与文艺创作和学术争鸣的热情空前高涨。"双百"方针的提出，使人们开阔了眼界，活跃了思想，自由讨论的风气开始变得浓厚起来。

根据毛泽东和党中央提出的尽快贯彻"双百"方针的要求，1956 年 8 月，中国科学院和高等教育部共同主办，在青岛召开遗传学座谈会。这个座谈会是我国自然科学方面为贯彻"百家争鸣"方针而召开的第一个会议，有着不同寻常的背景。早在 20 世纪 30 年代前后，苏联遗传学界出现了李森科学派同持摩尔根遗传学观点的科学家之间的争论。这种争论后来发展为意识形态批判和政治批判。1948 年，在苏共中央和斯大林的直接干预下，李森科派取得"胜利"，摩尔根学派受到压制。新中国成立初期，在学习苏联的过程中，曾把苏联的这套做法当作经验引入中国，出现用行政手段支持一派、压制另一派的情况，持摩尔根遗传学观点的中国科学家承受了巨大的政治压力，影响了教学和科研工作。

其中最突出的事件是 1955 年 3 月，中国科学院植物所研究员胡先骕著《植物分类学简编》出版。该书在关于物种和物种形成的一章中，对

---

① 邓小平：《共产党要接受监督》，《邓小平文选》第 1 卷，人民出版社 1994 年版，第 272 页。

李森科及其支持者的所谓物种形成的新见解进行了批评，认为所谓李森科“新见解”是没有根据的，是以虚无主义态度对待分类学，害处极大，必须予以根本否定。书中还评论说，李森科的“新见解”之所以一时颇为风行，是由于政治力量的支持。胡先骕提醒中国的生物学工作者，尤其是植物分类学工作者“必须有深刻的认识，才不至于被引入迷途”。《植物分类学简编》出版后，在中国高教系统工作的苏联专家提出严重抗议，认为此书是在政治上诬蔑苏联。

同年10月28日至31日，中国科学院和全国科联在北京联合举办米丘林诞生100周年纪念会。全国各地生物科学和农业科学工作者有1400多人参加大会。会议对胡先骕进行了有组织的政治批判。会议的报告、总结以及9个学会的代表在大会的发言中，批判胡先骕“歪曲苏联共产党对科学事业的正确政策”“诬蔑苏共支持错误理论”“暗示科学应该脱离政治、脱离党的领导，才不会被引入迷途”。[①] 为此，《植物分类学简编》未售出部分被全部销毁。原本是学术批评的问题，被上升为反苏反共的政治问题，使得一些正常的学术讨论无法进行，一些科学试验也因遭到粗暴干涉而被迫停止。原中央研究院院士胡先骕，因此而被从中国科学院学部委员的名单中撤掉。这种情况极不利于中国遗传学乃至整个科学事业的发展。

1956年中共中央提出“百家争鸣”为发展科学的根本方针后，中央宣传部部长陆定一提出要在遗传学领域内开展学术讨论，为贯彻“百家争鸣”提供一个榜样。7月1日，中国科学院副院长竺可桢代表有关方面向胡先骕道歉，并邀请他参加即将在青岛举行的遗传学座谈会。经过认真研究遗传学的有关问题，做了充分准备之后，8月10日至25日，中国科学院和高等教育部共同主持，在青岛召开了遗传学座谈会。科学院、高教部、教育部、农业部、林业部等系统的遗传学、植物学、动物学、昆虫学、植物生理学、微生物学、胚胎学、生物化学等各方面的生物学家43

---

① 樊洪业主编：《中国科学院编年史：1949～1999》，上海科技教育出版社1999年版，第58—59页。

人出席，另有70余人列席。生物学地学部副主任童第周主持座谈会。

这次会议的宗旨是在学术界落实“百家争鸣”的方针，使各个学派都能够在学术上处于平等争鸣地位。中共中央宣传部科学处处长于光远在会上对“百家争鸣”的政策作了解释，他说：苏联李森科问题，从党的工作方法的角度来看是个教训。过去强加给摩尔根遗传学的各种政治帽子应全部摘掉。同时宣布要用“双百”方针解决学术争论，指出学术讨论要在自由和民主的气氛下进行，不能随便给对方不同的学术观点扣帽子。座谈会按6个专题，即遗传的物质基础、遗传与环境的关系、遗传与个体发育、遗传与系统发育、遗传学研究工作、遗传学教学工作，共讨论14次。会上，两派学者各自陈述自己的学术观点，展开争论。几年来遭受批判、被迫停止教学和研究工作的摩尔根学派的遗传学家，第一次得以在座谈会上畅所欲言，发表自己的学术观点。李森科学派的遗传学家在阐述自己的学术观点的同时，也批判了李森科的某些错误。①

会后，科研教育和出版部门分别作出规定，改变过去支持一派压制一派的做法。被迫停止讲授的摩尔根学派的课程和科学研究工作逐渐开展起来。这一次遗传学座谈会运用“双百”方针，打破几年来我国遗传学领域形成的“一家独霸”的不正常局面，促进不同学派之间的团结与合作，对学术界贯彻“百家争鸣”方针起到良好的推动作用，同时对在全国营造良好的学术氛围产生了积极影响。

在“百家争鸣”被确定为发展科学的根本方针后，其他学术界也出现新气象，取得新成果。史学界围绕中国历史分期问题、关于曹操评价问题、关于太平天国历史评价问题等，在不同的学术观点之间展开讨论。中国地理学会关于自然地理和经济地理能否组成地理学以及地理学研究对象的争论，动物学会关于麻雀是不是害鸟的讨论，中国自然科学史讨论会关于数学史和天文学史的争论，经济学界关于商品生产、价值和价值规律在社会主义政治经济学中的地位问题的争论，哲学界关于美学的

---

① 参见樊洪业主编：《中国科学院编年史：1949～1999》，上海科技教育出版社1999年版，第71页。

哲学基础问题的争论、关于存在与意识的同一性问题的争论，等等，都打开禁区进行平等的讨论。文艺理论批评也空前活跃，对社会主义现实主义问题、典型问题、文艺与政治的关系问题、阶级性与人性问题、歌颂与暴露问题等展开讨论，电影界也就电影发展中的若干问题进行讨论，如此等等，呈现出前所未有的“百家争鸣”的景象。据 1956 年 12 月 21 日新华社报道，当年度举行的比较重要的全国学术会议，多于过去的任何一年。科学工作者撰写的学术论文和研究报告的数量，也超过以往任何一年。

在“双百”方针的指导下，文艺创作题材范围扩大，体裁风格多样。长篇小说和短篇小说、散文、特写，多幕剧和独幕剧，交响乐、大合唱和群众歌曲、民歌，油画、雕塑、国画和版画、宣传画、漫画，故事片、科学教育片、美术片以及摄影作品等，都发挥了各自的社会功能和创造性。文学界涌现了一批在当代中国文学史上享有盛誉的长篇名作，如《山乡巨变》《青春之歌》《红日》《林海雪原》《红岩》《红旗谱》《创业史》等。此外，在短篇小说、戏剧、诗歌、散文、电影等方面，也获得了丰收。一年之内，新办许多文艺刊物，包括有全国影响的《诗刊》《收获》《剧本》《文学研究》等。中国文联机关报《文艺报》也改为大型周报。

“双百”方针使一大批受“五四”新文学传统影响的老作家再次受到鼓舞。许多早已搁笔的跨时代作家如周作人、沈从文、汪静之、徐玉诺、饶孟侃、陈梦家、孙大雨、穆旦、梁宗岱等人又相继发表文章或作品，出版部门出版或计划出版徐志摩、戴望舒、沈从文等著名作家的作品选。

最能显示“双百”方针效应的，是一批揭露和抨击社会主义社会内部矛盾的作品的出现。这些文学创作主要是由一批新生代作家来承担的。如青年作家王蒙、宗璞、李国文、陆文夫、从维熙和青年诗人流沙河、邵燕祥、公刘等。他们大都是来自革命队伍里的年轻知识分子，继承了两种对现实的批判话语传统——一种是革命的理想主义的批判话语，另一种是“五四”启蒙主义传统的批判话语，因而在文艺创作中崭露头角，脱颖而出。

戏剧方面，1963 年 3 月，文化部在北京举行优秀话剧创作及演出授奖大会，《霓虹灯下的哨兵》《雷锋》等一批作品获奖。6 月，北京又举行全国京剧现代戏观摩演出大会，《芦荡火种》《红灯记》《红色娘子军》《智取威虎山》等一批现代京剧作品受到好评。

电影方面，为了鼓励电影界文艺家多出好作品和促进电影业的繁荣，周恩来总理于1962年特地指示设立完全由广大观众投票评出的大奖——电影百花奖。百花奖之名，恰如其分地体现了“百花齐放、百家争鸣”的方针。百花奖的奖品为铜质镀金花神，表示电影是文艺百花园中的一朵鲜花。这一奖项从一开始，就是完全根据群众投票的票数来决定，体现了人民文艺为人民的宗旨。这一时期诞生了一批深受群众喜爱的电影故事片，如《林则徐》《红色娘子军》《李双双》《五朵金花》《舞台姐妹》《兵临城下》《小兵张嘎》等。

音乐方面也涌现出一些传世作品，如管弦乐《春节序曲》，长征组歌《红军不怕远征难》等，特别是为庆祝新中国成立十五周年集体创作的大型音乐舞蹈史诗《东方红》，在歌舞艺术革命化、民族化、群众化方面取得了新的成就。

实践证明，“双百”方针符合科学与文化发展的规律，是基本完成生产资料私有制方面的社会主义改造后，适应全面建设社会主义的需要，为繁荣新中国文化事业的需要而作出的科学决策，是对马克思主义文化理论尤其是文化建设理论的一大贡献和发展。

二、反右派斗争扩大化和文化建设的挫折

（一）全党整风向“反击右派进攻”转变

生产资料私有制的社会主义改造完成后，为了加强党的建设，正确处理人民内部矛盾，1957年初，中共中央决定在全党开展一场以反对官僚主义、宗派主义和主观主义为内容的整风运动。教育科学文化界的整风也随之展开。

1956年是国际国内的多事之秋，发生了毛泽东所说的“两个没有料到”：一是国际上苏共二十大揭开了斯大林问题的盖子，接着社会主义阵营发生波兰、匈牙利事件，引起国际反共浪潮；二是国内社会主义改造引起生产关系的大变革，由于要求过急，改变过快，工作过于粗糙，组织形式过于单一，出现许多新的社会矛盾，发生工人学生闹事、农民闹退社事件，民主党派、知识分子表示不满，提出不少批评意见。

毛泽东最初在思考正确处理社会主义社会矛盾问题时认为：在社会大变动时期，几亿人口进入社会主义改造运动，各种不同意见在思想上有所反映，这种情况是完全可以理解的。制度的变化，是一个大的变化。现在思想上的混乱，就是社会基础变化而来的反映。思想问题怎样解决？毛泽东明确提出把正确处理人民内部矛盾作为国家生活的主题。由此，中国共产党借鉴斯大林的错误和波匈事件的教训，决定开展全党整风，旨在克服主观主义、官僚主义和宗派主义，缓解党和人民群众关系的某些紧张状态。

整风初期，运动的发展总体上是健康的。党中央特别重视邀请党外人士帮助共产党整风，1957年5月4日为此专门发出指示：最近两个月以来，在各种有党外人士参加的会议上和报纸刊物上所展开的，关于人民内部矛盾的分析和对于党政所犯错误缺点的批评，对于党与人民政府改正错误，提高威信，极为有益，应当继续展开，以利于我党整风。“没有社会压力，整风不易收效”。这以后，全党整风进入了集中征求党外人士意见的阶段。

从5月8日到6月3日，中共中央统战部召开13次各民主党派负责人、无党派民主人士座谈会；从5月15日到6月8日，中共中央统战部和国务院第八办公室联合召开25次工商界人士座谈会。中央统战部部长李维汉在座谈会一开始就明确表示，召集这个会的目的，就是请大家帮助我们进行整风，帮助我们改正缺点和错误。他特别说明，通过统一战线的方式来推动我们整风，这在我们党的历史上还是第一次，因此希望大家多发表一些批评意见。

根据中央的指示，各级党政机关和高等学校、科学研究机构、文化艺术单位的党组织也纷纷召开各种形式的座谈会和小组会，听取党内外群众的意见，欢迎大家“鸣”“放”。中央和地方的各种报刊每期都以相当大的篇幅报道整风情况，民主党派、无党派人士和工商界人士座谈会的发言都及时见报。这些座谈会提出的大多数意见，有的虽然很尖锐，但都比较中肯，许多还富有建设性。随着整风运动的全面展开，各方面人士在各种座谈会上和报刊上广泛而集中地对党的工作提出批评意见。这种局面是在新中国成立以来未曾有过的。

党外人士帮助党整风，提出大量批评意见，有的非常尖锐，但基本上是诚恳的、正确的，毛泽东一开始认为这对于党改正缺点错误是“大有利益”的。但是这里交织着复杂情况。当时国际国内政治气候的变化，尤其是在苏共二十大揭露斯大林错误引起国际上反共浪潮的大气候下，党内认为：一些怀疑共产党领导和社会主义制度的右倾思潮开始蔓延，极少数人崇尚西方资本主义制度的政治倾向突出地表现出来。例如，有些意见被认为是涉及对共产党的领导地位、对社会主义基本制度、对党的大政方针和某些政策、对新中国成立以来的历次政治运动等重大问题的根本评价，因而被认为是怀疑、否定共产党领导和社会主义制度的右倾思潮，借共产党开门整风的机会开始冒头和蔓延。这些情况，引起党中央、毛泽东的严重关注。

当时印发的党的内部情况通报，集中反映了这方面的问题。例如，通报反映在一些座谈会或其他场合，有极个别的人利用帮助共产党整风的机会，散布从根本上反对共产党反对社会主义的言论，向党向社会主义发动猖狂的进攻。他们把宪法明确规定的中国共产党在国家和社会生活中的领导地位攻击为“党天下”。一些人公然反对共产党的领导，提出各民主党派和共产党“轮流执政”，又叫“轮流坐庄”，说“一党执政有害处”，“如果不要共产党一党执政，而要共产党和各民主党派通过竞选来轮流执政，由各党派提出不同的政纲来，由群众自由的选择，这就好得多”。还说有人甚至提出“请共产党下台”“根本的办法是改变社会主义制度”，等等。这些内部情况通报构成一个基本判断：极少数右派分子的猖狂进攻在社会上造成极大的思想混乱。这是在发动全党整风时始料未及的。

时任中央统战部部长的李维汉回忆说：“在民主党派、无党派人士座谈会开始时，毛泽东同志并没有提出要反右，我也不是为了反右而开这个会，不是‘引蛇出洞’。”① 到出现上述意外的特殊情况后，中共中央才决定，对这些反动言论，放手让他们发表，原样地在报纸上报道，暂时不加批驳，以便暴露其反动面目。6月3日，中央统战部召开的各民主党派负责人座谈会结束。李维汉在会上严肃指出：座谈会上提出的批评和意见，“有相当一部分是错误的”②。这句话是毛泽东审阅李维汉的发言稿时加的，目的是向党外人士打招呼。

6月6日，毛泽东为中共中央起草《中央关于加紧进行整风的指示》。文件指出：动员“各民主党派及社会人士大放大鸣，使建设性的批评与牛鬼蛇神（即破坏性批评）都放出来，以便分别处理，大有好处。必须注意争取中间派，团结左派，以便时机一成熟，即动员他们反击右派和反动分子。这是一场大规模的思想战争和政治战争，我们必须打胜仗，也完全有条件打胜仗。党内团内一部分右倾分子叛变出去，是极好的事，切记不要可惜”③。由此，原来鼓励民主人士帮助共产党整风，很快转变为反击右派的斗争。

6月8日《人民日报》发表社论《这是为什么?》。社论指出，少数右派分子想推翻共产党的领导，推翻社会主义制度，最广大的人民是决不许可的。同一天，毛泽东起草《中共中央关于组织力量准备反击右派分子进攻的指示》。这份党内指示对反击右派作出全面部署，并指出：“这是一个伟大的政治斗争和思想斗争。只有这样做，我党才能掌握主动，锻炼人才，教育群众，孤立反动派，使反动派陷入被动。”“这是一场大战（战场既在党内，又在党外），不打胜这一仗，社会主义是建不成的，并且有出‘匈牙利事件’的某些危险”。④ 指示认为反动分子的人数不过

---

① 李维汉：《回忆与研究》下册，中共党史资料出版社1986年版，第833页。

② 李维汉：《回忆与研究》下册，中共党史资料出版社1986年版，第835页。

③ 中共中央文献研究室编：《建国以来毛泽东文稿》第6册，中央文献出版社1992年版，第491—492页。

④ 中共中央文献研究室编：《建国以来毛泽东文稿》第6册，中央文献出版社1992年版，第497页。

百分之几，最积极疯狂分子不过百分之一，故不足怕。中央对反右派斗争的具体安排是：组织每个党派自己开座谈会，让正反两方面意见暴露，派记者予以报道，然后推动左、中分子发言，反击右派。到适当时机组织党团员分组开会，接受建设性意见，批驳破坏性意见；同时组织一些党外人士讲演，讲正面的话。然后由党的负责人作一个总结，将空气完全转变过来。

《人民日报》社论的发表和中共中央指示的下达，标志着反右派斗争正式开始，全国迅速发起了反击右派运动。

（二）反右派斗争的严重扩大化

历史地看，在当时美苏两大阵营相互对峙冷战的复杂国际背景下，国内出现某种形式的呼应是不可避免的。对于这种极少数人反对社会主义制度和共产党领导的言行坚决予以反击，借以教育广大党员和人民，对于在全国人民中间澄清根本的大是大非，稳定刚刚建立起来的社会主义制度，是有必要的。如果放弃这种斗争，不在问题发生的范围内鲜明地驳斥极少数人的错误言行，就会造成思想上和政治上的严重混乱。在这方面，党所取得的经验是有长远意义的。但是，由于当时党对阶级斗争和右派进攻的形势作了过分严重的估计，特别是沿用革命时期大规模的急风暴雨式的群众性政治运动的斗争方法，对于斗争的猛烈发展又没有能够谨慎地加以控制，致使反右派斗争被严重地扩大化了。

由于形势改变过快，各地、各部门被卷进斗争的人们情况有很大不同，真正属于敌我矛盾的只是极少数人，大量的属于毛泽东刚刚提出的社会主义时期国家政治生活的主题，即必须正确处理的人民内部矛盾。其中，有一些处于敌我矛盾边缘、可以争取过来的人，有一些按当时笼统的标准还难以分清属于哪类矛盾的人，也有一些情绪偏激但并不是出于敌意的人，但绝大多数只是对本单位领导提了一些尖锐意见的人。然而，这几种人中的许多人都在运动中被划成右派分子，打击面严重地扩大了。

在决定发动反右派之初，毛泽东在《事情正在起变化》这篇文章中，曾经设想的方式还是“除个别例外，不必具体指名，给他们留一个回旋余地，以利在适当条件下妥协下来”。因此，反右派主要还是针对一种政治思潮的批判，一般不着重在对人的指名批判，不是要把许多人划为右派分子。6月8日，中央发出《关于组织力量准备反击右派分子进攻的指示》的时候也还设想，大鸣大放、反击右派的整个过程，做得好，有一个月左右就足够了，“将空气完全转变过来”，然后转入和风细雨的党内整风。7月1日，毛泽东在为《人民日报》写的社论中也曾提出：“在猖狂进攻的右派被人民打退以后，整风就可以顺利进行了。”可是，这些把这场斗争限制在较小范围和较短时间的最初设想，很快就被大大突破了。

反右派斗争开始以后，在报纸上被指名为右派分子的人数迅速增加。6月29日，中央指示，右派中需要在各种范围点名批判的，北京大约400人，全国大约4000人。这已经不是主要批判政治思潮，而是较多地着重于具体点名，尽管人数还有所限制。同时，指示还要求对那些仅有右派言论，但并无右派行动的人，不要轻率地扣以右派的帽子。但仅仅过了10天，中央指示准备点名批判的人数又增加了1倍。全国右派骨干人数从4000人增加到8000人。报纸上的点名人数，也允许从占右派骨干总数的3%，逐步增加到10%左右。[①]

8月1日，中共中央发出《关于继续深入反对右派分子的指示》，要求“登报的人数，也应适当增加。不是百分之几，也不是百分之十，而是要按情况达到极右派的百分之二十、三十、四十或五十”。指示强调，反右派斗争要深入开展，一方面向地县两级（在城市是向区级和大工矿基层）展开，一方面又必须在中央一级和省市自治区一级各单位深入地加以挖掘，这样右派分子将继续被发现和挖掘出来，人数将逐步增多。在深入挖掘时期，再也没有规定过全国的控制数字。到9月中共八届三中全会召开时，全国已划右派6万余人。当时估计，右派最多有15万左右。随着形势的发展，一些单位还规定了划右派的具体数字指标，而上面规定的指标在下面一些单位又被突破了。1957年冬至1958年春，在全国

① 《中共中央关于对右派骨干分子点名批判和对科学家中的右派分子组织反击的通知》，1957年7月9日。

中小学教职工中开展的反右派斗争，仅在小学教员中就划了10多万右派分子。最后到1958年夏季反右派斗争结束，全国共划右派分子55万多人。

混淆敌我矛盾同人民内部矛盾的界限，是造成反右派斗争严重扩大化的主要原因之一。1957年6月26日，周恩来在一届全国人大四次会议所作的政府工作报告中，一般地仍把右派分子的问题放在人民内部矛盾的范围里。而同一天，中央的一份党内指示认为，右派分子同人民的矛盾，“实际上有些已经超出了人民内部矛盾的范围。但是，还需要按照情况的变化，加以分析，才能分别确定。目前不要说得太死”①。7月1日，《人民日报》发表毛泽东起草的社论《文汇报的资产阶级方向应当批判》，虽已认定右派为反共反人民反社会主义的资产阶级反动派，但是7月11日中央批转中央统战部《关于划分左、中、右的标准的建议》，还是讲“人民内部划分左、中、右”，只是认为右派里面有一部分极右分子，这些极右分子中的一部分在政治上已经处于敌我界限的边缘。然而，到了毛泽东发表《一九五七年夏季的形势》一文时，关于反右斗争的矛盾性质，就开始明确宣布：反共反人民反社会主义的资产阶级右派和人民的矛盾是不可调和的敌我矛盾，他们是反动派、反革命派。这样就把被定为右派分子的人从人民内部矛盾的范围中划出去，而列入敌我矛盾的范围。

关于划分右派分子的标准，中央曾一再提出，限于反对社会主义和反对共产党，而把一般的历史上的老账、个别问题的意见和学术性的问题撇开。党的八届三中全会还下发一个统一的《划分右派分子的标准》，规定：“在根本立场上并不反对社会主义和党的领导，而只是对于局部性的工作制度，局部性的不属于根本原则的政策，工作中的问题，学术性的问题，共产党的个别组织、个别工作人员表示不满，提出批评的人，即使意见错误，措词尖锐，也不应划为右派分子；同样，在根本立场上并不反对社会主义和党的领导，而只是在思想意识上有某些错误的人，也不应划为右派分子。”但这个标准10月15日才正式下发，而在当时的气氛下，强调深挖猛打、反对温情主义，在政策掌握上又有“宁左勿右”的倾向，并没有执行

---

① 《中共中央关于打击、孤立资产阶级右派分子的指示》，1957年6月26日。

划分右派分子时应严格区分和处理两类不同性质矛盾的政策。

在反右派斗争中，如果被划成右派分子，即被列入敌我矛盾的范畴，不仅政治上受到严厉批判，而且组织上、行政上也视情况被分别处理。1958 年 1 月，各民主党派、全国工商联分别召开会议，撤销一批被划为右派分子的人在各党派、团体内所担任的各级领导职务，他们在各自所属单位的行政职务也被同时罢免。在中央统战部会同有关部门确定的比较知名的 96 名右派分子中，只有两人免予处分。1958 年 2 月召开的一届全国人大五次会议正式作出决议，同意原选举单位撤销 16 名被划为右派分子的人的全国人大代表资格，取消 38 人出席全国人民代表大会会议的资格，罢免其中 10 人在全国人大常委会和国防委员会中所担任的职务。全国 205 所高等学校近 4000 名教授、副教授、讲师及助教被划为右派分子后，离开了原教学和科研岗位。被戴上右派分子帽子的 55 万人，轻则降职降薪、留用察看，重则送劳动教养，有些人同时还被开除公职，开除学籍，凡共产党员、共青团员均被开除党籍和团籍。

整风运动展开初期，党内不少同志是本着真诚的态度听取各方面意见的。在反右派斗争逐渐扩大化后，从中央到地方一些领导干部，也曾做出种种努力，尽量少划一些右派。周恩来专门召集意识形态各部门的负责人开会，就划定右派问题讲了两条原则：一是全国人大代表和政协委员划定右派，须报国务院批准；二是对在国外有影响的人，包括一些知识分子划右派须把材料给他看。1957 年 9 月 8 日，经周恩来亲自修改和审定的《中共中央关于自然科学方面反右派斗争的指示》，对国内外相当著名的、有突出成就的自然科学家，对 1955 年在日内瓦会议后争取回国的一批欧美留学生，规定了除个别情节严重非斗不可外，应一律采取坚决保护过关的政策。9 月 14 日，中共中央在《关于企业整风运动应该注意的若干事项的通知》中要求，“特别要慎重对待那些专心业务，确有真才实学的高级工程技术人员”。

1957 年底，中央决定对右派分子作处理时，周恩来广泛征询文化教育、民主党派等方面的知识分子对右派分子的处理意见。他说：只要犯错误者有悔改之意，处理就宽。一些省、市委领导，也在不同场合强调本地的特殊情况与北京等大城市知识分子聚集的地方不同，要从实际出发。中国科学院的有关领导也为在国内外享有盛名的科学家奔走，使其中一些人最终免于被划为右派。但是在当时的大气候下，这些努力并不能从根本上扭转反右派斗争严重扩大化的局面。

应该指出，从新中国成立到社会主义改造基本完成，在短短的七年里实现这样深刻的社会变革，不能不引起社会各阶级、各阶层的不同反应，人们对这个变革需要有一个观察、适应的过程。当时主流的判断认为，中国要不要共产党领导和要不要走社会主义道路的问题，在一些人的心目中并没有完全解决。一小部分人仍存有崇尚西方资本主义政治和经济制度的倾向。在国际国内政治气候的影响下，这种倾向就会突出地表现出来，以至发生极少数人向党、向社会主义的进攻。中共中央、毛泽东认为，对反社会主义的倾向进行反击和斗争，是不可避免的，也是必要的。只有坚决地反对一切脱离社会主义的言论行动，在人民中间进行坚持党的领导和社会主义道路的教育，才能顺利地推进社会主义建设事业。

然而，从 1957 年的大量事实来看，全党整风中各方面人士的批评意见中，许多是针对国家领导体制上党政不分、以党代政等问题而提出的改进意见和建议。但当时把党政领导体制和基本社会制度这两个概念给混淆了，认为对不适合的体制提出改进意见就是反对社会主义基本制度。而在党内，从中央到各级领导，包括党的领袖，还很难在短短的几年里改变战争年代阶级斗争的思维方式，也未能适应开始全面建设社会主义时期处理社会矛盾的新形势和新要求。事实上，敌视社会主义的人在国内毕竟只是极少数，同这种倾向的斗争应该在问题发生的范围内进行。对这一点，党本来是有清醒估计和正确认识的。然而，在整风运动发展过程中，党对阶级斗争的形势作了过于严重的判断，改变原来的估计和认识，把本应在一定范围内进行并主要采用解决思想问题的方式来进行的斗争，扩展成全党、全国范围的“一场大规模的思想战争和政治战争”①，这就不

---

① 转引自中共中央党史研究室：《中国共产党历史》第 2 卷上册，中共党史出版社 2011 年版，第 460 页。

可避免地导致了反右派斗争严重扩大化的错误。

在严重扩大化的反右派斗争中，有一大批同共产党有长期合作历史的朋友，许多有才能的知识分子，许多政治上热情而尚不成熟的青年，还有党内许多忠贞的同志，由于被错划为右派分子，经受了长期的冤屈和苦难，不能在社会主义建设中发挥应有的作用。这不但造成他们个人及家庭的悲剧，也给整个党和国家的事业造成巨大损失。

在各种主观和客观因素的推动下，反右派斗争的严重扩大化，使党探索适合中国情况的建设社会主义道路的良好开端受到挫折。在党的建设方面，同毛泽东发动整风运动以造成生动活泼的政治局面的主观愿望相反，反右派斗争扩大化给党内政治生活带来严重消极影响。在经济发展方面，农业合作社中一些适合当时农村生产力状况的有益探索，在反右派斗争中遭到严厉批判；重新放开一点私营经济的新设想，也被弃置；关于经济发展速度的反冒进被看作接近右派的言论受到批判。在国家政治和文化建设方面，社会主义民主与法制建设的起步，繁荣发展科学文化的“百花齐放、百家争鸣”方针，团结民主党派和民主人士“长期共存、互相监督”方针的贯彻执行，都受到极大损害。

反右派斗争扩大化的另一个严重后果，就是通过党的八届三中全会和八大二次会议，改变了党的八大关于我国社会主要矛盾的论断。毛泽东在八届三中全会的讲话中提出，八大讲目前敌我矛盾基本上解决了，但只能是在经济方面的，而不是在政治方面和思想方面。他认为：“无产阶级和资产阶级的矛盾，社会主义道路和资本主义道路的矛盾，毫无疑问，这是当前我国社会的主要矛盾”。

八大二次会议根据毛泽东的意见进一步断言：“整风运动和反右派斗争的经验再一次表明，在整个过渡时期，也就是说，在社会主义社会建成以前，无产阶级同资产阶级的斗争，社会主义道路同资本主义道路的斗争，始终是我国内部的主要矛盾”。会议还宣布我国社会有“两个剥削阶级和两个劳动阶级”：右派分子同被打倒了的地主买办阶级和其他反动派被称为一个“剥削阶级”，“正在逐步地接受社会主义改造的民族资产阶级和它的知识分子”被称为另一个“剥削阶级”，工人和农民是两个劳动阶级。这样，中国知识分子又被列入第二个“剥削阶级”的范畴。这种完全离开社会成员在社会生产中所处的地位，特别是同生产资料的关系所作的阶级划分，在理论上、实践上都不符合社会主义改造基本完成后我国社会结构的实际状况，不利于社会主义政治、文化建设和社会发展。

党的八大关于我国社会主要矛盾变化的判断，从根本上说是正确的。这次会议并没有否认阶级斗争仍然存在。它明确提出：“在社会主义改造完成以后，社会主义和资本主义的立场、观点和方法之间的斗争，还会继续一个很长的时间。”① 否定和反对社会主义制度的政治思潮的存在，证明意识形态领域内的这种斗争确实没有随着生产资料私有制社会主义改造的基本完成而自然结束。但是，怎样正确地观察和判断意识形态领域各种矛盾的不同性质，怎样处理好这个领域的斗争，是个非常复杂的问题，党在这方面还缺乏经验。尽管在整风开始以后，党中央反复强调不要用对敌斗争的方法来处理人民内部矛盾，但是当整风中出现极少数人的右派言论的时候，由于长期激烈的阶级斗争历史形成的政治经验，党的领导人还是习惯地作出有很大一批右派分子向党向社会主义猖狂进攻的判断，走上了进行对敌斗争的大规模群众性政治运动的熟路，把真诚帮助党整风而思想和言论上有着某些片面性的人错划成“右派分子”，把历史转变时期新出现的大量人民内部矛盾特别是意识形态领域的人民内部矛盾，误判为敌我矛盾加以错误的处理，造成了不幸的后果。

反右派斗争严重扩大化的这段历史给执政党提出一个极其重要的警示：在任何时候任何情况下，都不能轻易改变我国社会主义建设时期党对社会主要矛盾的科学判断，必须毫不动摇地坚持以经济建设为中心。这是一个关键所在。如果对社会主要矛盾的判断发生动摇，党的指导思想、理论基础以及工作方式，都将发生不利改变，造成严重后果。1957年以后党的指导思想逐渐向“左”的方向偏转，就是一个实证。这是新中国成立以后中国共产党历史上的一个沉痛教训，并且直接影响到党领

① 刘少奇：《在中国共产党第八次全国代表大会上的政治报告》，《刘少奇选集》下卷，人民出版社1985年版，第246页。

导社会主义文化建设的进程。

（三）文教科技队伍受到重创

反右派斗争的扩大化，阻碍了“百花齐放、百家争鸣”方针的贯彻执行。在文艺界，反右斗争表现得尤为突出。其中的典型事件就是对所谓丁玲、陈企霞和冯雪峰“反党集团”的批判。1957 年 7 月至 8 月，中国作家协会召开了多次会议，错误地批判丁、陈等人“在文艺界进行了一系列的反党活动”①，把《文艺报》“变成了抗拒党的领导和监督的‘独立王国’”②。随后，诗人艾青、作家李又然等一批文化名人也因此受到牵连，被冠以右派头衔。除此之外，一些反映实际问题和现实生活的文艺作品，如王蒙的《组织部新来的青年人》、陆文夫的《小巷深处》等被认定为“在‘写真实’的幌子下恶毒地进攻党，进攻无产阶级，污蔑我们的向前发展的社会主义建设事业”③。

值得注意的是，先前在“双百”方针的鼓励下，作家突破以往回避现实的创作理念所创作的“干预生活”、曾获得好评的文艺作品，竟被批判为毒草。实际上，对这些文艺作品的批判是简单粗暴的，它反映出一种极左的文艺思潮，即文学作品只能粉饰太平、歌颂现实，如果要暴露问题那就是反动的毒草。由此，一批富有才华的青年作家如王蒙、邓友梅、流沙河等被错划为右派分子。这样的错误做法使一批青年作家的创作道路被迫中断。文艺创作被禁锢在“左”的范围内，原来富有生机和活力的文艺创作队伍遭受重挫。其后许多作家在涉及社会主义现实主义问题时，表现出拘谨和回避态度，无不与这些批判直接相关。经过反右派斗争，政治大于现实，政治性替代艺术性、现实性，就被固定下来成为一种文艺创作范式。

---

① 《文艺界反右派斗争的重大进展 攻破丁玲陈企霞反党集团》，《人民日报》1957 年 8 月 7 日。

② 《丁陈集团参加者 胡风思想同路人冯雪峰是文艺界反党分子》，《人民日报》1957 年 8 月 27 日。

③ 《右派分子所谓“写真实”的实质是什么？》，《人民日报》1957 年 9 月 25 日。

8 月 26 日，《人民日报》发表以《冯雪峰是文艺界反党分子》为题的报道，指责冯雪峰是“丁、陈反党集团参加者，胡风思想的同路人”。原来的丁、陈反党集团变成丁、冯、陈反党集团，后来又扩大成为“七人反党集团”，成员增加了李又然、艾青、罗烽、白朗。随着运动的发展，除这七人被划为右派分子外，被指责为这个集团的近 60 人均被划为右派分子并受到党纪处分。仅此一例，可见反右派斗争是怎样被严重地扩大化的。

在教育界，一些高级知识分子提出在学校管理体制上，应建立教授委员会，加强学术管理和民主管理，发挥教授治校的作用，鼓励学术自由等意见，切中我国教育制度和领导体制的深层问题。但是许多学校党委揪住一些意见表述得不够严谨周全等情况，批判这些言论是“要把高等学校中的党搞垮”，“要把新中国的大学带到资本主义道路上去”①。受此影响，曾经发表过类似意见的如清华大学教授钱伟长等高级知识分子，受到严肃的批判和处理。其实他们提出的意见，是符合高等教育规律的合理的改革建议，当时却被粗暴打压和忽视，这是我国教育界的一大损失。

在学术界，社会科学和自然科学领域的一批学者如马寅初、梁思成等被划为右派分子，遭到批判，有的被遣送下放，接受劳动改造，有的被撤职，脱离了工作岗位。而这些知识分子在教学和研究工作中所持有的观点，也被指责为资产阶级思想。因此，被定义为“资产阶级的社会学”“资产阶级的新闻学”“反社会主义的科学纲领”等，都被拔了“白旗”。

这期间，《人民日报》发表大量批判资产阶级学术思想的文章，特别是在人文社会科学领域，过分地强调学科所属的阶级性和工具性，对于所谓“资产阶级的社会科学”基本上采取全盘否定的态度。批判者信誓旦旦地认为，来自资本主义世界的或是从资产阶级狭隘利益出发的学术研究，都是为资产阶级服务的；而且“人类历史和社会现象的研究，真正成为科学，是到了马克思和恩格斯的手里才开始”②，“严格说来，资产阶级‘社会科学’是根本不存在的”，所以“我们对资产阶级社会科学的

① 孙祖年：《“民主办校”的阴谋破产了》，《人民日报》1957 年 7 月 21 日。
② 郭沫若：《驳斥一个反社会主义的科学纲领》，《人民日报》1957 年 7 月 6 日。

态度是完全正确的，用不着有什么改变”，目前就是要“在社会科学领域内同右派作一场你死我活的斗争”。[①]

这种一概否认人类社会所创造的科学文化成果的做法，其实是历史虚无主义在学术观上的表现，其本质是历史唯心主义，是不符合马克思主义关于尊重人类文明共同成果的基本原则的。从阶级划分的两极对立思维出发看待学术研究和知识分子，必然会导致学术问题的泛政治化，导致所谓“资产阶级知识分子”的身份化、标签化。长此以往，学术与科学道路只能走向封闭、狭窄，导致倒退、落后，这对于新中国科技事业乃至国家的长远发展来说都是极为不利的。

相对来说，自然科学界学术观点的自由度、百家争鸣的状况比社会科学领域要好些，但是对于所谓“自然科学家中在政治方面和学术方面的猖狂进攻”，毛泽东也指出“只要有准确的事实，也应组织反击”[②]。当时党和国家的工作重心是搞技术革命，非常需要科技人员发挥他们的聪明才智和科研积极性。中央的指示精神也很明确：对自然科学工作者不能随便定右派，对有成就的科学家要“保护过关”。尽管如此，在反右派斗争严重扩大化的形势下，还是有一些卓有成就的科学家难免厄运。

例如，1957 年 6 月 9 日，《光明日报》发表中国民主同盟中央委员会“科学规划问题”临时研究组负责人曾昭抡、千家驹、华罗庚、童第周、钱伟长向国务院科学规划委员会提出的《对于有关我国科学体制问题的几点意见》。全文共分五部分：(1) 关于“保护科学家”的问题。提出要协助科学家妥善解决时间、助手、设备经费等问题，并合理安排使用科学家。(2) 关于科学院、高等学校、业务部门研究机构之间的分工协作问题。业务部门应以研究当前业务上亟须解决的问题为主；科学院应主要研究科学上的基本问题和全国性、综合性的问题；高校的研究则可包括科学上的基本问题，教材上的及生产实际上的问题，视各校的具体情况而定。(3) 关于社会科学的问题。首先要改变对待旧社会科学的态度，

---

① 于光远：《我们对资产阶级“社会科学”的态度》，《人民日报》1957 年 9 月 23 日。

② 毛泽东：《中央关于增加点名批判的右派骨干分子人数等问题的通知》，中共中央文献研究室编：《建国以来毛泽东文稿》第 6 册，中央文献出版社 1992 年版，第 538 页。

不能认为资产阶级社会没有社会科学或都是不科学的；要纠正把政策措施或政府法令当成客观规律的做法。(4) 关于科学研究的领导问题。学术领导和科学研究的"火车头"应在实际工作中逐渐形成，不要先行规定。(5) 关于培养新生力量的问题。过去在选拔研究生、留学生时，重政治、轻业务，今后应两者并重；在人民内部，对于有培养前途的青年应一视同仁，应尊重科学家选择培养对象的权利。① 这些意见针对科学研究的现状和存在的问题，是切中时弊、有建设性的。

但是，上述意见在科技界的反右派斗争中被批判为一个"反社会主义的科学纲领"。批判者认为，提出"保护科学家"的意见，就是要"科学研究的自由"，"企图夺取科学工作的领导权"。自然科学界的反右派斗争由此开展起来。由于民盟中央对有关科学体制问题的几点意见，是由曾昭抡（中国科学院学部委员、化学家、高等教育部副部长）和钱伟长（中国科学院学部委员、力学家、清华大学副校长）起草的，因此，这两位在教育系统工作的科学家还是被错划为"右派分子"。②

反右运动在 1957 年夏进入高潮，为维护中国科学事业的健康发展，经中国科学院党组研究后，党组书记、副院长张劲夫担着政治风险，向毛泽东主席进言：中国向科学进军，要靠科学家。"物以稀为贵"，老科学家是"国宝"，对他们要采取保护政策。经毛泽东首肯后，张劲夫向邓小平汇报，邓小平指示中科院党组代为起草一份中央文件。

9 月 8 日，中共中央发出《关于自然科学方面反右派斗争的指示》。这个指示一方面指出，科学界的高级知识分子，是资产阶级右派和我们夺取领导权的一个重要方面。因此，在科学界高级知识分子中间，必须认真严肃地开展反右派斗争，决不能有温情主义。另一方面也指出，要

---

① 参见樊洪业主编：《中国科学院编年史：1949～1999》，上海科技教育出版社 1999 年版，第 83—84 页。

② 1980 年 5 月 8 日，中共中央统战部在《关于爱国人士复查问题的请示报告》中说：在批判"章罗同盟"时曾经把民盟中央的《对于有关我国科学体制问题的几点意见》和《我们对于高等学校领导制度的建议》，说成是"章罗同盟"的反动纲领，事实上，这两份意见书不是章伯钧、罗隆基二人提出的。这两份意见书的基本内容是可取的，不是反党反社会主义的。

区别社会科学和自然科学的不同情况，对于那些有重大成就的自然科学家和技术工作人员，除个别情节特别严重非划不可者外，应一律采取保护过关的方针；对有较高科学成就的，不可轻易划为右派，必须划的，也应“斗而不狠”“谈而不斗”；对于在 1954 年日内瓦会议后争取回国的欧美留学生，一概“不排不斗”。[①] 这种明显带有双重性的政策，在实际斗争中实难把握。按照中央的这一指示，中国科学院系统的老科学家在反右派斗争中大多受到了保护。然而，在反右派斗争严重扩大化的政治形势下，中央的上述指示精神并未能贯彻到底，至 1958 年 6 月，中国科学院 233 名学部委员中，仍有 11 人被定为“右派分子”。

反右派斗争的深入不仅对当时所谓右派分子进行批判，而且联系到他们历史上的作品和观点进行批判。在毛泽东的提议下，1958 年第 2 期《文艺报》以“再批判”为总题出特辑、加按语，重新刊载了 15 年前在延安发表的王实味的《野百合花》，丁玲的《三八节有感》和《在医院中》，萧军的《论同志之“爱”与“耐”》，罗烽的《还是杂文的时代》，艾青的《了解作家，尊重作家》。1 月 27 日的《人民日报》更是在《奇文共欣赏，毒草成肥料》题目下，一一介绍曾经在延安批判过的这些文章。这个专辑的总题“再批判”是毛泽东定的，《文艺报》的编者按语也是经过毛泽东修改并加写的。“再批判”这种重算历史旧账做法，引起了对延安时期的知名作家大张挞伐的连锁反应。同时，对“修正主义文艺思想”的批判，成为反右派斗争以后文艺战线的中心任务。一批老作家、在创作上崭露头角的青年作家、思想比较活跃的文艺评论家，再一次受到政治批判和组织处理。

在学术界，哲学家冯友兰关于中国哲学遗产继承问题的观点受到严厉批判，被打成右派。北京大学校长马寅初在 1957 年 7 月 5 日《人民日报》上发表《新人口论》，指出人口多、资源少是我国很严重的矛盾。新中国成立后，我国人口增长率平均约为 20‰，以此推算，如不控制人口，

---

① 参见樊洪业主编：《中国科学院编年史：1949～1999》，上海科技教育出版社 1999 年版，第 84—85 页。

50年后全国人口将达到16亿。马寅初认为，人口既是资源也是负担，要保住这个大资源，去掉这个大负担，办法是提高人口质量，控制人口数量。毛泽东起初并不反对马寅初“控制人口”的主张，但是随着“大跃进”的发动，毛泽东从生产和革命的角度出发，认为“六亿人口是一个决定的因素，人多热气高，干劲大”。主流的人口观点随之风向陡转。马寅初和他的《新人口论》成为批判的靶子，被说成是“利用人口问题诋毁社会主义制度”，是“马尔萨斯主义在中国的翻版”，是“向党进攻的大毒草”。这场批判给我国的人口学研究和节制生育政策的制定造成了严重不良后果。

在反右派斗争持续的近一年时间里，文化领域，特别是意识形态上的两个阶级、两条路线的斗争，始终是文化建设的主要任务。1958年2月周扬在《文艺战线上的一场大辩论》的讲话中，对文化界的反右派斗争作了充分肯定的评价，指出：“绝大多数的作家、艺术家更坚定地站到了社会主义方面。社会主义热情在文艺界高涨起来。”周扬还指出：“彻底地批判资产阶级思想，仍然是今后相当长的时期内思想工作的一个最根本、最重要的任务”。① 这一根本任务的规定，为60年代前期更大规模的批判和“文化大革命”的发动埋下了伏笔。

三、“大跃进”运动催生“文化大跃进”

（一）“大跃进”运动的兴起

1958年至1960年三年，是以“大跃进”这样一种社会运动、政治运动和经济运动的大起大落的形式被载入当代中国史册的。

1957年11月2日，毛泽东率领中国代表团赴苏联参加十月革命胜利

① 周扬：《文艺战线上的一场大辩论》，《人民日报》1958年2月28日。

40周年庆典。随后，中国共产党代表团又于11月中旬参加在莫斯科召开的12个社会主义国家共产党、工人党代表会议和68个共产党、工人党代表会议，即第一次莫斯科会议，直到11月21日回到北京。莫斯科会议对国际形势的认识作出了“社会主义在向上发展，而帝国主义却在衰退”① 的乐观估计。毛泽东在会上提出：“国际形势到了一个新的转折点”，“目前形势的特点是东风压倒西风”，社会主义在人心归向、人口众多和最重要的科学技术等方面已经“占了压倒的优势”。② 会议强调在经济等方面赶上和超过资本主义阵营对于社会主义国家生存和发展的意义，认为世界的发展取决于两个对立的社会制度竞赛的进程和结果，只有社会主义阵营的经济实力赶上和超过资本主义阵营，才可能防止战争，保障世界持久和平。苏共领导人赫鲁晓夫提出，苏联要在15年时间，在工农业最重要产品的产量、某几项工业产量方面赶上和超过美国。毛泽东则在会上提出，中国在15年后可能赶上或者超过英国。

中共八届三中全会结束后不久，1957年10月25日，中共中央正式公布全会通过的《一九五六年到一九六七年全国农业发展纲要（修正草案）》，并发出通知，要求组织全民讨论，开展关于农业生产建设的大辩论，掀起一个生产高潮。10月27日，《人民日报》为此发表题为《建设社会主义农村的伟大纲领》的社论。社论要求“有关农业和农村的各方面的工作在十二年内都按照必要和可能，实现一个巨大的跃进”，从而在中共中央机关报上提出了“跃进”的口号。11月13日，《人民日报》发表社论《发动全民，讨论四十条纲要，掀起农业生产的新高潮》。社论批评有些人害了右倾保守的毛病，像蜗牛一样爬行得很慢，他们不了解在农业合作化以后，我们就有条件也有必要在生产战线上来一个大的“跃进”。社论认为，1956年的成绩充分反映了这种跃进发展的正确性，有右倾保守思想的人把正确的跃进看成了“冒进”。12月12日，《人民日报》

---

① 《1957年11月14日至16日在莫斯科召开的社会主义国家共产党和工人党代表会议宣言》，《人民日报》1957年11月22日。

② 毛泽东：《在莫斯科共产党和工人党代表会议上的讲话》，《毛泽东文集》第7卷，人民出版社1999年版，第321、325页。

发表社论《必须坚持多快好省的建设方针》，发出了“把一九五八年的各项计划指标订得尽可能先进些”的号召。

各地区、各部门贯彻八届三中全会精神，并根据全国农业发展纲要（修正草案）和15年赶上或者超过英国的要求，纷纷召开会议，批判“右倾保守”思想。从中央到地方普遍修改原定的发展计划，制订各自的“跃进”计划，提出新的高指标。河南等省提出“苦战三年基本改变面貌”和“五到七年实现农业发展纲要”的口号。在尽快改变落后面貌的热情激励下，广大干部群众干劲十足。许多地方不避风雪，挑灯夜战。当时盛行的“抓晴天，抢阴天，小风小雪是好天，汽灯底下是白天，争取一天当两天”的豪言壮语，反映了群众的苦干精神。由于广大干部群众的努力，各地农村的农田水利工程建设取得很大成绩，但也出现了一些浮夸和蛮干的情况。1957年冬至1958年春掀起的农业生产高潮，拉开了“大跃进”运动的序幕。

在1958年上半年的几次会议上，毛泽东严厉批评反冒进，提出了发动“大跃进”运动的一系列任务、指标、口号和方法。1月3日至4日，在杭州召开的华东六省、市党委第一书记会议上，毛泽东谈到领导经济建设的方法等17个问题，再次批评反冒进。随后，南宁会议上，他批评了分散主义，严厉批评反冒进。1月28日，最高国务会议第十四次会议，讨论1958年的预算和经济计划，毛泽东强调，现在我们是进行一场新的战争，向地球开战，工作重心转移到技术革命，要革地球的命，15年赶上英国，这个事情要变成一个主要的事情。3月，毛泽东在成都会议上，强调要破除迷信，解放思想，独立思考，反对教条主义，探索中国自己的建设路线。这时，党内许多人的思想已缺乏应有的冷静，在会上继续批评反冒进，重点强调建设速度问题。

成都会议期间，毛泽东进一步提出：要在15年赶超英国的基础上，20年赶上美国。各地负责人在会议上纷纷提出脱离实际的跃进计划。会后，各地传达会议精神，迅速刮起超越实际可能的盲目蛮干、攀比赶超的“大跃进”之风。4月初，毛泽东先后在武汉和广州召开会议，针对一些省市盲目攀比、不甘落后的情况，毛泽东虽然指出头脑要冷静，做事要留有余地，但他依然批评在反冒进过程中强调“稳妥可靠”，是既不稳妥又不可靠，快一点会好些。在“大跃进”不断高涨的形势下，许多领导人头脑发热，这种提醒已经起不到多大作用了。

1958 年 5 月 5 日至 23 日，党的八大二次会议在北京召开，推动了“大跃进”运动的全面展开。会议正式制定了“鼓足干劲，力争上游，多快好省地建设社会主义”的总路线。刘少奇代表中央委员会向会议作工作报告，报告根据总路线的要求，确定了党和全国人民在技术革命和文化革命方面的主要任务。在技术革命方面的主要任务是：把包括农业和手工业在内的全国经济有计划有步骤地转到新的技术基础上，转到现代化大生产的技术基础上，使一切能够使用机器的劳动都使用机器，实现全国城市和农村的电气化，使全国的大中城市都成为工业城市，并在那些条件具备的地方逐步建立新的工业基地，使全国的县城和很多乡镇都能有自己的工业，使全国各省、自治区以至大多数专区和县的工业产值都超过农业产值；在全国范围内建立一个以现代工具为主的四通八达的运输网和邮电网。在尽可能地采用世界上最新的技术成就的同时，在全国的城市、农村中广泛地开展改良工具和革新技术的群众运动，使机械操作、半机械操作和必要的手工劳动适当结合起来。党在文化革命方面的主要任务是：扫除文盲，普及小学教育，逐步地做到一般的乡都有中等学校，一般的专区和许多的县都有高等学校和研究机关，完成少数民族文字的创制和改革，积极地进行汉字的改革；消灭“四害”，讲究卫生，提倡体育，消灭主要疾病，破除迷信，移风易俗，振奋民族精神；开展群众的文化娱乐活动，发展社会主义的文学艺术；培养新知识分子，改造旧知识分子，建立一支成千万的工人阶级的知识分子队伍，其中包括技术干部队伍（这是数量最大的），教授、教员、科学家、新闻记者、文学家、艺术家和马克思主义理论家的队伍。

历史地看，社会主义建设总路线的提出，反映了党和广大人民群众迫切要求改变中国经济文化落后状况的普遍愿望。这条总路线，体现了以毛泽东为核心的党中央关于社会主义建设的思路。在社会主义建设中，保持鼓足干劲、力争上游这样一种精神状态，把多、快、好、省特别是多、快与好、省统一起来，理顺其中的各种关系，是可以促进或加快社会主义建设事业的。八大二次会议工作报告对总路线的解释中，强调要调动一切积极因素，正确处理人民内部矛盾，指出党的主要任务是进行社会主义建设，开展技术革命和文化革命，这些都是应当肯定的；报告中提出的一系列两条腿走路的方针，也有其正确的一面。

但是，由于这条总路线是在批评反冒进的过程中形成的，是在急躁冒进、急于求成的思想指导下制定的，因而又存在着严重缺陷。这主要是片面强调经济建设的发展速度，过分夸大人的主观意志和主观努力的作用，忽视了经济建设所必须遵循的客观规律和量力而行、实事求是的原则。会议通过的第二个五年计划指标，与八大一次会议通过的第二个五年计划建议相比，工业方面普遍增加 1 倍左右，农业方面则增加了 20%～50%。其中，计划到 1962 年第二个五年计划完成时，钢的年产量指标由八大确定的 1050 万～1200 万吨增加到 2500 万～3000 万吨；粮食由 5000 亿斤左右增加到 6000 亿～7000 亿斤；基本建设五年投资总额由 900 亿元提高到 1500 亿～1600 亿元。按照这样的要求，第二个五年计划期间工业、农业总产值的年平均增长率将分别达到 26%～32%和 12%～16%。这样，八大二次会议就把国民经济发展的第二个五年计划纳入了“大跃进”的轨道。

（二）“双百”方针的初衷被扭曲

在工业、农业发动“大跃进”运动的过程中，党的知识分子政策似乎更加走向偏“左”的方向。1958 年 3 月，成都会议作出我国存在着两个劳动阶级和两个剥削阶级的论断，把知识分子划入了资产阶级范畴。这个论断又被写进 5 月举行的党的八大二次会议的工作报告并经代表大会通过。毛泽东在修改刘少奇八大二次会议工作报告稿中有关学术文化问题的部分时加写了一大段话，对“双百”方针作了新的解释。他说，“我们允许反社会主义的毒草长出来”，目的是“在人民面前建立对立面，以便让人民从比较中看得清清楚楚，激起众愤，群起而锄之，借以锻炼群众的斗争本领，开辟社会主义的百花齐放的广阔天地”。毛泽东认为整风、反右采用“这个政策很见效，大批毒草猖狂进攻，被人民锄掉了”，并说“锄毒草，这是敌我问题；放百花，这是人民内部问题。两类矛盾，两种方法。资产阶级的反动右派自命为社会主义的百花之一，那是冒称的，不能算数的”。① 这些话，显然与反右派斗争以前对“双百”方针的阐述有很大不同，强调的是“锄毒草”，指导思想是“左”的，离开了提出“百花齐放、百家争鸣”方针的初衷，可以说是对“双百”方针的一种扭曲。另一方面，在实际工作中，随着经济建设的“大跃进”，文化科技领域也提出“大跃进”的口号。这种“大跃进”和经济建设“大跃进”一样，同样违背客观规律，导致“双百”方针的初衷在实践中被扭曲变质，当然不可能推动文化科技事业迅速、健康发展。

文学艺术领域的“大跃进”，是从1958年2月周扬在《文艺战线上的一场大辩论》中提出争取文艺事业上也来一个大跃进的口号开始的。3月3日至5日，首都戏剧、音乐界联合召开创作座谈会，文化部的领导在会上提出“创作大跃进是当前的中心任务”。中国作协书记处也于3月8日匆忙开会讨论《文学工作大跃进三十二条（草案）》，《人民日报》立即予以报道，号召作家们“跃进，大跃进”，多写、快写，“放文艺卫星”。《文艺报》第6期发表了《扬帆鼓浪，力争上游》的综合报道，鼓动作家订出“高指标”的创作计划，争取今年在全国范围内掀起一个创作高潮，三五年内实现社会主义文学大丰收。首都美术工作者提出1958年要创作20351件新作品的高指标。各地作协分会随之纷纷召开“跃进”会议，制订“跃进创作规划”，形成了全国文艺界竞相“大跃进”的形势。

1958年5月8日，《人民日报》发表《多快好省地发展社会主义文化艺术事业》的社论，非常乐观地估计当时的形势是随着“生产的大跃进”，出现了“文化艺术方面的大跃进”，并进一步提出，必须反对少慢差费、右倾保守、冷冷清清、前怕狼后怕虎的文化建设路线。9月2日，郭沫若在《人民日报》上发表了诗歌《跨上火箭篇》，其中就有“文艺也

① 毛泽东：《对刘少奇八大二次会议工作报告稿的批语和修改》，中共中央文献研究室编：《建国以来毛泽东文稿》第7册，中央文献出版社1992年版，第224—225页。

有试验田，卫星何时飞上天”的诗句。接着，《文艺报》第18期以专论的形式，提出“文艺放出卫星来”的口号。9月13日至20日，中宣部召开的文艺创作座谈会提出，文艺创作和批评都必须发动群众，依靠全党全民办文艺。参加会议的人在热情空前高涨的情况下，决心要像生产1070万吨钢一样，在文学、电影、戏剧、音乐、美术、理论研究等方面都争取“大跃进”“放卫星”。10月份召开的全国文化行政会议又提出，群众文化活动要做到人人能读书，人人能写诗，人人看电影，人人能唱歌，人人能画画，人人能舞蹈，人人能表演，人人能创作。这些脱离实际的空想，对当时发展起来的“左”倾思潮无疑起了推波助澜的作用。

（三）文化事业“放卫星”和“拔白旗”

在那个举国上下争先恐后大干快上的火红年代，各级领导部门相信，工业、农业的“大跃进”势必催生文化事业的“大跃进”。1958年2月周扬在中国作家协会会议上指出：我国人民正在“从事改造世界、改变历史面貌的伟大工作，他们的高度劳动热情和革命干劲……也必然要在文学艺术这种特殊的意识形态上得到它应有的反映”。他要求：“我们要争取在文学艺术事业上也来一个大跃进。”① 这成为对广大文化艺术工作者下达的动员令。在八大二次会议的指导方针里，文化工作也被纳入“大跃进”的范围。不少地方按照全国文化行政会议提出的要求，把人人能读书，人人能写会算，人人看电影，人人能唱歌，人人能绘画，人人能舞蹈，人人能表演，人人能创作当作现实的目标来规划。作家和艺术家们困扰于“写中心”“唱中心”“画中心”的号召，被要求制定自己的“跃进”计划，大放“创作卫星”。

教育界开展了红专辩论和学术批判等活动，一些在学术上很有造诣而对“大跃进”的做法持怀疑、批评态度的专家、教授受到批判。由于片面强调教育与生产劳动相结合，学校过多地组织师生参加各种生产劳动，使课堂教学和基础理论的学习受到很大冲击。为了实现教育“大跃

① 周扬：《文艺战线上的一场大辩论》，《人民日报》1958年2月28日。

进”，不少高等学校盲目扩大招生，还开展了学生编写教材、讲义的活动。大批高等学校和中专学校下放给地方管理，建立高校的审批权也下放给省、自治区、直辖市，结果造成高校发展失控。各地还办了大量的红专大学和工农大学，这些学校名不副实，不能保证教学质量。广泛开展的扫除文盲的工作，虽然取得一定的成绩，但更多的是浮夸。截至1958年7月底，就有639个县、市和黑龙江、吉林、浙江、甘肃等省宣布基本扫除了文盲。[①] 理论界、科技界、体育界、卫生界等也都提出各自的“跃进”计划，纷纷投入“大跃进”的浪潮。

在“大跃进”的三年中，我国的文化建设呈现出一派像经济建设那样火热繁忙的景象。在文艺“大跃进”“放卫星”的气氛影响下，人们的头脑越来越热。许多地方倡导诗歌乡、诗歌村，有的地区提出“全党办文艺”，“全民办文艺”，“人人是诗人”，甚至提出“每县都要出一个郭沫若”的口号。文艺界的“放卫星”，违背了创作规律，浮夸风充斥文坛，出现了大量粗制滥造、没有生命力的文艺作品。此外，文艺界出现了许多不按照文艺规律办事的情况。例如，对文艺如何为政治服务的理解，就有很大的片面性和简单化的现象，有人提出什么写中心、演中心、唱中心、画中心，写钢铁、唱钢铁、画钢铁等口号，而且要求各种艺术形式都必须按照这些口号做，否则就被斥为“少慢差费”或右倾保守。

当时一些地区或文艺领导部门，过分地强调文艺工作要配合中心任务，宣传某一项具体政策，把文艺的路子搞得越来越狭窄。如1961年某工地发生61人食物中毒事件，当地医疗部门经与多方联系，从首都北京紧急运送药品，终于把他们抢救过来。对于这一事迹，当时以《抢救61名阶级兄弟》为题进行了铺天盖地的宣传报道。据当年统计，以小说、绘画、戏剧、诗歌等各种艺术形式反映这个题材的作品就有600多种。这种写同一题材一窝蜂的现象，与“双百”方针鼓励文艺内容和表现形式多样化的要求相去甚远。

当时文艺领导部门的强迫命令，创作上的公式化、概念化现象相当

① 参见《我国文化面貌正在飞跃变化》，《光明日报》1958年8月7日。

严重。比如创作舞蹈，要在里面设计一个戴眼镜的人，抱了一本又大又厚的书，在舞台上跳来跳去，接着再出来一群工农兵群众把他围起来，进行群众性的强迫教育，促使知识分子觉悟之后把书摔掉，表示与工农相结合了。这种粗陋、简单化的表演形式，相当于向社会公开宣扬“读书无用”论。这种内容上有错误、形式上千篇一律的作品，在其他艺术形式方面，也有类似的表现。另外在文艺批评上，简单粗暴、打棍子的情况也相当严重。这些现象实际上形成一种违背文艺创作客观规律的虚假繁荣和文化畸变，是对文化建设正能量的损耗。虽然不能一概地否认这个时期民间群众性文化活动取得的某些成绩，但总体上看，文化“大跃进”远不是社会主义文化建设的正常状态。

文化“大跃进”的一项重要任务是做好文化的群众普及工作。它是由几个相互独立的运动组合来完成的。新民歌运动和工农兵学哲学运动是其中两项重要的工作。1958 年在毛泽东的提倡和推动下，全国掀起了人民群众广泛参与的新民歌运动。新民歌最早出现在 1957 年的农田水利基本建设中，当时新闻报纸报道和宣传一些地方翻身农民以欢快的田间歌谣来歌颂党的领导，歌颂农业合作化，表达他们的喜悦与期盼。毛泽东认为这种源自民间的艺术形式能够激发人民的革命生产热情，是值得大力推广的。所以，他在成都会议和八大二次会议上都提到要搜集民歌、创作民歌。一时间，民歌成了文化建设中的一个关键词，新民歌运动也在全国得到推广。

在这场运动中诞生的新民歌，无论是数量、表现手法，还是其中洋溢的满腔豪情，都是之前的诗歌创作所没有过的。它们以直白诙谐的民间话语从某个侧面再现了当时中国人民盲目乐观的精神状态。像“麦高长到五尺半，穗大籽饱四寸长”① “公社粮食顶破天”② 的生产生活景象描写，以及“入了公社如上天，一夜赛过几十年”③ 的思想情感表达，都明显具有夸张性的虚假，但从中也透露出“大跃进”年代社会主流价值

① 《处处唱起丰收歌——河南新民歌选　丰收有保障》，《人民日报》1958 年 6 月 10 日。

② 《新民歌　公社粮食顶破天》，《人民日报》1958 年 10 月 4 日。

③ 《入了公社如上天——云南新民歌选》，《人民日报》1958 年 12 月 19 日。

和文化心理的某些真实。从当时的情况看，“在群众要求下举办的……鼓舞全体社员劳动热情的”[1] 赛诗会、民歌演唱会上，那些刚刚跨出文盲门槛的不同年龄段的农民直接参与，表明了这种诗歌创作有一定的民间性需求和群众性特点。

这些民间创作的诗情因何而起？众多数量的新民歌又缘何而来？一个重要原因是政治的动员和干预起了作用。文艺的政治效能从延安时期以来一直是很强大的，并为执政党所重视。在一个群情奋起、立志改天换地的年代，官方意志需要为群众所熟知并外化为统一的行动。对于“大跃进”的主要受众群体工人、农民来说，民歌作为一种田间地头的休闲形式，因其简易直接、传播迅速的特性，而使党和政府的意图更容易被理解。各级政府政治的干预，主要体现在以鼓励的态度看待大胆空想的杜撰。

这些新民歌大致有以下几个主题：歌颂中国共产党和毛主席，歌颂“大跃进”和人民公社化运动，歌颂取得的成绩和未来幸福生活。无论从哪个主题看，这些民歌作为时代、民众的集体表意，都营造了强烈的政治意象，也突出地反映出当时中国社会政治生活形式主义的浮夸风和个人崇拜。执政党对共产主义未来生活的描绘和许诺，与渴望幸福的人民群众的内心期盼相呼应，形成物质文化形态上新民歌的滥觞。这种追求乌托邦的狂热，则掩盖了运动中导致严重后果的各种问题。新民歌创作繁荣的背后，其实是文化生活空虚和政治生活失常的隐忧。“双百”方针提倡的文艺内容多样性，在新民歌运动后期已经看不到了，因为主流话语立场已经基本占据了民间的文艺形式，使之走向单一化。

在新民歌运动进行近一年时间后，毛泽东对这个运动作出了“违反辩证法”的评价。1959 年 3 月，毛泽东在第二次郑州会议的讲话中指出：写诗不能每人都写，要有诗意才能写诗，如何写呢？叫每人写篇诗，这违反辩证法。放体育卫星、诗歌卫星，通通取消。遍地放，就没有卫星

① 《掀起文化革命的风暴 欢乐的农民赛会》，《人民日报》1958 年 6 月 25 日。

了。[①] 由此结束了这场“全民写诗歌”的荒诞剧。

在工农兵学哲学方面，1958 年，上海求新造船厂组建了一个工人学哲学小组，主要是学习毛泽东的哲学著作，由此引发了全上海，直至全国各地、各行业由工人、农民、解放军官兵广泛参与的学哲学热潮。毛泽东向来重视哲学的价值，坚持以马克思主义哲学的基本观点教育群众，历来是中国共产党的一项重要任务。工农兵能够自觉地学哲学、用哲学，正是执政党所希望的。这个群众自发学哲学运动的发生与党的工作传统之间，找到了一个现实与历史的契合点。这对于马克思主义中国化、时代化、大众化起到了助力作用，马克思主义在意识形态领域一元化的指导地位也得到进一步加强。

工农兵学哲学运动的开始阶段，主要是以了解和学习毛泽东的哲学理论为主，由浅入深，学习的方式灵活多样，大家相互交流、取长补短。工农群众认识到自己不再是单纯被动依靠技术和体力的劳动者，而是要提高观察问题的认识论能力和处理问题的方法论能力，做社会主义的合格建设者和国家的主人翁，人民的主体意识也得到增强。这样一来，从实际中来到实际中去，哲学理论的学习更具针对性，理论与实际相结合的学风和工作作风被弘扬。有的还能将局部工作中的技巧和人生经验用哲学的语言加以概括，提升为理论，指导更广泛的实践。哲学作为一种疏离于日常实际生活的世界观和方法论的学说，在这场运动中开始得到大众化的运用。工农兵学哲学运动，对知识分子也产生了很大影响，促使他们看到了作为研究项目的哲学和指导实践的武器的哲学之间的差别，更加认识到学术研究是不能脱离社会生产的，改变一些“重科研、轻实践”的思想和做法。

但必须看到，由于这次工农兵学哲学、用哲学运动所发生的时代背景，是“大跃进”和反右倾斗争，群众性的学习运动不但被政治化，而且在运动的后期被指导思想上“左”的倾向引入歧路。教条化的形式，割裂了毛泽东哲学思想的完整内涵和理论体系，滋生了领袖崇拜的心理；

---

① 毛泽东在第二次郑州会议上的讲话记录稿，1959 年 3 月 5 日。

庸俗化的表现，夸大了主观能动性，助长了唯意志论和轻视知识分子的思想；在实际工作中的简单化运用，如强调矛盾的对立性、斗争性，忽视了同一性、合二而一性，使阶级斗争的理论日益盛行。这些给后来严重困难时期的社会政治经济都带来了不利的影响，同时，使正常的群众文化建设偏离了正确轨道。

1958年党和国家为推行“大跃进”而主导的一项群众运动，称为“拔白旗、插红旗”。白旗和红旗都是毛泽东概括出来的政治化的形象借喻，分别指资产阶级思想和共产主义思想。拔白旗就是要批判资产阶级思想，消灭资本主义残余；插红旗就是传播共产主义思想，树立社会主义典型。简言之就是“兴无灭资”。

这年5月，在为“大跃进”作最后动员的党的八大二次会议上，毛泽东多次讲到“插红旗”“拔白旗”的问题。他在5月8日的讲话中说，我们要学习列宁，要敢于插红旗，敢于标新立异。标新立异有两种，一种如列宁向第二国际标新立异，另插红旗，这是应该的。旗帜横直是要插的。你不插红旗，资产阶级就要插白旗。资产阶级的旗子，我们要拔掉它。[①] 可见，毛泽东对拔旗、插旗问题的看法，是以无产阶级和资产阶级的二元对立为出发点的，这符合他在中共八届三中全会上对国内主要矛盾是阶级斗争的认识。在5月20日的讲话中，毛泽东又专门讲到“插红旗，辨风向”的问题。他说：凡是有人的地方都要插旗子，不是红旗，就是白旗，或者是灰色的旗子；不是无产阶级插红旗，就是资产阶级插白旗。现在有少数落后的合作社、工厂、机关、学校，它们那里不是红旗，而是白旗或是灰旗。我们应当到落后的地方走一走，发动群众，贴大字报，把红旗插起来。

八大二次会议期间，5月19日《人民日报》发表了题为《把总路线的红旗插遍全国》的社论，把什么是红旗、白旗讲得很清楚。“红旗”就是总路线，也就是搞“大跃进”，就是多快好省；“白旗”者，乃与总路

---

① 毛泽东：《在中共八大二次会议上的讲话提纲》，中共中央文献研究室编：《建国以来毛泽东文稿》第7册，中央文献出版社1992年版，第209页。

线、“大跃进”相抵触的思想观点及人和事，就是所谓的“观潮派”“秋后算账派”。“红旗”与“白旗”的区分，就在于要不要鼓足干劲、力争上游，要不要、能不能把事情办得快些好些。凡是不赞成或反对“大跃进”者，就是白旗，应当拔掉。“拔白旗”也就是对反对或消极对待总路线、“大跃进”者采取组织措施。拔旗的方法，就是当时流行的“大鸣”“大放”“大字报”“大辩论”（即“四大”）。根据“把总路线的红旗插遍全国”的要求，八大二次会议后，全国开展了大规模的“拔白旗”运动，许多对“大跃进”有抵触情绪的干部群众被当作“白旗”而遭到批判。

“拔白旗”作为文化革命的一种重要形式，在哲学社会科学领域表现为批判“资产阶级学术思想”，当时在人文社会科学界比较有影响的学者，几乎全被当作“白旗”而被批判过。在艺术界，电影创作中的“拔白旗”表现得尤为突出。许多艺术家被认定受到“资产阶级的世界观与生活情调，以及艺术观点和艺术趣味”的影响，文艺领导部门认为出现了“对文艺为工农兵方向的动摇和叛变，一直到公开摇着白旗向党进攻”① 的影片。鉴于影视艺术在人民群众中间有广泛的社会影响，矫正文艺界出现“偏差”的创作思路，对于“错误”影片开展批评就势在必行。像当时有较好口碑的影片《情深谊长》《谁是被抛弃的人》《不夜城》等一批作品，被视为银幕上的白旗而被拔掉。当然，有的影片在思想性和艺术表现形式上也存在某些问题，但大多与编剧、导演在艺术实践中形成的独特的艺术理念有关，动辄采取群众运动的批判方式“拔白旗”，无助于电影创作质量和水平的提高。相反，这只能使艺术创作走向封闭，陷入更大的困境。

“放卫星”，指的是在“大跃进”期间，受到浮夸风鼓噪，城乡社会中大量出现的虚报数字、高拟指标、夸大宣传的狂热现象。与工农业生产等各领域一样，文化领域的“放卫星”活动也不甘示弱。郭沫若先生有诗云：“文艺也有试验田，卫星几时飞上天？”② 这表达了对文化界“大

① 陈荒煤：《坚决拔掉银幕上的白旗——1957 年电影艺术片中错误思想倾向的批判》，《人民日报》1958 年 12 月 2 日。

② 郭沫若：《跨上火箭篇》，《人民日报》1958 年 9 月 2 日。

跃进”的期待。

除了文艺界，其他文化领域也不可避免地走向“大跃进”的道路。以出版界为例，“大跃进”风首先从上海刮起。上海市出版系统从 2 月开始，按照全市的布置开始了反浪费、反保守的“双反运动”。各出版社、新华书店共有 3970 人，几天内写了近 46 万张大字报，大烧所谓“五气”（官气、暮气、骄气、娇气、阔气）。1958 年 3 月间，各单位又动员制订个人“红专规划”，提出了许多不切实际的高指标。中央文化部抓住这一典型，于 3 月 10 日至 15 日在上海召开“全国出版工作跃进会议”，号召全国出版社向上海学习。这次会上通过了三个“大跃进”的倡议书。于是，在全国出版系统立即掀起一场声势浩大的“学先进、赶先进、比先进”的“大跃进”运动。甚至在一些县和专区也办起了出版社，竞相出书，以致出现“三天出一本书”“一天出一本书”，甚至十几个小时就出一本书的“超纪录”。而所出版的书大都是配合宣传“总路线”“大跃进”“人民公社”三面红旗和介绍不成熟经验的小册子，多数是粗制滥造，靠“剪刀加糨糊”拼凑现成材料汇编而成的。因此，1958 年虽然全国出版图书达 4.5495 万种，是新中国成立最初 10 年以来出书种数最多的一年，但这些书大多数质量很差，没有什么社会效益和经济效益，造成了大量积压。

1958 年 10 月，中央召开全国文化行政会议，不切实际地确定了“人人能进行文化创作”的目标。为了庆祝中华人民共和国成立 10 周年，文化界还专门成立文艺“卫星”领导小组。在这种情势下，文化界可谓是“捷报频传”。“到处都是新李杜，到处都有新屈原”① 这样自欺欺人的虚假“战绩”，成为特殊年代的特殊文化印记。文化界的“放卫星”严重超越了生产文化产品的客观能力和群众的实际文化水平，浮夸风在文化界盛极一时。

“放卫星”是在“左”的错误指导思想下发展起来的，反过来，又对“左”的错误起到推波助澜的反作用，滋长了唯意志主义的歪风，营造了充满浮夸的舆论场。正由于这种虚高的成绩和看似非凡的效果，给了中共中央、毛泽东一个错误的信号和误导，以为“大跃进”激发了群众的

① 郭沫若：《跨上火箭篇》，《人民日报》1958 年 9 月 2 日。

生产积极性，只要凭借群众运动的形式，任何高远的目标都可以实现。但事与愿违，这样一来，主观主义的错误愈演愈烈，充满了空想主义思想的“大跃进”错误不能及时被发觉，给中国政治民主化建设、经济现代化建设、文化多样化建设和社会规范化建设都造成了严重的后果。

总起来看，文化“大跃进”是对于“百花齐放、百家争鸣”正确方针的一种异化，它扭曲了“双百”方针应有的内涵，仅仅是借取了一个表面期许的外壳，似乎文化“大跃进”取得了丰硕的成绩，以挽回和掩饰反右派斗争严重扩大化以后文化界出现的萧条局面。回顾这场所谓文化“大跃进”运动，必须清醒地认识到，文化界在“繁花似锦”的赞歌和各类文艺作品大量涌现的可观数字当中，很大程度上呈现出文化内容的贫乏和艺术表现形式的单调。

四、教育事业的“大跃进”[①]

（一）“破除对资产阶级专家的迷信”

在 1958 年的“大跃进”运动中，曾开展了轰轰烈烈的所谓“教育革命”。这年的“教育革命”具体表现在三个方面：一是强调教育为无产阶级政治服务，开展红专大辩论，用当时流行的“插红旗”“拔白旗”的方式，在批判所谓资产阶级学术思想的同时，组织学生编教材、编讲义；二是强调教育与生产劳动相结合，大搞不同形式的勤工俭学，在“大跃进”高潮中发展到组织师生大炼钢铁，大办各类工厂；三是用群众运动的方式办教育，实现各类教育的“大跃进”，特别是不顾条件开办一大批高等院校。

---

① 本节内容主要参考罗平汉《1958 年的“教育革命”》一文。原文发表于《党史文苑》2014 年第 19 期。

在学术界，知识分子聚集的高等学校成为“拔白旗”运动的先锋。8月30日《人民日报》发表《学术批判是自我革命》的文章，要求高等学校的“领导者要大胆地发动群众”，“帮助资产阶级学者们进行学术批判”。这样，高校中一批具有独立思考和学术造诣的教授学者，被判定为资产阶级学术权威，或者“在教学中存在着社会主义教学思想和资本主义教学思想的矛盾”[①]，而被冠以“白专”的帽子遭到批判。其中不乏像冯友兰、华罗庚、马寅初这样知名的教授、学者。在学术界进行如此激烈“拔白旗”的原因，正像当时《人民日报》的社论所宣称的：“学术思想是资产阶级知识分子的命根子”，“再加上他们的个人名利思想，他们的宝贵的知识里面已经细菌密布，变质发臭”。[②] 对于这些肮脏东西改造得越彻底，整得越臭，才更有可能把他们的文化技术和工农大众结合在一起……使技术革命和文化革命开出灿烂的花朵。[③]

但是事与愿违，采取武断和粗暴的方式进行的学术批判，将政治立场看成衡量科学研究正确与否的唯一标准，不是从学科的发展规律出发做出实事求是的评价，而是简单地认为所谓“红专”才是正确的，所谓“白专”就是错误的。事实证明，这种做法不仅没能真正在文化领域插上红旗，反而无益于知识分子的学术发展和技术革新，更加伤害了他们对党、对国家的感情和工作的热情。由此导致的思想混乱和研究停滞，阻碍了社会科学和自然科学事业的进一步发展，也为日后中国社会内部关系的扭曲埋下了不小的隐患。

按照当时的解释，“拔白旗”仅仅是“破”，即破除对专家教授的迷信，但同时还需要“立”，在教育界主要是高等学校，组织学生和青年教师编教材、写专著，就成为“插红旗”的重要途径。北京师范大学在1958年曾被誉为“教育改革中的一面红旗”，亦即“插红旗”的典型，这

① 陆永良：《批判一切脱离马克思主义轨道的思潮 武汉大学哲学系进行教学改革面貌一新》，《人民日报》1958年6月4日。

② 《学术批判是深刻的自我革命》，《人民日报》1958年8月30日。

③ 徐冰：《关于资产阶级分子、资产阶级知识分子和民主党派的根本改造问题的报告》，《中共党史教学参考资料》第22册，国防大学出版社1986年版，第476页。

是因为该校在教学改革中“大搞群众路线”，实行“三结合”制订新的教育大纲。所谓“三结合”，就是系党总支、教师、学生结合起来，共同编写新的教学大纲。在这三者中，党总支无疑是新大纲的领导者，而教师和学生的“结合”，便是各编一套大纲，比较优劣，实际上也就是师生唱对台戏，看谁的戏唱得好，评委就是党总支。

北京师范大学的教学改革，是从 6 月中旬开始的，“学校党组织横扫自卑和对旧专家的迷信，发扬共产主义敢想敢说敢干的大无畏风格，全校 10 个系由党委会和 10 个总支 66 个支部挂帅，积极领导这一运动。改变过去修订大纲、编写讲稿由少数人包办的专家路线，放手发动全校所有的青年教师和 4000 多个学生，大家共同搞这一项工作”。这次教学改革“两条道路、两种方法的斗争十分激烈”，部分教师特别是老教师，“仍站在原有的框子里，瞻前顾后，扭扭捏捏，枝枝节节地修修补补不作本质上的改革”。为此，学校采取了“打擂台”或“对台戏”的方式。前者是教师和学生就同一课程分头准备提纲，然后在一起讨论，相互取长补短，共同制订一份新的教学大纲；后者是学生和教师各拟订一个或几个提纲，然后师生的提纲都摆出来，进行评比，开展辩论，选出其中较好的一个为基础共同修改定案。

例如，该校中文系三、四年级部分学生，“破除对资产阶级专家的迷信”，在中文系党总支直接领导下，成立中国古典文学改革小组。大纲编写过程中，学生们按照中国古典文学的阶段，把 35 个人分为 8 个战斗组，分头到学校和北京市有关的图书馆、民间文学研究机构等处找材料、抄材料，“在四五天的时间里，四年级的 26 人共看了 291 册书”。这意味着平均每人读了 11 本书。不但如此，有的书“连老教授都没有看过”。至 6 月 29 日，学生的教学大纲初稿完成，但发现元朝文学这一部分还不满意，于是又分工去看有关的文学史材料，“一夜之间重新赶写出来”。仅仅 7 天时间，一部新的古典文学大纲就写成了。

北京大学中文系则因学生编文学史而“声名远播”。该校中文系 60 个学生分成了先秦组、魏晋南北朝组、隋唐五代组、宋元组、明清组、近代组，然后分头找资料，分工写作。经过 30 多天时间，一部长达 70

万字的中国文学史书稿写成了。这部书的前言，一开始就批判资产阶级学者“仍然迷恋于资产阶级唯心主义思想，顽固地坚守着个人学术独立王国”，接着宣布“我们这些站在党的红旗之下的无产阶级学术的新兵”，要“向资产阶级学术思想展开不调和的斗争，并在这场严重斗争里，把自己锻炼成插红旗、拔白旗的社会主义科学大军中的坚强战士”。

北大中文系的学生编提纲、讲义，历史系的学生则发挥自己所长，写历史，欲与“资产阶级专家、学者”比高低。北大历史系亚非史专门化（即专业）的11个学生，突击半个月，完成了20万字的《阿拉伯各国人民民族解放运动史》；二年级一班的学生写出了《北京清河制呢厂厂史》；二年级二班编写了《安源路矿史》；就连一年级学生也苦战20天，完成了《祖国大跃进一年》的初稿。

在上海，高校教育改革也大见成效。复旦历史系的学生通过一周的创造性学习运动，打破了迷信专家的思想，“他们以毛泽东思想为指导，运用马列主义的立场、观点、方法来分析问题”，不仅写出了全部基础课的新教学大纲，“还编写出了许多门尚是空白学科的大纲”，例如中华人民共和国史、中国工人运动史。华东师范大学历史系的师生写出了《中华人民共和国十年大事日志初稿》《新艾森豪威尔主义批判》《论中近东阿拉伯各国人民的解放斗争》等。当时的报刊评论说：“这些著述，一反以往的恶习，数量上是今多于古，而且大多数是为当前政治服务的。”

另有吉林大学苦战6周，全校共编写136门课程的346种教材，总字数达2500万字。“这些教材的共同特点是从实际出发，打破旧体系，建立新体系，有许多是质量较高的。”这样数量庞大的教材，都是根据自编、自审、自刻、自校、自印的“五自”要求，由各编写小组刻印出来。其中，中文系四年级全班24个学生经过10昼夜苦战，翻阅参考书532种1000多册，即每人查阅了40多本参考书，平均一人一天查阅4本。从7月底到8月中旬，也就是20天的时间，一本“崭新的以毛泽东文艺思想为指导，以民间文学为正宗”，长达12万字的中国古典文学史教学大纲就编出来了。接着，80万言的古典文学史讲义初稿也写出来了。

文科学生如此，理工科学生也不甘落后。据上海交通大学党委宣传部介绍，交大船舶制造系的青年学生，在短短的一周时间里写出了百万字的教材和讲义。其中，二年级的部分学生用 6 天时间编出了一本长达 42 万字的《理论力学》，二年级的 22 个学生用 10 天的时间编写出了 22 万字的四年级用《造船工艺学》，三年级的部分学生用 7 天时间编出了 7 万字的《船舶阻力》。

据当时的报道，南京大学学生编写教材也是硕果累累。法文专业四年级 16 个学生，在 4 天中编写了一本《法语会话》教材；德文专业四年级编就了全部德华词典卡片；俄文专业四年级编成了俄文专业教学计划和俄语词汇教学大纲；英文专业四年级编成了语法教材；中文系四年级编成了解放以来中国文学史教学大纲；地貌专业四年级编成了第四纪地质教学大纲，如此等等。在不长的时间里，南京大学共编就 3250 项教学大纲、教材和教具。

1959 年上半年在纠“左”的过程中，中共教育部党组曾起草了《关于高等学校学生编写讲义问题的意见》，虽然肯定“教育革命”中学生和青年教师编写教材与讲义“取得了一定的成绩”，但同时也指出，学生因忙于编写讲义，以致妨碍对各门课程的正常学习，加之学生水平参差不齐，知识准备不够，因而编出来的讲义往往不尽合用。为此，教育部党组提出：学生在学习方面的主要任务是学好学校所规定的各科课程，时间和精力应放在学习功课上，除了学习成绩好的高年级学生在不影响功课学习的前提下，可以参加一部分编写讲义和编纂资料的工作外，一般学生，特别是一、二年级学生，除特殊情况外，不要发动其参加编写讲义的工作。编写讲义主要是教师的责任，教师在编写讲义的过程中应当适当听取学生的意见，不要让学生为编讲义而编讲义，应当给教师以充裕的时间进行备课、编写讲义，从事各种研究和写作活动。各科有现成讲义可用的，应一面讲授一面修订，不一定都要用自编的讲义。

中共中央于同年 5 月 24 日批转了教育部党组的这个意见，认为“这些意见是对的”，要求各省、市、自治区党委，将其转发给各高等学校党委，督促各校检查执行。按照这一要求，各校学生自编讲义、教材的工作基本上停止下来。

（二）“教育与生产劳动相结合”

“教育与生产劳动相结合”，是 1958 年“教育革命”的一项重要内容。从年初开始，教育部、共青团中央等部门就不断召开会议，发出指示，要求教育战线大力开展勤工俭学活动，以此作为教育与生产劳动相结合的重要方式。中共八大二次会议后，勤工俭学活动发展到大办各类工厂。

高校办工厂较早见诸报刊的是北京钢铁学院。7 月中旬，北京钢铁学院已经建起了 1.75 立方米的炼铁小高炉和每炉产量 22 吨的耐火材料厂各一座。冶金系的学生白手起家，苦战 5 天，修建了一座高炉；铸造专业的学生，打破迷信，“经过 14 天的反复试验，终于利用空气吹炼出中碳钢”。为此，《光明日报》用一整版的篇幅介绍了北京钢铁学院大办工厂、大炼钢铁的经验，同时还配发了社论，称其为“共产主义事业的苗芽”。

在 1958 年的“教育革命”中，武汉大学颇为引人注目。该校在“苦战五年建设共产主义新武大”的口号下，大办工厂、大办农场，各系规划建立工厂、农场 100 个。据称，在武汉大学已经开工和即将开工的工厂中，有全校办的为发展国民经济所需要的大型钢铁厂、水泥厂、耐火砖厂，有为教学和科学研究联系生产实际而兴办的高级化学合成工厂、无线电工厂等，也有为发展尖端科学而兴办的半导体、电子计算机、精密仪器制造工厂等，此外还有木工厂、肥料厂等。

清华大学集中了众多的理工科人才，办工厂自然是得天独厚。《光明日报》的一则报道称：“清华大学实现教育结合生产劳动方面作出了显著的成绩。现在已经到处是工厂了。有包括十四个车间的综合机械制造厂，有能在发电的同时生产九种产品的示范性燃料综合利用发电厂，还有建筑、水利、电力等工程公司和安装公司。八个月来他们制造了二百多种新产品和生产设备，其中七十多项达到国内或国际先进水平，而五十多项新产品和新技术是国内首创。”此外，南京大学的办工厂、办农场运动也颇为热烈。

理工科院校或综合大学办工厂还具备一些条件，文科大学和师范院校办工厂，就相对困难了。但是在“只怕想不到，不怕做不到”的“大跃进”年代，文科校系同样能创造出办工厂的“奇迹”。中国人民大学作为一所以马列主义政治、经济理论为主的社会科学综合大学，既无现成的实验室、实验工厂可以利用，也无办工厂的技术人才，但其照样在教室的周围办了大大小小108个工厂。中国人民大学不仅校有校厂、系有系厂，有的班还有班厂。学校有机械制造厂，由原工业经济系的小机械厂扩建而成，计划年产车床1000台。围绕机械厂，还办了一些诸如钢铁厂、炼焦厂、耐火材料厂等卫星厂，号称“在校内形成了一个工业体系”。各系的工厂也是五花八门。

这些工厂完全是因陋就简办起来的，没有像样的厂房、正规的操作规程以及必要的技术人员。当年有报道说：“许多班办的工厂，大都是小型的，只要几个人在课外时间就可以干起来。”这种所谓的“工厂”，除了浪费师生们的时间精力外，根本没有什么实际意义。

1958年8月，中共中央政治局在北戴河召开扩大会议，决定开展一场大炼钢铁的群众运动。随后，各类学校也迅速投入这个运动中。《光明日报》在一篇报道中说，北戴河会议后，很多高等学校在党委领导下，举行了“钢铁元帅升帐”的誓师大会。西北大学提出了“苦战一月，让钢水奔流”“用第一炉钢向国庆献礼”的口号。该校经济系学生经过日夜苦战，“兴建年产一万吨的炼钢厂”。东北师范大学召开了“奋战一月，迎接国庆，向党献礼”的动员大会，提出在10月前建成年产3万吨的炼钢厂，并且要在这年超额完成4000吨钢的生产任务。参加炼钢的师生加紧搞机械设备，准备自己修建鼓风机，安装4吨冲天炉2个，1吨半转炉2个。交通大学（西安部分）的机械冶金系“誓以全力为钢铁而战”，提出要在“十一”前炼钢1000吨，向国庆献礼。山东工学院的全体师生员工表示要以苦干加巧干和共产主义协作的精神，在“十一”前生产240吨钢。安徽农学院确定，在10月前学校的中心任务是搞钢铁生产，抓紧兴建一座年产6000吨铁的炼铁厂。如此等等，不胜枚举。

1958年11月1日起，教育部和共青团中央在北京联合举办了教育与生产劳动相结合展览会。尽管当时宣称办展览会的目的，“在于检阅贯彻执行党的路线方针的成就”，而实际所展出的，主要是高等学校和普通中小学生产劳动的成果。展览会开幕词说：据20个省、市、自治区不完全统计，几个月间21126所中等、高等学校，共办大小工厂、作坊10万个，共办大小农场1万多个，种植面积250万亩。这股高校学生完全不顾条件、盲目办工厂之风，进入1959年后才基本停止。

（三）扫除文盲和大办高校一哄而起

“大跃进”启动后，各地还开展了轰轰烈烈的扫盲运动。1958年2月27日至3月6日，教育部等单位在北京召开全国十八省市扫盲先进单位代表会，国务院副总理、全国扫除文盲协会会长陈毅在讲话中指出，从这次参加会议的67个扫盲先进单位的典型经验来看，中国的文盲是完全可以在五年至七年之内扫除掉的。陈毅要求来一个文化上的“原子爆炸”，并且说，对扫盲工作抱悲观者已经站不住脚了，乐观论者很吃香，农业前进了，扫盲也要前进，来一个齐头并进，只有这样才能符合全国各方面的“大跃进”的形势。会议提出：全国在第二个五年计划内基本上扫除青壮年文盲，在两三年内基本上扫除职工和干部中的文盲，5年内基本上扫除农民和市民中的青壮年文盲。

这次会议之后，各地接二连三传来扫盲工作的好消息。河南登封县宣布：全县扫盲对象中，有81.2%考试及格，“胜利完成了数千年来未能完成的历史任务”。5月初，黑龙江省成为全国第一个“基本扫除文盲”的省份。《人民日报》介绍说，这个一向被认为文盲最多的省份，已基本完成了青壮年扫除文盲的任务，全省86%以上的青壮年工人和81%以上的青壮年农民都认识了1500字以上，普遍做到了“四会”（会读、会写、会讲、会用），扫盲对象都能看懂通俗的报刊，还能够记账、写信、写短文，有不少人还学会了写工作报告。

新华社报道，根据北京、江苏、安徽、山西、河北、黑龙江等14个省、市的统计，已有4600多万文盲参加学习。不少地方现有青壮年文盲几乎全部入学。江苏省7个市和7个专区有847.2万人入学。河北省保定、容城、定县等35个县、市都有90%以上的青壮年文盲参加学习。除黑龙江省已基本扫除文盲外，河南省已有54个县市和吉林省延边朝鲜族自治州基本扫除了青壮年文盲。山西、辽宁省的许多县市也基本上扫除了青壮年文盲。此外，哈尔滨、齐齐哈尔、吉林等市已经基本上扫除了职工中的文盲。上海市参加扫盲学习的人数约 13 万到 14 万人，占职工文盲 80%以上。据 14 个区的不完全统计，已有 600 多个工厂基本上扫除了文盲。

5 月 20 日，《人民日报》发表《用革命精神扫除文盲》的社论，认为虽然扫盲工作取得了很大成绩，但全国各地的情况还很不平衡，扫盲运动在一些地方发展得很快而在另一些地方却进展得很慢。这些进展很慢的地方，应当像那些先进地区一样，抓住生产高潮促进文化高潮的有利时机，以生产为中心，带动各项工作，包括“扫盲工作的大跃进”。社论强调，要在此后 5 年到 10 年，甚至更短一点的时间内扫除青壮年文盲，不造几个高潮，不来几个跃进，而依旧照前几年那样，每年只扫除几百万文盲，那就会无法完成这个任务。

由此，扫盲“大跃进”很快到来。9 月下旬，河南、福建、山西、江苏、广东、湖南等省相继宣布基本扫除了文盲。10 月 1 日，《人民日报》在报道中宣布，从 1 月到 8 月底为止，全国共扫除文盲 8900 多万人，比过去 8 年中扫除文盲总数还多两倍，全国已有 67.2%的县市基本上消灭了文盲，并认为这是“教育史上亘古未有的奇迹”。这些数据自然有相当大的浮夸成分，不过这一年的扫盲工作也确实取得了一定的成绩，约有 4000 万人基本摆脱了文盲状态。

在扫盲“大跃进”的同时，1958 年全国农村还出现一股大办红专大学的热潮。所谓红专大学，其实就是农民业余学校。学生一般是回乡参加农业生产的高中毕业生，也有参加农业生产或参加基层工作几年具有高中文化程度的青年农民和乡干部。教员由邻近的大学农学院的讲师和助教兼任。专业课程一般有土壤学、农业化学、农业生产机械学、耕作学、作物栽培学、植物生理学、植物病理学、农业昆虫学、作物选种学、果树及蔬菜学、畜牧学等。一般每周以两个半天时间借用乡内中学课堂集中讲课。

此后，各式各样的县办、乡办甚至社办红专大学不时见诸报端。1958 年 10 月 1 日，《光明日报》以《数十万红专学校和红专大学在农村建立》为题，报道了全国红专学校的发展情况。报道说，据不完全统计，农村中的红专学校和红专大学已达34.9万余所，参加学习的达2000余万人。不过，这些数据并不可信，当年的所谓红专大学，多数只是挂上一块牌子而已，校舍、经费、师资均未解决。

同样，高等学校在数量上也来了一个“大跃进”。3月，中央文教小组组长、中共中央宣传部部长陆定一在江苏民办农业中学座谈会上指出，要开始打算每个专区办几个大学。有人提出民办大学，志气很好，一个专区几百万人，为什么不能办？每个专区有几百万人口，没有高等学校算什么样子？我看要办几个好。在4月召开的全国教育工作会议上，陆定一又谈到了大办大学的问题。他说，15年把高等教育普及起来，起先每个省办几个高等学校，以后每个专区都办几个高等学校，再以后，每个县、每个乡，凡是有条件的都办起来。办高等学校没有什么神秘，不要害怕。办高等学校，要有教授，可以请些有相当程度的年轻人来教。

6月，刘少奇在给全国教育工作会议的指示中，也专门讲到了这个问题，他指出，县办大学，将来势必每个县有一所大学，准备十年达到这个目的。现在是否给每个县派一个、两个或几个大学生，这样学校就可以办起来了。世界上第一个办大学的总不是大学生吧？现在有一个大学生，大学就应该好办了。一个县，既办了大学就要办高中，既办了高中就要办初中，既办了初中就要普及小学。

既然中央领导人都表示省、专（区）、县都可以办大学，并且15年要普及高等教育，一些地方闻风而动，大办起大学。据不完全统计，从4月到5月底，江苏、广东、吉林、湖南、福建、浙江、江西、河南、河北、黑龙江、陕西、辽宁、贵州、甘肃、湖北、山西、北京等17个省、市，新举办的大学、专科学校达130多所。

黑龙江鹤岗市是大干快上办大学的典型。市委书记把筹办鹤岗大学摆到议事日程，市委宣传部随即召开教育工作会议，“对某些教育干部对办大学的神秘观点以及迷信思想和自卑思想进行了严肃的批判”，很快统一思想认识，制订办大学方案，腾出市第二招待所作校舍，桌椅板凳由各机关、厂矿企业支援。需要教授，向哈尔滨的大学借用；一般教师，采取“大学生教大学生”“高年级教低年级”“专职教员和兼职教员”的办法解决。如此运作，只花了 7 天时间，一所鹤岗大学就办起来了。

《光明日报》为鹤岗大学的创办配发了《专、县办大学的优越性》的社论，认为“专区、县办大学，是人类历史上从来没有过的事。既然是新事，也就要用新的办法——革命的办法来办”。“这类学校都是由地方以自力更生的革命英雄气概办起来的，并没有向领导部门要教授，要设备。”社论还认为其有很大的优越性。第一，党委领导，政治挂帅，红旗插得很鲜明。第二，学校面向地方，面向生产，办学的目的非常明确。第三，多快好省，贯彻了勤俭办学的原则。有的利用原有的高中、中级师范、中等专业学校，以“戴帽子”办法创建起来，和原来的学校仍在一起，一套机构，一套人马，一套校舍设备。第四，敢想敢做，不落陈规，富有创造性。

9 月 19 日，中共中央、国务院发出《关于教育工作的指示》，提出应当大力发展中等教育和高等教育，争取在 15 年左右的时间内，基本上做到使全国青年和成年，凡是有条件的和自愿的，都可以受到高等教育。这个目标实际上是不可能实现的，但各地为了响应 15 年普及高等教育的号召，纷纷因陋就简创办各类大专院校。全国高等学校的数量，由 1957 年的 200 多所上升到 1000 余所，新办高等学校 800 余所，在校学生人数比 1957 年增加 2/3。

这些新办的大学，除一部分是省办的外，大部分是专署和县办的，也有少数是厂矿办的。学校创建的办法主要有：一是中央和外省市帮助边远地区如内蒙古、新疆、贵州等地新办的高等学校；二是将原来一些高校的院系分设另建学校，例如广东将华南工学院的化学系独立成立化工学院，江苏省将南京工学院的食品工业系独立成立食品学院；三是将中等专业学校戴帽子，改设高等学校，这种情况不少；四是将现有的高等学校设立分校；五是地方厂矿企业举办的高等学校；六是普通中学抽调教师担任基础课教师，筹建高等学校。在“大跃进”中办起的这些“大学”，其实多数是中专、中学改来的，并不具备大学的资质条件，在后来的国民经济调整中，大多相继停办。

第五章
文化建设的调整和逆转

进入20世纪60年代，国内经济形势十分严峻。面对继续“大跃进”造成的经济全面紧张，中共中央决心认真调查研究，纠正错误，调整政策。1960年11月，党中央发出《关于农村人民公社当前政策问题的紧急指示信》；1961年1月，党的八届九中全会正式决定对国民经济实行“调整、巩固、充实、提高”的八字方针。这两件事标志着党的经济建设指导方针的重要转变。经济建设的“大跃进”和农村人民公社向基本公社所有制的过渡停止下来。全党上下与人民群众同甘共苦，克服困难。

1960年6月，中央政治局扩大会议在上海召开，会议认为现在的工业指标还是偏高。毛泽东提出，要转入主动，必须下决心降低指标。8月，中央连续发出指示，指出在胜利前进的过程中遇到了困难，最突出的问题是粮、钢增产困难，粮、钢的供求关系紧张。中央决定，在保粮、保钢的前提下，压缩基本建设战线，加强农业战线，并决定以后国民经济计划不再搞两本账，不搞计划外的东西，不留缺口。根据上述精神，周恩来、李富春在8月下旬主持研究1961年国民经济计划控制数字时，提出对国民经济实行“调整、巩固、充实、提高”的八字方针。这个方针的基本内容是：调整国民经济各部门间失衡的比例关系，巩固生产建设取得的成果，充实新兴产业和短缺产品的项目，提高产品质量和经济效益。

1960年10月，中共中央发出指示，着手部署整风整社，坚决扫除“共产风”、浮夸风、强迫命令风、生产瞎指挥风和干部特殊化风等“五风”。10月23日至26日，毛泽东召集华北、中南、东北、西北四个大区的省、市、自治区党委主要负责人开会，主要讨论如何纠正“共产风”

问题。会后，中央委托周恩来主持制定《关于农村人民公社当前政策问题的紧急指示信》（即“十二条”），经毛泽东审阅并修改后，于11月3日发出。

在指示信发出的当天，党中央还发出《关于贯彻执行“紧急指示信”的指示》，明确指出贯彻执行“紧急指示信”的关键，首先在于提高干部的思想，提高他们的经济理论水平和政策水平。党中央要求全体干部真正懂得什么是共产主义、怎样到共产主义，真正弄清楚在现阶段应该做什么、不应该做什么，真正了解革命发展阶段论和不断革命论相结合、政治挂帅和物质保证相结合的道理，真正分清共产主义和平均主义的区别、大集体下“小自由”和资本主义自发势力的区别等问题。为此，党中央提出发动和依靠群众，整风整社，彻底改进干部作风，并且明确规定搞好整风整社的标志是“一平二调”的遗留问题都已经全部解决，干部的思想水平和工作作风有了显著的改进和提高，群众的情绪和干劲逐渐回升，农业生产开始出现新的面貌。党中央这两个指示的发出，实际上是继续被“反右倾”斗争所打断的纠“左”进程，这成为扭转农村严重形势的起点。

1961年1月14日至18日，党的八届九中全会召开，着重讨论李富春作的关于国民经济情况的报告。报告在分析国民经济存在的困难、问题及发生的原因后指出，国民经济经过三年的连续“大跃进”，各部门之间出现了新的不平衡，特别是工业和农业之间的不平衡，这就需要从1961年起对国民经济实行“调整、巩固、充实、提高”的方针，使整个国民经济实现综合平衡，按比例发展。报告强调，1961年国民经济计划的安排，必须更好地贯彻执行以农业为基础，把农业放在首要地位的方针。全会通过李富春的报告，并在会议公报中正式向全党和全国人民宣布，从1961年起对国民经济实行调整、巩固、充实、提高的八字方针。全会决定在全国各大行政区重新成立党的六个中央局，即中共中央华北局、东北局、华东局、中南局、西南局、西北局。中央要求把经济管理权集中到中央、中央局和省（市、自治区）三级，两三年内更多地集中到中央、中央局，以加强中央对各大区各项工作的统一领导和全面安排。

八届九中全会上党的指导方针的重要转变，表明国民经济建设由“大跃进”转入调整阶段。“农业六十条”“工业七十条”制定后，农业和工业都开始进行调整，进而整个国民经济进入全面调整时期。

党在全面调整国民经济和社会政治关系的同时，还着手对科学、教育、文艺工作以及知识分子政策进行调整。早在 1956 年 1 月召开的关于知识分子问题的会议上，中国共产党就对知识分子的阶级属性和地位作了比较客观的分析，肯定了知识分子的绝大部分已经成为工人阶级的一部分，后来又提出发展科学文化的“百花齐放、百家争鸣”方针，空前调动了知识分子的积极性，使知识分子思想得到大解放。但是，自反右派斗争开始，接连不断的政治运动，对科学、教育、文艺等方面的业务工作和创作活动造成很大的冲击。在“左”倾思想发展背景下，知识分子问题上又产生了许多错误认识，知识分子又被列入剥削阶级的范围，挫伤了他们为社会主义服务的积极性。1958 年以来，科学、教育、文艺等领域兴起“大跃进”，刮起浮夸风和瞎指挥风，打乱了正常的工作秩序。为此，党对科学、教育、文艺事业的政策调整，是从制定这几方面的工作条例着手的。

一、教育政策调整和高校教学制度建设

（一）“高教六十条”的制定

1956 年基本完成社会主义改造后，我国开始了大规模的社会主义建设。总体上国际局势也日趋缓和，新技术革命如火如荼，中共中央及时抓住战略机遇，决定加快社会主义建设，提早实现国家工业化。而国家建设急需的各类专门人才的奇缺、高等教育的滞后成为限制我国科技快速发展的瓶颈，高等教育问题引起了中央的重视。

1956 年 1 月，中央召开关于知识分子问题的会议。周恩来代表党中

央明确提出了“向现代科学进军”的号召。这个号召包含了高等教育与世界新技术革命接轨的思想。周恩来指出：高等学校中的科研力量占全国科学力量的绝大部分，必须在全国科学发展计划的指导之下，大力发展科学研究工作，大量培养合乎现代化水平的科学和技术的新生力量。在“向现代科学进军”的热潮中，高等教育初步形成了教学与科研并重的办学特色。在中央的大力支持下，高等学校瞄准世界高新技术发展前沿，根据国家经济、国防建设的需要，建立起多种新型学科，培养出大批人才。同时，高等学校还凭借自身不断增强的科研能力，积极参与《一九五六—一九六七年科学技术发展远景规划》的制定，承担重大的国家科研任务，成为我国科学技术研究系统的一支重要力量。

但 1957 年开始的反右派斗争及其扩大化，打断了高等教育的良好发展势头。大批骨干教师和学科带头人被打成“右派分子”，使教育事业蒙受巨大损失。反右派斗争结束后，毛泽东认为，政治战线和思想战线上已取得社会主义革命的基本胜利，党的工作着重点应放到技术革命上去。他强调要破除迷信，解放思想，学习与独创相结合，同时批评了教育领域的教条主义问题。1958 年 4 月，中央教育工作会议召开，对教育部门的教条主义、右倾保守思想和教育脱离生产劳动、脱离实际的错误进行批判。然而，在随后召开的党的八大二次会议上，毛泽东改变了中共八大对社会主义改造基本完成后国内主要矛盾的正确判断，提出中国社会存在着“两个剥削阶级和两个劳动阶级”，知识分子实际上被列入了资产阶级这个剥削阶级的范畴。

5 月 18 日，正在出席党的八大二次会议的毛泽东接到李富春转来的、由国家计委呈送的关于安东机械厂小厂办大事，克服技术、工具、材料设备和资金上的种种困难，终于研制出我国第一台轮式拖拉机的报告。毛泽东对这份报告很感兴趣，在材料旁白处写下“卑贱者最聪明，高贵者最愚蠢”12 个字，并写了近 300 字的批语，充分肯定中国工人阶级“敢想、敢说、敢做的大无畏精神”，并以此证明科学、技术发明大都出于被压迫阶级，就是说，出于那些社会地位较低、学问较少、条件较差、在开始时总是被人看不起，甚至受打击、受折磨、受刑戮的那些人。毛泽东批示的全文，被列为中共八大二次会议的文件，发至出席会议的全体代表。在“大跃进”年代，毛泽东关于“卑贱者最聪明，高贵者最愚蠢”的批语，成为一些领导部门用来鞭策知识分子尤其是高校教师不断进行“工人阶级化”和“劳动化”改造的警言。

1958 年 9 月，为强调党对教育领导的重要性，强调教育必须为无产阶级政治服务、必须与生产劳动相结合的方针，中共中央和国务院发布了《关于教育工作的指示》。指示要求，教育要走群众路线，实行全党全民办学。此后，以“政治挂帅”、勤工俭学、教育与生产劳动相结合为指导方针的“教育大革命”在全国开展起来。“教育大革命”延续了“技术革命”的思路，在实践中取得了一些经验。这一时期，许多高等院校调整学科，组建高新技术专业，促进了科研队伍和科研工作的发展；有些高校“真刀真枪”地进行毕业设计，与业务部门开展科研合作，闯出了教学、科研、生产劳动相结合的路子。例如，清华大学和南京工学院分别承担了密云水库和北京火车站的工程设计。1958 年至 60 年代初，有关国防科技工业高等院校普遍增设产品设计类专业，特别是无线电电子类及火箭、导弹、原子能等专业，适应了国防装备从仿制向自行设计转型期对技术人才的需要。1958 年创建的中国科学技术大学，设立原子物理和原子核工程、高分子化学、高分子物理等学科，对我国科学技术的发展和科技人才的培养起了重要作用。

但是，由于缺乏经验和急躁冒进，以及对教育客观规律的轻视，“教育大革命”没有实现预期的改革目标，反而造成许多严重的失误。主要表现在：以“大跃进”的速度办教育，盲目追求学校数量和扩大学校规模，超越了国民经济所能承受的能力；盲目扩大生产劳动在教学中的比例，贬低教师在教学活动中的地位和作用，导致教学秩序混乱；以群众运动的方式进行教学改革，对课程不适当地大删大改，以“大兵团”方式自编教材讲义，教学质量严重下降；在科研工作中，大搞科技献礼，贪多图快，急于求成；在学术批判上，混淆政治与学术的界限，开展“拔白旗”“插红旗”运动，对知识分子进行错误、过火的批判。

教育领域出现的混乱局面引起中央的重视，1960 年冬，中共中央决定进行调整。

首先，缩短教育战线，大幅度裁并高等学校和中等专业学校，保留下来的高等学校逐步缩小规模。至 1963 年底，高等学校由 1960 年的 1289 所压缩为 407 所，在校学生由 96 万人压缩为 75 万人；中等专业学校由 1960 年的 6225 所裁并为 1355 所，在校学生由 221.6 万人压缩为 45.2 万人。

其次，以“未立不破”为原则，采取选、编、借的办法，加强教材建设。至 1964 年，共修订理工农医各科教材 39 种，新编选或翻译出版了通用教材 3603 种。至 1965 年，文科教科书和参考教材共编出 70 多种 140 多本，初步满足了教学急需。

再次，加强教育立法，制定条例，纠正实际工作中出现的问题，使高校工作制度化、规范化。在此背景下，《中华人民共和国教育部直属高等学校暂行工作条例（草案）》（简称“高教六十条”）应运而生。

教育部党组从 1961 年初开始研究、草拟高等学校工作条例。为了写好这个文件，教育部党组专门召开座谈会，邀集部分高校的负责人和教授征求意见。1961 年 3 月，根据中央指示，教育部开始进行条例的起草工作。教育部部长杨秀峰、副部长蒋南翔分别带队，到天津、北京等地的高等学校进行调查研究。调查工作涉及高校领导体制问题，教学工作，仪器设备的损失和管理，图书馆工作，学生学习和生活，总务工作等方面。大量的调查材料和各方面反映的情况，暴露了教育领域存在的许多问题。在迅速摸清全国各高校的实际情况后，起草小组很快统一思想，统一了解决的步调。在起草过程中，教育部曾召开两次座谈会，邀集部分高等学校的负责同志和教授征求意见。经多次讨论和反复修改，起草小组确定了条例的框架和主要内容。7 月 29 日，第五次稿形成。据档案材料记载，第五次稿经书记处原则同意后，7 月 30 日和 31 日，在中央文教小组副组长林枫主持下，根据书记处的指示意见，共同对第五次稿作了修改。31 日新稿形成，作为书记处会议文件。

1961 年 6 月，邓小平在主持中央书记处会议讨论文教工作时，强调了条例的重要性。他说：学校经验要总结，更积极的是搞出六十条，搞个章程出来。据档案材料记载，条例稿形成后，8 月 1 日至 3 日，邓小平在北戴河主持中央书记处会议，会同中央文教小组、教育部、中宣部等部门的同志，对条例稿进行逐条讨论。4 日下午，中宣部部长陆定一主持对条例稿通读加工一遍。5 日下午，书记处会议通读一遍后，工作条例获得通过。

除条例稿外，书记处会议还讨论了由中宣部代中央起草的关于讨论和试行工作条例的指示稿。8 月 5 日，邓小平、彭真、陆定一等联名致信毛泽东，说明讨论经过，并附上条例，请毛泽东审阅后批交中央工作会议讨论。书记处还决定，由陆定一负责，将文件修改后即发给参加 8 月中央工作会议的同志，以便事先阅读，准备意见。随后，教育部根据邓小平的指示，派出 3 个调查组，到北京大学、天津大学、复旦大学，宣读条例草案，征求意见。据档案材料记载，中央书记处对“高教六十条”的制定表示满意。邓小平几次提到文件很好，认为解决了一个大问题。

1961 年 8 月 23 日至 9 月 16 日，在毛泽东主持下，中央在庐山召开工作会议，讨论工业、粮食、教育等问题。这次会议审议了“高教六十条”草案和中央指示草稿，对条例草案改动不大。9 月 15 日，中央发出经毛泽东核阅批准的《中共中央关于讨论和试行教育部直属高等学校暂行工作条例（草案）的指示》，原则批准“高教六十条”，并决定在教育部直属高等学校讨论试行。对这个条例，毛泽东予以肯定。用他的话说，“总算有了自己的东西”。

在起草“高教六十条”的同时，教育部还根据党中央的指示，起草了中小学教育工作条例，后来分别写成《全日制中学暂行工作条例（草案）》（简称“中教五十条”）和《全日制小学暂行工作条例（草案）》（简称“小教四十条”），1963 年 3 月 23 日由党中央批准试行。“高教六十条”及中学、小学工作条例，将党的教育方针和培养目标加以规范化、系列化、具体化，这对于办好社会主义人民教育有很大的指导意义。

（二）高校教学制度的规范

“高教六十条”经中央批准发布试行后，各高校及教育部门的党组织很快贯彻落实条例精神。中国科学院党组召开“神仙会”，听取党外人士的意见，对过去的错误承担责任，产生了良好反响。北京市委大学科学工作部对清华大学、北京大学、北京师范大学等高等院校的教师队伍、教学质量进行广泛调查，提出了改进工作的意见，要求对学生几年来因参加生产劳动过多而耽误的课程有计划地进行补课，要求在教学中充分发挥教师的主导作用。

针对高等学校教材缺乏，现有教材又多受1958年以来“大跃进”运动和各种政治运动的影响而水平较低、难以保证教学质量的问题，中央书记处在1961年2月决定，把编选高校教科书和讲义作为教育部门的重要工作。中央宣传部、教育部特别抓了大学文科教材的建设，集中一大批专家教授，对文科七类专业（文学、历史、哲学、政治、政治经济学、教育、外语）和艺术院校七类专业（戏剧、音乐、戏曲、电影、美术、工艺美术、舞蹈）的教材进行修订。如此大规模地编选高校文科教材，在中华人民共和国成立以来还是第一次。

“高教六十条”最初的试行范围是26所教育部直属高等学校。1962年3月，周恩来在二届全国人大三次会议上宣布：全国的高等学校，凡是具备条件的，都应该试行。至1963年初，全国试行条例的高等学校共200多所。其中由各部委领导的71所，省、市、自治区领导的127所，其余高等学校也大都参照条例精神改进了工作。在此过程中，各高校根据实际情况和具体条件，对各项工作进行调整和改善。教育部相继出台一系列补充办法和实施细则，高等学校初步建立起一套较为规范的章程制度。经过全国自上而下的努力，高等教育重新步入良好的发展阶段。具体主要表现在：

第一，教学工作得到多方面的调整，严格对学生的要求，教学质量明显提高。根据“高教六十条”精神，各高校普遍对专业、专门组和师资任务进行调整；制定和修订教学计划和教学内容，加强基础理论、基本知识教学活动和基本技能的训练；合理安排教学、生产劳动和社会活动时间，针对过去所缺的课程，安排补课计划；加强对学生文化成绩进行考试和考核的制度建设。为保证入学新生质量，教育部规定，1962年的新生招考，要根据考生的考试成绩和所报志愿的顺序，从高分到低分，分段录取。对在校学生加强管理，赋予学校升降级和开除学生的权力。

第二，知识分子政策得到落实，尊师重教，广大教师的工作积极性得到发挥。加强教学、提高质量的关键，在于拥有一支高水平的师资队伍。多数高校参照“高教六十条”，加强了对教师的生活和健康的照顾，着力保证教师六分之五的时间用于业务工作。1962 年，教育部发出在全国重点高校中培养骨干教师的通知。1962 至 1963 学年度，接受进修的教师达 3118 人。对那些有真才实学的年老体弱又不能担负教学工作的教师予以照顾，不受教师编制定额的限制。对在本门学科中有较高学术水平的老教授，配备科学助手。根据条例关于建立教授、副教授、讲师轮流休假制度的规定，1963 至 1964 学年度，高等学校开始试行教师休假制度。在条例的试行过程中，相关部门还对过去被错误批判和处理的教师进行甄别，党和知识分子的紧张关系得到缓解。广大教师心情舒畅，工作积极性被重新调动起来。

第三，研究生培养制度初步建立。建立和健全高等学校的研究生培养机制，是培养科学研究人员和高等学校师资的一项重要措施。从 1962 年起，我国开始正规培养三年制研究生，并对提高质量提出了明确要求。如为保证招生质量，采取提前选拔新生的办法，扩大招生范围，政治和外语统一考试，注意招收在职干部；严格遴选导师，规定只有教授、副教授、研究员和副研究员才能指导研究生；制定适合需要的培养方案，建立科学的管理工作；等等。1963 年，教育部制定了《高等学校培养研究生工作暂行条例》《研究生专业目录》，并对培养方案等作出原则规定。1962 年至 1965 年，是我国研究生培养制度初步建立的时期，各高等学校共培养研究生 17521 名。

第四，高等学校的科研工作蓬勃开展。根据“高教六十条”精神，1963 年 5 月，《教育部直属高等学校自然科学研究工作暂行简则（草案）》试行，教育部还决定出版《高等学校自然科学学报》，作为全国高等学校公开的学术性刊物。高等学校的科研工作也得到国家的大力支持。从 1962 年起，教育部直属院校拥有一定数量的专职科研人员，1966 年达

5200人。从1963年起，国家给高等学校专门拨发科研经费，在11所学校建立了18个专门的科研机构。

1962年至1963年，在中央编制一九六三年至一九七二年科学技术发展规划的过程中，许多高校积极参与，共有186所高校承担了研究任务。至60年代中期，高等学校的科学研究已形成较大规模，呈现蓬勃发展趋势，取得一批重要的科研成果。例如，至1964年，清华大学共建有实验室85个，许多实验室与国家经济、国防建设密切相关，建成了我国第一座自行研究、设计、调试的屏蔽试验反应堆。在1965年高教部举办的高校科研成果展览会上，南京大学有20多项成果参展，其中“分子筛”“华南花岗岩”“金属缺陷”“内蒙古草原综合考察”“大米草引种与利用”等5项科研成果，被誉为南京大学科学研究的“五朵金花”。经过此次调整，高等学校的教育质量得到明显提高，培养出来大批国家建设的骨干力量。因此，1962年至1965年也被誉为中国高等教育发展的“黄金时期”。

二、科技政策调整和科学事业发展

（一）“科学十四条”的制定

1960年9月，中共中央以文件的形式正式提出了“调整、巩固、充实、提高”的“八字方针”。在对国民经济进行调整的同时，党着手对科学、教育、文艺工作以及知识分子政策进行调整。这方面的调整是从制定科学、教育、文艺等几个领域的工作条例着手的。

关于科学界存在的主要问题，首先是科研单位存在浮夸风、瞎指挥风等歪风。许多科研机构没有中心目标，一会搞这个，一会搞那个，工作很忙乱。当时有一句口号：“以任务带科研。”这个口号本身有一定的合理性，但实行起来却急功近利，事实上是一切围着运动转，甚至盲目听命于政治。一些地方违背科学规律，不经试验，不顾条件，遍地开花，造成严重浪费。其次是争名垄断风。国务院分管科技工作的副总理聂荣臻在《关于一九六一、一九六二年科学技术工作安排的报告》中指出：为了争名，不惜弄虚作假，或把别人成果、国外成果据为己有，说成是自己的发明；为了争名，借口保密，垄断课题，封锁消息，独占资料，拒绝内部的交流经验；不少单位不愿协作，只能当主角，不愿充配角，大家都要自己搞一整套，分散力量。第三是科学界对知识分子政治上的进步和他们在社会主义建设中的作用估计不足，执行党的知识分子政策和科学工作政策不够全面。聂荣臻在他的回忆录中讲到这样的情况："对科技人员的要求，过去提又红又专，究竟什么叫'红'，没有标准，许多知识分子反映可望而不可及，使他们总是觉得抬不起头来，实际上是在挫伤他们的积极性。我们一些领导干部老盯着人家，甚至要求知识分子按他的标准，思想先改造好再搞科研工作。"①

此外，是在科学工作者中间进行政治排队，划分左、中、右。这种做法开始于 1957 年反右派斗争，其后不但在政治运动中，而且在日常工作中也频繁地实行。特别是 1958 年开始的"大跃进"运动，其基本倾向是排拒知识和科学，直接诉诸群众运动的一种发展模式。对知识、科学和知识分子的排斥达到极点。"破除迷信"变成破除科学和常识，"尊重实践"变成崇尚无知，"解放思想"变成唯意志论。科学家们不能务正业，每周用于科研的时间不足一半，大量时间被用来搞政治运动、政治学习和与科研无关的各种体力劳动。

对于上述情况，科研工作人员有很大意见。有的科学家说，"以往对高级知识分子的学习安排得不好。例如农村人民公社六十条要我们学习一百小时，学完了还要再学，我就不赞成，不如下去看看。以往甚至还搞读报，难道我们自己不会读？这种方式很浪费时间"。除了安排学习时间过多以外，根据中央关于下放干部进行劳动锻炼的指示，科研机构还组织了大批科研人员下放工厂、农村参加体力劳动。这些下放的科研人

① 《聂荣臻回忆录》，解放军出版社 1986 年版，第 834 页。

员要在基层劳动一两年后才通过轮换方式回到原单位，从而荒废了他们搞科研的时间。

科学技术领域存在的上述混乱现象，冲击了正常的工作秩序，知识分子的积极性受到严重挫伤，已经严重地阻碍着科技事业的进一步发展。另一方面，国际上不仅以美国为首的西方国家继续对中国实行技术封锁，而且随着中苏两党在意识形态方面论战的升级，苏联政府单方面撤回专家、撕毁合同，开始卡中国的脖子，中国的科技发展更加需要依靠自己的专家学者。形势表明，我国已经到了系统地调整科研政策和知识分子政策的时候了。

1961 年初，毛泽东越来越多地觉察到“大跃进”运动的弊端，号召全党大兴调查研究之风。1961 年 3 月，中共中央发出了《关于认真进行调查工作问题给各中央局，各省、市、区党委的一封信》，同时中央还印发了毛泽东写于 1930 年的《调查工作》（后来公开发表时改名为《反对本本主义》）。中央的信中说：“中央要求从现在起，县级以上党委的领导人员，首先是第一书记，认真学习毛泽东同志的思想方法和工作方法，把深入基层（包括农村和城市），蹲下来，亲身进行有系统的典型调查，每年一定要有几次，当作领导工作的首要任务，并且定出制度，造成风气。”在毛泽东和中央的指示下，各地各部门迅速开展了广泛的调查研究。

早在 1960 年底，科学界从中央对农业和人民公社的调整政策中，已经感知出新鲜空气，并积极顺应形势，举行了一些座谈会，总结和反思“科学大跃进”中出现的问题。其中，上海科学界的“神仙会”就是较为突出的事例。上海是与“大跃进”保持高度一致的地区。根据中央的指示，上海市委于 1960 年底布置总结“大跃进”运动的经验教训。中国科学院上海分院党委书记王仲良受到北京民主党派开“神仙会”的启发，在中国科学院上海分院召集科学界“神仙会”，实行不戴帽子、不打棍子、不抓辫子的“三不”原则，动员科学家讲真话，检查“大跃进”以来科研工作中存在的问题。自 1960 年 12 月至 1961 年 1 月，中国科学院上海分院先后举行了 11 次“神仙会”，参加会议的科学工作者共有 1244

人，其中高研 73 人、助研和工程师 303 人。会上所提问题涉及科研工作安排、理论联系实际、科研工作中的群众运动、培养干部和学术活动等方面，内容丰富、具体。这些意见由上海分院汇编成册，得到中国科学院党组的肯定，并在全院系统内推广，所收集的意见，为后来制订“科学十四条”提供了基础的材料。

党中央的“八字方针”与“农业六十条”的颁布，对于恢复经济和调整人民的生产生活起到明显的效果，受到全国人民的普遍欢迎，同时也为科学界思考和调整“科学大跃进”所带来的弊端提供了有益的借鉴。中国科学院党组通过对院属各研究所进行广泛的调研后，开始着手制订相关规章制度，以便规范科研工作秩序，确保科学事业健康发展。科学工作条例的制定由此被提上了议事日程。

从 1960 年冬开始，在聂荣臻主持下，国家科委党组和中国科学院党组在许多科学家、干部和一些科研机构中进行调查研究，为起草“科学十四条”做准备。经过深入细致的调查研究，吸取上海“神仙会”上的科学家意见，他们于 1961 年 2 月提出了当前工作的若干条意见；2 月底，召开各所所长参加的党组扩大会议，集体讨论后将意见修改为 14 条；之后再经过调研和补充，于 4 月形成草稿报送聂荣臻。聂荣臻认为这 14 条意见很好，建议面向全国推广，文件改由国家科委党组和中国科学院党组联署上报，文件名确定为《关于自然科学研究机构当前工作的十四条意见（草案）》（简称“科学十四条”）。自 4 月以后，在聂荣臻的直接领导下，国家科委党组和中国科学院党组又分别进行了一些调研和讨论，对“科学十四条”进行了修改和补充，最后由聂荣臻定稿。6 月 20 日，聂荣臻还就其中若干重大政策问题向中央专门写了请示报告，连同“科学十四条”草案，一并报送中共中央书记处。

7 月 6 日，中央政治局开会讨论聂荣臻《关于自然科学工作中若干政策问题的请示报告》和“科学十四条”草案。刘少奇、周恩来、邓小平、彭真、李富春、聂荣臻等出席会议并发言。会上，聂荣臻对“科学十四条”的产生过程和内容做了说明，张劲夫补充介绍了“科学十四条”在中国科学院的试点情况和反映。刘少奇在讨论中指出：“现在的问题是有偏向，要承认。有偏就要纠。这几年党成为执政党是好事情，是成绩，乱指挥，人家也听你的。但是继续这样搞下去要跌下台的，再不能这样搞了”。邓小平发言认为“是个好文件，可以试行，很有必要。试行后在实践中加以修订补充，使其成为科学工作中的宪法”。并且，他对有关党的工作部分提出了补充意见，他说：“党怎样做工作？要创造一个生动活泼，人心舒畅的局面，出科学成果。党的领导干部要和科学家交朋友，关心帮助他们……要老老实实当好勤务员，为科学家服务，替他们解决困难。”周恩来说：“要向我们的干部讲清楚，我们为科学家服务好了，科学家就为社会主义服务得好。总而言之，都是为了社会主义。”他还建议这个文件在财政、文教等系统都可以发。①

“科学十四条”在中共中央政治局会议上获得一致通过。7 月 19 日，中共中央在批转这一文件草案时指出：“做好知识分子工作，很关紧要。”“近几年来，有不少的同志，在对待知识、对待知识分子的问题上，有一些片面的认识，简单粗暴的现象也有所滋长，必须引起严重的注意，以端正方向，正确地贯彻执行党的政策”。“一定要使知识分子敢于讲真话，畅所欲言，言者无罪，闻者足戒。在学术工作中，一定要百花齐放、百家争鸣，不戴帽子、不拿棍子、不抓辫子。这样才能造成一种又有统一意志、又有个人心情舒畅、生动活泼的政治局面，充分地调动起广大知识分子的积极性，使他们能够放心、负责地去做工作。”② 中央认为这个文件不仅适用于中国科学院，对于一切有知识分子工作的部门和单位，也都是适用的，所以下发的范围较广。

“科学十四条”的内容概要是：(1) 研究机构的根本任务是提供科学成果、培养研究人才；(2) 保持科研工作相对稳定；(3) 正确贯彻理论联系实际的原则；(4) 计划的制订和检查，要从实际出发，适应科学工作的特点；(5) 发扬敢想、敢说、敢干的精神，坚持工作的严肃性、严格性和严密性；(6) 坚决保证科学研究工作时间；(7) 建立系统的干部

---

① 《聂荣臻回忆录》，解放军出版社 1986 年版，第 830—831 页。

② 中共中央文献研究室编：《建国以来重要文献选编》第 14 册，中央文献出版社 1997 年版，第 515—516 页。

培养制度；(8) 加强协作，发展交流；(9) 勤俭办科学；(10) 百花齐放，百家争鸣；(11) 团结、教育和改造知识分子；(12) 加强思想政治工作；(13) 大兴调查研究；(14) 健全领导制度。

在当时的历史条件下，“科学十四条”中最关键、最敏感的问题有四个：第一，明确研究机构的根本任务是“出成果、出人才”；第二，尊重科学家、保护科学家，提出“初步红”的标准，即拥护党，拥护社会主义，用自己的专业为社会主义服务；第三，明确研究所一级党委才有领导权，基层党组织只起保证作用，党员要尊重非党科学家的意见；第四，认真贯彻“双百”方针，区分政治问题和学术问题的界限，思想问题和行动问题的界限。“科学十四条”针对当时困扰科学研究工作的几个主要问题，明确规定了政策界限，纠正了过去几年中的“左”的错误。

“科学十四条”的制定和实行，对于调动科学工作者的积极性，尤其是把科研人员从频繁的政治运动、政治学习和体力劳动中解脱出来，安心从事自己的科研工作，起了很好的作用。由于科研人员的积极性重新调动起来，过去几年造成的混乱现象得到了纠正。尽管现有科研条件极端艰苦，但是我国科技领域仍然取得了一系列显著的成就。“科学十四条”也使党和知识分子的紧张关系得到缓解，工作秩序得到恢复，对逐步形成具有中国特点的社会主义科学事业的一套方针政策和具体制度，起了重要作用。

（二）科研领域的长足进步

为了贯彻“科学十四条”的精神，中央从两个方面采取了措施。一是为“反右倾”斗争中被错误批判的科研工作者进行了甄别平反，给被划为“右派分子”的大多数人摘掉了帽子。随后，在 1962 年春广州召开的“全国科学技术工作会议”和“全国话剧、歌剧、儿童剧创作座谈会”上，周恩来、陈毅给包括科研人员在内的广大知识分子“脱帽加冕”，从实质上恢复了 1956 年知识分子会议上党对我国知识分子的阶级属性所作的基本估计，肯定我国知识分子的绝大多数已经属于劳动人民的知识分子，而不是属于资产阶级知识分子。二是从生活上对重点保护的科学家给予照顾。为了减轻这部分科技人员在三年困难时期的生活困难，保证他们能够坚持科研工作，在 1961 年 7 月 13 日的中央书记处会议上，邓小平提出：“应千方百计把科技专家、教授生活搞好，不光解决个人，还要解决他一家的问题，人同此心。”邓小平特别指出，对于国防部五院、二机部等从事尖端高技术研究的科技人员，待遇要高些，工资要高些，生活安排要好些。鉴于当时国家处于严重经济困难时期，食品和其他日常生活用品普遍供应不足，10 月 27 日，中央书记处会议对这个问题再次进行了讨论，并作出以下决定：关于改善在京的科学家、艺术家和著名教授的副食品补助供应问题，由齐燕铭负责，成立办公机构，开列名单，制定办法，由国家拨出专款，专门解决。

为了具体贯彻“科学十四条”，中国科学院于 1961 年 8 月 18 日制订了《中国科学院自然科学研究所暂行条例》（简称“七十二条”），并于 9 月 15 日颁发院属各所。该条例主要内容有八个部分：所务委员会、学术委员会、研究室、研究工作的管理、研究技术人员、研究生和在职干部的培养、科学服务机构和党组织。它规定了研究所必须实行党委领导下的以所长为首的所务委员会负责制，围绕“出成果、出人才”开展工作。所务委员会讨论和决定研究所的计划、经费、机构及人员的安排等；学术委员会则侧重审定学科发展方向、鉴定成果、考核技术干部及组织学术活动；所务委员会和学术委员会主要由科学家组成。条文特别指出所一级的党组织是全所的领导核心，而研究所下属各级党组织只起保证监督作用。

“科学十四条”在中国科学院和各大专院校及其他科技单位具体贯彻后，各单位领导干部的作风有了很大进步，民主气氛大大发扬，多数高级研究人员亲临第一线，集中精力参加和指导研究工作，学术活动渐渐增多，研究成果也明显增加。我国以研制原子弹、导弹、氢弹和人造地球卫星为核心的国防尖端科学技术的发展，取得了长足的进步和举世瞩目的成就。

1961 年 7 月 16 日，中共中央作出《关于加强原子能工业建设若干问题的决定》。决定指出：“为了自力更生，突破原子能技术，加速我国原子能工业的建设，中央认为有必要进一步缩短战线，集中力量，加强各有关方面对原子能工业建设的支援。”① 根据中央关于自力更生研制原子弹的决定，1962 年 10 月 30 日，解放军总参谋长罗瑞卿向党中央呈送了发展中国尖端事业的报告。报告指出，二机部在分析了各方面的条件以后，提出力争在 1964 年爆炸第一颗原子弹。这一目标的实现，不但在国内是一件振奋人心的大事，而且在国际上也会产生巨大影响。实现原子弹爆炸，是全国科学技术和工业生产水平的集中表现，绝非哪一个部门所能单独办的。除二机部外，还必须取得各个工业部门、科研单位的密切配合，以及全国在人力、物力上的大力支援。报告建议成立“中共中央专门委员会”，以加强对国防尖端科技事业的领导。11 月 3 日，毛泽东对罗瑞卿的报告作出批示：“很好，照办。要大力协同做好这件工作。”

11 月 17 日，刘少奇在中共中央政治局会议上宣布，中央决定成立“中央十五人专门委员会”（简称中央专委）领导原子弹研制工作，由周恩来任主任委员，委员有贺龙、李富春、李先念、薄一波、陆定一、聂荣臻、罗瑞卿 7 位副总理和赵尔陆、张爱萍、王鹤寿、刘杰、孙志远、段君毅、高扬 7 位部长。中央专委的主要任务是加强对原子能工业建设和加速核武器研制、试验工作以及核科学技术工作的领导。1965 年，中央十五人专门委员会改称中央专门委员会，并将导弹和人造卫星的研制也统一纳入中央专委会的领导范围，增补张劲夫为中央专委会委员。全国 26 个部委、20 多个省区市、1000 多家单位的科技人员大力协同，在攻克尖端科技难关方面显示出社会主义制度的优势。

在中央的直接领导下，我国一大批杰出的科学家和科研人员、工程技术与管理人员汇集一起，投入“两弹一星”的研制。党和政府的充分信任和大胆使用，使他们发挥了前所未有的积极性、主动性和创造性。他们在戈壁荒滩、深山峡谷建立基地，风餐露宿，披星戴月，艰苦创业。出于保密的需要，他们隐姓埋名，断绝与外界有碍工作的往来，默默无

① 中共中央文献研究室编：《建国以来重要文献选编》第 14 册，中央文献出版社 1997 年版，第 511 页。

闻地为祖国的国防尖端科技事业作贡献，有的甚至牺牲了宝贵的生命。广大科技人员、解放军指战员以及有关部门的职工、干部都为这一伟大事业付出了巨大而艰辛的努力。在这一过程中，中国科学家提出了“理论联系实验”“技术民主”“冷试验”的科研理论和方法，广泛运用系统工程、并行工程和矩阵式管理等现代管理理论与方法；设计、实验、工程部门之间紧密配合、创新攻关；领导干部身体力行，进行深入细致的思想政治工作。这些都为这项增强我国综合实力的伟大事业的成功奠定了坚实的基础，他们为祖国立下的功勋将永远铭刻在中华民族的历史上。

1964 年 10 月 16 日，中国成功爆炸了第一颗原子弹，震惊了世界。这一成就集中代表中国科学技术当时所能达到的新水平，有力地打破了超级大国的核垄断和核讹诈，提高了中国的国际地位。中国政府发表声明：中国一贯主张全面禁止和彻底销毁核武器；中国进行核试验，发展核武器，是被迫的，是为了防御，为了保卫中国人民免受核威胁。中国政府郑重宣布，在任何时候，任何情况下，中国都不会首先使用核武器。从 1960 年开始，中国科学家对氢弹理论的研究逐步取得进展，到 1965 年，中国科学家突破了氢弹研制中的关键技术，探索出一种新的制造氢弹的理论方案。

中央强调，两弹为主，导弹第一，要实现原子弹与导弹结合。在导弹和喷气技术领域，经过仿制、改进到自行研制三个阶段实现飞跃。1960 年，中国第一枚探空火箭和近程导弹发射成功。在近程导弹的研制取得重大进展的同时，中国又开始自行设计和研制中近程地对地导弹。1964 年，中近程导弹发射成功。

人造地球卫星的研制也经过了艰苦的过程。度过三年严重困难时期之后，中国科学院研制人造卫星的工作在各方面都有了突破和进展。1965 年，中央专门委员会原则批准中国科学院《关于发展我国人造卫星工作规划方案建议》，该报告计划在 1970 年至 1971 年发射我国第一颗人造地球卫星，命名为“东方红一号”。人造地球卫星进入工程研制阶段，代号为“651”任务。火箭技术的突破和人造卫星的研制，为中国的航天技术打下了坚实基础。

以“两弹一星”为核心的国防尖端科技的辉煌成就，不仅是我国国防现代化的伟大成就，也是中国现代科学技术事业发展的重要标志。它带动了中国现代科学技术的发展，填补了许多学科空白，为我国实现尖端技术发展的跨越积累了宝贵经验。邓小平后来曾说：“如果六十年代以来中国没有原子弹、氢弹，没有发射卫星，中国就不能叫有重要影响的大国，就没有现在这样的国际地位。这些东西反映一个民族的能力，也是一个民族、一个国家兴旺发达的标志。”①

据聂荣臻回忆：“贯彻‘科学十四条’和召开广州会议以后，知识分子的积极性空前高涨，为科学事业更加尽心尽力。当时普遍生活困难，但大家还是干劲十足，中国科学院、国防部五院、二机部九院等许多科研单位，晚上灯火通明，图书馆通宵开放，一片热气腾腾，我国真正出现了科学的春天。至今我还认为：如果没有那几年的实干，‘两弹’也就不会那么快地上天。”②

除以原子弹研制为核心的国防高科技的突破性进展外，在国民经济调整时期，我国的化学工业、原子能工业、电子工业以及科学技术各领域也都获得了突出的发展。按照国民经济计划解决人民“吃、穿、用”的战略安排，工业战线大力支援农业，化学工业得到了应有的重视。1965 年同 1957 年相比，我国的硫酸生产能力增长 3 倍多，烧碱生产能力增长近两倍，化肥生产能力增长了近 11 倍，农药生产能力增长了近 3 倍。特别是随着石油产量的增长，以石油、天然气为原料的石油化学工业有了突飞猛进的发展。国家通过向西方引进成套设备和技术，建成了自己的石化工业体系。同 1957 年相比，我国化纤生产能力增长了 250 倍，塑料生产能力增长了 7 倍。

在传统的机械工业方面，国家也加大了投入，并获得显著成绩。1964 年中国机床品种达到 540 种，比 1957 年增加了 1.8 倍。从 50 年代末至 60 年代初，我国不但能够生产车、铣、刨、钻、磨、镗等小型通用

① 邓小平：《中国必须在世界高科技领域占有一席之地》，《邓小平文选》第 3 卷，人民出版社 1993 年版，第 279 页。

② 《聂荣臻回忆录》，解放军出版社 1986 年版，第 838 页。

机床，而且具备了制造大型、复杂和成套精密机械设备的能力。这一时期中国制造的万吨水压机和床面为 6.3 米的大型立式车床，都达到了当时世界的先进水平。

在原子能工业和电子工业这些新兴产业领域，60 年代前期取得的成绩也是极其显著的。原子能工业是在苏联单方面终止合同、撤走专家的情况下，自力更生发展起来的。在核原料生产方面，中国科技人员和工人克服了难以想象的困难，先后建成了衡阳铀水冶厂和兰州气体扩散厂，解决了浓缩铀的核心制造工艺。随后，完全凭中国人自己的努力，在 1966 年建造了生产核原料钚－239 的反应堆。这两项生产成就，确保了原子弹和氢弹的试验成功。与此同时，科学技术人员在很短的时间内完成了《潜艇核动力方案设计（草案）》，填补了核动力研究的空白，为以后的研制工作打下了良好基础。

中国还大力发展新兴工业——电子工业。1963 年至 1965 年共投资 5.29 亿元用于电子工业新开项目的建造。新建中央直属工程 52 项，其中大中型项目 38 个，小型项目 14 个，我国电子工业具备了初步的规模。

中国工人阶级和科学技术人员是在工作环境、生活条件都极端困难的条件下创造出上述伟大业绩的。自然灾害和严重经济困难，使人们的物质生活条件下降到最低点。为在 1965 年以前偿还苏联 14 亿新卢布以上的债务，所有中国人都勒紧裤带。西方大国对中国的经济封锁、战争威胁和军事压力，不但基本断绝了国家最需要的先进设备和技术交换，而且也促使我国必须做好应对外敌的准备。中国人民就是在这种恶劣环境下，默默创造着工业建设奇迹和科学技术奇迹。

世界上第一个人工合成的蛋白质，即人工合成牛胰岛素，也是在这个时期完成的。它的结构、生物活力、物理化学性质以及结晶形状，都同天然牛胰岛素完全一样。这是当时世界第一流的科技成果。中国还是世界上最早育成并大面积推广种植矮秆水稻的国家。矮秆水稻的推广种植，曾使中国水稻的亩产增加了一二百斤。当今为世界瞩目的杂交水稻研究，也是由享有“杂交水稻之父”盛誉的袁隆平教授在 60 年代前期开始摸索并取得突破的。这位世界级的科学家，通过长年在水稻田中的观察和寻找，终于在1964年6月发现了栽培稻中雄蕊退化不育株，从而开创了杂交水稻研究的第一步。

中国在这一时期还培养造就了一大批科学技术人才。至1965年底，全国自然科学技术人员共有245.8万人，其中研究生毕业1.6万人，大学毕业生113万人。全国专门的科学研究机构达到1714个，专门从事科学研究的人员达到了12万人。在这支科技大军中，既有著名科学家，也有年轻一代极富创造力的科学家群体。正是由于这些科学家的奋力拼搏、辛勤劳作，中国同世界先进科学水平的差距逐步缩小。

三、文化艺术的调整和展露生机

（一）文艺工作条例的起草和周折

自1957年反右派斗争开始，我国文艺工作和创作活动受到接连不断的政治运动的冲击，特别是在1958年文化“大跃进”中盛行的文化领导部门强迫命令、制定高指标，放“卫星”，创作上的公式化、概念化，文艺批评上简单粗暴、打棍子等文艺领域的混乱现象，更是直接冲击了正常的工作秩序，使文艺界知识分子的积极性受到严重挫伤，势必阻碍文艺事业的进一步发展。随着我国进入国民经济和社会关系全面调整时期，已经到了必须系统地调整文艺政策的时候了。

实际上，1959年郑州会议以后，周恩来就从制定文艺政策条文开始，负责文化教育领域的纠“左”工作。同年5月3日，周恩来召集出席全国人大和政协会议的文艺界代表和委员举行座谈会，发表《关于文化艺术工作两条腿走路的问题》的重要讲话。周恩来指出，在文化艺术工作中，要从思想到工作方法，学会两条腿走路，既要鼓足干劲，又要心情舒畅；既要力争完成，又要留有余地；既要有思想性，又要有艺术性；既要浪漫主义，又要现实主义；既要学习马列主义，又要和实际相结合；

既要有基本训练，又要有文艺修养；既要政治挂帅，又要讲物质福利；既要重视劳动锻炼，又要保护身体健康；既要敢想敢做，又要有科学的分析和根据；既要有独特的风格，又要兼容并包。① 这样多方面、多层次、多角度的“两条腿走路”方针，是符合文化艺术工作的发展规律的。这个讲话在内容上为后来制定文艺工作条例定下了基调，其中“两条腿走路”的对立统一的辩证方法，在条例起草过程中起了重要指导作用。

然而，在当时“大跃进”热度不减的氛围下，周恩来关于文艺工作两条腿走路的意见受到了冷遇。其中比较突出的是巴金在1979年的回忆所说的，当时因发表“乘风破浪”社论为“大跃进”推波助澜而受到毛泽东赞赏的中共上海市委书记柯庆施，“总是不准文艺界传达和贯彻周总理关于文艺工作的讲话和指示，谁传达了就要挨闷棍”。直到1961年春，根据中共中央关于“各条战线都要理出若干政策性条条来”“制定出各自的工作条例”的指示，中共中央宣传部和文化部党组、中国文联党组进行大量的调查研究，才开始起草文艺工作条例。

中央宣传部组织的调查会，是分不同门类、不同层次，组织文学、音乐、美术、戏剧等方面有关领导、专家参加，由中宣部领导主持，收集文艺工作者的意见，由中宣部文艺处负责记录整理。文化部、文联及各文艺协会也分别派出调查组到各地调查。如1961年1月中下旬，文化部、戏剧家协会等单位共同组织两个调查组，对中国京剧院和中国青年艺术剧院执行“双百”方针、知识分子政策、掌握艺术规律以及领导作风等问题进行了深入调查。

在周恩来的指导下，中央宣传部周扬、林默涵等人约集部分同志酝酿起草相关条文。4月下旬，起草小组在新侨饭店开会讨论。5月初，林默涵根据周扬提出的意见总结出10条意见，起草组分工起草了具体内容（简称“文艺十条”），并将文件初稿提交周扬主持的中宣部部长办公会议讨论。6月1日至28日，中宣部和文化部分别召开全国文艺工作座谈

① 参见中共中央书记处研究室文化组编：《党和国家领导人论文艺》，文化艺术出版社1982年版，第25—29页。

会和电影故事片创作会议，检查文艺工作中存在的问题，并讨论了“文艺十条”初稿。

6月19日，周恩来在新侨饭店全国人大、全国政协两会的联席会议上作了《在文艺工作座谈会和故事片创作会议上的讲话》。周恩来在这篇讲话中充分论述了民主作风，讲了这样一段话：“我在一九五九年关于文艺工作两条腿走路方针的谈话，从今天水平来看，也不一定都是对的，里面也会有过头或不足的地方。使我难过的是，讲了以后得不到反应，打入‘冷宫’，这就叫人不免有点情绪了。”[①] 周恩来这样带情绪的话，在他所作报告中是罕见的，反映了党内在文艺政策方面存在着很大的意见分歧。对此，周恩来在两会联席会议上的讲话中，着重批评了几年来文艺工作中的“左”的思想，就是“别人的话说出来，就给套框子、抓辫子、挖根子、戴帽子、打棍子”，即“五子登科”。他大声疾呼要“造成民主风气”，“首先要改变干部的作风；改变干部的作风首先要改变领导干部的作风”，强调“艺术家要面对人民，而不是只面对领导”。讲话批评那些“先是抓辫子，抓住辫子就从思想上政治上给戴帽子，从组织上打棍子”的做法，“都是从主观的框子出发的，是从定义出发的，那种定义又是错误的，并不合于马克思列宁主义”。[②]

新侨会议结束后，周扬和林默涵根据周恩来的讲话精神和会议上收集的意见，对“文艺十条”作了几次修改，下发各省市征求意见。在这期间，周扬草拟了关于文艺座谈会给中央的报告。1961年9月，“文艺十条”初步定稿，名称是《关于当前文学艺术工作的意见（草案）》。定稿时，周扬高兴地说：这是文艺上第一个纠“左”的文件。林默涵将“文艺十条”草案和周扬向中央的报告一起送至中央文教小组。

中宣部部长陆定一主持中央文教小组会议讨论“文艺十条”。会上陆定一讲了一些不同意见。首先对第一条“正确处理政治与文艺的关系”，提出要加上肯定历次文艺批判运动的话。针对“文艺十条”中批评“写

---

① 《周恩来选集》下卷，人民出版社1984年版，第324页。

② 《周恩来选集》下卷，人民出版社1984年版，第324—326、337页。

中心、画中心、演中心”的做法，陆定一说这没有什么不好，否定了之前文艺工作座谈会的意见，主张将文艺的作用由“潜移默化”改为“教育作用”，在具体的表述上要求简短，少议论。这样一来，“文艺十条”遭遇了难产。据林默涵回忆，陆定一对这个文件表示怀疑，多次说“拿不准”。作为主管意识形态的负责人，他担心文件发下去，文艺工作又走向另一极端。有一次在西花厅，周恩来问林默涵，“文艺十条”为什么还不发出去，林回答说还有分歧，周恩来对此很不满意。

实际上，根据陆定一的意见，中宣部秘书长童大林另找了几个人对“文艺十条”进行修改，将原文件的十条删改成了八条。直到 1962 年 3 月，林默涵参加广州会议时，会上周恩来再三地催问：“文艺上你们不是搞出来几条吗？为什么还不快点发下去，不成熟没有关系嘛！经过大家提意见，补充，修改几次，不就成熟了吗？”这时，周恩来并不知道“文艺十条”已经被删改为“文艺八条”了。

广州会议召开后，北京正召开全国人民代表大会和全国政协会议，会议就“文艺八条”征求了与会代表、委员中文艺工作者的意见。最后，经过中宣部文艺处逐字逐句斟酌和仔细修改，“文艺八条”终于进入了最后程序。1962 年 3 月 28 日，根据周恩来的指示，并应出席二届全国人大三次会议和全国政协三届三次会议的文艺界代表的要求，将“文艺八条”草案报送中央书记处。4 月 30 日，经毛泽东、刘少奇审阅后，中共中央批转了中宣部定稿的《关于当前文学艺术工作若干问题的意见（草案）》（简称“文艺八条”），由文化部党组、文联党组下令全国文艺单位讨论执行。

这个旨在调整文艺界和知识分子境况的中央文件，从酝酿到定稿历时近三年，草稿有几十次之多。为了条例的出世，周恩来付出了很多心血，中宣部召开了部长办公会议，全国召开了几乎所有知名文艺家参加的文艺工作座谈会，在收集资料期间举行的各种会议就更多了。其间遭遇难产，几度周折，根本原因在于对正确处理文艺与政治的关系问题，党内认识有分歧，思想不统一。

对比原“文艺十条”的内容，第一条“正确地认识政治和艺术的关系”，这个问题一直是文艺界亟待解决的问题，也是全面调整时期文艺理论、文艺批评、文艺创作的核心问题。把这个问题放在调整文艺工作的中央文件第一条是非常必要的。原条文提出，克服和反对把文艺为政治服务的原则了解得不正确或过分狭隘的倾向。实际上这里还包含着“以政治代替文艺”“用行政命令粗暴干预文艺”的倾向。条文重新解读了“文艺为政治服务，实质上就是为千百万群众的利益服务，符合群众的利益，也就是符合政治的要求”。按照这种解读，“政治”被宽泛地理解为“千百万群众的利益”，而不是直接定义为阶级斗争。亦即为“政治”服务，就要紧贴群众，为千百万群众的利益服务，就要创造出群众喜爱的有感染力、有艺术魅力的作品，发挥文艺潜移默化的熏陶作用，丰富广大群众的文化生活。而单纯追求“政治正确”而不顾艺术美感，不管群众接受与否，是“缺乏群众观点”的不严肃的创作态度。只有正确地解决了文艺与政治的关系问题，搞清楚文艺的服务对象，才能解决诸如题材风格、学习继承、文艺批评、人才培养、文艺制度等其他一切问题。然而，由于在党内没有取得共识，“正确地认识政治与艺术的关系”这一条最终被删除了。

第二条，“鼓励题材和风格的更加多样化”。原条文提出：应当重视题材、形式、体裁、风格的多样化。文艺创作多样化的问题，是能不能反映丰富多彩的人民生活的问题，是能不能满足群众的多方面的要求的问题……否认或忽视文艺的多样化，不但不利于文学艺术的发展，而且必然脱离广大的人民群众。在“文艺八条”中，这一条被改为“进一步贯彻百花齐放，百家争鸣的方针”，不仅删除了原条文中讲的文艺要满足群众的精神需求、文艺工作的领导者不能代替作家艺术家决定选择什么题材等合理内容，而且反复强调文艺要“为工农兵服务”“为社会主义服务”“为无产阶级政治服务”，强调文艺及时反映和配合当时斗争的必要性，要求多写革命斗争和社会主义建设的题材，强调“表现伟大的社会主义时代，应该是我们的作家艺术家的光荣任务”。

第六条，“加强文艺评论”。原条文虽然仍坚持政治标准是第一位的文艺批评原则，但同时作了有利于文艺批评发展的阐释：文艺批评首先必须正确地细致地划分政治问题和思想问题、艺术问题、学术问题的界限，在符合政治标准的前提下，一般的思想问题可以当作缺点、错误来批评，而不要随意引申为政治问题。其次，不能将世界观问题都当作政治问题来对待，对于彻底改造知识分子的“资产阶级世界观”不能要求过急，艺术和学术问题就应该在艺术和学术的范围内探讨，应该允许自由争论，允许反批评，允许作者进行申辩和保持自己的意见。最后，不能随便给作者戴上“修正主义”“资产阶级思想”等帽子，不能因为局部的缺点便否定整个作品，反对不公的粗暴打击和庸俗的盲目捧场，任何个人对文艺作品的书面或口头批评都只供作者参考而不能等同于组织的决定，作者有接受或拒绝批评的自由，不能因为作者没有根据批评意见修改就停止演出或出版其作品。这里既比较清楚地划分了文艺和政治的界限，又指出了具体工作中文艺领导的方法，从理论和实践两方面为文艺批评的发展创造相对宽松的条件。

“文艺八条”将原第六条列为第四条，改为“正确地开展文艺批评”，强调文艺批评要指出创作中“不正确、不健康的倾向”，要“鼓励香花，反对毒草”，对于毒草“必须给予严格的批判和驳斥”，“应该通过批评和讨论，教育群众提高辨别能力，锻炼同毒草作斗争的本领”。修改的条文，把文艺批评的功用从原来的促进创作发展、提高读者艺术欣赏力，转向了发现“香花”和“毒草”，进而“指导”群众“同毒草作斗争”。

原第九条“调动一切积极因素，加强团结”，旨在“进一步贯彻执行党的知识分子政策，更紧密地团结一切愿意走社会主义道路的作家艺术家，调动文艺界一切积极因素”。强调要以文学艺术界各个协会和文艺团体为核心，加强党的和非党的文艺工作者之间的团结和合作，要在各个文艺团体中建立艺术委员会，吸收有代表性的党内外文艺家参加文艺团体的领导工作，充分发挥他们的工作积极性。条文提出，对文艺工作者的思想改造问题，这是一个长期的过程，不可操之过急，要在发挥其工作积极性的前提下，根据他们的经历、年龄等具体情况，耐心细致地帮助他们进行思想意识改造，改造的方式是“生活锻炼和业务实践”，而不是轮流下放“劳动改造”。

这一条在“文艺八条”中列为第七条，被改为“加强团结，继续改造”。条文不再突出“调动一切积极因素”，而是强调对文艺工作者“继续改造”，指出：“在文艺界，清除资产阶级的政治影响和思想影响的斗争，还要经过一个很长的历史时期……忽视文学艺术工作者的思想改造是错误的。”原条文中关于吸收党内外文艺家建立艺术委员会，在改造过程中“细致耐心”的工作方法以及要从主要方面看待知识分子的进步程度等内容，都被剔除了。①

总的来看，这一时期党对文艺政策的调整，在文艺创作、文艺批评、知识分子问题、文艺领导方式等方面做了许多努力，力图在尊重文学艺术创作规律的基础上，正确处理文艺与政治之间的关系，满足广大群众的精神文化需求。但是，文艺领导人在文件讨论、修改和出台过程中，主要受“文艺为政治服务”或“文艺从属于政治”的认识所困，仍存在着诸多顾虑。“文艺八条”对“文艺十条”的删改，表明在周恩来指导下周扬等人在尊重文艺规律等问题上已经取得前进的一些认识，并未成为党内的主流认识。尽管如此，在贯彻中央全面调整国民经济和社会关系的总形势下，“文艺八条”对纠正一个时期以来文化艺术工作中“左”的错误仍具有现实意义。

（二）文艺政策调整初见成效

“文艺八条”批转下发后，在广大文艺工作者中引起了强烈的反响。实际上，它的初稿在1961年6月全国文艺工作座谈会上讨论时，就得到与会者的一致肯定，大家都认为这个文件的制定是及时的、正确的，其中提出的问题正是当时迫切需要解决的问题，希望能早日发到全国，作为各地改进文艺工作的依据。

为了推进文艺政策调整和“文艺八条”的贯彻，中央一方面为“反右倾”斗争中被错误批判的文艺工作者进行了甄别平反，给被划为“右

① 参见段恺：《从〈文艺十条〉到〈文艺八条〉——20世纪60年代初期文艺调整的政策转向及其历史意义》，《山东大学学报（哲学社会科学版）》2014年第5期。

派分子”的大多数人摘掉了帽子，另一方面从生活上对重点保护的作家、艺术家给予照顾。按照中央书记处关于改善在京的科学家、艺术家和著名教授的副食品补助供应问题的决定，由国务院有关部门制定办法，具体落实。

经过1962年前后党对文艺政策的调整，文学艺术工作者的创造积极性普遍调动起来，文学艺术的发展出现了生机。1962年2月，在纪念毛泽东《在延安文艺座谈会上的讲话》发表20周年之际，广大文艺工作者向全国提出了“为最广大的人民群众服务”的口号。“文艺八条”发布后，各地党委和文艺部门的党组织，逐条落实条例的要求。尽管当时各方面条件十分艰苦，文艺工作仍然取得了显著成绩，迎来了新中国成立后文艺创作的第二个高潮。

中国革命波澜壮阔的历史，为中国的文学艺术创造提供了丰富源泉。革命先烈前仆后继、可歌可泣的英雄事迹，成为教育人民、鼓舞人民的生动教材。60年代前期，是中国革命历史题材文艺创作最为丰盛的时期之一，涌现出许多著名的电影和舞台剧。如《革命家庭》《红旗谱》《暴风骤雨》《燎原》《怒潮》《革命自有后来人》《51号兵站》《红色娘子军》《野火春风斗古城》《林海雪原》《小兵张嘎》《烈火中永生》《白求恩大夫》等，内容涉及大革命、土地革命战争、全民族抗日战争、全国解放战争等重要历史时期。这些作品展示出中国人民在中国共产党的领导下，为争取民族独立和人民解放所经历的极不平凡的历史。它们主题鲜明，对斗争生活的表现深刻丰富，成功塑造了一大批真实感人的革命者的银幕、舞台形象，较好地发挥了革命传统教育功能，产生了良好的社会效益。

在60年代前期，反映现实生活题材的电影和戏剧，也得到了群众的高度评价。《李双双》《枯木逢春》《北大荒人》《冰山上的来客》《霓虹灯下的哨兵》《英雄儿女》《雷锋》等影片，无论在反映和揭示生活的广度和深度，塑造鲜明、生动、丰满的银幕艺术形象，还是在民族形式和民族风格的美学追求方面，都比以往有了重要进步。这些文艺作品以积极向上、爱憎分明、艰苦奋斗、克己奉公以及革命英雄主义和无私奉献精神启发广大观众，对建立良好的社会风尚，培育一代社会主义新人，发挥了不可替代的作用。这一时期的小说创作，也为文学艺术的发展增添了新的风采。《青春之歌》《红岩》《欧阳海之歌》《六十年的变迁》《创业史》《敌后武工队》等一大批优秀作品的出版，在人民群众中产生了很大反响，成为鼓舞人民，树立正确的价值观、人生观的生动教材。

《东方红》是为庆祝新中国成立 15 周年排演的大型音乐舞蹈史诗，汇集了各个革命历史时期的经典歌舞，重现了最具特征的历史场面，歌颂了以毛泽东为代表的中国共产党人领导人民革命的伟大征程。它以恢宏的气势，精湛的编排，优美的舞蹈，脍炙人口的歌曲，以及革命精神和艺术表现形式的完美结合，形成了一种强大的艺术氛围，使观看者受到革命传统与时代精神的双重感染。

1963 年 8 月，周恩来代表党中央向首都音乐舞蹈界提出了艺术创作上要进一步革命化、民族化和群众化的方针。这个方针体现了党对音乐舞蹈艺术工作的时代性要求。20 世纪 60 年代前半期，也是中国音乐创作的一个高峰期。艺术家们以昂扬向上的音符，抒发了中国人民在党的领导下万众一心、克服艰难的决心。这一时期具有代表性的歌曲有《我们走在大路上》和《全世界无产者联合起来》。它们是反映那个时代人民精神风貌的精品之作。此外，《接过雷锋的枪》《社员都是向阳花》《唱支山歌给党听》《谁不说俺家乡好》《马儿啊，你慢些走》以及《我们是共产主义接班人》等经典歌曲，也具有较高的政治水准和强大的艺术感染力，在人民群众中广为传唱。

创作于 1959 年的《洪湖赤卫队》和 1964 年的《江姐》，是中国歌剧创作历史上具有典型意义的两部代表作。它们继承了自《白毛女》以来中国革命音乐戏剧的传统，广泛吸收戏曲、话剧和西洋歌剧等表现手法的特长，在揭示英雄人物内心世界和塑造感人的音乐戏剧形象方面，取得了突破性进展，达到了这一时期音乐戏剧创作的最高成就。两部歌剧在宣传教育人民和形成革命的社会氛围方面，发挥了很大的推动作用。为纪念中央红军长征到达陕北 30 周年，由北京军区战友文工团 1965 年创作演出的《长征组歌》，也获得了极大的成功。它对人们重温革命历史，继承党的光荣传统，发挥了积极作用。《长征组歌》从此长演不衰，深受广大群众喜爱。

四、文化建设再度纳入“以阶级斗争为纲”轨道

（一）“以阶级斗争为纲”的提出

经过 1962 年 1 月至 2 月扩大的中央工作会议（七千人大会）后的进一步调整，国内形势逐步好转，但党在指导思想上的“左”倾错误并没有从根本上纠正，对形势和政策的许多看法在党内尤其是党的中央领导层中还存在分歧。在面临严重困难时，这些矛盾和分歧暂时被掩盖起来。在形势逐步好转以后，随着国内政策调整进一步深入，以及国际局势出现一定程度的紧张和中苏争论的激化，党内对形势估计和工作指导上的分歧又逐渐发展起来。党探索建设社会主义道路的进程发生了新的波折。

1962 年 7 月 25 日至 8 月 24 日，中共中央在北戴河召开工作会议，原定议题是讨论农村、粮食、商业、财贸、城市和国家支援农业等问题。在 8 月 6 日的大会上，毛泽东作关于阶级、形势、矛盾问题的讲话，提出三个问题：社会主义国家究竟存不存在阶级？国内形势这两年来究竟是一片光明，还是一片黑暗？社会主义社会是否存在矛盾？后他又在各次中心组会议上多次插话，继续阐发 6 日讲话的观点。这样，北戴河会议的重点就转为讨论阶级斗争问题。

9 月 24 日至 27 日，党的八届十中全会召开，毛泽东作了关于阶级、形势、矛盾和党内团结问题的讲话。9 月 29 日，《人民日报》发表了《中国共产党第八届中央委员会第十次全体会议的公报》。这次会议主要讨论和研究了经济工作和阶级斗争两方面问题，而阶级斗争是这次全会的中心议题，全会错误地开展了对所谓“黑暗风”“单干风”“翻案风”的批判，中心意思是告诫全党“千万不要忘记阶级斗争”，不要忘记党内产生

修正主义的危险。

八届十中全会所开展的错误批判，是与毛泽东在阶级斗争问题上“左”倾错误理论的发展直接相关的，但在思想根源上，则同如何正确认识社会主义和社会主义社会一定范围内存在阶级斗争问题密切相连。在八届十中全会及准备阶段的会议上，毛泽东联系对苏联赫鲁晓夫观点的批评和对国内形势的观察，反复提出阶级、矛盾和阶级斗争问题。在修改全会公报时，毛泽东加写了一段话，强调无产阶级和资产阶级之间的阶级斗争，社会主义和资本主义这两条道路的斗争，存在于“由资本主义过渡到共产主义的整个历史时期（这个时期需要几十年，甚至更多的时间）”，在这个时期，“被推翻的反动统治阶级不甘心于灭亡，他们总是企图复辟。同时，社会上还存在着资产阶级的影响和旧社会的习惯势力，存在着一部分小生产者的自发的资本主义倾向，因此，在人民中，还有一些没有受到社会主义改造的人，他们人数不多，只占人口的百分之几，但一有机会，就企图离开社会主义道路，走资本主义道路。在这些情况下，阶级斗争是不可避免的。这是马克思列宁主义早就阐明了的一条历史规律，我们千万不要忘记”①。毛泽东还说：阶级斗争和资本主义复辟的危险性问题，我们从现在起，必须年年讲，月月讲，“使我们有一条比较清醒的马克思列宁主义的路线”②。这就把如何认识和处理社会主义社会中的阶级斗争这一重要而又复杂的问题，再一次严重地提到全党面前。

毛泽东的讲话和经他审定的会议公报，把社会主义社会中一定范围内的阶级斗争扩大化和绝对化，发展了他在 1957 年反右派斗争以后提出的无产阶级同资产阶级的矛盾仍然是中国社会主要矛盾的观点，进一步断言在整个社会主义历史阶段资产阶级都将存在和企图复辟，并成为党内产生修正主义的根源。这些论断的形成，对后来中国政治的走向产生

---

① 中共中央文献研究室编：《建国以来毛泽东文稿》第 10 册，中央文献出版社 1996 年版，第 197—198 页。

② 中共中央文献研究室编：《毛泽东年谱（1949—1976）》第 5 卷，中央文献出版社 2013 年版，第 152 页。

深远的影响。毛泽东把探索社会主义建设道路中出现的分歧，特别是把解决严重经济困难过程中采取的暂时性措施，认作是阶级斗争的反映，定性为两个阶级、两条道路的斗争，是不符合实际的。这种看法，归根结底反映了当时中国共产党对于在中国怎样建设社会主义认识的历史局限。这种局限通常还由于国内外形势的起伏变化，而变得愈加明显。

当七千人大会以后全党纠正经济工作中“左”的指导思想的努力还在进行的时候，政治和思想文化方面的“左”的错误却因一系列的形势变化而发展起来。尤其是错误估计国内反对资本主义复辟、国外反对修正主义的政治形势，毛泽东、中共中央决定在全国城乡发动一次普遍的社会主义教育运动，开展大规模的阶级斗争。以抓阶级斗争为中心，在农村开展以“四清”为主要内容的社会主义教育运动，在城市开展反对贪污盗窃、反对投机倒把、反对铺张浪费、反对分散主义、反对官僚主义的“五反”运动。

1963 年 5 月，毛泽东在杭州主持召开有部分中共中央政治局委员和各大区书记参加的会议，专门讨论农村社教问题。他在会上多次讲话，说农村搞“四清”、发动贫下中农，就是挖修正主义的社会基础；提出社教运动主要抓五个问题，即阶级斗争、社会主义教育、依靠贫下中农、“四清”和干部参加集体生产劳动，其中阶级斗争是最基本的。会议讨论和制定了《关于目前农村工作中若干问题的决定（草案）》，共十条。同年 9 月中央工作会议通过的《关于农村社会主义教育运动中一些具体政策的规定（草案）》，内容亦有十条。这两个草案后来被分别简称为“前十条”和“后十条”。

“前十条”对中国国内政治形势作了过分严重的估计，认为当前中国社会中出现了严重的尖锐的阶级斗争情况，如果不抓阶级斗争，“那就不要很多时间，少则几年、十几年，多则几十年，就不可避免地要出现全国性的反革命复辟，马列主义的党就一定会变成修正主义的党，变成法西斯党，整个中国就要改变颜色了”。这就把党变修、国变色、全国发生反革命复辟看成已经面临的现实危险。从这一判断出发，“前十条”认为，这场社教运动是一场“向着正在对我们猖狂进攻的资本主义势力和封建势力作尖锐的针锋相对的斗争，把他们的反革命气焰压下去，把这些势力中间的绝大多数人改造成为新人的伟大的运动”。

“后十条”在充分肯定“前十条”关于阶级斗争形势和社教运动性质的论断的基础上，进一步提出运动要“以阶级斗争为纲”的方针。这是“左”倾指导思想的继续和发展。但“后十条”也规定要团结95%以上的干部和群众、要依靠基层组织和基层干部以及对一些极端过火行为加以约束的具体政策，意在从政策上划清一些界限。文件还强调，运动要同生产工作紧密结合，运动的一些措施都应当有利生产。“后十条”于1963年11月由中央政治局扩大会议正式通过。党中央发出通知，决定将两个“十条”下发全国城乡。

1964年3月，党中央又发出组织干部宣讲队伍把全党全民的社教运动进行到底的指示。至此，社教运动经过试点后，在全国较大范围内开展起来。1965年1月14日，中共中央关于《农村社会主义教育运动中目前提出的一些问题》(即“二十三条”)再次强调：抓住阶级斗争这个纲，抓住社会主义和资本主义两条道路斗争这个纲，依靠工人阶级、贫下中农、革命干部、革命知识分子和其他革命分子，注意团结95%以上的群众、团结95%以上的干部，那么，城乡存在的许多问题，并不难发现，也不难解决。由此，“以阶级斗争为纲”的指导思想正式推广到全国。

（二）文艺界“兴无灭资”和两个文艺批示

1962年4月“文艺八条”的发布，对于缓解党和文艺界知识分子的紧张关系，恢复工作秩序，逐步形成社会主义文艺事业的一套方针政策和具体制度，发挥了重要作用。有的知识分子说，“希望把这些条例刻在石碑上”。这反映了广大知识分子拥护这些条例，殷切希望政策不要再变但又隐含着担忧的复杂心情。这种担忧不是没有根据的，因为这个时期党对知识分子政策的调整存在着明显的历史局限性。

1962年2月周恩来、陈毅在广州会议上为知识分子“脱帽加冕”。3月，周恩来在二届全国人大三次会议的政府工作报告中，明确指出：“知识分子中的绝大多数，都是积极地为社会主义服务，接受中国共产党的领导，并且愿意继续进行自我改造的。毫无疑问，他们是属于劳动人民的知识分子。我们应该信任他们，关心他们，使他们很好地为社会主义服务。如果还把他们看作是资产阶级知识分子，显然是不对的”。这个报告是经中共中央政治局审阅过的，毛泽东没有表示不赞成。报告坚持党对知识分子问题的马克思主义观点，从根本上对知识分子的地位和作用作出正确的估计，在实践中对改善党同知识分子的关系，调动广大知识分子建设社会主义的积极性产生了重要影响。

然而，令人始料不及的是，由于党内对知识分子阶级属性问题认识上的不一致并没有真正消除，特别是由于党对 1957 年反右派斗争扩大化以来指导思想上“左”的错误没有从根本上进行清理和纠正，很快出现了波折。八届十中全会召开前，8 月在北戴河召开的中央工作会议核心小组会上，毛泽东谈到摘掉资产阶级知识分子帽子问题时说：“资产阶级知识分子有些人阳魂过来了，但是阴魂未散，有的连阳魂也没有过来，如章伯钧、罗隆基等。”① 接着在党的八届十中全会上，毛泽东错误地分析了当时的国内形势，把社会主义社会中一定范围内存在的阶级斗争扩大化和绝对化，发展了他在 1957 年反右派斗争后提出的无产阶级同资产阶级的矛盾仍然是我国社会主要矛盾的观点，进一步断言资产阶级在整个社会主义历史阶段都将存在和企图复辟，并成为党内产生修正主义的根源。在这样的背景下，党内围绕知识分子的阶级属性问题重新展开争论。

关于为知识分子摘帽，中央有些人一开始就不赞成，如长期负责党的宣传文教工作的陆定一明确表示反对，认为知识分子没有什么变化，“资产阶级知识分子”的帽子不能摘。他就此与周恩来争论，僵持不下。② 在中宣部召开的全国各省、市宣传部长会议的一份简报上，还批评“摘掉资产阶级知识分子帽子”的观点是赫鲁晓夫的论调；批评为知识分子“脱帽加冕”是“没有阶级观点”。11 月 26 日，在中央书记处讨论宣传文教工作的会议上，周恩来对这些指责进行辩驳说：广州会议上关于知识

① 毛泽东在中央工作会议核心小组会议上的发言记录，1962 年 8 月 9 日。

② 1992 年出版的《陆定一文集》中，有两篇文章提到那个时期党内在知识分子问题上的意见分歧，陆定一诚恳地作了自我批评，并表示要努力向周恩来学习。

分子问题的报告不能说没有阶级观点，在列宁的著作和刘少奇关于宪法的报告中都是这样提的，“我是代表中央作报告的”①。但是，这些努力未能阻止党内在知识分子问题上“左”的错误的发展，广州会议对知识分子阶级属性的正确估计再次被否定。这种错误在“文化大革命”中达到登峰造极的地步。

早在1962年9月党的八届十中全会上，时任中共中央政治局候补委员、中央书记处书记、中央文教小组副组长的康生，提出李建彤所著长篇小说《刘志丹》(送审样书)有严重的政治错误，硬是把这部歌颂老一辈无产阶级革命家革命斗争历史的小说，说成是替高岗翻案、向党进攻的“反动小说”。毛泽东根据康生在会上递的一张字条说：“现在不是小说刊物盛行吗？利用写小说来进行反党活动，这是一大发明。这是搞上层建筑。凡是要推翻一个政权，总要先造成舆论，总要先搞意识形态方面的工作。无论革命也好，反革命也好。”② 由此，原为陕甘边区革命根据地的主要创建者和领导者之一的习仲勋以及贾拓夫、刘景范等，因为关心小说创作和对小说修改发表意见而被打成“反党集团”，中央成立专案组对他们立案审查。由康生肆意捏造的这一事件，开了将文艺作品定性为“反党”的恶劣先例，其对文学艺术事业的发展祸害无穷。

党的八届十中全会后，宣传文化部门贯彻会议精神，并开始以阶级斗争和“反修防修”的观点检查文化领域的工作。1962年10月，《文艺报》发表社论《反映当前的火热斗争》，指责文艺界思想跟不上形势发展，作品苍白无力，脱离了群众生活和实际斗争，并把此前文坛活跃、学术争鸣的新气象视为“阶级斗争的新动向”。同年秋，江青指责剧作家孟超改编的昆剧《李慧娘》中有鬼魂形象，是与社会主义不相容的“鬼戏”，由此拉开了戏剧界批“鬼戏”的序幕，并以此为突破口，全面展开了文艺领域的阶级斗争。

1963年3月，文化部党组向中央提出《关于停演“鬼戏”的请示报

---

① 周恩来在中央书记处会议上的发言记录，1962年11月26日。

② 中共中央文献研究室编：《毛泽东年谱（1949—1976）》第5卷，中央文献出版社2013年版，第153页。

告》，认为演出“鬼戏”有助长迷信的副作用，与当前加强群众社会主义教育的任务相抵触，要求全国各地一律停止演出有鬼魂形象的戏。中共中央同意并批转了这一报告。江青立即在上海组织文章《驳“有鬼无害论”》，发表在5月6日的《文汇报》上，公开点名批判《李慧娘》，并批判繁星（即中共北京市委统战部部长廖沫沙）就此剧改编所写的评论文章《有鬼无害论》。康生原来是“关心”和“支持”《李慧娘》的改编和演出的，见状立即转而诬陷孟超和廖沫沙是要“用厉鬼来推翻无产阶级专政”。在此影响下，一个大批“鬼戏”的浪潮在全国形成。此后，所谓的“鬼戏”剧目开始退出舞台，新华书店也开始停售《李慧娘》等书籍。

1963年4月，中国文联召开第三届全国委员会第二次扩大会议，贯彻执行毛泽东关于在文艺战线上反对“修正主义”的思想，加强文艺的战斗性，决定进一步深入开展文艺界的反修斗争。

以上海为例，1963年上半年开始，上海宣传、文化部门根据市委全会通过《关于当前工作的要点》中提出的“要根据党的路线、方针、政策，对宣传、出版、文化工作进行一次检查，加强领导，提高质量。应当提高报刊出版物的政治性、思想性，正确地宣传和解释党的方针政策，在意识形态的领域里有效地进行兴无灭资的斗争”的精神，开始以阶级斗争和“反修防修”的观点检查文化领域的工作，并在新闻出版、戏曲和音乐等领域开展了“兴无灭资”斗争。

正当戏曲界批“鬼戏”之际，上海《解放日报》编委姚文元又挑起音乐界的“兴无灭资”斗争，阶级斗争在文艺界全面铺开。5月20日，姚文元在《文汇报》发表《请看一种“新颖独到的见解”》一文。文章诬蔑音乐出版社出版、介绍法国作曲家德彪西的著作《克罗士先生》，是向读者推荐资产阶级音乐理论。6月25日，著名音乐家贺绿汀署名“山谷”在《文汇报》刊登文章《对批评家提出的要求》。文章尖锐地批驳了姚文元不懂装懂、乱打棍子的恶劣做法。贺绿汀的这篇文章及其对姚文元的批评意见，后来被认为是“音乐界的资产阶级代表人物自己跳出来了”，是“阶级斗争新动向”，而遭到有组织的围攻。

到1964年1月，《文汇报》接连发表22篇相关文章，受命开展名为

“讨论”实为批判贺绿汀的斗争。不久，这场对德彪西音乐理论的“讨论”就从上海逐步扩展到其他地方，北京的《光明日报》和《人民音乐》等报刊相继发表了参加“论战”的文章。其中，除个别文章是针对姚文元的谬误外，其他的都是直接或间接支持姚文元，否定德彪西，把矛头对准贺绿汀的。

新闻出版、戏曲和音乐等领域开展的“兴无灭资”的阶级斗争，把文艺家对文艺领导部门工作作风上的批评和建议，上升为对社会主义的不满，是思想战线上的资本主义复辟的政治高度；把一些出现鬼神形象的戏，统统斥为宣扬封建迷信，把“有鬼无害论”视作阶级斗争在意识形态的表现；把介绍西方音乐理论的著作视为推荐资产阶级音乐理论的作品；把正常的学术争论视作宣扬资产阶级民主自由思想。相关人员或遭批判，或被迫检讨，或被撤职。

1963 年 11 月，毛泽东对《戏剧报》和文化部先后进行批评，指出：“一个时期，《戏剧报》尽宣传牛鬼蛇神。文化部不管文化，封建的、帝王将相的、才子佳人的东西很多，文化部不管。文化方面特别是戏剧大量是封建落后的东西，社会主义的东西很少，在舞台上无非是帝王将相、才子佳人。文化部是管文化的，应当注意这方面的问题，要好好检查一下，认真改正，如果不改变，就改名‘帝王将相部’、‘才子佳人部’，或者‘外国死人部’。”①

12 月 12 日，毛泽东阅中央宣传部文艺处编印的《文艺情况汇报》刊载的《柯庆施同志抓曲艺工作》一文，作出批示：“各种艺术形式——戏剧、曲艺、音乐、美术、舞蹈、电影、诗和文学等等，问题不少，人数很多，社会主义改造在许多部门中，至今收效甚微。许多部门至今还是‘死人’统治着。不能低估电影、新诗、民歌、美术、小说的成绩，但其中的问题也不少。至于戏剧等部门，问题就更大了。社会经济基础已经改变了，为这个基础服务的上层建筑之一的艺术部门，至今还是大问

① 中共中央文献研究室编：《毛泽东年谱（1949—1976）》第 5 卷，中央文献出版社 2013 年版，第 285 页。

题”。批示还尖锐地提出：“许多共产党人热心提倡封建主义和资本主义的艺术，却不热心提倡社会主义的艺术，岂非咄咄怪事。”[①] 这就是当时所称的对文艺工作的第一个批示。

1964 年 1 月，中共中央召开文艺座谈会，传达毛泽东这一批示，对文艺界震动很大，形势骤然紧张。2 月 3 日，中国戏剧家协会举办迎春晚会，被一些人批评为有些节目低级、庸俗，后被极度夸大、无限上纲。这一“迎春晚会事件”预示着文艺领域的斗争波澜又起。3 月下旬，中央宣传部连续召集文联及各协会党组成员及党员干部开会，决定中国文联、作家协会、戏剧家协会、音乐家协会、书法家协会、电影工作者协会、曲艺工作者协会、舞蹈工作者协会、民间文艺研究会和摄影学会 10 个单位的全体干部集中 20 多天进行整风学习。

5 月 8 日，中央宣传部文艺处汇总各单位整风情况，写出《关于全国文联和各协会整风情况的报告（草稿）》。报告把文艺界的问题归纳为：一是没有坚决贯彻执行党的文艺方向；二是在文艺理论批评方面，旗帜不鲜明，战斗性不强，对毛泽东文艺思想缺乏深入的研究和有力的宣传；三是在文艺队伍方面，忽视了作家艺术家同工农群众相结合的必要性，忽视了文艺工作者思想改造的长期性，没有重视培养新生力量的工作等。这份报告草稿未经中央宣传部正式讨论定稿，即被江青要去，并送给毛泽东。

6 月 27 日，毛泽东对这个报告作出批示：“这些协会和他们所掌握的刊物的大多数（据说有少数几个好的），十五年来，基本上（不是一切人）不执行党的政策，做官当老爷，不去接近工农兵，不去反映社会主义的革命和建设，最近几年，竟然跌到了修正主义的边缘。如不认真改造，势必在将来的某一天，要变成像匈牙利裴多菲俱乐部那样的团体。”[②] 这就是当时所称的对文艺工作的第二个批示。这个批示在文艺工作者中引起更大震动。

---

① 中共中央文献研究室编：《毛泽东年谱（1949—1976）》第 5 卷，中央文献出版社 2013 年版，第 288 页。

② 中共中央文献研究室编：《毛泽东年谱（1949—1975）》第 5 卷，中央文献出版社 2013 年版，第 368 页。

由于党对文化艺术领域的一些“左”倾观点、错误认识，并未从根本上加以清理，所以对文艺领域发生的错误也不能彻底纠正，从而导致后来出现了反复。从1964年7月到1965年4月，文艺界的整风不但在文联及所属各协会进行，而且扩展到文化部及其直属单位。文艺界进行的整风，拉开了20世纪60年代上半期思想文化领域过火批判的序幕。

（三）“大写十三年”挑起文艺界的争辩

20世纪60年代初期，随着“阶级斗争为纲”越来越上升为社会主潮，文艺界越来越偏向“左”的发展。虽然有“文艺八条”的出台，试图努力让文艺回归正常，但是“大写十三年”口号的提出，成为文艺界向“左”的方向疾驰的典型例证。“大写十三年”口号虽然是创作题材即所谓“写什么”的倡导与限制，实则牵涉党的文艺方针、路线和政策的贯彻执行。

1963年1月4日，上海文艺界新年联欢会在文艺会堂举行，上海文艺界主要人物基本到齐。中共上海市委第一书记、上海市市长柯庆施到会讲话。他首先称赞了话剧《第二个春天》、电影《李双双》和话剧《霓虹灯下的哨兵》，说这些戏写的都是解放以后十三年来的现代生活，这很好、很值得提倡。接着他强调，解放十三年来的巨大变化是自古以来从未有过的。在这样伟大的时代、丰富的生活里，文艺工作者应该创作出更多更好地反映伟大时代的文学、戏剧、电影、音乐、绘画和其他各种形式的文艺作品。随后，他又专门同文艺界的代表人士进行谈话，认为文艺工作要为社会主义革命和建设事业服务，帮助人民树立社会主义思想是一个非常艰巨的任务，因为旧社会只能培养人们自己为自己的自私自利思想。社会主义、集体主义思想只有在社会主义革命成功以后才能开始树立。民主革命时期的题材只能反映民主主义思想，回答民主主义革命的问题；只有社会主义时期的题材才能反映社会主义思想，回答现实生活提出的问题。他明确提出今后在创作上，作为指导思想，一定要提倡和坚持厚今薄古，要着重提倡写解放十三年，要写活人，不要写古人、死人。

时任中共上海市委书记处书记的陈丕显后来证实，“这个事关重大的命题没有经上海市委集体讨论”。党的八届十中全会以后，毛泽东把“反修防修”、防止资本主义复辟、防止“和平演变”作为全党的中心任务，特别强调意识形态领域内的阶级斗争。1962 年 12 月 21 日，毛泽东视察各地来到上海，在同华东的省、市委书记谈话中提出：“对修正主义有办法没有？要有一些人专门研究。宣传部门应多读点书，也包括看戏，有些坏戏也要去看。有害的戏少，好戏也少，两头小、中间大。帝王将相、才子佳人多起来了，有点西风压倒东风，东风要占优势。旧的剧团多了一些，北京的京剧团就不少。过去的文工团只有几个人，反映现代生活，不错。”[①] 柯庆施这时已被增选为中央政治局委员并任华东局第一书记，继续兼任上海市委第一书记、上海市市长。他特别留意毛泽东的言论，在听了这番话后，很快提出了“大写十三年”口号。

柯庆施的“大写十三年”口号一提出，在上海立即引起很大反应。当时就有人提出了不同的看法，认为这违背了党的“百花齐放、百家争鸣”的方针。文艺界很多人士觉得此举不仅武断而且荒谬，只写解放后十三年，解放战争、抗日战争和土地革命战争的题材如何处理，民族英雄、革命烈士如何歌颂？此举严重背离“文艺八条”。

然而，在柯庆施的政治秘书、新任上海市委宣传部部长、后又升为上海市委候补书记的张春桥的极力推行下，却将“大写十三年”引向了极端，宣布上海文艺界只许“大写十三年”，而且矛头有所指向。3 月，文化部电影局局长陈荒煤到上海，参加文化部、中国影协联合举办的电影座谈会，柯庆施专门找陈谈话，对上海电影厂计划拍摄《吉鸿昌》《秋瑾》《七月流火》等历史题材影片，明确表示反对态度。柯庆施说：“吉鸿昌这个人不好，为什么要写他？”“为什么专写死人？”因《七月流火》拟根据于伶以抗日女志士茅丽瑛事迹为题材创作的话剧改编，柯庆施特意大谈于伶有历史问题。他还责问陈荒煤，是不是现在文艺方面，就只

---

① 中共中央文献研究室编：《毛泽东年谱（1949—1976）》第 5 卷，中央文献出版社 2013 年版，第 177 页。

能是田汉、阳翰笙这些所谓权威来领导？陈荒煤明白这是当面留了点情面，没有说出夏衍和自己的名字，实际上柯庆施对他们是不满的。一年多后“文艺整风”时，正是上海率先提出批判“夏陈路线”。

就在这次谈话后不久，陈荒煤为《中国电影发展史》一书的公开出版，拟在上海召开征求意见会，柯庆施公开表示不欢迎，并质问：“在这个时候要求座谈三十年代的经验是何居心？这是对抗‘大写十三年’！”加之后来发生的一系列事情，让包括陈荒煤在内的许多人才明白，“大写十三年”表面上是针对创作题材问题，实际上是作为一个政治口号提出的，目的是要借此整掉一批人，整出一条“路线”。

在“大写十三年”口号在上海盛行时，中宣部、文化部保持了沉默，而且从高层传出完全不同的另一种声音。1963 年 2 月 8 日，周恩来在首都文艺工作者元宵联欢会的讲话中指出：“文艺界各个方面如何更好地体现‘双百’方针，为工农兵服务，到群众中去，加强同人民群众的联系，这些仍是文艺界当前的重要课题。”① 3 月 8 日，刘少奇听取文化部负责人的汇报，在提到戏曲表现现实生活问题时说，能表现现实生活的，就演现实生活的戏。不适合表现现实生活的，就演历史剧。让大家看看戏、好好休息，也是鼓舞社会主义劳动热情，也是为政治服务。文艺界人士感到这些讲话，同“大写十三年”之类说法相距甚远。

然而，高层不同的声音，对正在争当“文化革命旗手”的江青看来，不值得赞许，她公开支持“大写十三年”的口号。2 月下旬，江青抵达上海，表示支持柯庆施的主张。原来，江青在北京找中宣部、文化部领导提出“批帝王将相、才子佳人、牛鬼蛇神”受到冷遇，对柯庆施在上海提出“大写十三年”感觉是不谋而合。江青在柯庆施的积极支持之下，很快组织写出所谓“第一篇真正有分量的批评‘有鬼无害’论的文章”，发动了对“鬼戏”《李慧娘》的批判。而柯庆施则从江青那里了解到更多底细，知道毛泽东对文艺部门“至今还是‘死人’统治着”的不满。由

---

① 中共中央文献研究室编：《周恩来年谱（1949—1976）》（中卷），中央文献出版社 2007 年版，第 531 页。

此，才有柯庆施支持的张春桥同姚文元一道，敢于有恃无恐地与周扬、林默涵、邵荃麟等文艺界领导人就“大写十三年”展开面对面的争辩。

这场影响颇大的争辩，发生于1963年4月中宣部在北京召开的文艺工作会议上。中宣部副部长周扬、林默涵，中国作家协会副主席兼党组书记邵荃麟等，多次在小会上议论“大写十三年”问题，都觉得简单化了些。与会的一些文艺理论家也觉得这口号不妥，特别是“不写十三年就不看”的说法太过分了，不利于文艺创作的多样化，是违背“百花齐放”精神的。后来周扬在大会讲话中说，不能说只有写社会主义社会才体现时代精神，如果作家是革命者，具有先进人物的精神面貌，即使写历史题材，也可以表现时代精神。不要以为只有社会主义阶级斗争才能成为主导的，山水诗、革命抒情诗、历史题材的作品都可以成为主导的东西。不要以为只有一种题材、一种形式可以成为主导。

在大会发言中，邵荃麟直接谈到“大写十三年”问题，指出表现时代精神是比较广泛的概念，不是只“写十三年”，不能排斥革命题材和其他题材。他认为“大写十三年”这个口号带有很大的片面性，妨害文艺创作，不符合党的百花齐放的文艺方针。林默涵在会议总结发言中，表示同意邵荃麟的发言，认为“社会主义文学，不等于只反映社会主义生活”。他批评有些人总要把毛主席的思想往“左”拉，直言不讳地指出：右会亡国，“左”也会亡国。

张春桥本来没有准备在会上发言，但听了邵荃麟的发言后，主动要求发言。他用一个中午的时间与姚文元准备要点。在下午的大会上，张春桥第一个发言，慷慨激昂地讲了“大写十三年的十大好处”，并语惊四座地宣称：“只有写十三年，写社会主义革命和社会主义建设的，才是社会主义文艺。”这是对中宣部、中国作协领导人讲话的公然反驳。

4月19日，周恩来在文艺工作会议和文联全国委员会三届二次扩大会议的讲话中，针对上海提出的“大写十三年”问题明确表示：“强调写现代为主，却不要忽视了一百多年革命斗争历史。”“表现近百年的革命斗争、新民主主义阶段的革命斗争和社会主义革命阶段的斗争，并且把他们联系起来，作品才能丰富，才能有革命现实主义和革命浪漫主义结合的好作品。”“创作的天地是很广阔的，我们不要只局限在写十三年，还要把近百年斗争、世界革命斗争都在自己作品里刻划出来，再加上新人新事多了，这样就丰富了”。① 张春桥回到上海后，向柯庆施汇报说他在文艺工作会议上遭到了“围攻”。柯庆施首先采取的步骤，就是拒不传达周恩来的讲话精神。

打破犹如“两军对垒”的僵持局面的，是一件看似偶然的事情。中央宣传部文艺处的一位同志去上海调查了解情况，回来后写了一期题为《柯庆施同志抓曲艺工作》的简报，刊于文艺处 1963 年 12 月 9 日编印的《文艺情况汇报》上。江青看到简报是称赞柯庆施的，立即送毛泽东审阅。12 月 12 日，毛泽东正是在这份简报上写下对文艺工作的第一个批示，指责许多部门至今还是“死人”统治着；批评“许多共产党人热心提倡封建主义和资本主义的艺术，却不热心提倡社会主义的艺术，岂非咄咄怪事”。这个批示虽然未直接对“大写十三年”这一口号予以支持，但所批评的戏剧界“问题就更大”，而且着眼点恰恰是题材问题，即严厉批评“提倡封建主义和资本主义的艺术”，这实际上表明了毛泽东肯定和赞同柯庆施主张的态度。

就在毛泽东作出批示十多天后，华东区话剧观摩演出在上海开幕。观摩演出集中了华东地区 19 个话剧团，演出了《年青的一代》《丰收之后》等 20 个新剧目，作为对“大写十三年”成果的检阅。柯庆施在会上发表长篇讲话，高调宣传“为了贯彻毛泽东同志指示的文艺方向，我们一定要大力提倡反映社会主义革命和社会主义建设的剧目”，声称“目前值得我们严重注意的问题是，有些人，包括一些共产党员在内，热衷于资产阶级、封建阶级的戏剧，对于反映当前社会主义革命和社会主义建设的沸腾的生活和火热的斗争，反而缺乏兴趣，缺乏热情”。这实际上是直接反击文艺界领导对“大写十三年”的批评。

到会的全国文联副主席、中国戏剧家协会主席田汉，因坚持中国革

① 中共中央文献研究室编：《周恩来文化文选》，中央文献出版社 1998 年版，第 275、276 页。

命话剧运动传统，主张现代戏和传统戏“两条腿走路”，以及现代剧、传统剧、新编历史剧“三并举”方针，当场遭受排斥，被迫提前黯然离去。这给在会演同时正式开拍的电影《舞台姐妹》投下阴影，片中女主角春花把鲁迅的小说《祝福》搬上舞台的故事，正是源自田汉当年在上海曾扶持袁雪芬进行越剧改革的真实经历，后来该片被打成“毒草”亦与此有关。

1964年1月初，邓小平主持召开文艺工作座谈会，传达毛泽东对文艺工作的批示，听取周扬关于文艺工作情况的汇报，研究讨论如何估计文艺战线的成绩和缺点以及今后如何改革等问题。刘少奇、邓小平、彭真等中央领导人在讲话中，仍然肯定了新中国成立以来文艺战线的工作，认为优点是第一位的，缺点错误是第二位，提出以“统一认识，拟定规划，组织队伍”为指导思想，进一步发展社会主义文艺，好好改进工作，取得更大的成绩。

为了贯彻毛泽东批示及中央的相关精神，文化部将原计划以研究生产规划为主要内容的各故事片厂负责人会议，提前于1月20日至2月1日在南京举行，而且扩大为厂长、党委书记共同参加。此时已调任文化部副部长仍兼电影局局长的陈荒煤主持南京会议，根据毛泽东对文艺工作的批示，着重检查了1958年以来摄制的故事片在贯彻文艺方向、方针方面存在的问题。同时，会议按照刘少奇、邓小平的指示，对照检查了过去的工作，认为由于党中央的领导和关怀，我们的电影取得了很大成绩，也出现了一些质量较高的影片，在国内外受到了广大群众的欢迎，产生了一定的影响；但“近两三年来，由于胶片的限制，影片的产量不多，没有用最大的力量来反映我国社会主义的政治和经济的面貌”，以及反映现实生活的影片不够深刻，影片的题材、样式不丰富，“思想性、艺术性都不够高”等，产生这些问题的原因是“我们对社会主义文化认识不清”。

这次会议在讨论对社会主义文化性质的认识问题上，出现了激烈争论，各种意见相持不下。特别是受正在大张旗鼓举行的华东区话剧观摩演出的影响，“大写十三年”的主张更加风行。因这一口号出现已有一年多，有代表进而提出电影创作和生产亦要“大写十四年”，而且应占据主导地位。对此，文艺界领导究竟应当怎样表态，陈荒煤急电向夏衍等文化部领导请示。

夏衍和陈荒煤都难以苟同“大写十三年”的怪论，觉得这是“作茧自缚”。夏衍曾在1963年5月电影故事片厂厂长会议上，针对这一怪论解释说：柯老讲十三年，中央讲主体，十三年加新民主主义革命时期的主体，另外1840年至1919年旧民主主义革命时期也要写，比例可少些。再推上去两千年历史，可以增长知识，提高人民情操，有休息性、娱乐性，这样的片子也允许要。很明显，文艺创作题材问题不应仅限于“十三年”。接到陈荒煤的电报，夏衍觉得“该顶的地方还是照顶不误”，他回电说：“经与林、徐研究，均同意你的看法，但慎重起见，这次会上，可以不做结论，说明这个问题，可以继续讨论。但在讨论选题计划时，除积极安排反映社会主义时代的作品外，对描写革命历史斗争的作品，也要同样重视，这类作品除国内进行忆苦思甜的社会主义教育有作用外，对亚非拉输出，介绍中国革命经验，也十分必要”①。

陈荒煤接到回电后，心中有了底，在发言中主张对社会主义文艺应该有比较全面的理解，认为在社会主义时期，革命文艺的性质只能是社会主义的。它的主要任务是反对并彻底摧毁资本主义，促进社会主义经济基础的巩固和发展。因此，社会主义文艺必须大量地反映社会主义革命和社会主义建设；同时，以无产阶级的立场、观点反映党所领导的各个时期的革命斗争，给人民以革命传统教育，也应该认为是社会主义的文艺，今后仍可以在影片中适当地反映。这篇发言，反映出文艺领导部门为应对“大写十三年”挑起的争论，可谓煞费苦心。这些意见，对会议形成“应该继续保持创作题材的广泛性、多样化”的共识，起到了重要作用。会议最后一致同意“今后的影片，反映社会主义革命和社会主义建设的题材占百分之六十；革命历史题材占百分之三十；其他题材占百分之十”。

---

① 陈坚、陈奇佳：《夏衍传》，中国戏剧出版社2015年版，第572页。

尽管按题材的比例来规划电影生产的做法并不符合艺术创作规律，但在当时的历史环境下，能坚持这个“六、三、一”的题材比例，不仅为革命历史题材争得了一定位置，而且还为其他历史文化题材网开一面，确保了一批题材多样、风格各异的优秀影片的摄制或修改完成。由此，一大批影片，包括《早春二月》《舞台姐妹》《白求恩大夫》《阿诗玛》《英雄女儿》《兵临城下》《独立大队》《小二黑结婚》《青年鲁班》《天山上的红花》《霓虹灯下的哨兵》及儿童影片《小铃铛》等，都受到广大群众的喜爱和欢迎。这在文艺界已经转向大搞阶级斗争的特定环境下，殊为不易和难能可贵。

（四）意识形态领域过火批判之滥觞

在1962年党对文艺工作进行调整的影响下，1963年至1965年，文艺界一度出现了活跃的局面，但同时，“以阶级斗争为纲”的指导思想很快波及文化教育和意识形态领域，文艺界和学术界开展了一系列错误的批判，大有泛滥之势。

1964年6月毛泽东对中央宣传部文艺处《关于全国文联和各协会整风情况的报告（草稿）》作出第二个文艺批示后，文化领导部门首当其冲要对文联各协会“竟然跌到了修正主义的边缘”承担责任。全国文联及各协会再次进行整风，并且范围扩大到文化部及其直属单位。文化部副部长齐燕铭、夏衍、徐光霄、徐平羽、陈荒煤，中共作协党组书记邵荃麟，全国文联副主席阳翰笙，全国剧协主席田汉等都遭到了批判，直至改组文化部领导班子才告一段落。7月，根据毛泽东的意见，中共中央决定成立中央文化革命五人小组，组长彭真，副组长陆定一，组员康生、周扬、吴冷西，负责领导当时正在开展的文艺界整风。

文艺界在进行整风的同时，还发动了对一大批文艺作品及其作者的批判。1964年7月29日，康生在全国京剧现代剧观摩演出总结会上点名批判《北国江南》《逆风千里》《李慧娘》《谢瑶环》为“坏电影和坏戏”。8月14日，中央宣传部根据康生的意见，向中央书记处写了关于公开放映和批判《北国江南》《二月》（公开放映时改名《早春二月》）的请示报告，提出在北京、上海等大城市上映和批判这两部影片。毛泽东阅后作出批示："不但在几个大城市放映，而且应在几十个至一百多个中等城市放映，使这些修正主义材料公之于众。可能不只这两部影片，还有些别的，都需要批判。"① 9月份，《早春二月》等影片同时在57个城市上映，接踵而来的是疾风暴雨式的批判。一个月的时间内全国各报刊登载的批判文章达200多篇，批判的语气不容许有任何商榷的余地。罪名集中起来主要有两条：一是继承了二三十年代资产阶级的文艺思想和传统；二是宣扬资产阶级修正主义的个人主义、人道主义、人情、人性论和阶级调和论。

12月，江青又点名《不夜城》《红日》《聂耳》《球迷》《阿诗玛》《舞台姐妹》等一批影片为"毒草"，提出要公开批判。12月20日，在全国政协四届一次会议上，政协委员沈浮、秦怡作为《北国江南》的导演和主演，柯灵作为影片《不夜城》的编剧，分别在会上做了检查。

随着上述声势浩大的批判的进行，对一批文艺作品的政治批判也公开见诸报端。先后受到批判的作品有：小说《刘志丹》、昆剧《李慧娘》、京剧《谢瑶环》、电影《北国江南》《早春二月》《舞台姐妹》《林家铺子》《聂耳》《怒潮》《不夜城》《兵临城下》《抓壮丁》《红日》《逆风千里》等。这些作品基本是好的或比较好的，但都被定性为"资产阶级""修正主义"的"毒草"，被当作两个阶级、两条道路斗争的表现而横遭批判，许多作者和相关人员遭到打击和迫害。

文艺理论界也难以逃脱被批判的境遇，许多本可以自由讨论的学术观点被划为政治问题加以批判，电影界批判瞿白音的《创新独白》，文学界批判周谷城的"时代精神汇合论"、邵荃麟的"写中间人物论"和"现实主义深化论"等，这些有关文艺理论和文艺创作方面的一些观点和主张被指责为"资产阶级的文学主张""同毛泽东文艺思想针锋相对的现代修正主义的文学主张"。在政治批判的背景下，赵树理、周立波等一批优

① 中共中央文献研究室编：《毛泽东年谱（1949—1976）》第5卷，中央文献出版社2013年版，第390页。

秀作家受到伤害，《三湾里》《山乡巨变》等一大批优秀文学作品受到批判，甚至被划为“毒草”。

文艺界整风的紧张情势引起中央一线领导的关注。1965 年 3 月 2 日，邓小平主持中央书记处会议，听取陆定一汇报文艺界进行社会主义教育运动的有关情况。针对文艺界出现围攻、批判文艺作品和文艺界代表人物的现象，邓小平说：“现在有人不敢写文章了，新华社每天只收到两篇稿子。戏台上只演兵，只演打仗的。这个不让演，那个不让演。那些‘革命派’是想靠批判别人出名，踩着别人的肩膀自己上台。要赶快刹车。”①

然而，在“左”倾思想的指导下，意识形态领域过火的政治批判不仅未“刹车”，而且愈演愈烈。4 月 22 日，中宣部又发出《关于公开放映和批判影片〈林家铺子〉〈不夜城〉的通知》，对这两部影片进行连番批判。这两部影片连同欧阳山所著长篇小说《三家巷》《苦斗》等都被打成“大毒草”的代表。

这些在“左”倾思想指导下的批判，完全颠倒了文艺界的是非。那些被批判的作品，大多数是“文艺八条”调整以来文艺工作者创作出来的优秀或比较优秀的作品。虽然少数作品在思想内容和艺术手法上存在某些不足或缺点，但应通过正常的文艺批评等方式加以解决。对于党的文艺方针的执行和决策过程中的缺点，也完全应当通过正常的批评和加强领导来改正。然而，当时恰恰把人民内部矛盾上升为阶级矛盾，一般工作上的缺点被看作是文艺界两个阶级、两条道路的尖锐斗争，把一些不合某种政治框子的作品，甚至一些优秀作品，统统戴上资产阶级、修正主义毒草之类的政治帽子，并打击批判这些作品的作者和演员。对一些完全可以自由讨论的文艺理论观点，则当作资产阶级和修正主义的文艺思想加以批判。毛泽东两个批示对文艺界社会主义改造“收效甚微”、已经“跌到了修正主义的边缘”的估计，更是对新中国成立以来文艺工

---

① 中共中央文献研究室编：《邓小平年谱（1904—1974）》（下），中央文献出版社 2009 年版，第 1849 页。

作主流的错误判断，是对党领导文艺工作取得的成就的否定。

学术界的大批判紧随文艺界的错误批判而至，社会科学界都未能幸免。开展全面建设社会主义伊始，通过贯彻党的“百家争鸣”方针，各个学术领域出现了有利于学术发展的不同观点的争鸣，然而在阶级斗争扩大化的大批判背景下，这样的学术争鸣很快又被泛政治化而加以大张挞伐。

在哲学界，首先遭受噩运的是马克思主义理论家、哲学家、中共中央高级党校副校长杨献珍。杨献珍的哲学观点“合二而一”论，被指反对毛泽东哲学的“对立统一”论，同“反对三面红旗”“右倾翻案”等政治问题挂起钩来。杨献珍关于新民主主义向社会主义过渡时期的“综合经济基础论”，也同时受到批判。1965 年 9 月，中共中央批转关于杨献珍问题的报告，认定杨献珍“从理论上根本否定阶级斗争、否定社会主义同帝国主义斗争、否定马列主义同修正主义斗争的‘合二而一’论，为现代修正主义的‘三和两全’路线作了哲学概括，为国内资本主义势力制造了‘和平演变’的理论”。

此外，哲学界还对北京大学党委副书记、哲学家冯定所写的《共产主义人生观》和《平凡的真理》进行无端批判。经济学界指责中国科学院经济研究所所长孙冶方提出的要大力抓企业利润，改革那些不计成本、不讲效益的企业管理制度的主张，是鼓吹“利润挂帅”的修正主义观点。历史学界对北京大学副校长、历史学家翦伯赞和太平天国史研究专家罗尔纲等人的历史研究方法，以及封建王朝更替时期地主阶级对农民“轻徭薄赋”的史学观点，即所谓“让步论”进行了批判。教育界围绕南京师范学院附小教师斯霞“爱的教育”观点展开，这种观点被有些人看作是“超阶级的爱”，是搞“资产阶级人性论”。这些被批判的人物，大都是学术领域有影响的领导人和专家、学者。他们遭批判后，或被撤销职务，或不能继续正常工作，有的甚至遭受精神和肉体的折磨。

由于指导思想上“以阶级斗争为纲”，许多不同性质的问题都被认为是阶级斗争或者阶级斗争在党内的反映，因而混淆了两类矛盾，使国内的政治空气更加紧张，不少干部和群众受到打击，各方面工作受到了严重影响。在部分纠正城乡社教运动若干“左”的偏差的同时，中共中央书记处及有关部门也试图纠正教育、文化等领域的一些“左”的做法。

1965 年 3 月 3 日，邓小平主持中央书记处会议，讨论文化、教育部门开展社会主义教育运动的问题。会议针对北京大学等高校社教运动试点的情况，批评了学校社教运动把矛头指向学校党委和党政主要负责人、全盘否定学校工作的“左”的偏向。会议肯定北京大学是办得比较好的社会主义大学，北大党政主要负责人是好同志。针对思想文化领域日益扩大的过火批判，邓小平批评说：“应立即停止对冯定每周七小时的批判。运动的方向要转到落实教学，调动教职员工积极性方面。工厂要比较迅速地转到生产管理上。”在谈到红与专问题时他指出：“不能讲唯成分论。团员要帮助那些出身不好的人，使之能为社会主义服务。值得注意的是现在有部分学生忽视读业务书。现在学校的课外活动太多。”①

9 月，中共中央书记处书记彭真在全国文化厅局长会议上讲话，指出学术批判应区别学术问题和政治问题，“不是政治问题的，就不要轻率地把它同政治上的大是大非，特别是同敌我问题混淆起来，也不要轻率地下结论”。针对当时过火的学术批判，彭真提出“必须实事求是，不能自以为是”的处理原则。他说：“要实事求是，部分对，就是部分对；基本对，就是基本对；部分错，就是部分错；基本错，就是基本错。坚持真理，随时修正错误。”但是，在“左”倾错误指导思想没有纠正的大背景下，这些试图对不正确的东西加以纠正的努力，其作用毕竟是有限的。不久，这些努力就被更加猛烈的政治批判所打断。

这一时期意识形态领域进行的错误的过火的政治批判，是党的八届十中全会后“左”倾错误在思想文化方面继续发展的重要表现。它破坏了党的“百花齐放、百家争鸣”的方针，混淆了人民内部矛盾与敌我矛盾的界限，妨碍了党的文艺事业和学术工作的健康发展，伤害了大批党内外的知识分子。康生、江青等人在这些错误的批判中推波助澜，起了

① 中共中央文献研究室编：《邓小平年谱（1904—1974）》（下），中央文献出版社 2009 年版，第 1849 页。

恶劣的作用，他们不仅公开组织、强令批判一些作家和作品，还在背后向毛泽东谎报了许多诬陷和整人的材料，制造了一系列的冤假错案。不过，在“文化大革命”之前，这种批判主要是在报刊上和有关的文化团体、机关内进行，尚未形成社会性的群众运动。但是，这种批判却同毛泽东正在酝酿和发动“文化大革命”有着直接的关联。

第六章
走入“文化大革命”的历史迷误

一、以文化批判为发端的政治大革命

（一）批《海瑞罢官》点燃导火索

1966 年，正当全国上下艰苦奋斗，克服国民经济中的严重困难，胜利完成经济调整的任务，开始执行发展国民经济第三个五年计划的时候，中国发生了史无前例的“无产阶级文化大革命”运动。这场延续 10 年的“文化大革命”，在任何意义上都不能称为革命，而只是严重破坏中国社会主义建设和发展的一场内乱。

这场所谓“大革命”是由毛泽东亲自发动和领导的，其目的和出发点是防止资本主义复辟，维护共产党的纯洁性和寻求中国自己的社会主义道路。但是，在 20 世纪 60 年代中期，毛泽东对党和国家政治状况的错误估计，导致在社会主义时期人为地制造阶级斗争的做法，已经发展到非常严重的程度，认为党中央出了修正主义，党和国家已面临资产阶级复辟的现实危险。他认为过去几年的“四清”“五反”和意识形态领域的批判，都不能解决问题，只有用“文化大革命”这种形式，公开地、全面地、由下而上地发动广大群众，才能彻底揭发党和国家生活中的阴暗面，把所谓被“走资本主义道路的当权派”篡夺了的权力夺回来，从而陷入难以挽回的历史迷误。

用毛泽东的话来说，“文化大革命”实质上就是“一个阶级推翻一个阶级的政治大革命”。这场“大革命”之所以冠以“文化”二字，是因为它是以一个阶段以来在意识形态领域过火的“文化批判”为发端的。由于毛泽东对形势的估计和他所运用的理论、政策、方法都是错误的，结果只能是事与愿违，并且为林彪、江青等表面上拥护和支持他的主张、实际上另有野心的人物，造成了另搞一套的机会。这些野心人物凭借他们取得的党中央的一部分权力，打着最“革命”的旗号，煽动对毛泽东狂热的个人崇拜，把“左”倾错误推到极端。他们指使和放纵一批投机分子、冒险分子、蜕化变质分子，煽动群众实行“踢开党委闹革命”，造成一股“打倒一切”的无政府主义狂潮，形成全国范围的大动乱，使党和国家的工作、社会正常秩序受到巨大的破坏，我国的社会主义事业遭到中华人民共和国成立以来最严重的挫折和损失。

“文化大革命”的导火索，起自1965年11月上海《文汇报》发表的姚文元的文章《评新编历史剧〈海瑞罢官〉》。在1962年党的八届十中全会后意识形态领域里的文化批判不断升级的背景下，由江青、张春桥、姚文元等人精心策划和炮制的这篇文章，拉开了“文化大革命”的序幕。

新编历史剧《海瑞罢官》，是明史专家、时任北京市副市长吴晗写的京剧剧本。早在1959年4月党的八届七中全会期间，毛泽东在讲话中提出，要学习明朝著名清官海瑞刚正不阿、冒死上谏的精神。会后不久，吴晗根据毛泽东讲话精神，开始发表赞扬海瑞的文章。庐山会议错误地对彭德怀开展批判后，毛泽东提出要区分“左派海瑞”与“右派海瑞”，彭德怀表现的海瑞精神是“右派海瑞”。姚文元文章对《海瑞罢官》的批判，就是以批判所谓“右派海瑞”而展开的。

这篇文章的发表及其导致的更加猛烈的文化批判，起初曾受到中央一线领导一定程度的抵制。1966年1月中旬，中央宣传部收到《红旗》杂志编委关锋、《红旗》杂志历史组组长戚本禹各写的一篇批《海瑞罢官》“要害”的文章，因对文章中一些上纲很高的提法是否适合公开发表没有把握，于是摘要上报请示以彭真为组长、主管党的意识形态工作的中央文化革命五人小组。

2 月 3 日，中共中央政治局委员、中央书记处书记彭真召集文化革命五人小组会议，会上印发了包括上述文章摘要在内的七个材料，反映的都是学术批判引起紧张形势和有关方面提出如何掌握政策的问题。会议认为，要制定出若干指导方针，把这场讨论置于党中央的领导下，实行“百家争鸣、百花齐放”。会后，相关人员起草了向中央政治局常委汇报的《文化革命五人小组关于当前学术讨论的汇报提纲》（简称“二月提纲”）。这个提纲虽然也有许多在当时大环境下难以避免的“左”的提法，但主旨是试图对已经出现的“左”的倾向加以适当约束，引导运动在学术讨论的范围内进行，不赞成把它变为严重的政治批判。提纲提出：“要坚持实事求是，在真理面前人人平等的原则，要以理服人，不要像学阀一样的武断和以势压人”；“在报刊上的讨论不要局限于政治问题，要把涉及各种学术理论的问题，充分地展开讨论。如果最后还有不同意见，应当容许保留，以后继续讨论”。并提出要“警惕左派学术工作者走上资产阶级专家、学阀的道路”。

这个提纲，体现了新中国成立以来中国共产党正确的文艺政策和领导文化建设的指导思想，连同所附的七个材料，被报送毛泽东和中央政治局其他常委。2 月 5 日，刘少奇召集在北京的政治局常委讨论，予以认可。2 月 8 日，彭真、陆定一、康生等到武汉向毛泽东汇报，毛泽东没有表示反对。2 月 12 日，“二月提纲”作为中共中央文件转发全党，要求各级党委“照此执行”。

“二月提纲”的形成，反映了党内相当多数的领导干部对思想文化领域的批判运动持有慎重态度，这进一步加深了毛泽东对“中央出修正主义”的担忧。他没有对彭真汇报的“二月提纲”表示反对，并不表示他同意提纲的观点。因为就在彭真组织起草“二月提纲”的时候，毛泽东正通过另一条途径，用另一份重要文件，实际上否定了提纲的观点，表明了自己的态度。这就是他争取林彪的支持，通过江青到上海主持召开部队文艺工作座谈会，并形成了一份与“二月提纲”完全对立的“部队文艺工作座谈会纪要”。

（二）“文艺黑线专政”论的出笼

江青等人对“二月提纲”极为不满，认为提纲的指导思想和许多提法并不符合毛泽东关于开展思想文化领域阶级斗争的指示精神。1966 年 2 月 2 日至 20 日，江青在林彪的“完全支持”下，到上海主持召开部队文艺工作座谈会。这次会议的内容，主要是阅读毛泽东未发表的两篇文章，即 1944 年 1 月给延安平剧院的信和 1956 年 8 月同音乐工作者的谈话，以及有关文艺工作的 9 个材料。

说是座谈会，实际上主要是既无军队职务、又无党政领导职务的江青一个人谈，其他人听。江青在会上指责文化部不贯彻她关于文艺工作的意见，还攻击北京市委不支持她搞京剧革命，专了她的政，表示“我要请尊神，请解放军这个尊神支持我”。江青宣称：在文艺方面“有一条与毛主席思想相对立的反党反社会主义的黑线专了我们的政”，“现在该是我们专他们的政的时候了”。

会后，总政文化部根据江青的谈话，形成《江青同志召集的部队文艺工作座谈会纪要》，作为向总政治部党委的汇报提纲。江青对这个会议纪要非常不满。要求总政派人重写会议纪要，并由她和陈伯达、张春桥参与修改。

按照江青和陈伯达的意见，张春桥对汇报提纲作了许多修改，还加进座谈会上江青没有讲过的东西，使江青的观点得到更系统的发挥，又将江青个人的看法改成“座谈会的同志们认为”等。这份经过反复修改的座谈会纪要提出：十多年来，文化战线上存在着尖锐的阶级斗争，文艺界“被一条与毛主席思想相对立的反党反社会主义的黑线专了我们的政”；号召要“坚决进行一场文化战线上的社会主义大革命，彻底搞掉这条黑线”。纪要还在文化革命的口号下，基本否定了 20 世纪 30 年代中国共产党领导的左翼文化运动。

纪要修改结束时，江青把铅印稿送毛泽东审阅。3 月，毛泽东三次审阅修改这个纪要，并将标题改为《林彪同志委托江青同志召开的部队文艺工作座谈会纪要》。毛泽东在纪要中加写道：“搞掉这条黑线之后，还会有将来的黑线，还得再斗争”“过去十几年的教训是：我们抓迟了”“只抓过一些个别问题，没有全盘的系统的抓起来，而只要我们不抓，很多阵地就只好听任黑线去占领，这是一条严重的教训”。①

3月中旬，毛泽东在杭州主持召开中央政治局常委扩大会议。他在讲话中说：我们解放以后，对知识分子实行包下来的政策，有利也有弊。现在学术界和教育界是资产阶级知识分子掌握实权。社会主义革命越深入，他们就越抵抗，就越暴露出他们的反党反社会主义的面目。现在许多地方对于这个问题认识还很差，学术批判还没有开展起来。各地都要注意学校、报纸、刊物、出版社掌握在什么人手里，要对资产阶级的学术权威进行切实的批判。毛泽东还说：“学术界、教育界的问题，过去我们是蒙在鼓里的，许多事情我们不知道，事实上是资产阶级、小资产阶级掌握的。”“阶级斗争展开的面很广，包括各个方面，请大区注意一下，学校、出版、报纸、文艺、电影、戏剧各方面都要管。”②

3月底，毛泽东连续找康生、江青、张春桥等谈话，严厉指责“二月提纲”混淆阶级界限，不分是非，是错误的。中宣部、北京市委包庇坏人是阎王殿，要“打倒阎王，解放小鬼！”毛泽东还说：“十中全会做过决议，要在全国搞阶级斗争，为什么学术界、历史界、文艺界不可以搞阶级斗争？要把十八层地狱统统打破”。“我历来主张，中央不对时，地方攻中央……如果中央出修正主义，地方要造反。”要支持小将，保护孙悟空。再不支持，就解散五人小组、中央宣传部、北京市委，不管哪个省市委。从上述谈话中可以看出，经毛泽东亲自修改的座谈会纪要，基本反映了毛泽东对思想文化、意识形态领域阶级斗争形势的估量和认识。

“文艺黑线专政论”的提出，使60年代初在意识形态领域已经发展得相当严重的“左”倾错误进一步升级，为全盘否定新中国成立后17年文艺工作的成绩，进而否定中央一些领导人提供了理论依据。《林彪同志

---

① 中共中央文献研究室编：《毛泽东年谱（1949—1976）》第5卷，中央文献出版社2013年版，第563页。

② 逄先知、金冲及主编：《毛泽东传（1949—1976）》（下），中央文献出版社2003年版，第1404—1405页。

委托江青同志召开的部队文艺工作座谈会纪要》的理论支柱就是“文艺黑线专政”论，认为新中国成立17年的时间里，文艺界“被一条与毛主席思想相对立的反党反社会主义的黑线专了我们的政”。纪要攻击“文艺黑线”的代表性论点是所谓“黑八论”：(1)“写真实”论；(2)“现实主义——广阔的道路”论；(3)“现实主义深化”论；(4)反“题材决定”论；(5)“中间人物”论；(6)反“火药味”论；(7)“时代精神汇合”论；(8)“离经叛道”论。纪要判定这“黑八论”是“资产阶级文艺思想、现代修正主义的文艺思想和30年代文艺的结合”。

这个纪要的出笼，是自上而下的、空前的、全国性的，关乎文艺界、教育界存亡大局的一次重要动员，是对“二月提纲”的全盘否定，也是对新中国建立以来中国共产党领导的文艺工作和文化建设的全面否定。4月10日，经毛泽东修改的《林彪同志委托江青同志召开的部队文艺工作座谈会纪要》，以中共中央文件的形式批转全国各级党委。这表明，在江青组织批判《海瑞罢官》之后，毛泽东决定把阶级斗争的盖子完全揭开，一场猝不及防的劫难席卷文艺界、教育界，继而席卷政治、经济、社会各个领域，形成一场政治大革命风暴。

在“文艺黑线专政论”的指导下，江青等人疯狂地对北京市委及彭真和中宣部等进行反击。4月9日至12日，中央书记处在北京开会，康生的发言，系统地批判彭真在这次学术批判运动中的“严重错误”；陈伯达则从政治路线方面批评彭真的“严重错误”，并揭发彭真在民主革命各个时期的“错误”，以此说明彭真在此次运动犯“错误”的必然性。会议决定起草一个撤销并彻底批判“二月提纲”的通知（即《中国共产党中央委员会通知》，后来被简称为“五一六通知”），成立文化革命文件起草小组（即后来的中央文化革命小组），报毛泽东和中央政治局常委批准。4月14日，毛泽东对通知的草稿作了重要修改，加上了“撤销原来的‘文化革命五人小组’及其办事机构，重新设立文化革命小组，隶属于政治局常委之下”等语。

4月16日至24日，毛泽东在杭州主持召开政治局常委扩大会议。22日，毛泽东在会上作了长篇讲话，他说：“我不相信只是吴晗的问题。这是触及灵魂的斗争，意识形态的，触及的很广泛，朝里有人。”意指吴晗的问题之所以严重，是因为“朝里有人”，所谓朝里，不光中央，部门有，包括各区、各省市都有，军队也有。毛泽东严厉地说：“出修正主义不只文化界出，党政军也要出，特别是党军出了修正主义就大了”。①

4 月 28 日、29 日，毛泽东又讲了两次话，对彭真和北京市委提出更加严厉的批评。他说：北京市一个针也插不进去，一滴水也泼不进去，彭真要按他的世界观改造党，事物走向反面，他已为自己准备了垮台的条件，对他的错误要彻底攻到底；阶级斗争是不依人的意志为转移的，“西风吹渭水，落叶下长安”，“灰尘不扫不少”，“阶级斗争，不斗不倒”。这些讲话表达了毛泽东对彭真和北京市委不支持批判《海瑞罢官》的强烈不满，认为北京市委的做法成了他发动“文化大革命”的障碍。会后，彭真被停止工作。

（三）“文化大革命”的全面发动

“文化大革命”的正式发动，是以 1966 年 5 月中共中央政治局扩大会议的召开为标志的。会后，由于“左”倾方针的推行在党内受到一定程度的阻力，8 月召开的党的八届十一中全会又一次对“文化大革命”进行发动。这两次会议，使“左”倾错误方针开始在党中央占据主导地位。

1966 年 5 月 4 日至 26 日，中共中央政治局扩大会议在北京召开。会议期间毛泽东在外地，没有与会，但会议是根据毛泽东 4 月在杭州主持的中央政治局常委扩大会议定的主题以及会前的一些重要讲话精神召开的。会议由刘少奇主持，首先由康生、张春桥、陈伯达等“介绍情况”，分别传达了 1962 年以来毛泽东有关阶级斗争的论述，重点介绍 1965 年 11 月批判《海瑞罢官》以来在中央高层内部所发生的“尖锐”“激烈”的阶级斗争，以及毛泽东对中宣部、北京市委并彭真、陆定一等的批评，传达了毛泽东有关开展“文化大革命”，防止中央出修正主义的指示。

---

① 转引自逄先知、金冲及主编：《毛泽东传（1949—1976）》（下），中央文献出版社 2003 年版，第 1407—1408 页。

5月16日，会议通过《中国共产党中央委员会通知》(即“五一六通知”)。这个通知从批判“二月提纲”入手，说它掩盖了这场学术批判的政治性质，是一个“为资产阶级复辟作舆论准备的修正主义纲领”。它指责彭真等人“对于一切牛鬼蛇神却放手让其出笼，多年来塞满了我们的报纸、广播、刊物、书籍、教科书、讲演、文艺作品、电影、戏剧、曲艺、美术、音乐、舞蹈等等”，强调“无产阶级必须进行在上层建筑其中包括在各个文化领域对资产阶级的专政，必须继续清除资产阶级钻在共产党内打着红旗反红旗的代表人物”。

毛泽东在修改“五一六通知”时加写了一段对形势极其严重的分析：“混进党里、政府里、军队里和各种文化界的资产阶级代表人物，是一批反革命的修正主义分子，一旦时机成熟，他们就会要夺取政权，由无产阶级专政变为资产阶级专政。这些人物，有些已被我们识破了，有些则还没有被识破，有些正在受到我们信用，被培养为我们的接班人，例如赫鲁晓夫那样的人物，他们现正睡在我们的身旁，各级党委必须充分注意这一点。”① 通知要求全党“高举无产阶级文化革命的大旗，彻底揭露那批反党反社会主义的所谓‘学术权威’的资产阶级反动立场，彻底批判学术界、教育界、新闻界、文艺界、出版界的资产阶级反动思想，夺取在这些文化领域中的领导权。而要做到这一点，必须同时批判混进党里、政府里、军队里和文化领域各界里的资产阶级代表人物，清洗这些人，有些则要调动他们的职务。尤其不能信用这些人去做领导文化革命的工作”。总之，“五一六通知”系统地表达了毛泽东关于社会主义时期阶级斗争的观点，成为发动和进行“文化大革命”的指导性文件。

按照“五一六通知”有关规定，会议决定撤销原来以彭真为首的文化革命五人小组，以新的文化革命小组取而代之。其成员是：组长陈伯达，顾问康生，副组长江青、张春桥，组员王力、关锋、戚本禹、姚文元等。实际上，这个小组一经成立，就成了不受中央政治局约束的、直

① 转引自逄先知、金冲及主编：《毛泽东传（1949—1976）》（下），中央文献出版社2003年版，第1409页。

接指挥“文化大革命”的机构。

5月中央政治局扩大会议期间，江青、康生等将会议的一些内容散布到社会上去，报纸上“革命大批判”的势头越来越凶猛，对吴晗的批判株连到同吴晗一起撰写《三家村札记》的中共北京市委书记处书记邓拓和市委统战部部长廖沫沙，接着又株连到刊登《三家村札记》的北京市委的党报党刊《北京日报》和《前线》杂志。姚文元、戚本禹、林杰等在《解放日报》、《红旗》杂志、《人民日报》连续发表文章，公开把矛头指向北京市委。与此同时，几乎每个省市的领导也都因领导文化批判不力而受到来自各方面的压力。

在这股来势凶猛、颠倒黑白的大批判浪潮中，5月25日，北京大学哲学系党总支书记聂元梓等7人贴出一张诬陷攻击北京大学党委和中共北京市委的大字报。大字报对北京市委和北大党委要求党组织在运动中要“加强领导，坚守岗位”横加批判，号召“打破修正主义的种种控制和一切阴谋诡计，坚决、彻底、干净、全部地消灭一切牛鬼蛇神，一切赫鲁晓夫式的反革命的修正主义分子”。大字报贴出后，受到北大师生员工的强烈反对，仅半天时间，全校就贴出了1500多张反对、批驳的大字报。野心家康生预感到这份大字报的分量，立即将这张大字报的内容报给当时还在南方的毛泽东。6月1日，毛泽东指示，此文可以由新华社全文广播，在全国报刊发表十分必要。

同一天，由陈伯达带领工作组接管的《人民日报》发表题为《横扫一切牛鬼蛇神》的社论。社论称：“目前，我国无产阶级文化大革命的规模和声势，在人类历史上还不曾有过，它的威力之大，来势之猛，在运动中所迸发出的劳动人民无限的智慧，远远超出了资产阶级老爷们的想象。”社论要求群众起来“横扫盘踞在思想文化阵地上的大量牛鬼蛇神……把所谓资产阶级的‘专家’、‘学者’、‘权威’、‘祖师爷’，打得落花流水”，并号召“彻底破除几千年来一切剥削阶级所造成的毒害人民的旧思想，旧文化，旧风俗，旧习惯”。

当晚新华社全文广播了聂元梓等人的大字报，次日《人民日报》全文刊载。毛泽东对聂元梓等人的大字报给予高度评价，称之为“全国第一张马克思主义大字报”，由此点燃“全国文化大革命的火种”，立即在全国引起空前未有的强烈反响。广大群众特别是幼稚、充满革命理想和激情的青年学生立即响应，行动起来“造修正主义的反”。几乎在一夜间，各大城市的大中学校便贴出了大量的大字报，矛头直指学校领导、教师。随后，《人民日报》公布中共中央改组北京市委的决定，宣布北京市的“文化大革命”工作由新市委直接领导，同时派工作组进驻北京大学“代行党委的职权”，对“文化大革命”进行领导。

1966 年上半年，在已经开始动荡的形势下，一批青年人以他们特有的政治敏感和“使命感”，积极参加这场“文化大革命”。他们用当时接受的“阶级斗争主课”教育的观点去看待学校和社会上的各种问题，进行“反修防修”“批判资产阶级”的学习和讨论。5 月底，北京的清华大学附中的一些学生，为了用自己的实际行动“保卫党中央”“保卫毛主席”，自发集会，率先成立了名为“红卫兵”的学生造反组织。在随后急剧发展的形势推动下，北京其他中学也相继建立起“红卫兵”一类学生组织。然而，最初的一批红卫兵组织并没有得到校方和驻校工作组的支持，引起了学生的不满，发生许多矛盾和冲突。在“文化大革命”浪潮的冲击下，各基层党委首当其冲，普遍成为群众“造反”的目标。许多学校的领导机构开始陷于瘫痪，无法行使领导职能，混乱局面日趋严重。

为了加强党的领导，规范运动在可控制的范围内进行，主持中央一线工作的刘少奇、邓小平等依照过去的惯例，向北京市委、人民日报社、北京各大中学校派出工作组，以防止出现乱斗的混乱现象。各级党组织和广大党团员也对这场运动很不理解，执行很不得力，使得刚刚兴起的“文化大革命”运动一时出现了“冷冷清清”的局面。为了冲破阻力，对“文化大革命”作全面的发动，8 月 1 日党的八届十一中全会在北京开幕。会议原定会期 5 天，会议开始后，又根据毛泽东的意见改变了会期和议程，会议延长为 12 天。全会不仅开展了对刘少奇、邓小平等人的批判，还进行了中央领导机构的大改组。

会议第一天，毛泽东发表讲话说，这次会议要解决问题，否则很危险，如果不开这次全会，再搞几个月，事情就要坏得多。刘少奇在当天的报告中简述了八届十中全会以来中央所做的工作，特别是在国际国内问题上所采取的重大措施，并就派工作组承担了主要责任。毛泽东则多次插话，指责派工作组是犯了方向路线错误，是站在资产阶级立场上反对无产阶级革命。会上，国务院一些部委和各大区负责人纷纷检讨自己“跟不上形势”，“犯了方向路线错误”，对运动“仍然是很不理解、很不认真、很不得力”，等等。会议印发了毛泽东 8 月 1 日写给清华附中红卫兵的复信，信中高度赞扬了红卫兵的“革命造反精神”。

8 月 7 日，会议印发了毛泽东的大字报《炮打司令部——我的一张大字报》。毛泽东在这张大字报里，从严厉批评工作组开始，最后点明了发动这场运动的原因和目的。大字报指出，自 6 月上旬派工作组以来的 50 天里，从中央到地方的某些领导同志“站在反动的资产阶级立场上，实行资产阶级专政，将无产阶级轰轰烈烈的文化大革命运动打下去，颠倒是非，混淆黑白，围剿革命派，压制不同意见，实行白色恐怖，自以为得意，长资产阶级的威风，灭无产阶级的志气，又何其毒也!”大字报还由此引申到过去党中央领导层在社会主义建设问题上的争论，提示说：“联系到一九六二年的右倾和一九六四年形‘左’而实右的错误倾向，岂不是可以发人深醒的吗?”①

这里虽然没有点名，但与会的中央委员都明了，这是对一段时间以来主持中央一线工作的刘少奇、邓小平等人的严厉批评。实际上是提出了在毛泽东为首的党中央之外，另有一个以刘少奇为首的“资产阶级司令部”，并号召“炮打”这个司令部。这是完全没有事实根据的。以毛泽东的这张大字报为标志，“文化大革命”的斗争锋芒更加直接地指向刘少奇、邓小平等中央一线领导。自此以后，中央各党政部门和省市各级党政机关普遍成为被“炮打”“炮轰”的各级“资产阶级司令部”。

8 月 8 日，党的八届十一中全会通过由中央文革小组起草、经毛泽东审定的《中国共产党中央委员会关于无产阶级文化大革命的决定》（即“十六条”）。“十六条”是当时指导“文化大革命”的一个纲领性文件，

---

① 中共中央文献研究室编：《建国以来毛泽东文稿》第 12 册，中央文献出版社 1998 年版，第 90 页。

它对运动的目的、重点依靠力量、斗争方法等作出了具体的规定。“十六条”指出：“当前开展的无产阶级文化大革命，是一场触及人们灵魂的大革命，是我国社会主义革命发展的一个更深入、更广阔的新阶段。”“这次运动的重点，是整党内那些走资本主义道路的当权派”。“在当前，我们的目的是斗垮走资本主义道路的当权派，批判资产阶级的反动学术‘权威’，批判资产阶级和一切剥削阶级的意识形态，改革教育，改革文艺，改革一切不适应社会主义经济基础的上层建筑，以利于巩固和发展社会主义制度。”“十六条”一再强调要“‘敢’字当头”，放手发动群众，“充分运用大字报、大辩论这些形式，进行大鸣大放”，“不要怕出乱子”，“不能那样雅致，那样文质彬彬，那样温良恭俭让”，要让群众在运动中自己教育自己。“十六条”认定，在这场运动中“大批本来不出名的革命青少年成了勇敢的闯将”，“他们的革命大方向始终是正确的”，“党的领导要善于发现左派，发展和壮大左派队伍，坚决依靠革命的左派……彻底孤立最反动的右派，争取中间派”。

“十六条”对于“文化大革命”的规定和要求，标志着当时党内关于社会主义条件下阶级斗争的错误认识进一步系统化和理论化。它不仅确定党内已经出现了一个“资产阶级司令部”，这个“司令部”对 1962 年以来中国社会主义建设中出现的所谓“修正主义”倾向负有责任，而且提出通过直接发动广大群众，把党的各级领导排除在外，用“革命”的方式向“走资派”夺权。虽然“十六条”也提出要区别两类不同性质的社会矛盾，“要用文斗，不用武斗”等要求，但是在“政治大革命”的运动性质下，这些政策规定不可能对“文化大革命”的发展具有什么约束力。而“十六条”对“走资派”“左派”“右派”“中间派”这些关系政治大是大非的重要概念，并未作出清晰明确的界定，使之带有很大的任意性，从而助长了不讲政策的过火斗争，形成了在全国范围“踢开党委闹革命”的狂潮，引起更为剧烈的、盲目的、人为制造的阶级斗争，造成了难以计数的冤假错案和严重的社会动乱。

二、群众运动风暴中的社会文化乱象

（一）“横扫一切牛鬼蛇神”

“文化大革命”之所以被称为内乱，是因为在十年间此起彼伏的群众运动极大地扰乱了人民群众正常的工作、生活和思想。“文化大革命”初期的红卫兵运动，遍及全国的造反派夺权运动，以及随后的“斗、批、改”运动，“清理阶级队伍”运动，“一打三反”运动，抓“五一六”分子运动，批林批孔、评法批儒运动，以及知识青年上山下乡运动，等等，都是那个时期群众运动中具有代表性的。这些政治运动扰乱了正常的社会秩序，使得当时的整个社会和观念文化呈现出前所未有的乱象。

党的八届十一中全会前后，在《人民日报》《横扫一切牛鬼蛇神》社论的鼓动下，社会上迅速掀起“横扫”的第一个高潮。这个高潮，主要发生在文化艺术领域和大中学校教育领域。经过前几年意识形态领域过火批判的风风雨雨，“文化大革命”之前，文化艺术界就“揪出”了一批被视为敌对势力的“牛鬼蛇神”，如周扬、田汉、邵荃麟、夏衍、齐燕铭，以及许多受批判的戏剧电影作品的作者、编导，如孟超，阳翰笙、瞿白音、谢铁骊等。“文化大革命”开始以后，在继续批斗这批所谓“死老虎”的同时，又有一大批文化艺术界的知名人士相继遭受厄运。作曲家贺绿汀，作家秦牧、康濯等，成为第一批被揪出来的“牛鬼蛇神”。随着运动的发展，文化艺术界的知名人士，已经很少有人能站在“牛鬼蛇神”行列之外了。

运动初期“横扫牛鬼蛇神”的重灾区，首推教育界的各大中学校，野火是先从学校烧起来的，造反的学生们所要揪斗的“牛鬼蛇神”，多是与他们朝夕相处并给他们以谆谆教诲和关怀的学校领导和教师们。6 月初，中央点名批判的有北京大学党委书记、校长陆平，北京大学党委副书记彭珮云，清华大学党委书记、校长蒋南翔，南京大学党委书记、校长匡亚明等。随后，西安交通大学、中国人民大学、浙江大学、重庆大学、中山医学院、武汉大学的党委书记、校长也陆续被宣布“揪了出来”。他们或被停职反省，或被撤职，或被定为“反党反社会主义分子”。全国各大中学校，普遍发生了揪斗学校领导和教师的现象。

可是，党的八届十一中全会以后，出现了“横扫牛鬼蛇神”的又一轮狂潮，造反的学生在校内批斗校领导和教师的行动进一步升级，以致发生了一些中学生将自己的校长、老师殴打致残、致死的恶行。8 月 18 日，毛泽东在天安门广场第一次接见红卫兵和革命群众。林彪在群众大会的讲话中，鼓动红卫兵们“要打倒走资本主义道路的当权派，要打倒资产阶级反动权威，要打倒一切资产阶级保皇派，要反对形形色色的压制革命的行为，要打倒一切牛鬼蛇神”；“要大破一切剥削阶级的旧思想，旧文化，旧风俗，旧习惯，要改革一切不适应社会主义经济基础的上层建筑”；“要扫除一切害人虫，搬掉一切绊脚石”。

许多著名的宗教爱国人士、少数民族上层人士、民主党派成员，都在“红八月”风暴中受到冲击和迫害。乌兰夫、赛福鼎、阿沛·阿旺晋美、班禅额尔德尼·确吉坚赞等都成为造反派蓄意“横扫”的对象。连国家副主席宋庆龄也受到冲击。8 月 24 日，北京中学红卫兵散发给各民主党派的所谓“最后通牒”，限令各民主党派 24 小时之内自动解散，否则红卫兵来帮助解散。各民主党派机关迫于形势，不得不停止办公。许多民主党派在京领导人遭到批斗或被抄家。

文化艺术界更是首当其冲的重灾区。由于江青一伙挥舞“文艺黑线专政论”的大棒，对中华人民共和国成立以来文化界所取得的巨大成就一笔抹杀，诬蔑全国的报刊、广播、书籍、电影、戏剧、曲艺、美术、音乐、舞蹈等，都充斥着“封建主义、资本主义、修正主义”的东西，声称要用无产阶级的“铁扫帚”在这些领域来一个“大扫除”，致使文化界的知名人士遭受迫害，不少人被诬陷为“黑线代表人物”“反党反社会主义分子”“牛鬼蛇神”，有的被关进了“牛棚”，有的被投入监狱。

在文化界人士遭受迫害的同时，他们的作品也受到批判。中华人民共和国成立以来创作的优秀小说、电影、戏剧等，几乎都被诬蔑为“大毒草”而遭到批判。特别是与刘少奇、彭德怀、贺龙等老一辈无产阶级革命家的活动有关的历史题材的作品，如影片《燎原》《怒潮》《红河激浪》《洪湖赤卫队》，长篇小说《保卫延安》《刘志丹》《小城春秋》等，被诬蔑为替“叛徒”“走资派”歌功颂德、树碑立传而遭到挞伐。

更令人痛心的是，在横扫文艺界“牛鬼蛇神”的运动中，《人民日报》主编邓拓，人民艺术家老舍，戏曲表演艺术家小白玉霜，翻译家傅雷夫妇，武汉大学校长李达等，均在这场突如其来的风暴中含冤死去。随着批斗迫害行为的加剧，著名文艺理论家冯雪峰，作家赵树理、李广田、孔厥、李平心、杨朔、罗广斌，著名戏剧表演艺术家马连良、盖叫天、周信芳、言慧珠、严凤英，著名历史学家翦伯赞、吴晗，电影艺术家应云卫、郑君里、上官云珠、舒绣文，画家潘天寿等一大批文化界著名人士，相继被迫害致死或自杀身亡。这是共和国文化建设史上最具悲剧性的一幕。

（二）红卫兵破“四旧”的狂潮

党的八届十一中全会后，被错误理论鼓动起来的红卫兵成为“文化大革命”的急先锋，猛烈开展了破“四旧”运动。

最先形成风潮的是“更名改姓”，不管是街道、工厂，还是商店、学校，都要符合新时代的特征，不能再用带有封建、资本主义色彩的名字。8 月 24 日，首都红卫兵组织了数万人的集会，将苏联驻华大使馆前的“扬威路”改名为“反修路”。随后，原外国使领馆区的东交民巷改名为“反帝路”，北京协和医院改名为“反帝医院”，同仁医院被改为“工农兵医院”，王府井百货大楼被改为“北京市百货商店”，东安市场被改为“东风市场”，百年老字号全聚德烤鸭店被改为“北京烤鸭店”，亨得利钟表店被改为“首都钟表店”，等等。

北京“破四旧”的行动为各大城市纷纷效法，天津的劝业场改名为“人民商场”，原北洋纱厂改名为“四新纱厂”，所用金三鼎棉纱商标改为工农牌商标。上海建议把永安商场改名为“永红商场”，把徐重道、雷允上、邵万生、吴良材等“以资本家个人名字命名”的商店字号，换上了具有革命意义的店名。《新民晚报》更名为《上海晚报》，娱乐场所“大世界”撤下了老字号招牌，改名为“东方红”，上海外滩周围的诸多西洋建筑物，被铲除了上面的标志和装饰。杭州著名的“张小泉”字号改名为“杭州剪刀店”。诸如此类，不胜枚举。各地集中破坏中华民族的物质文化遗产，捣毁了许多具有很高历史人文价值的寺院、庙宇，砸碎了大批精美的佛像，焚毁了难以计数价值连城的历代名人字画、古玩、藏书等，历经千百年战乱保留下来的国家文物遭到空前的浩劫。仅北京市统计，1958 年第一次文物普查保存和明令保护的 6843 处文物古迹，被毁坏 4922 处。所谓的“破四旧”完全是一场自我毁灭中华传统文化的荒诞之举。

所谓“旧思想、旧文化、旧风俗、旧习惯”，本质上是根植于国民精神观念、根植于社会文化深层的东西，想要破除“四旧”需要经过几代人观念形态的改变，需要一个历史过程，这是长期而艰巨的任务，绝不是搞一两场革命运动，仅凭借一腔革命热情就可以达到目的的。破“四旧”运动使我国的历史文化遗产遭到了野蛮的毁灭，良好的社会风尚和中华民族传统的风俗习惯遭到了粗暴的践踏。不仅如此，这还给青少年的身心成长和国家财产造成了难以估量的损失，运动所呈现的无法无天的暴烈境况，更使社会各界深感震动，惶恐不安。

以红卫兵为主的青年学生在大破“四旧”的“红八月”以后，接着进行了波及全国的“革命大串连”。1966 年 8 月 18 日，毛泽东在天安门城楼首次接见红卫兵和革命群众大会上接受了红卫兵的袖章，产生了巨大的影响。全国各地师生为报纸、广播宣传的北京“文化大革命”形势所鼓舞，对伟大领袖毛主席的亲自接见极为憧憬，许多青年学生开始公开地、不顾校方阻拦地从所在地方前往北京去串连。为此，中共中央、国务院于 9 月 5 日向各省市正式发出通知，宣布从 6 日起，组织外地高等学校和中等学校革命学生代表和革命职工代表来北京参观，学习“文化大革命”运动，以便“相互支援，交流革命经验”。通知还规定，来京师生一律免费坐火车，生活补助费由国家财政开支。这就使得革命大串连既有了合法的名义，又有了经济物质保障，于是在全国范围迅速形成了革命大串连的高潮。中央对革命大串连采取了鼓励、支持的态度。经毛泽东批准大量印发的1966年10月16日陈伯达在中央工作会议上的讲话指出，“大串连”、红卫兵，这些都是群众在“文化大革命”中的伟大创造，这种串连，将使全国“文化大革命”的经验，得以相互交流，把全国“文化大革命”打成一片，同时，可以使人们识别谁是真革命，谁是真正的无产阶级革命家，谁是真正的毛主席的学生，还可以使人们识别什么是无产阶级司令部，而不是相反。中央文革小组借此几次派出北京大中学校的红卫兵组织到各省市去煽风点火，鼓动“革命造反精神”，冲击和围困各级党政领导机关，加剧了全国的紧张形势。

“大串连”既有各地到北京的，又有北京到各地的，还有走向井冈山、延安等革命圣地的，徒增铁路交通压力和各地接待工作的紧张状况，严重影响了工农业生产和经济工作的运行，打乱了正常的社会秩序。也有很多青年学生学习和发扬红军长征精神，结队徒步串连，他们跋山涉水，北上南下，从中得到了一些历练。1966年冬天，有数十万人集中进入江西井冈山、湖南韶山、山西大寨县等地，时值天寒地冻，人员拥挤，生活物资短缺，国家不得不出动解放军部队，连夜赶制食物，调集军大衣解困，给相关部门和当地社会带来很大纷扰。大串连期间有多达1000多万的学生，以及一些企事业单位的职工，乘火车在全国各条铁路线上纵横穿梭，由此产生的费用完全由国家承担。如此集中且大规模的人员流动，使得国家铁路运输不堪重负，车辆调度也空前频繁、紊乱，高度紧张。大串连不仅使当年国家财政大大超支，而且交通运输秩序的紊乱，导致了一个冬春全国各地经济运行和社会秩序的大混乱。

当然，在红卫兵运动迅猛兴起，“大串连”遍及全国时，周恩来、陶铸等中央领导人仍努力把红卫兵运动纳入党组织领导的轨道。毛泽东在8月29日主持中央政治局扩大会议时，一开始便强调：“文化大革命，发展到社会上斗批改。要文斗，不要武斗。”为维持国民经济的正常运行，1966年9月中旬，在周恩来主持下，经毛泽东批准，中共中央就维护工农业生产问题连续发出通知，明确提出要坚持党的领导，坚守岗位，完成好生产任务，红卫兵不要到工厂、农村进行串连，不搞群众直接“罢官”，等等。

三、“两个估计”下的“教育革命”

（一）“停课闹革命”与“砸烂旧学校”

“文化大革命”的指导思想，是毛泽东提出的“无产阶级专政下继续革命”理论。这个当时被称为马克思主义发展史上“第三个里程碑”的“继续革命”理论，有六个要点：(1) 社会主义社会存在矛盾；(2) 社会主义社会存在阶级、阶级矛盾和阶级斗争；(3) 阶级斗争的核心仍是政权问题，无产阶级必须在上层建筑其中包括各个文化领域中对资产阶级实行全面的专政；(4) 资产阶级在共产党内有代表人物，即走资派，要整倒他们；(5) 要开展自下而上、放手发动群众的无产阶级“文化大革命”；(6)“文化大革命”在思想领域的根本纲领是“斗私批修”，要改革教育、改革文艺、改革一切上层建筑。“教育革命”理论完全从属于“无产阶级专政下继续革命”理论，是这个总理论的一个分支，又与这个总理论互相印证，互为依据。

中共中央关于“文化大革命”的第一个正式文件——1966 年“五一六通知”指出：“高举无产阶级文化革命的大旗，彻底揭露那批反党反社会主义的所谓‘学术权威’的资产阶级反动立场，彻底批判学术界、教育界、新闻界、文艺界、出版界的资产阶级反动思想，夺取在这些文化领域中的领导权。而要做到这一点，必须同时批判混进党里、政府里、军队里和文化领域的各界里的资产阶级代表人物，清洗这些人”。党的八届十一中全会通过的“十六条”，在第十条专门谈“教育革命”：“改革旧的教育制度，改革旧的教学方针和方法，是这场无产阶级文化大革命的一个极其重要的任务。这场文化大革命中，必须彻底改变资产阶级知识分子统治我们学校的现象。”

根据上述规定，史无前例的“文化大革命”最早就是从学校发动起来的。首先是“停课闹革命”，拿被认作“资产阶级代表人物”的学校行政领导和教师开刀。学生初期造反行动及红卫兵运动，堪称“教育革命”的第一个战役，它的任务是以“四大”（大鸣、大放、大字报、大辩论）为批判、斗争手段，在几天、十几天至几十天时间里，摧毁学校的行政领导权、全部规章制度，将名教师、名教授、“学术权威”的名誉和声望“一扫而光”。

按照“群众运动天然合理”论，少不更事的年轻学生被拥戴为“教育革命”的急先锋和主力军。在“以阶级斗争为纲”的年代，这批在校学生接受了系统的“阶级教育”，通过上好阶级斗争“主课”，下乡劳动，访贫问苦，忆苦思甜，痛说革命家史，养成对地、富、反、坏、右所谓“黑五类分子”的“阶级仇恨”，坚定了无产阶级的“阶级立场”，树立起“亲不亲，阶级分”的“革命人生观”。对于被视为“反毛泽东思想的敌人”，他们中相当一部分人会“高举毛泽东思想的伟大旗帜”，毫不犹豫地进行“无情斗争”，哪怕昨天还是自己可亲可敬的校长、老师，也绝不容情。

正是学校多年灌输的“阶级斗争”意识，使得起来“造反”的学生们一下子拥有了政治裁判权和暴力行使权。学生以大字报作起诉书，检举干部、教师的所谓“罪行”；以大字报作判决书，随意给他们定“罪名”；以大字报作文告、勒令、通令，非法限制教师、干部的人身自由，监控他们的行动。中华优秀文化中的尊师重教传统，在“造反”行动中荡然无存。大中学校的一些青年学生往往突破“十六条”“要用文斗”的规定，对他们的校长、老师进行“武斗”，滥施阶级斗争暴力，肆意揪斗、刑讯、抄家、折磨，酿成难以计数的残害学校教职员工的悲剧。

中小学“停课闹革命”，自 1966 年 5 月中旬起，到 1968 年 7 月至 9 月“工人毛泽东思想宣传队”进驻学校止，长达两年多时间。其间完成了“教育革命”的发动，即“砸烂旧学校”，打倒校领导、打倒教师，破坏学校“旧的规章制度”，批判“修正主义教育路线”。

新中国成立后，毛泽东一贯重视教育工作，曾经提出过一些重要的教育改革思想。20 世纪 60 年代初期开始，毛泽东从“反修防修”、培养千百万无产阶级革命事业的接班人的角度出发，多次谈到教育改革的问题。他对当时我国的教育制度表示不满，认为学校教育严重脱离实际，特别是脱离阶级斗争的实践，学生关起门来读书，教材烦琐落后，教学方法是“填鸭式”，考试制度是对学生搞“突然袭击”，把学生当敌人，许多教师的世界观是资产阶级的，等等。在 1966 年的“五七指示”中，他对学校中的阶级斗争状况作了更严重的估计，提出“学制要缩短，教育要革命，资产阶级知识分子统治我们学校的现象，再也不能继续下去了”①。

正是在这样的背景下，“文化大革命”一开始，全国大中学校贴出铺天盖地的大字报，主要是对毛泽东所批评的“资产阶级知识分子统治学校”的种种表现进行大批判，概括起来主要包括：（1）脱离生产劳动实际。这包括学制长、课程多、书本多、讲得多（烦琐），使学生长到二十多岁还无法走向社会。（2）脱离阶级斗争实际。不知道阶级斗争怎能算大学毕业。（3）理论脱离实践。军校念多了书不会打仗，医校念多了书不出华佗、李时珍，文科念多了书不出小说、不出历史、不出哲学。（4）考试方法以学生为敌人，搞突然袭击。（5）分数第一，摧残学生，毒害学生。以上指责，有的是确实存在的弊病，但是过度夸大了；有的是以战争年代的农村经验，来批判现代教育必须遵循的客观规律，如考试、评分制度、教学工作的“三中心”（教师中心、课本中心、课堂中心）等。这些批判加在一起，也难以得出“资产阶级统治学校”的结论。

更有一些大字报无限上纲，严厉抨击现行的升学制度“就是中国封建社会几千年来的旧科举制度的延续，是一种很落后的、很反动的教育制度”，“实际上是在扩大并延续体力劳动和脑力劳动、工人和农民、城

---

① 中共中央文献研究室编：《建国以来毛泽东文稿》第 12 册，中央文献出版社 1998 年版，第 54 页。

市和乡村这三大差别”。其“罪状”是：(1) 助长“惟有读书高”“成名”“成家”“个人奋斗走白专道路”等剥削阶级的反动思想。(2) 这种学校为一些只钻书本，不问政治的人大开方便之门，把大批优秀的工农、革命干部子女排斥在外。(3) 对学生德智体的全面发展起严重的阻碍作用。大字报指责“这种升学制度，是为资本主义复辟服务的，是造就新资产阶级分子、修正主义分子的工具”。

还有一些批判主要指向：(1)“三脱离”关门办学（即脱离无产阶级政治、生产劳动、工农大众）；(2) 用对付敌人的考试方法对待工农子女，实行“资产阶级专政”，用分数线把工农子女卡在校门外，实行“文化专制”；(3) 用“智育第一”“知识私有”“个人奋斗”“读书做官”的资产阶级思想毒害工农子女，使他们在这样的学校里“一年土，二年洋，三年不认爹和娘”，忘本变质，成为新的“资产阶级知识分子”和“精神贵族”。

这些指控基本是不顾事实的诬陷，指白为黑，全盘否定正规教育的基本规律，废弃考试，废弃评分，不要读书学习，不要培养知识人才。学生的大字报直接与本校的“实际”挂钩，把“修正主义教育路线”的各种罪名扣在具体的教师、干部头上，加以无限上纲，定性为“资产阶级统治学校的代表人物”。

在学校教育制度受到强烈冲击的形势下，6 月 18 日，《人民日报》发表社论，批判“旧的招生考试制度，是资产阶级对工人、贫下中农子女实行专政”，“同无产阶级进行阶级斗争的武器”。7 月 24 日，中共中央，国务院发出《关于改革高等学校招生工作的通知》，决定“从今年起，高等学校招生，取消考试，采取推荐与选拔相结合的办法”，并指出：“高等学校选拔新生，必须坚持政治第一的原则”，“贯彻执行党的阶级路线”。由于“停课闹革命”，这项通知并没有得到执行，全国高等学校全部停止招生。在“停课闹革命”的冲击下，各级学校的教学秩序一片混乱，高校停办长达四年之久。

（二）工宣队进驻学校与全面“斗、批、改”

在“停课闹革命”“砸烂旧学校”的“大破”之后，学生忙于社会上的夺权斗争和派系武斗，学校关门，教师赋闲，既不“改革”，也没有“立新”。学校教育停止了，“教育革命”则无从谈起。1967 年 1 月，江青、张春桥等煽动各派群众组织掀起全面夺权风暴。直到 1967 年下半年，毛泽东开始考虑恢复社会秩序，结束武斗内乱局面，他视察大江南北，发表一系列讲话，号召革命群众组织实行革命大联合，要求“造反派”头头办学习班整风，“清理阶级队伍”、整党建党、“搞好斗、批、改”。其中稳定局势的一个关键性步骤，就是把冲向社会的学生收回校园，实行“复课闹革命”。

1967 年 9 月 23 日，毛泽东签发《关于在外地串连学生和在京上访人员立即返回原单位的紧急通知》。10 月 14 日，中共中央又发出了《关于大、中、小学复课闹革命的通知》。11 月 3 日，毛泽东发表关于进行“教育革命”的最新指示：“进行无产阶级教育革命，要依靠学校中广大革命的学生，革命的教员，革命的工人，要依靠他们中间的积极分子，即决心把无产阶级文化大革命进行到底的无产阶级革命派。”然而，此时学校的领导和教师或是被打倒，或是接受学生组织管辖，不能恢复正常的工作。许多学生仍散落在社会和家里，返校的学生仍然是派系林立、派斗不断，无政府主义盛行，大联合无从谈起，“教育革命”没有开展起来，“斗、批、改”任务也没落在实处。学校的局势乱糟糟又拖了一年。

鉴于全国高等学校、中等学校及其他各类学校教学单位，仅仅依靠某一派学生组织，或者校内各群众组织和教职员工的“大联合”，都无法建立起学校的秩序，毛泽东改变了“教育革命”要依靠学校中的师生、工人的想法，转而决定依靠学校外的工农兵来“占领”教育这个“上层建筑”领域。根据毛泽东的指示，1968 年 7 月 27 日，中共中央、国务院、中央军委、中央文革成立军事管制小组，对教育部实行军事管制。同日，北京市抽调 60 多个工厂的约 3 万工人组成“首都工人毛泽东思想宣传队”，强行开进派性斗争激烈的清华大学，当晚与学生组织发生冲突，致工人死亡5人，伤731人。这是中央派出的全国第一支“工人毛泽东思想宣传队”，简称“工宣队”。

基于北京市的经验，8月25日，中共中央发出《关于派工人宣传队进学校的通知》，向全国推广这一办法。通知规定，各地应该仿照北京的办法，把大中城市的大、中、小学校逐步管起来，以优秀的产业工人为主体，配合人民解放军战士，组成毛泽东思想宣传队，分批分期，进入各学校，帮助促进那里还没有实现革命大联合的两派革命群众组织在毛泽东思想的基础上，实行革命的大联合。有武斗的地方，坚决制止武斗。通知具体要求，抽调工人的总数可达当地工人总数的1/10。9月2日，中央军委也发出《关于工人进军事院校及尚未联合起来的军事院校实行军管的通知》，通知说，伟大领袖毛主席批示：如工人条件成熟，所有军事院校均应派工人随同军管人员进去，打破知识分子独霸的一统天下。随后，全国各大中小学陆续进驻了工宣队、军宣队，农村中小学则进驻了“贫下中农毛泽东思想宣传队”（简称“贫宣队”）。以工（军）宣队的进驻为标志，全国学校进入“斗、批、改”阶段。

8月15日，《人民日报》发表社论，公布毛泽东的最新指示：“我国有七亿人口，工人阶级是领导阶级。要充分发挥工人阶级在文化大革命中和一切工作中的领导作用。工人阶级也应当在斗争中不断提高自己的政治觉悟。”8月26日，姚文元赶写出《工人阶级必须领导一切》的文章，文中又传达一条毛泽东最新指示：“实现无产阶级教育革命，必须有工人阶级领导，必须有工人群众参加，配合解放军战士，同学校的学生、教员、工人中决心把无产阶级教育革命进行到底的积极分子实行革命的三结合。工人宣传队要在学校中长期留下去，参加学校中全部斗、批、改任务，并且永远领导学校。在农村，则应由工人阶级的最可靠的同盟者——贫下中农管理学校。”① 这一条指示把工宣队稳定学校局势的作用加以延伸和扩大，赋予其领导“教育革命”“永远领导学校”的新任务，

① 中共中央文献研究室编：《建国以来毛泽东文稿》第12册，中央文献出版社1998年版，第520、530页。

以后又发展为工农兵“占领上层建筑”，在“知识分子成堆的地方”，“打破知识分子独霸的一统天下和世袭领地”等错误方针政策。这样，工宣队就从最初稳定局势的临时性作用，变为执行“文化大革命”的错误路线的长期战略性作用，其意义被极度夸大了。

1968年下半年起，各学校在全面“斗、批、改”中开展了“教育革命”。根据“工人阶级必须领导一切”的精神，“斗、批、改”强调“教育革命”和学校的工作必须由从外面派进去的工人、贫下中农领导，因为学校的师生都具有资产阶级的属性；工宣队等进驻学校不是权宜之计，而是要“永远领导学校”。按照毛泽东的指示，工（军）宣队进驻全国城镇各级各类学校后，普遍建立起工（军）宣队、革命师生和革命领导干部三结合的领导体制，以工（军）宣队负责人为核心组建各级党组织，农村中小学则建立了贫下中农管理委员会（组）。这种“被革命”的教育体制，从根本上否定了校长、教师在学校教学中的主导作用。

出于对知识分子“资产阶级”属性的定位，出于对“资产阶级知识分子统治学校”的判断，“教育革命”的一个重要内容是以各种形式向学校里派入工农兵，给原有的教师队伍“掺沙子”，以“打破知识分子独霸的一统天下”。根据当时总结的一些学校“建立了工农兵、教师、革命小将三结合备课、讲课的新制度，改变了知识分子独占讲台的现象”的经验，工宣队进驻学校后，各地学校陆续成立了工农兵讲师团。天津、江苏、广东等地还抽调了一批工人、贫下中农任专职教师，或者采取工农与原有教师轮换的制度。有关经验在报刊上发表后，工农兵讲师团的做法得到进一步推广。

“教育革命”还曲解了党历来的知识分子政策。“文化大革命”中知识分子的社会地位一落千丈，排在“地、富、反、坏、右、叛徒、特务、走资派”之后第九位，并以知识分子爱摆“臭架子”脱离群众为由，称其为“臭老九”，使教育工作者受到单位和社会的双重压力。江青、张春桥等依据毛泽东关于知识分子附在资产阶级的“皮”上的判断，将党的知识分子政策篡改为“再教育”和“给出路”。1969年1月，中共中央转发了由迟群等人炮制的《关于坚决贯彻执行对知识分子“再教育”、“给出路”政策的报告》。报告污蔑清华大学“各个教学的基础单位、研究室几乎全被世界观没有改造好的教授、副教授、讲师把持着”，对这些知识分子要进行“再教育”，让他们“从思想上政治上解决恨谁爱谁、跟谁走的问题”。这个报告为整个“教育革命”中如何对待知识分子定下了基调。

在张春桥、姚文元的策划下，1970 年 7 月 22 日《人民日报》发表由迟群、谢静宜等人主持撰写的文章，介绍清华大学教育革命的“经验”是：(1) 工人阶级必须在斗争中牢牢掌握教育革命的领导权；(2) 对原有教师坚持边改造、边使用，建立三结合的教师队伍；(3) 开门办学，厂校挂钩，校办工厂，厂带专业，建立教学、科研、生产三结合的新体制；(4) 培养工农兵学员，必须坚持以阶级斗争为主题，坚持理论与实践的统一；(5) 大破买办洋奴哲学、爬行主义，编写无产阶级新教材；(6) 结合生产科研任务，坚持群众路线，实行新的教学方法；如此等等。文章提出：“革命大批判是创办社会主义大学的战略任务，是教育革命的一门主课”，强调“工农兵登上教育讲台，是在教育战线两个阶级、两条路线激烈斗争中出现的新事物”。这篇文章在当时产生了很大影响，为江青、张春桥等炮制教育战线的“两个估计”做了舆论准备。

总之，1968 年下半年以来的“教育革命”重复了 1958 年教育“大跃进”中一些狂热的实验，在极左思潮的影响下出现诸多荒谬现象。尤其是江青、张春桥一伙利用“教育革命”搞政治阴谋，搞政治斗争，加剧了“教育革命”的破坏作用。“教育革命”在政治上是“文化大革命”的组成部分，应予否定；在思想上，属于小生产者空想社会主义思潮，貌似公平而实为倒退，与现代教育格格不入；在实践上，伴随着破坏教育，迫害教师，给学校教学秩序造成混乱，导致教学质量严重下降，德育水平低下，严重地压抑了广大教职员工的积极性，耽误了整整一代青年的健康成长。

（三）“七二一指示”和“两个估计”

1968 年 7 月，受江青、张春桥控制的中共上海市委，向中央送交了一份《从上海机床厂看培养工程技术人员的道路》的调查报告。该报告按政治需要组织材料，批评大学生技术员“受修正主义教育路线毒害”，不注意思想改造，条条框框多，创造不出新技术。报告就此提出“教育革命的方向”问题，强调学校教育一定要与生产劳动相结合。同时，报告要求要组织现有技术队伍参加革命大批判，批判“专家治厂”“技术第一”“资产阶级名利思想”，并组织他们分期分批去当工人。

7 月 22 日，《人民日报》全文刊载了上海机床厂的调查报告，并在编者按中发表了毛泽东于 7 月 21 日在人民大会堂接见中央文革碰头会成员时的一段批示：“大学还是要办的，我这里主要说的是理工科大学还要办，但学制要缩短，教育要革命，要无产阶级政治挂帅，走上海机床厂从工人中培养技术人员的道路。要从有实践经验的工人农民中间选拔学生，到学校学几年以后，又回到生产实践中去。”① 毛泽东的这段话，当时被称为“七二一指示”。

为贯彻毛泽东的指示，1968 年 9 月，上海机床厂创办了一所“七二一大学”，经车间推荐，厂革委会批准，招收本厂工人入学，设毛泽东思想、劳动、军体、专业等课程，学制二年，学员毕业后仍回车间劳动。随后，上海及各地纷纷仿办“七二一大学”。1975 年 6 月，教育部在上海召开全国“七二一”工人大学教育革命经验交流会，“七二一大学”作为“文化大革命”的“新生事物”，成为“教育革命的方向”，迅速发展。到 1976 年 7 月，全国各类“七二一大学”达 1.5 万多所，学员 78 万多人。“七二一大学”不是严格意义上国民教育体系的大学组织，也不是职工教育组织，既没有完整统一的教学内容，也缺乏必要的师资和设备，学员入学和学习不进行考试，也不脱离生产岗位，学习内容主要为结合生产实际的技术，还有政治、军体等内容。“文化大革命”结束后，随着全国高等教育体系的恢复，原“七二一大学”除少部分学校充实提高，改称职工大学等业余教育组织外，大多数撤销停办。

① 中共中央文献研究室编：《建国以来毛泽东文稿》第 12 册，中央文献出版社 1998 年版，第 505 页。

自“文化大革命”爆发到1970年底，全国中小学“停课闹革命”两年之久，大学竟关门停办四年半，这是各国在世界大战期间也没发生过的事件，创世界教育史上停学之最。其间，毛泽东在“七二一指示”中说：大学还是要办的，主要是理工科大学还要办。几天后毛泽东召见五大学生领袖时又说：我说大学还要办，讲了理工科，但没有讲文科都不办。1969年3月党的九大召开后，国内形势有所好转。根据毛泽东关于“要从有实践经验的工人农民中间选拔学生，到学校学几年以后，又回到生产实践中去”的指示，1970年6月，中共中央批转《北京大学、清华大学关于招生（试点）的请示报告》，提出试招收学生的条件是：三年以上实践经验，初中以上文化程度的工人、贫下中农、复员军人、青年干部。招生办法是：群众推荐、领导批准、学校复审相结合。大学学制缩短为二至三年。同年10月，国务院电告各地参照上述报告执行。部分大学开始招收工农兵学员。

1971年4月15日至7月31日，国务院在北京召开全国教育工作会议。出席会议的代表达631名，规模庞大，但其中在“文化大革命”前做过教育工作的，仅占1/3，其中担任过省级教育厅（局）长、大专院校主要负责人的，不到1/10。会议在张春桥、迟群等人的控制下，形成一种对新中国成立以来17年的教育工作、对知识分子只许否定、不许肯定的政治气氛。张春桥在会议领导小组会上说：17年教育战线“领导权的问题始终没有解决”，“毛主席的路线没有落实”，“名义上是共产党领导，实际上是假的”。

会议讨论了由迟群主持起草的《全国教育工作会议纪要》，最后由张春桥、姚文元修改、定稿。这个纪要提出了所谓“两个估计”，即新中国成立后17年“毛主席的无产阶级教育路线基本上没有得到贯彻执行”，“资产阶级专了无产阶级的政”；大多数教师和新中国成立以后培养出来的高等学校学生的“世界观基本上是资产阶级的”。

对这“两个估计”，参会代表多有不同意见，在会上进行抵制和反对，但被指责为“立场、感情、态度有问题”，被质问“到底是哪条路线上的人”。结果会议竟拖延了100多天。直到8月31日，毛泽东圈阅了

《全国教育工作会议纪要》，并由中共中央发向全国各级党委。纪要里的“两个估计”，成为最高决策层对教育工作和教育工作者的基本判断，对我国的教育实践产生了决定性影响，长时期成为禁锢教育界乃至其他领域广大知识分子的沉重精神枷锁。

“两个估计”的提出，有其理论依据，如 1966 年“十六条”中就提出，“在这场文化大革命中，必须彻底改变资产阶级知识分子统治我们学校的现象”，这种定性已将新中国成立以来 17 年的学校教育列为彻底批判的对象。至于第二个估计，早在 1957 年，毛泽东就指出：“我们现在的大多数的知识分子，是从旧社会过来的，是从非劳动人民家庭出身的。有些人即使是出身于工人农民的家庭，但是在解放以前受的是资产阶级教育，世界观基本上是资产阶级的，他们还是属于资产阶级的知识分子。”1966 年 3 月，毛泽东批评“二月提纲”时又讲道：事实上，学术界、教育界是在资产阶级和小资产阶级手里掌握着。现在，大中小学大部分都是被资产阶级、小资产阶级、地主、富农阶级出身的知识分子垄断了。这表明，“两个估计”与毛泽东反复强调的这些提法，本质上是一致的。

此时，根据中央关于高等学校恢复招生试点的决定，1970 年 7 月至年底，部分大学试招收了“文化大革命”开始后的首届大学生，共 41870 人。1971 年仍由部分大学试招 42400 人。1972 年更多大学恢复招生，招生数增至 13.3 万 人。1973 年招收 15 万人，并进行文化考查以保证新学员具备初中以上文化。1974 年称文化考查是“复旧”，改用调查访问座谈讨论方式进行，并适当招收少量剥削阶级子女和“可教育好子女”，当年招收 16.5 万人。1975 年招生 19.1 万人。1976 年招收最后一届工农兵学员 21.7 万人。至此，工农兵学员共招 7 届，总计 94 万人，占新中国成立以来毕业大学生数的 21.4%。[①]

按照 1970 年中共中央批转的《北京大学、清华大学关于招生（试

① 参见周全华：《“文化大革命”中的“教育革命”》，广东教育出版社 1999 年版，第 181 页。

点）的请示报告》中的提法，经历了“文化大革命”的高等院校的培养目标是：“高举毛泽东思想伟大红旗，无限忠于毛主席、无限忠于毛泽东思想、无限忠于毛主席的革命路线的全心全意为社会主义革命和社会主义建设服务的有文化科学理论、又有实践经验的劳动者”。

与“两个估计”相适应，《全国教育工作会议纪要》指出，工农兵学员是教育革命的生力军，“要充分发挥工农兵学员上大学、管大学、用毛泽东思想改造大学的作用”。概括地说，就是工农兵“上、管、改”高等学校。由此，各高等学校革命委员会和党组织建立之后，仍由工宣队领导学校，另外还建立一个“工农兵学员上、管、改”委员会，参与下至班级、上至学校的各级领导。

以“群众推荐”为主的招生制度改革，给大学教育带来了不少混乱现象。被推荐入学的学生中，文化程度有的不到初小，有的是初中或高中，文化基础悬殊，给教学工作带来很大困扰。1971 年以后，大学招生虽然增加了一些基本的文化知识考核，但仍然是以“群众推荐”为主。与此相应，中学也取消了升学考试。绝大多数高中毕业生不能直接升入大学，学业被中断，这违背了青少年系统地接受现代科学文化知识的规律和现代教育的基本要求。“群众推荐”式的升学制度，貌似平等，实则是给那些有实权或特权的人把自己的子女亲戚送进大学，脱离农村，脱离体力劳动大开方便之门。对于普通学生家长来说，只有靠找关系、走门子、请客送礼，来打通关节。这一“新生事物”，以“后门”“关系”的竞争，取代了分数的竞争，从涉及千家万户子女升学的层面，败坏着整个社会风气。

“教育革命”建立了教学、科研、生产“三结合”的教学体制。1967 年 11 月《人民日报》发表同济大学的教育革命方案提出，由学校、施工单位、设计单位联合组成教学、设计、施工三结合的统一体。这一设想几经发展之后，到 1971 年被概括为“开门办学，厂校挂钩，校办工厂，厂带专业，建立教学、科研、生产三结合的新体制”，“把大学办到社会上去”。与此同时，各类学校的学制都有缩短。学校教育虽然应该与实践相结合，但这种新体制歪曲了教育与生产、理论与实践的关系，否认学校中书本知识和课堂教学的基础性作用，否定学校应以教学为中心，否定学校与社会的差别，用“干啥学啥”和“以干代学”取代了学校的基础教育，用“走出校门办学”取消了现代教育的特殊功能和社会分工。

大学恢复试招生后，在教学中还贯彻了毛泽东1966年发出的“五七指示”的精神，即把大学建成为“毛泽东思想的大学校”，学生“以学为主，兼学别样，即不但学文，也要学工、学农、学军，也要批判资产阶级”。在课程设置方面，要求“以大批判开路”，“突出无产阶级政治”，破除烦琐哲学，精简课程。在极左思潮支配下，《人民日报》等报刊发表一系列文章，提出中学可以不设置物理、化学课，因为其内容“陈腐不堪”，“崇拜死人、洋人”，“向学生散布大量毒素”，顶多“拣实用的学学就可以”。有的文章说：文科大学不必搞什么专业分工，而要以马列主义经典著作为基本教材，辅之以各种大批判文章，开展革命大批判；理工科教材要破除“洋奴哲学”“爬行主义”，在三大实践中编写新教材。有人甚至提出，要把“门捷列夫化学元素周期表”这类冠以外国人名的物理、化学的公式、定律，来一番“革命化”的改造，等等。①

工农兵上大学所体现的“社会公正”，实际上使整个社会付出了沉重的代价。其一，由于废除了文化考试，入学者大多不具备接受高等教育的文化基础，使得他们难以完成大学学业，这就造成了文教经费和教育资源的极大浪费。其二，牺牲了一代人中具有文化潜力、堪为造就的佼佼者，剥夺他们受高等教育的机会，贻误其青春，这是另一种不公正。其负面影响是多方面的，如民族文化素质下降，人才断层，时机丧失。其三，推荐制的理想境界与实践中的不正之风反差极大，新制度很快变为某些权势者谋私的工具。社会风气败坏，招致群众不满，以致反“走后门”成为1974年批林批孔运动的一个主题。

无论如何，“文化大革命”期间入学的94万工农兵学员个人是幸运的，在国家民族文化教育蒙受巨大损害之时能够进入高等学府深造，其

---

① 参见郑谦、张化：《毛泽东时代的中国》第3卷，中共党史出版社2003年版，第183—187页。

中一些人抓住难得机会，接受文化科学知识启蒙，在文化断裂时代成为文化传薪接火人。

（四）知识青年上山下乡和走“五七”道路

全面“斗、批、改”开始时，学校面临的一个突出问题，是1966年至1968年积压在学校的三届初中、高中学生（通称老三届），包括大学毕业生的去向和出路问题。“文化大革命”爆发后，各类学校的教学活动即告中断，招生工作也无从谈起，1968年间，随着各地革委会陆续建立，大中小学毕业生的分配问题，以及中小学的招生问题已经成为牵涉到千百万家庭和城市人民生活的一个刻不容缓的重大社会问题。当年，仅积压在校的1966年、1967年、1968年应届、往届初高中毕业生已达数百万人之众。再加上应毕业的大学生和小学生，这个数字就更为庞大。如此众多的青年学生滞留城市，既不能升学，又不能就业，不仅给他们的家庭带来沉重负担，也给整个社会造成诸多不稳定因素。

为此，1968年4月中共中央发出文件，把毕业生分配提上日程。因当时大学尚未招生，毕业生无法升学，文件要求各部门、各地方、各大中小学面向农村、边疆、工矿、基层（即四个面向）及时做好毕业生分配。在当时计划经济制度下，我国所有制结构日趋单一，城镇就业途径日益狭窄，除公有制企事业单位招工外，城镇实际上已不存在多渠道解决就业问题的可能性。而我国的工业企业在“文化大革命”中受到破坏，正处于衰退之中，除极少数技术人员外，根本不可能容纳大量非技术工人。这样，中央所说的“四个面向”实际上只有面向农村、边疆，即“上山下乡”这一种途径了。由此，在政治形势刚刚有所稳定，全面“斗、批、改”刚刚开始时，数以千万计的中学毕业生（包括一些大学毕业生）上山下乡、插队落户便成为一个别无选择、不得不立即着手解决的迫切问题。

知识青年上山下乡，到农村安家落户，参加集体生产劳动，在20世纪50年代就已开始实行。当时是作为缓解城市就业压力，解决城镇部分中小学毕业生就业问题，以知识青年支援农业和边远落后地区的一项政策措施。整个50年代，知识青年下乡的规模很小，并且是在自愿基础上而非强制性的。到了60年代，毛泽东对知识青年下乡赋予更为重要的理论和政治意义，这就是推动青年知识分子与工农相结合，永远不要脱离群众，永远不要脱离实践。在发动“文化大革命”阶段，毛泽东越来越从“继续革命”“反修防修”的角度强调，为了培养千百万无产阶级革命事业的接班人，必须使青年一代在“阶级斗争、生产斗争、科学实验”三大实践中，在艰苦的环境中锻炼成长。

正是在上述解决政治和社会问题的大背景下，1968年12月22日，《人民日报》发表了毛泽东的指示：“知识青年到农村去，接受贫下中农的再教育，很有必要。要说服城里干部和其他人，把自己初中、高中、大学毕业的子女，送到乡下去，来一个动员。各地农村的同志应当欢迎他们去。”①

报刊上立即宣传毛泽东的这个指示。在大量宣传中，基本不提社会就业和安置问题，只强调知识青年接受“再教育”和与工农相结合“很有必要”；“知识青年到农村去，同贫下中农相结合，不是单纯安置劳动力的临时措施，而是培养和造就革命接班人的重要途径”；“是反修防修的百年大计，千年大计”；“贫下中农是对知识青年进行再教育的好老师，一切有志气的下乡知识青年，都应当下决心在农村扎根一辈子，革命一辈子”。按《人民日报》发表文章所说：愿不愿意上山下乡，走不走与工农相结合的道路，是忠不忠于毛主席革命路线的大问题。这样一来，就把去不去农村看作是判断一个青年革命与否的标准。

由于毛泽东的亲自号召以及上山下乡问题的高度政治化，从1968年下半年开始，在全国掀起了知识青年上山下乡的高潮。各地在没有任何必要的规划，缺乏各种政策与物质保证的情况下，或以革命热情相鼓舞，或借助政治宣传和社会压力，不顾条件，一哄而起，在很短的时间里，把大批知识青年下放到农村、生产建设兵团或农场。到1970年，知青下

① 中共中央文献研究室编：《毛泽东年谱（1949—1976）》第6卷，中央文献出版社2013年版，第223页。

乡人数已达400万之众。

当时的上山下乡运动主要有两种形式。一部分人是去内蒙古、新疆、东北、云南等地的生产建设兵团，属于军工性质的兵团战士，尽管劳动强度很大，毕竟有相对固定的工资，有公费医疗和探亲假，过着半军事化或准军事化的集体生活。但大多数人是到偏远、落后、贫穷的农村插队落户，建立“知青点”自食其力。这些地区本来经济收入就很低，劳力过剩，在“左”的方针指导下，生产门路更加狭窄。知青到了那里，居住、口粮、伤病医疗等条件得不到应有的保障，参加生产劳动计算工分也比当地农民低，大多陷入十分艰难的生存状态。特别是在贫困偏远的乡村，许多知青在生活上不能自给，不得不长期依赖家里接济；有的则想尽办法返城，或长期滞留家中。计划经济时代，城市家庭的生活资料是定量配给的，若是粮票接济了乡下子女，这一家的父母就只能紧巴巴地过日子。有的女知青则遇到种种难以抗拒的困境，万不得已嫁到农村在生产队落户，从此断了回城之路。

“文化大革命”中的斗争哲学和极左思潮，曾经左右和影响着一部分知青的思维方式。上山下乡，与天斗，与地斗，与人斗，越是到“老、少、边、穷”地区越革命，越是干最脏最累的活越革命，越是将集体利益和生产任务置于个人生命之上越革命。到北大荒战严寒，到海南岛战高温，到西双版纳战瘴湿，成为最激动人心的选择。勇挑重担，连续作战，跨越身心极限，成为知识青年所承担的最磨炼意志的行为。

1970年起，国内形势有所好转，大学开始试点招收工农兵学员。这是回归正规的学校教育的一个积极信号，表明了学校教育的不可替代性。同时，各种企事业单位尤其是“三线建设”的战备工厂先后开始招工，军队也恢复了例行招兵。这一变化深刻地改变了知识青年上山下乡的结局，使原来不得不在农村“安家落户”“扎根一辈子”的命运，有可能转化为只是某种过渡性质的农村劳动锻炼。然而，工农兵学员的招生数量相当有限，且招生指标被分配到各地掌握，能够通过这条途径重回学校的知识青年只是极小的一部分，大多数没有背景或家庭出身“不好”的知青不得不长期留在农村。

1973年4月，福建莆田地区小学教师李庆霖写信给毛泽东，反映他的儿子因无后门而失去了招生招工的机会，又因家庭生活困难在农村衣食无着，困难重重。这是千百万知青及其家庭现实处境的一个缩影。毛泽东在复信中承认“全国此类事甚多”，表示“容当统筹解决”。同年7月召开的全国知青上山下乡工作会议，交流、总结了几年来的经验，要求各地党委加强领导，严格检查，总结经验，做出规划。有关部门出台相关政策，知青的口粮、住房基本得到政策保证，在劳动中大体与当地农民同工同酬，一些家庭困难、独生子女家庭的知青得到某些照顾。知识青年上山下乡处境有所改善。

从1968年底到1976年的几年间，全国共有1700余万知识青年上山下乡，为建设开发农村和改变落后地区面貌付出艰辛劳动，做出很大的贡献。他们在与农民的接触中学到许多在城市在书本上学不到的生产、生活知识，在艰苦的环境中经受了锻炼，增长了才干。但是从长远来看，这场上山下乡运动给广大青年带来了深远的负面影响：

第一，大批知识青年在本应接受正规、系统教育的年龄却不得不离开学校，使广大青年长期脱离科学文化知识的学习和教育，造成了整个国家人才生成的严重断层，给我国的现代化建设事业带来很大损失。

第二，知识青年上山下乡加剧了城乡矛盾。各地实际上是把接收知青上山下乡当作一个政治任务来完成，大量知青涌入农村极大地加重了农村的负担，尤其在一些人多地少的农村造成与农民争工分、争口粮、争分配的矛盾。

第三，上山下乡运动给广大知识青年的身心带来了巨大的伤痛。由于“文化大革命”中法制被践踏，知识青年的人身权利往往得不到保障，不少“出身不好”的下乡知青受到歧视、欺侮甚至迫害。

全面“斗、批、改”的另一项重要内容，是走毛泽东“五七指示”的道路。“文化大革命”前夕，1966年5月7日，毛泽东在给林彪的一封信中提出：全国各行各业都要办成一个大学校，学政治、学军事、学文化。又能从事农副业生产，又能办一些中小工厂。又能从事群众工作，又要参加批判资产阶级的文化革命斗争。工农兵学商，党政机关工作人员，凡有条件的，也要这样做。[①] 毛泽东的这封信，当时称为“五七指示”，被誉为“创造性地对如何防止资本主义复辟，巩固无产阶级专政，保证逐步向共产主义过渡这些问题，作出了科学的答案”。毛泽东提出的各行各业都要办成亦工亦农、亦文亦武的革命化大学校的思想，就是“文化大革命”大破之后大立的“纲领”。

1968 年 5 月，黑龙江省革命委员会根据“五七指示”，组织大批机关干部下放劳动，在庆安县的柳河办了一所农场，定名为“五七干校”。《人民日报》报道了全国第一所五七干校的情况，并在“编者按”中公开发表毛泽东的指示：“广大干部下放劳动，这对干部是一种重新学习的极好机会，除老弱病残者外都应这样做。在职干部也应分批下放劳动。”此后，各地纷纷办起五七干校。中央和地方党政机关、高等院校、科研文艺事业单位的大批干部、教师、专家、文艺工作者，纷纷被下放到农村五七干校，从事农副业生产和革命大批判。仅中央机关、国务院各部委就在河南、江西、湖北以及东北等 18 个省创办五七干校 106 所，下放的干部及其家属 10 万余人。“文化大革命”结束后，1979 年 2 月，国务院发出《关于停办“五七”干校有关问题的通知》，各地五七干校陆续停办。

四、科学技术工作遭受严重摧残

（一）科技方针政策的偏离和扭曲

世界历史进入近代以来，科学技术越来越显示出它作为第一生产力的巨大作用，尤其是在第二次世界大战以后，科学技术成为促进一个国

① 参见中共中央文献研究室编：《建国以来毛泽东文稿》第 12 册，中央文献出版社 1998 年版，第 54 页。

家发展进步的决定性因素。而在科学技术发展过程中，科学家和知识分子是主要的推动力量，对于科学队伍的态度一定程度上代表着一个国家对于科学的态度。中国五千多年的文明发展史，留下了灿烂的科学遗产，为现代科学技术的发展奠定了基础。近代以来，虽然国家屡遭磨难，但是从来都没有阻挡住有识之士对于科学精神的探求。新中国成立以后，毛泽东向科学家们提出了在自然科学方面，我们也要做独创性的努力，要“形成中国自己的学派”，鼓舞了许多科研人员在科研工作上努力做出新的成绩。但是，在“文化大革命”时期，我国科学技术事业同文化、教育、卫生等事业一样，受到严重的摧残，国家科技系统有一大批科研机构被撤销，科研仪器设备被毁坏，文献资料被焚毁，许多科研工作被迫中断，给我国科学技术事业造成了严重干扰和破坏。

第一，确立“无产阶级科研路线”。

“文化大革命”开始后，在“左”倾错误的指导下，我国的科学技术方针政策发生了严重扭曲。1966 年先后发布的“五一六通知”和“十六条”，是“文化大革命”的纲领性文件。其中对科技工作作出的若干规定，成为“左”的科技政策的理论依据。

“左”的指导思想强调，在科学领域也要以阶级斗争、两条道路斗争为纲，把对科研工作的指导，划分为修正主义的和无产阶级的科研路线。科技领域的“左派”毫无根据地认为，“党内最大的一小撮走资派及其在科学技术界的代理人疯狂推行奴隶主义、爬行主义、取消主义的修正主义科研路线”，因此必须通过文化上的革命来重新确立无产阶级的科研路线。至于科研工作具体要怎么做，当时中国科学院发表的《科学研究必须结合生产实践》一文中讲到，要坚持科研工作的“两方向”，即科研要为无产阶级政治服务，要与生产劳动相结合；还要坚持两个“三结合”，即工农群众、革命领导干部和科学技术人员三结合，科研、生产和使用三结合；要反对“三脱离”，即脱离政治、脱离群众、脱离实际的修正主义路线。

《红旗》杂志也发文指出，用哪个阶级的世界观来指导科学研究工作，也就是科学研究工作应该执行什么路线的问题，这是科学技术界两个阶级、两条道路、两条路线斗争的中心问题。无产阶级认为，科学事业是无产阶级整个革命事业的一个组成部分，科学实验是建设社会主义强大国家的三项伟大革命运动之一。科学研究工作必须为无产阶级政治服务，以阶级斗争和两条路线斗争为纲，与生产实践相结合，大搞群众运动，实行使用、生产、科研相结合，实行领导干部、工农兵、革命知识分子的“三结合”。这是对“无产阶级科研路线”比较明确的阐释，成为“文化大革命”的所谓重要成果。

在科学技术领域，也有一个否定新中国成立以来党领导科学事业发展的错误估计。1971 年 1 月 5 日至 3 月 17 日，中国科学院召开了科学院计划座谈会。有 26 个省、市、自治区科技部门的负责人参加。座谈会上开展了“革命大批判”，全盘否定“文化大革命”前的科研工作。会议起草了《中国科学院计划座谈会纪要》上报中央，经中央指示，以中国科学院名义发往各省、市、自治区。这个纪要指责中国科学院在“文化大革命”前执行的是“反革命修正主义科研路线”，“竭力维护封、资、修的一套”；科学研究是“学院式”的，“脱离无产阶级政治、脱离生产实际、脱离工农兵群众”；科学家是“资产阶级专家”“反动学术权威”；研究人员“一无政治头脑，二无工农感情，三无实际本领”。纪要全盘否定了“文化大革命”前 17 年发展科技的方针政策和科技事业的成就。

这个纪要声称，为了使科研工作永远沿着“毛主席的革命路线”前进，科研任务必须急战备之所急，急工农业生产之所急，急人民之所急；坚持无产阶级政治，狠抓阶级斗争，批判反动的“唯生产力论”；坚持科研为无产阶级政治服务、为工农兵服务，坚持走同工农兵相结合的道路；坚持大搞群众运动，反对“专家路线”。纪要要求科学研究都要实行以工厂、农村为基地，实行“工农兵、科研人员、领导干部”和“使用、生产、科研”的两个“三结合”；研究人员必须“走出去”，同工人、贫下中农同住、同吃、同劳动、同搞科学实验，把工人、贫下中农“请进来”“掺砂子”，改变研究队伍的阶级成分。在“文化大革命”进入“斗、批、改”阶段后，《中国科学院计划座谈会纪要》可谓集当时科技领域极左思潮之大成，成为科学领域进行“斗、批、改”的指导性文件，起了很坏的影响。

第二，“突出政治”是科学研究的“正确方向”。

1966 年“文化大革命”发动前夕，一些科研单位首先开展了政治与业务关系的讨论。《解放军报》连续发表了五篇以“突出政治”为主题的社论，同年 4 月，中国科学院召开了党委扩大会议和政治工作会议，确定了全院的工作方向。会议认为：“我国发展科技的根本是用毛泽东思想统帅一切，用毛泽东思想办科学事业，用毛泽东思想改造人的世界观，用毛泽东思想指导科学实验。”不久之后，全国科技战线就掀起了活学活用毛泽东著作的高潮，各级科研部门纷纷成立了毛泽东思想学习班，各大媒体配合进行宣传，报道各地学习的成果和感受，声称广大科技人员通过学习，有了毛泽东思想这个战无不胜的“精神原子弹”，什么奇迹都能创造出来。

在整个“文化大革命”过程中，我国科技战线陷入一波接一波的政治运动中，科学研究机构受到冲击，各级都成立了革命委员会，各地科研机构都进驻了工人、解放军毛泽东思想宣传队，不仅影响了机构的正常工作，还有一大批被指责为“没有用毛泽东思想指导科学实验”的科研人员受到批判。总之，科研人员的业务被放在一边，科学研究让位于政治运动和政治宣传。如湖北省在搞育种工作时提出，必须高举毛泽东思想伟大红旗，进一步突出政治，用毛泽东思想观察一切，分析一切，改造一切，统帅一切，加速实现“种子工作革命化”。凡是符合毛泽东思想的事我们就坚决办，凡是违背毛泽东思想的事我们就坚决反对、抵制。要把活学活用毛主席著作摆在一切工作的首位。不仅这样，就连“既抓政治，又抓业务”这样的口号都被当成是错误的观点，可见当时的科研部门在一切工作中“突出政治”发展到何种程度。

第三，科研工作“三面向”的口号。

“文化大革命”对中国科学院科研工作的批判，集中在所谓的“修正主义科研路线”上，指责其“三脱离”，即“脱离无产阶级政治、脱离生产实际、脱离工农兵群众”。与此同时，当时还提出科研工作要“面向工厂、面向农村、面向学生”的口号。1970 年 4 月 29 日，兼任中国科学院副院长的陈伯达在谈论科学院的研究工作时，把“面向中小学”作为科学院工作的方向和知识分子的道路。他鼓吹“超历史、超国际要靠中学生”，“中学生很敏感”，提出大学教授、科学家要效法“孔子师项橐”，去“接受中学生的教育”等奇谈怪论。之后，科学院组织北京地区各所的研究人员走出院门，有 1811 人到工厂、农村去，190 人到 33 所中学和 8 所小学去开展科研、生产、教学三结合的工作。

陈伯达提出的“面向中小学”，当时被誉为意义深刻的“新生事物”，而到中小学去的研究人员却普遍感到困惑不解。他们之中，研究地理学的却去教政治课，研究植物学的被派到校办工厂去创办三极管车间，研究微生物的去搞粉末冶金，研究遗传学的去研制电闸，研究动物学的去生产汽车零部件……科研人员对此极为不满。“面向中小学”的口号随着陈伯达在中央受批判而终止，但“三面向”在“文化大革命”中却一直在起作用。

第四，开门办科研，大搞群众运动。

“文化大革命”中，在“左”的错误思想指导下，一些左派人物极力否定科研队伍的专业性和科学实验的作用，污蔑基础理论研究工作，坚持搞科研要以工人、农民为主体，宣扬“开门办科学”，实行“三结合”，要求用大轰大嗡的群众运动方式来推动科技发展。1966 年《人民日报》发表了《我国培养科学技术人才的道路》的社论，社论认为，我们培养科技人才，不能只依靠书本和实验室，而应该更多地更好地组织他们参加劳动、参加实践。当时实际上已经确定了“开门办科研”的方向。同年 4 月中国科学院党委扩大会议和政治工作会议明确指出：科学实验要密切结合生产斗争，革自然界的命，要吸引千百万工农群众参加，“彻底革掉历史上科学为少数人所垄断的命”，等等。

同年 5 月，中国科技协会在福州召开全国农村群众科学实验运动交流会议。会议认为，社会主义的农业科学实验，必须以广大农民为主体，以贫下中农为主力军，才能开创一条坚实的社会主义农业科学的发展道路。会议还号召破除迷信，打破少数知识分子对科学知识的垄断。这意味着否定了农业科技人员和他们进行的科学实验的必要性，他们的主要任务变成了深入农村，总结农民的实践经验。这样，农业科研就很难走在生产的前面，不利于农业科研水平的提高。

在工业科研领域，也开展了群众路线与专家路线的讨论，批判所谓“专家治所”，竭力宣传工人阶级是科学技术革命的主力军。随着“斗、批、改”阶段的开始，中国科学院革委会成立了革命大批判写作组，写出了一系列批判文章，不遗余力地批判所谓“三脱离”的科研路线，要求彻底肃清“专家路线”“专家治所”的余毒，认为这是两条科研路线斗争的焦点。因此，要彻底批判“搞科学神秘化、垄断科学，把群众拒于科学实验大门之外，要从生产中找课题，发掘人民群众的智慧”。

按照上述方针政策，各科研院所通过批判和讨论，明确了技术研究工作一定要“下楼出院”，纷纷到工厂去搞“三结合”，在生产车间和工人群众中搞科研。一支支以工农兵为主体，工农兵群众、专业研究人员和干部“三结合”的科研队伍在各地方、各基层建立起来。大搞群众科研路线，实际上取消了实验室的科学研究，否定了科技人员脑力劳动的价值。这种“三结合”的所谓“科学实验小组”又推广到其他方面建立起来，如未经专业培训的农村赤脚医生、气象小组、地震防测小组等遍布各地。科研人员在实验室里进行必要的研究被打击和污蔑，使许多科研机构在群众运动中被肢解和冲散，大批科研人员被下放，根本没有精力和时间条件去进行专业领域的研究。

第五，盲目下放科研机构。

进入“斗、批、改”阶段，根据科学研究要以工厂、农村为基地，实行两个“三结合”的要求，中国科学院对院属研究单位做了大幅度的精简下放。1970 年 6 月 1 日，国家科委军管会和中国科学院革委会联合向周恩来、陈伯达和国务院业务组呈送《关于国家科委、中国科学院现有科研单位体制调整的请示报告》和《关于落实“国务院、中央军委批转国防科委党委关于体制调整意见的报告”的情况报告》，两个报告均获批准。报告分别就现有的 84 个单位以及由国防部门交回科学院或转交的 31 个单位，提出调整体制的意见。体制调整的指导思想是贯彻“五七指示”：有利于做到亦研、亦工、亦农；有利于到工厂去、到农村去、到学校去，做到使用、生产、科研（教学）三结合；有利于大搞群众运动；

有利于在中央统一计划下，让地方办更多的事，使得科研单位为社会主义革命和建设服务。

这次体制调整，动作之大是前所未有的，中国科学院共有48个单位分别下放江苏、江西、福建、广东、上海等省市。另有30个单位实行以地方为主与科学院双重领导，5个单位交给燃料工业部、交通部、冶金工业部等产业部门。①

此外，中国科学院各大区分院宣布撤销，分院人员以及所属为研究工作配套服务的图书馆、工厂等，全部下放地方。经过这次调整，中国科学院只留下了北京地区的18个单位。中国科学院作为国家最高学术机构，如此轻率地将几十个研究单位统统交出去，不顾科学研究的客观规律和国家重点科研任务的需要，更不顾各研究所和接收单位的不同意见，盲目地撤销和下放地方，有些研究单位若干年后又要国家花钱恢复或重建。这些做法，严重摧残了中国的科学技术事业。

“文化大革命”初期，在科研工作的正常秩序受到严重影响的混乱情况下，为保证国家重点科研任务的按计划进行，经中央批准，周恩来、聂荣臻对与国防重大工程项目相关的研究所和工厂实行了军事管制。在这中间，担负国家重点项目的科技工作者对“左”的错误政策进行了抵制和抗争，我国在科学技术尤其是国防尖端技术上取得一批重要成果。继1965年我国首次空中核爆炸试验成功，标志着中国具有了可用于实战的核武器以后，1967年7月我国第一颗氢弹爆炸成功，使中国成为世界上第四个掌握热核武器制造技术的国家；1970年4月我国第一颗人造地球卫星“东方红一号”发射成功，成为中国航天技术发展的良好开端；等等。

（二）科技人员受到打击和迫害

“文化大革命”发动后，各地造反派掀起揪斗“牛鬼蛇神”的浪潮，

---

① 参见樊洪业主编：《中国科学院编年史（1949～1999）》，上海科技教育出版社1999年版，第204—205页。

大字报铺天盖地，批斗会风靡全国，科技界的知识分子队伍受到严重冲击，整个科技队伍被拆得七零八落。一大批老科学家和老专家被打成“反动权威”，解放后新中国自己培养的许多优秀中青年科技人员也被污蔑为“修正主义苗子”而遭受批斗、体罚，甚至抄家。

1968 年 7 月 30 日，中国科学院革委会宣布成立，实行解放军代表、革命领导干部代表和革命群众代表三结合，内设机构有办公室、科研生产组、政工组、后勤组和作战组。许多造反派头头挤进科学院领导层，或把持了革委会各个部门的大权。在随后展开的“清理阶级队伍”即所谓“清队”工作中，科学院有许多知识分子和干部被立案审查，遭到非法监禁、残酷折磨和刑讯逼供。

1968 年 9 月 1 日，毛泽东发出最新指示：“从旧学校培养的学生，多数或大多数是能够同工农结合的，有些人并有发明、创造，不过要在正确路线领导之下，由工农兵给他们以再教育，彻底改变旧思想。这样的知识分子，工农兵是欢迎的。”这是毛泽东对知识分子定性的调整，有利于减轻对知识分子的偏见和迫害。周恩来认为这是改变迫害知识分子做法的有利时机，指示工人、解放军宣传队要把这一新政策传达下去，贯彻执行。科技界知识分子的境况有所好转。

为了实现把全国各行各业都办成工农商学兵相结合的大学校，毛泽东提出对知识分子要进行再教育，广大干部要下放劳动。在上述指示的指引下，1969 年 1 月 29 日，中共中央、中央文革小组转发清华大学工人解放军毛泽东思想宣传队《关于坚决贯彻执行对知识分子“再教育”、“给出路”政策的报告》，指出对知识分子的绝大多数要坚决相信是革命的，但必须对他们进行再教育。从此以后，全国上下开始了对知识分子再教育的宣传和实践。各地相继办起五七干校，把原党政机关、高等学校绝大部分干部和教师，送到山区、农村的干校劳动锻炼、学习，接受“贫下中农的再教育”。据统计，在“文化大革命”中，全国共有 30 多万科技人员被下放到五七干校，在山区、牧场、农村长期从事繁重的体力劳动。实际上，这样并没有使青年和干部实现“文化大革命”所要求的“革命化”，反而使各地的干校成了迫害干部、惩罚知识分子的场所。

（三）科学研究后备力量的缺失

“文化大革命”的一个严重后果，是造成中国科学研究后备力量的缺失。

从新中国成立到60年代初，我国的科技事业有了长足发展。经历1958年科技“大跃进”的偏差，1962年党和政府对科技工作进行了调整，贯彻执行《关于自然科学研究机构当前工作的十四条意见》和广州会议精神，到1966年，中国科技事业以前所未有的速度向前发展，取得了辉煌的成就。首先，中国有了一支比较强大的科学技术研究队伍，仅中国科学院、各部门、地方的科学研究机构，就从1956年的380多个，发展到1962年底的892个（不包括地、县级的研究机构）；专门从事科学研究的大专程度以上的科学技术人员，从1.8万人增加到6.8万人。到1965年底，全国自然科学技术人员已达245.8万人，其中有研究生学历的1.6万人，大学毕业的113万人。全国专门的科学研究机构达到1714个，专门从事科学研究的人员达到12万人。

在加强科学研究的基础上，国防尖端技术也成长起来。1964年10月16日，中国成功地爆炸了第一颗原子弹。在设计和制造这颗原子弹的过程中，科研人员克服了几千个难关，进行了上千次科学试验，研制成功了2万多台仪器和重大关键设备，这表明中国自行制造的各种材料、燃料、仪器、设备都达到了较高的水平。同时基础科学的研究工作，也得到了比较全面的发展。1965年6月至7月，中国人工合成牛胰岛素成功，这是世界上第一个人工合成的蛋白质。它的结构、生物活力、物理化学性质、结晶形状，都和天然的牛胰岛素一样。这是中国科学院上海生物化学研究所、有机化学研究所，北京大学化学系等单位的多位专家经过6年多的不懈努力取得的世界第一流的科技成果。

青年学生是一个国家的未来，是科研事业的后备军。然而“文化大革命”开始以后，相继有约1700万知识青年响应毛泽东的号召，上山下乡奔赴农村第一线，到农村安家落户，“接受贫下中农的再教育”。高等学校和中等专业的教学被中断长达4年半，恢复招生试点后，高校教学秩序也很不正常，教学质量很低，实际上使我国少培养大学毕业生100多万，中专毕业生200多万，总共少培养了几百万青年人才。从而在我国科学技术队伍的构成和吐故纳新方面，出现了一个长达10年以上的人才断层。

除了在校的青年，由于“文化大革命”中的学校教育被严重干扰，不少本来可以进学校学习科学文化知识的孩子，在成长的关键期受到了影响，使得正在成长的青少年一代的学习被耽误，旧的文盲未扫除，新的文盲又大量产生。据1982年的人口普查统计，全国文盲和半文盲多达2.3亿人，其中很大一部分是由于“文化大革命”期间青少年连续多年辍学而增加的。

众所周知，科技发展要靠人才，人才的培养要靠教育，“文化大革命”中教育的畸形发展无法为我国科学技术事业正常地输送科技人才，造成了人才的断层。“文化大革命”时期取得的一些科研成果，大部分都是站在老一辈科研工作者的肩膀上，顶住反科学的政治压力，克服动乱的重重困难，经过艰辛努力完成的。十年的动乱对科研事业的摧残，不仅仅是表层上科研活动的受挫，更加深远的是对人才的摧残。青年后备力量跟不上，科技人才缺失，我国的科研事业就不会有光明前途。

总体来看，虽然“文化大革命”期间我国在科学研究的某些领域也取得一些突出的成就，但就整体水平而言，还是拉大了同世界先进科技水平的差距。

第七章
极左思潮和纠“左”努力

一、文艺百花凋零和“八亿人民八部戏”

（一）“三突出”理论和极左思潮

“文化大革命”是中国社会主义文化建设史上的一场空前动乱，持续十年的内乱不仅扰乱了人民的基本物质生活，更使精神文化生活方面一片荒芜。在江青、张春桥等炮制的17年“文艺黑线专政论”的压抑下，文艺界成为“左”倾错误的重灾区。毛泽东1956年提出的繁荣文艺的“百花齐放”方针被严重扭曲，文化艺术领域诸如文学、戏剧、电影、音乐、舞蹈、美术等各项事业受到极大的摧残。

江青等人造成的极左思潮、形式主义，可追溯到“文化大革命”之前就提出的文艺创作“三突出”的理论。在极左理论的禁锢下，“文化大革命”时期，电影、戏剧、小说、诗歌等文艺作品的数量急剧减少，艺术水平也大为下降。“文化大革命”十年，在全国城乡盛演不衰的是江青树立为样板的八个现代题材的戏剧。在文化专制主义盛行的年代里，除了八个样板戏外，所有其他戏曲，无论是传统剧目还是现代剧目，一律禁止演出，其他剧种也只能按照样板戏的套路改编和演出。

“三突出”的文艺创作理论是一种形而上学的文艺创作模式。它的提出和江青有着密切的关系。早在1964年，江青就把塑造正面英雄人物作为文艺创作的一个根本任务突出地提了出来，她说：“塑造正面英雄人物是一切文学艺术的根本命题”。这年 2 月，她在京剧现代戏观摩演出人员座谈会上的讲话中，提出京剧应该提倡革命现代戏，而革命现代戏“主要是歌颂正面人物”。1966 年 2 月，《林彪同志委托江青同志召开的部队文艺工作座谈会纪要》进一步明确提出：“要努力塑造工农兵的英雄人物，这是社会主义文艺的根本”。因此，江青“左”倾文艺理论中的一个核心论点，就是把塑造工农兵的英雄人物作为社会主义文艺的根本任务。“三突出”的文艺创作理论是对这一核心论点的扩展和发挥。

“三突出”文艺创作理论的正式提出是在 1968 年，那年是革命样板戏集中推出的第二年，在总结创作经验时，“三突出”被作为一条重要的创作原则提了出来。5 月 23 日，为纪念“革命样板戏”诞生一周年，时任上海文化系统革命委员会筹委会主任的于会泳，在上海《文汇报》上发表《让文艺舞台永远成为宣传毛泽东思想的阵地》一文，第一次概括了“三突出”的理论。文章说：我们根据江青同志的指示精神，归纳为“三个突出”，作为塑造人物的重要原则，即：在所有人物中突出正面人物来；在正面人物中突出主要英雄人物来；在主要人物中突出最主要的即中心人物。之后，江青一伙的党羽又附和道：这个理论是“无产阶级文艺创作必须遵循的一条原则”，是“无产阶级文艺创作的根本原则”，极力鼓吹和拔高这一理论的意义和地位。作为“三突出”原则的补充，后来还提出了所谓的“三陪衬”：“在正面人物与反面人物之间，反面人物要反衬正面人物；在所有正面人物之中，一般人物要烘托、陪衬英雄人物；在所有英雄人物之中，非主要人物要烘托、陪衬主要英雄人物”。

1969 年《红旗》杂志第 11 期发表署名“上海京剧团《智取威虎山》剧组”的文章。该文在谈到如何突出主要英雄人物时，对“三突出”的理论作了更加扼要的表述。“我们的经验是需要注意‘三突出’：在所有人物中突出正面人物，在正面人物中突出英雄人物，在英雄人物中突出主要英雄人物。”这篇文章后来被《人民日报》全文转载。此后，“三突出”的创作经验向全国推广。

1974 年 5 月 5 日，《人民日报》发表《新诗要向革命样板戏学习》的文章，提出：“革命样板戏‘三突出’的创作原则，是马克思主义唯物史观和无产阶级党性原则在文艺创作中的体现，是毛主席倡导的革命的现实主义和革命的浪漫主义相结合的创作方法在艺术典型问题上的具体运用。这个原则用于诗歌创作，既适用于叙事诗，也适用于抒情诗。”总之，不管是革命样板戏，还是其他文艺创作，都必须坚持这个方针，否则就会受到指责和批判。

“三突出”理论的中心是突出英雄人物，还把歌颂工农兵英雄人物与文艺领域所谓两个阶级、两条路线的斗争联系起来，认为什么阶级占领舞台，成为舞台的主人，反映的是哪一个阶级在文艺舞台上实施专政的问题。在文艺舞台上，是帝王将相、才子佳人、老爷太太、少爷小姐占统治地位，还是工农兵占统治地位，这是关乎政治的大问题。这就把文艺作品与阶级斗争的关系绝对化、夸大化了。随着革命样板戏的诞生，李玉和、杨子荣、郭建光、方海珍、严伟才等一大群光彩照人的工农兵英雄人物成为文艺舞台的主人公，用当时的话说，这叫“文艺舞台上一个阶级推翻另一个阶级的大革命，既标志着无产阶级在文艺舞台上对资产阶级实行了专政，同时也标志着反革命修正主义文艺黑线的破产”。

为了使文艺作品中的英雄人物做到高大完美，“三突出”的文艺创作理论还认为：不能写英雄人物的成长过程，英雄人物一亮相，一出场，就应该是“一尊完美的雕像”；不能写英雄人物的缺点和复杂性格，认为这是“歪曲、丑化工农兵英雄形象”。因此，当时文艺作品中的主人公不仅高大完美，甚至个个都成了不食人间烟火的天上神仙！他们没有任何瑕疵，甚至连七情六欲都没有，完全脱离和违背了生活的真实。

“三突出”理论认为，文艺作品中人物的塑造主要是靠矛盾来推动的，而阶级矛盾是生活中所有矛盾的主流，因此作品中所有事件的演进都要围绕阶级矛盾和阶级冲突来展开。英雄人物也是无时无刻不在水深火热、你死我活的激烈冲突中展现其崇高无上的气节和革命英雄主义，以此来体现文艺对人民的教化作用。除此之外，在矛盾冲突中，主要英雄人物应该始终处于支配的地位，是推动矛盾发展和解决矛盾的主导力量，描写和刻画其他人物，都要为突出主要英雄人物服务。

“三突出”理论和原则，违背了艺术创作的客观规律，违反生活的真实性和多样性，美化和神化“英雄”人物，使得文艺创作虚假和公式化，造成了文艺创作题材的单一化、情节的雷同化和人物的脸谱化。这就大大压缩了文艺创作的空间，降低了文艺作品的艺术水准，损害了文艺作品的艺术感染力及其娱乐生活的作用。

（二）文化艺术园地的荒芜和肃杀

由于“三突出”理论限制和迫于政治压力，文艺工作者在创作上不敢越出雷池一步，凡是不按这一套理论进行创作的一律要受到批判、禁止，导致整个文艺园地百花凋零，一片肃杀。

1966 年 8 月，党的八届十一中全会通过《中国共产党中央委员会关于无产阶级文化大革命的决定》，红卫兵运动在全国掀起，如同风暴席卷一切。在文学艺术界，一批著名作家、戏剧家、音乐家、美术家、电影艺术家等被扣上“资产阶级反动权威”的帽子，成为“牛鬼蛇神”，接受“群众专政”。中国文联、中国作协及所有文艺协会一律被强令解散。从 1969 年 7 月起，中央文化部所属各单位和中国文联及其各协会的绝大多数工作人员，被分别下放到湖北咸宁、天津静海等地的五七干校和部队农场，边劳动，边搞“斗、批、改”。全国各地的文艺工作者也纷纷被下放。

当时仅有反映所谓“鲜明时代特征”的革命样板戏在全国全覆盖地传播，文艺界诸如音乐、舞蹈、电影、戏剧、文学等各种艺术形式都受到压抑，在文艺创作上主题单一、狭窄，文学园地和艺术舞台上充满了强烈的政治色彩。

在音乐、舞蹈方面，总的指导思想是必须进一步展开音乐舞蹈战线上两条道路的斗争，进一步批判资产阶级思想，把音乐舞蹈领域中兴无灭资的斗争进行到底。认为如何创作出工农群众喜闻乐见的音乐舞蹈作品，不仅是音乐舞蹈艺术上的事情，更是关乎无产阶级政权生存的大事情；音乐舞蹈工作者不仅是艺术人才，更是无产阶级文艺战士和革命的队伍。同时，音乐舞蹈被要求必须大力反映社会主义的时代精神，紧密地为社会主义的经济基础服务；实现音乐舞蹈的革命化、民族化、群众化，关键在于音乐舞蹈工作者用毛泽东思想武装头脑，紧密地和工农兵相结合，在于音乐舞蹈工作者世界观的改造，在于人的革命化、劳动化。

在文艺的普及和提高的关系上，当时只强调推行大众普及工作，认为音乐不能只是停留在剧场里，不能束之高阁，而是要真正走到人民群众中间去。必须大力开展群众歌咏活动和群众业余舞蹈活动，特别是开展农村群众业余歌咏活动，让社会主义的音乐舞蹈真正在广大群众中普及，在农村普及。但普及的目的，是让音乐、舞蹈“在阶级斗争、生产斗争、科学实验的第一线发挥战斗作用”。群众的业余音乐舞蹈活动“应当紧密地和当地的三大革命运动相配合”，实则主要是配合阶级斗争与路线斗争。

“文化大革命”时期的主流音乐是样板戏，主要是歌颂党、国家、军队以及“文化大革命”中的新生事物，完全是在党的意识形态指导下的产物，并且具备一定的艺术成就。从音乐的角度看，样板戏把传统唱腔加以改造，与剧情的需要结合得比较成功。中期加强专业作曲，注意到中西混合乐队的运用，取得较好艺术效果。

“文化大革命”时期的非主流音乐有知青歌曲。一方面，因为样板戏要在全国演出，在当地演出就需要招收演艺人员，而许多知青颇具音乐舞蹈素质和器乐基础，被吸收到文艺小分队，一时间造成了音乐舞蹈的“大普及”。另一方面，知识青年从城里下到农村，心理落差很大。在这期间产生了许多知青歌曲，来抒发他们心中的种种感情。

“文化大革命”后期，1972 年中美关系解冻，中国与日本建交，日方邀请我方到日本举办钢琴独奏音乐会。北京音乐学院征得江青的同意，改编一些钢琴曲，促使了钢琴伴唱《红灯记》、钢琴协奏曲《黄河》作品的产生。南方城市则有小提琴独奏和协奏曲《丰收渔歌》《山丹丹开花红艳艳》等作品问世。此外，经过一些作曲家的努力，陆续创作了《二泉映月》等管弦乐曲，《草原英雄小姐妹》等民族器乐协奏曲和独奏曲。从数量上看，十年间音乐创作作品非常有限。

在绘画美术方面，“文化大革命”开始后，最先遭受冲击的是美术院校的教师以及各类画院等专业创作机构的专家学者，他们被扣上“资产阶级反动学术权威”的帽子，受到轮番批斗。随着中国文联及所属各协会被强令解散，中国美术家协会也停止工作，大型刊物《美术》杂志停办。

总之，在“文化大革命”期间，文艺沦为了阶级斗争的工具。江青等人为了自己的政治目的，提出一套形而上学的文艺理论和观点，并不断利用忽视艺术规律的“创新”成果来提高自己的政治地位。

在电影创作和制作方面，“文化大革命”时期的电影事业，同样深受“三突出”创作理论的影响，电影作品成为政治宣传的工具。文艺要为无产阶级政治服务的硬性要求使得“文化大革命”期间电影的生产几乎陷于瘫痪状态，政治斗争成为压倒一切的首要任务，电影业的发展遭受严重破坏，其间除了拍摄10部样板戏的电影外，没有一部电影作品能够顺利上映。“文化大革命”之前拍摄的电影，大部分都遭到了不同程度的批判，新中国成立17年电影艺术的成果被完全否定。由于夸大了阶级矛盾，电影中的任何元素都可能成为被攻击的目标，电影动辄被以反党、反社会主义、反毛泽东思想为由禁映。

例如，批判《铁道游击队》的电影插曲《弹起我心爱的土琵琶》情调很不健康，《林海雪原》被指为充满土匪气，是对我军指战员的歪曲，还存在夸大杨子荣的个人作用、宣扬个人英雄主义的错误；《洪湖赤卫队》是歌颂“军内走资派”贺龙的“大毒草”，等等。除了以上这些革命历史题材的影片，像《梁山伯与祝英台》《天仙配》《陈三五娘》《拜月记》《杜十娘》等改编自古代戏曲传奇、提倡朴素的传统美德的影片，也没被放过，被定义为宣扬封建伦理道德、才子佳人，搞个人复仇精神，调和阶级矛盾的戏。其他像《女篮五号》《柳堡的故事》《五朵金花》等生活题材类作品，被批判为宣传阶级调和、涣散斗志、瓦解士气。电影《不夜城》，则被认为是文艺界和中央统战部一小撮反革命修正主义分子，秉承党内最大的走资本主义道路当权派的旨意而精心炮制的一株反党反社会主义、向无产阶级专政进行猖狂进攻的“大毒草”，是鼓吹“剥削有功”反革命理论的代表作，是复辟资本主义的宣言书。

总之，“三突出”原则，限制了文艺工作者的创作才华，使得创作出来的英雄人物不仅不生动，而且明显违背人之常情的现实伦理。

（三）“革命样板戏”的一统天下

“革命样板戏”是指“文化大革命”时期被树立为“样板”的以戏剧为主的二十几个舞台艺术作品的通称。它们的酝酿、创作成型较早，最终修改定型并“定于一尊”，是在江青发表《谈京剧改革》后的1964年至1966年。因为江青曾组织、参与、插手过这些作品的改编、排练等后期加工的部分工作，于是这些作品被打上了“江记”标签。

1958年至1964年间出现的“京剧现代戏”，是解放区戏曲改革的继续和发展，也是新中国文坛的重要收获之一。这个时期，中国文坛刚刚经历了反右派斗争等一系列的批判运动。“以阶级斗争为纲”的提出和“四清”运动，更加剧了社会政治气氛的紧张。一方面，传统文化遭到全面清扫，以前的所有文学创作几乎都遭到否定和质疑；另一方面，“三突出”的创作方法成为创造“无产阶级文学艺术”的指导原则。文学艺术作为“上层建筑”中一个重要领域，得到了前所未有的高度重视，而戏剧作为一种社会影响面大的特殊文艺形式，则得到了更多的关注。由此，京剧现代戏改革走向了树立“样板戏”的发展阶段。

样板戏产生于“文化大革命”的特定年代，当时特定的文化语境决定了样板戏的主题、样式、内容等具有特定的模式。“八大样板戏”的正式出台，出自1966年12月26日《人民日报》发表的《贯彻毛主席文艺路线的光辉样板》一文。该文首次将京剧《红灯记》《智取威虎山》《沙家浜》《海港》《奇袭白虎团》，芭蕾舞剧《红色娘子军》《白毛女》以及交响音乐《沙家浜》，并称为“江青同志”亲自培育的八个“革命艺术样板”或“革命现代样板作品”。之后又出现了京剧《龙江颂》《红色娘子军》《平原作战》《杜鹃山》等第二批样板戏。

1967年5月23日，在纪念毛泽东《在延安文艺座谈会上的讲话》发表25周年那天，第一批样板戏在北京各大剧场同时上演。毛泽东先后多次率中央政治局成员出席观看，给予支持。

由于革命样板戏作品描写的都是中国人民在中国共产党领导下进行武装斗争和经济建设的现代生活，因而被赋予了更积极的政治意义，即被纳入了与所谓帝王将相、才子佳人占领舞台相对立的无产阶级革命文艺路线，并且被当作批判修正主义文艺黑线的论据和武器，被奉为工农兵占领文艺舞台、实行文化革命的典范。

历史地看，革命样板戏在运用传统和外国艺术形式表现中国现代生活方面，摸索出了一些经验。例如，借鉴话剧舞台美术形式，用西洋绘画的写实风格制作布景、道具、服装，改变了传统京剧重在写意、象征的假定性特征；有层次的成套唱腔，细致处理声与情、流派与人物、韵味与形象三方面的关系；以交响化乐队作为京剧的音乐伴奏，艺术上精雕细刻、精益求精等，有一定的审美价值和艺术欣赏价值。问题在于，江青等人从样板戏的创作、改编中，总结和归纳出一整套塑造无产阶级英雄典型人物的根本任务、“三突出”创作原则等，并硬性规定为所有艺术创作都必须遵循的经典规范，是文化专制主义的重要体现。

总的来看，样板戏运用“三突出”原则塑造出来的中心人物，都是一些“高、大、全”的钢浇铁铸般的无产阶级革命英雄形象。他们在精神上无限高尚、高大，但却不是普通人，不具有普通人的七情六欲，只是一群在现实生活中不存在的、理想主义色彩浓郁的英雄，是按照神话中塑造诸神的手段如法炮制出来的。

当然，对样板戏也要分两方面来认识。历史地看，应该尊重艺术家们在不同时代、不同的政治气候下的艺术实践，不能因为否定具有强烈政治色彩的“样板戏运动”，就一笔抹杀具体剧目在艺术上的成就。关键是要将样板戏的“桂冠”取下，摒弃特殊年代赐予的“殊荣”，还其探索现代戏剧创作之路和阶段性成果的本来面目。一般来说，这些剧目绝大多数为改编作品，原剧本情节结构、人物形象早已具备雏形，其内容多数描写中国共产党领导下的革命斗争与社会主义建设，除去个别“左”的内容外，思想倾向基本上是好的。同时，这也是艺术家们总结多年来京剧表现现代生活所积累的经验，努力做出的新的探索与实践。在剧本文学方面，样板戏为达到结构严谨、人物鲜明、情节生动、语言精美而字斟句酌，反复修改。音乐唱腔方面，在增强时代气息与保持京剧特色之间尽了很大努力。尽管有其历史局限，但一些优美的唱腔唱段，的确赢得为数众多的新观众的喜爱。

总的来说，需要正确看待样板戏作为文艺作品与特定的政治环境的关系，客观地评价样板戏产生的历史因素与其艺术价值的关系。不能因为否定“文化大革命”的理论和实践，就全部否定众多艺术家心血凝成的、有一定历史局限的文艺作品。问题在于，中国共产党领导社会主义文化建设，应该真正贯彻执行“百花齐放、百家争鸣”的方针，尊重民族的和世界的文学艺术史，促使文学艺术合乎规律地发展，使文艺百花园里盛开更加丰富多彩、争奇斗艳的艺术花朵，用更具艺术感染力、更高艺术成就的作品，鼓舞广大人民群众为建设社会主义而奋斗。

二、文化建设初整顿与反“复辟回潮”

（一）批判极左思潮和加强基础理论研究

1971年9月，处于“文化大革命”激荡中的中华人民共和国，发生了震惊世界的九一三事件。9月13日凌晨，林彪等强行乘飞机向北外逃叛国。飞机在蒙古国温都尔汗附近坠落，机毁人亡。

九一三事件是“文化大革命”由盛转衰的转折点。人们不能不严肃地思考：“文化大革命”究竟给党和国家带来了什么结果？在无产阶级专政下有没有必要进行这场一个阶级推翻另一个阶级的“继续革命”？中国究竟有没有面临资本主义复辟的危险？“文化大革命”能不能给中国人民带来利益和希望？所谓“天下大乱”到底能不能走向“天下大治”？九一三事件的发生，促使更多的干部和群众从个人崇拜的狂热中觉醒，敢于去深入思考过去不敢想的诸多重大问题，加深了人们对“文化大革命”种种倒行逆施的怀疑，从而在客观上宣告了“文化大革命”理论和实践的破产。

10月以后，经过对林彪集团牵涉的人和事的清理清查，党中央将林彪集团叛党叛国罪行的材料陆续发出并逐步传达基层，同时采取有力的措施稳定局势，全国紧张形势趋于和缓。根据毛泽东的指示，全国范围内开始了批林整风运动。尽管批林整风被限制在不触动“文化大革命”根本错误的前提下进行，但也为把批林与清算极左思潮、纠正“左”的错误结合起来提供了一种可能。

九一三事件后，毛泽东对“文化大革命”中发生的一些事也作了一定程度的反思，他对林彪事件的评判也涉及林彪等人煽动极左思潮、鼓吹个人崇拜的言行。对于1967年聂荣臻、陈毅、叶剑英、李先念、谭震林等对林彪、江青等人乱党乱军的行径奋起抗争而被诬陷为“二月逆流”的事件，毛泽东表示了予以平反的态度，并作了某种形式的自我批评。根据周恩来提供的材料，毛泽东严厉批评了被无辜关押的老干部在狱中受到迫害之事，批示道：“这种法西斯式的审查方式，是谁人规定的？应一律废除。”这使一大批受审查干部的境遇得到改善。同时，毛泽东还对许多老干部要求改变不公正待遇的申诉信作了批复，明确表示同意解除审查，给予适当工作。以致许多领导机关把落实干部政策与批判林彪结合起来，当作批林整风的一项重要内容。毛泽东认识上的变化和反思，有利于党内健康力量利用这些变化和其他一些方面的有利条件，展开批判极左思潮和纠正某些“左”倾错误的斗争。

林彪事件后，在毛泽东的支持下，周恩来主持中央的日常工作。1972年，周恩来充分利用了毛泽东认识上的积极变化，抓住时机，适时地把批林整风引导到批判极左思潮、纠正“左”的错误、对各项工作进行整顿上来。首先在落实干部政策方面，解放了一大批受到错误审查的党政干部和业务骨干出来工作。尤其是曾被指为“党内第二号走资本主义道路的当权派”的邓小平恢复了党的组织生活，恢复国务院副总理的职务。1973年12月，中共中央下发关于邓小平任中央政治局委员、中央军委委员，参加中央和军委的领导工作的决定和通知。1975年1月，中共中央发出一号文件，任命邓小平为中央军委副主席兼中国人民解放军总参谋长。1 月召开的党的十届二中全会，追认邓小平为中央政治局委员，选举邓小平为中共中央副主席、中央政治局常委。在同时举行的四届全国人大一次会议上，根据中共中央的提议，任命邓小平为国务院第一副总理。

在“文化大革命”政治形势未见分晓的环境条件下，邓小平的解放及恢复党和国家的领导职务具有重要意义和影响，既使得周恩来纠正“左”的错误有了主要助手，又为最终结束“文化大革命”和引导中国走上改革开放之路准备了具有决定意义的条件。由于周恩来等人的艰苦努力，九一三事件后一大批党政军领导干部重新走上重要领导岗位。这些干部的复职，进一步削弱了江青集团的社会基础，增强了党内纠正“文化大革命”错误的健康力量，为最终结束“文化大革命”奠定了政治、组织基础。

九一三事件之后，周恩来因势利导，对资产阶级派性、无政府主义乱象、空头政治等极左思潮展开了深刻的批判，并把所产生的积极成果转化为各地区各部门经济政策的调整和工作、生产秩序的恢复，开创了“文化大革命”以来经济建设和对外贸易发展的新局面，产生了良好的社会效应。与此同时，在周恩来的主导下，相关部门对科技教育领域由极左思潮造成的破坏和恶劣影响进行了批判和整顿。

“文化大革命”中，基础科学和理论研究遭到极左派的否定。利用批林整风提供的机会，周恩来非常关注恢复基础科学和理论研究工作。1972 年 7 月起，他多次在不同场合提醒要注意基础科学的教学与科研工作。

7 月 2 日，周恩来在会见美籍华人物理学家、诺贝尔奖得主杨振宁时，表示赞同杨提出目前在中国的理工科大学应该加强基础教学和理论研究及交流的建议。他说：杨先生说我们的理论太贫乏了，而且我们也不跟人家交流，恐怕这话有道理，他看到我们的毛病了。又说：他有好的意见我们应该听取，不要还是自高自大，听不进去他提的意见，要是听了当耳边风就很危险。

7 月 14 日，周恩来会见美籍华人学者参观团任之恭、林家翘教授等，提出应在马克思主义世界观指导下，在广泛实践的基础上，加强国内自然科学基础理论研究工作，再次称赞了杨振宁关于应加强基础理论的研究和交流的建议。周恩来对陪同会见的北京大学负责人周培源说，你回去要把北大理科办好，把基础理论水平提高，并强调“有什么障碍要扫除，有什么钉子要拔掉”①。

7 月 20 日，周培源致信周恩来，汇报他在北京大学传达了总理的讲话后，广大教师心情激动，深感党中央的亲切关怀。信中说，关于我国基础科学这样落后，主要是因为下列一些原因。(1)“文化大革命”前基础科学研究工作，缺乏具体领导，国家科委只抓了 32 个“国家重点项目”，经过“文化大革命”，这 32 个“国重”大致都垮了。(2) 中国科学院的科研所应该注意基础科学研究。(3) 学校中科研工作反复性很大，每次运动首先受冲击的是基础理论研究。以北京大学为例，老中教师不愿搞也怕搞基础理论研究，怕在短期内搞不出成绩，怕挨“理论脱离实际”的批评。这封信很典型地反映了当时教育科学界存在的一些普遍问题。

7 月 23 日，周恩来写信给中国科学院和国务院科教组负责人郭沫若、刘西尧、秦力生。信中说，把周培源来信和我的批件以及你们批注的意见都退给你们好做根据，在国务院科教组和科学院好好议一下，并要认真实施，不要如浮云一样过了就忘了。再次表达了他对中国科学院基础科学和理论研究工作的极大关注与焦虑。

为了落实周恩来的指示，1972 年八九月间，中国科学院在北京召开全国科学技术工作会议。为筹备这次会议，中共中国科学院核心小组起草了关于加强基础科学和理论研究工作的报告。报告认为，中国科学事业是在正确路线照耀下发展起来的。随着国防和产业部门研究队伍有了较大的发展，科学院应该与军民各部门适当分工，在广泛深入实际的基础上，把科学研究往高里提，贯彻理论与实际、提高与普及结合的原则，

① 中共中央文献研究室编：《周恩来年谱（1949—1976）》下卷，中央文献出版社 1997 年版，第 536 页。

着重进行不属于各业务部门的有关基础学科的研究工作，开拓综合性较大的、空白薄弱的、新的科学领域的研究，为提高中国科学技术的水平作贡献。但是，该报告在中共中国科学院核心小组讨论时，因受到造反派头头的反对，未能取得一致意见。

9月11日，周恩来复信给张文裕、朱光亚等二机部401所18位科学工作者，对他们来信反映国内高能物理研究工作落后，要求改变现状的建议，表示“很高兴”。他提出：“这件事不能再延迟了。科学院必须把基础科学和理论研究抓起来，同时又要把理论研究与科学实验结合起来。高能物理研究和高能加速器的预制研究，应该成为科学院要抓的主要项目之一。”①

这封信对正在召开的全国科技工作会议是一个鼓舞，中共中国科学院核心小组决定把“大力加强基础科学理论研究工作”的报告，以中国科学院的名义在大会发言。发言阐述了党中央对自然科学理论研究的重视与周恩来的多次指示，新中国建立以来基础科学研究的进展、成就和遭受多次干扰破坏的情况，以及科学家们的疑虑和领导不力等状况，并对科学院工作上的缺点错误，作了自我批评。发言提出要正确处理理论与实际、科研与生产的关系，要根据基础科学和理论研究工作的特点来指导科学研究工作。

批林整风的开展，为人们实事求是地评价“文化大革命”前的工作创造了条件。同时“文化大革命”前全国各地一大批科学技术工作的组织者与领导者恢复了工作，他们渴望纠正极左思潮对科技工作的破坏。在科技工作会议的讨论中，“文化大革命”前17年科技战线以正确路线为主导的看法占了上风。与会者多数迫切希望把被搞乱了的思想理清楚，重新建立必要的规章制度，恢复科研工作的正常秩序，恢复被错误撤销的研究机构，让脱离岗位的科技人员回到实验室来。这些要求反映到了会议纪要的初稿中。会议开了20多天，讨论完原定议题后暂告一段落，

① 中共中央文献研究室编：《周恩来年谱（1949—1976）》下卷，中央文献出版社1997年版，第549页。

部分代表留下等待中央对纪要的批示和周恩来到会讲话。

然而，关于批林整风的性质是批极左还是批极右，在周恩来为代表的中央一线领导人同江青、张春桥等人之间，一直存在着激烈的争论，而毛泽东最终认定林彪等人错误的实质是“极右”，这就使周恩来领导的批极左工作出现了波折。

1973 年元旦过后，国务院副总理纪登奎按照毛泽东的判断作了批“极右”的讲话，会议的成果被否定。修改后的《全国科学技术工作会议纪要（草案）》经国务院批准，于 1973 年 1 月 10 日下发。纪要未能真实反映会议的实际情况和大多数代表的意见，却加进了反对极右的内容。它一方面基本肯定“文化大革命”前 17 年的工作；另一方面，批驳认为“文化大革命”后科技领域形势不好的所谓“种种谬论”，称科技领域“同全国一样形势大好，越来越好”。

实际上，这次会议给中央的报告以及科学院代表的发言，从一开始就受到江青、张春桥等人在科学院的帮派骨干的反对，到 1973 年则成为批判“刮理论风”和“翻案风”的“靶子”。不久，全国掀起“批林批孔”运动，在中共中国科学院核心小组扩大会议上，全国科学技术工作会议被作为“复辟回潮”的典型受到批判。与会的许多代表回到各地或单位后，也为此受到批判。科技领域这一次“纠左”的努力遭到严重挫折。

（二）文教系统纠“左”努力及被迫中断

在着重落实党的经济政策和干部政策的同时，周恩来还不畏险阻，在教育、文化等“重灾区”里，展开了批判极左思潮、落实党的政策的斗争，使得这些方面的工作一度出现了盎然的生机。在广大教育工作者对“教育革命”的不满、抵制不断增长的基础上，1972 年的整顿把在教育领域里批判极左思潮、落实党的教育政策提高到一个新的阶段。

1972 年 5 月 10 日至 6 月 20 日，国务院科教组召开综合大学和外语院校教育革命座谈会。北京大学、复旦大学、上海外国语学院等 15 所学校及北京、上海、辽宁等地教育部门的代表参加座谈会。国务院科教组就科教领域里批林整风的形势向中共中央、国务院提出报告。报告指出，半年多来在科教战线围绕着林彪路线的实质是“左”还是右，当前的形势是好还是坏，知识分子是改造过头还是要继续改造这三个基本问题，开展了一场大辩论。科教领域群众对批林整风问题有以下看法和情绪：认为林彪路线是极左路线，“文化大革命”和科教战线的“斗、批、改”搞过了头，现在要反“左”纠偏；认为放着极左不批，而去批右，就会愈批越“左”；认为现在教育质量低，工农兵学员不像大学生，教育革命是“乱、糟、低”；对《全国教育工作会议纪要》中的“两个估计”有抵触，认为纪要是压在知识分子身上的大包袱，是林彪极左路线的产物；等等。

报告提出，要批判林彪反党集团从右的和极左方面破坏毛主席革命路线的罪行，要抓紧落实干部政策，适当安排原有干部的工作；要全面落实知识分子政策，发挥教师的业务专长，合理安排他们的工作，鼓励教师为革命刻苦钻研科学技术，在教学中严格要求学员，由政治上表现好、业务能力强的教师领导科研和教学工作。会议要求：认真注意进一步提高质量的问题，加强基础理论教学；理科的基础课一般要单独授课，系统学习知识面要宽一些，保证教学时间；文科要使学员在实践基础上着重学习理论；外语院校要加强基本功训练。会议还要求：努力开展科研，重视科研人才的培养和基础科学的发展；理科要加强理论研究，抓紧实验室、研究室的改造与建设。这次教育座谈会所提出的问题具有鲜明的针对性，是对“教育革命”中“左”的错误和极左思潮的批评和纠正，很好地体现了1972年周恩来整顿的基本思路。

10月6日，根据周恩来一系列指示精神，周培源在《光明日报》发表了题为《对综合大学理科教育革命的一些看法》的文章。文章提出：工和理、应用和理论都必须受到重视，不能偏废，要批判“理论无用”的错误思想，充分认识到科学实验和自然科学理论的重大意义。在学校中，基础科学的教学工作一定要做好，综合大学理科要对基本理论的研究给予足够重视。这篇文章击中了江青等人鼓吹极左思潮的要害，在教育、科技领域引起很大的反响。

10月14日，周恩来会见美籍华人科学家李政道和其夫人，就国内教育和科研方面存在的问题谈话。关于教育问题，他对当时“教育革命”不许中学生毕业后直接上大学的做法表示了不同看法，指出：学校学生应“以学为主”，“对学习社会科学理论或自然科学理论有发展前途的青年，中学毕业后，不需要专门劳动两年，可以直接上大学，边学习、边劳动”。周恩来说，“我们总要有一批大学培养的研究人才出来”，在大学教育方面“要迎头赶上”，要把研究工作活跃起来，把科技资料交流工作恢复起来。他要求在座陪同接见的科学家吴有训、周培源、钱学森、朱光亚、华罗庚等，要注重研究人才的培养和提高，并告诉李政道，我国准备派遣一批研究生去美国学习、深造。①

在“斗、批、改”中进行的“教育革命”，盲目地批判苏联教育家凯洛夫的“三个中心”教育思想，把在实践中学习和直接经验绝对化，课堂教学和书本知识被一贬再贬，甚至几乎成为“资产阶级”“修正主义”的同义语。为配合在中学教育中清理和批判极左思潮，10 月 29 日《人民日报》发表河北省怀来县沙城中学的文章，提出中学教学应“以课堂教学和学习书本知识为主”。这篇文章在教育系统引起很大反响，主要是对“教育革命”中的极左思潮提出了公开挑战。

批判极左思潮，落实党的政策的努力，使教育界的一批干部教师开始从“五七干校”和其他地方调回学校，陆续被安排到教学和科研工作岗位。尤其是一批老教育家复出工作，重新整治高等学校。如复旦大学老校长陈望道于 1972 年被批准复出工作，担任了复旦大学革委会主任。物理学家谢希德曾被诬陷为“特务分子”被隔离审查 3 年多，于 1972 年 4 月恢复业务工作，参加教材编写，“具备任课资格”。仅上海高教界，受审查的 114 名局级干部中，“解放”87 人，使用 70 人；434 名处级干部中，“解放”405 人，使用 307 人。1006 名副教授以上高级知识分子，有 745 名被安排了工作。

1972 年下半年，北京大学落实知识分子政策，解除了一些民主人士

---

① 参见中共中央文献研究室编：《周恩来年谱（1949—1976）》下卷，中央文献出版社 1997 年版，第 558 页。

和老教授的种种政治嫌疑，使他们精神振奋，积极从事教学和学术研究。哲学家冯友兰除进行教学活动外，还表示要在几年内完成他的《中国哲学史新编》。经济学家陈岱孙不顾腿伤，拄着拐棍去授课。他还自报了“马克思对古典派经济学的批判、继承和改造”“列宁后期著作中关于政治经济学理论的几个问题”两个研究项目。原东语系教研室主任金克木在被解除“托派嫌疑”后，积极地表示：“谁对梵文、巴利文不懂，有什么问题，都可以来找我。”他还着手编校《汉语印地语字典》和《乌尔都语汉语字典》。哲学系一级教授朱光潜在落实政策后，首先寻找被造反派抄家抄去的他翻译的黑格尔《美学》手稿，继续他的翻译工作。

教育科技领域里批判极左思潮的深入，激发了广大职工学习科学、掌握知识的热情。1972 年 7 月 18 日，周恩来为北京电台开办“外语讲座”做出批示：北京广播外语讲座，一经出现，影响极大，请于 7 月下旬先将第一月教材稿、教师播讲录音，送外交部由浦寿昌、章含之、唐闻生三同志审查，肯定可用后，再在 8 月中旬于北京开课。10 月 2 日，由北京市教育局和北京市人民广播电台举办的业余英语广播讲座开始播出。紧接着，全国各地都陆续开办了外语广播讲座。以“跟着广播学外语”为基本形式的群众性外语普及活动，便在全国范围内广泛开展起来。自此，北京广播电台以英语为主的外语教育节目从未间断过，为数以百万计的英语人才和外语人才的涌现打下了良好的语言基础。当年 12 月，中国选派 16 名留学生赴英国学习英语。当年连同派赴法国的 20 名留学生，共派出 36 名。这是自“文化大革命”开始后一直到 1972 年，首次恢复向国外派出留学生。

1972 年间，周恩来还亲自指导了文化、卫生、体育等战线肃清极左思潮的工作。他根据这些部门在“文化大革命”中遭受极左思潮严重破坏的事实，反复强调，过去林彪造成了极左思潮、形式主义，只搞突出政治，不搞业务，不抓训练，现在要提倡为革命刻苦钻研业务技术，提高质量，勇于攻关。

针对文艺界万马齐喑，人人噤若寒蝉，个个谨小慎微的压抑局面，周恩来指出：“极左思潮不肃清，破坏艺术质量的提高。”“现在要提倡毛泽东思想指引下的百花齐放”。他还希望文艺演出“革命激情要和革命抒情结合，要有点地方的色彩”，不要把歌越唱越快，越唱越尖，越唱越高。周恩来在对新华社军代表谈话时指出：有些东西又臭又长，林彪就搞这一套，你们批林整风就从文风开始。这实际上是要求清除报刊上盛行的“最…最…最…”“核心的核心”等“假、大、空”文风。

在周恩来等领导人的支持和指导下，文化、体育、卫生等领域的干部和群众行动起来，各项工作迎来转机和复苏。如1972年初召开的全国出版工作会议，要求在审查清理图书的基础上，除出版一批“文化大革命”中创作的作品外，再出版一批中国古籍和介绍外国地理、历史的书籍。4月25日，北京市新华书店各门市部开始发行《红楼梦》《水浒》《三国演义》《西游记》等中国古典文学名著。在一段时间里，北京王府井、前门、大栅栏等书店门市部出现了排长队购书的景象。5月间，在庆祝毛泽东《在延安文艺座谈会上的讲话》发表30周年时，许多省市举行了文艺创作节目汇报演出，文艺工作出现了劫后复苏的气象。

在医疗系统，一些在“文化大革命”前行之有效的、在“文化大革命”中被当作“封资修”的规章制度，也开始逐渐恢复。从1972年上半年起，一些大城市里的医院开始试行在党支部领导下的科主任负责制。

4月9日，周恩来在接见广州出口商品交易会代表时说，中国人民有传统的手工艺但都被极左思潮打掉了。手工艺要大提倡，今年开始每年都要提倡，应该把它搞上去。在周恩来、李先念等领导人的支持下，当年9月3日至次年1月27日，全国工艺美术展览会在北京民族文化宫举办。这是“文化大革命”以来第一次大型工艺美术展览，是轻工业部、外贸部根据周恩来关于“要多出口一些工艺品”的指示而举办的。这次展览会展品共27万件，规模空前。展览会共接待全国各地观众及工艺美术部门代表80多万人，来自90多个国家的外宾1万多人。这次展览会对恢复发展工艺美术生产和出口起了重要作用。

1972年6月9日至7月2日，全国5项球类运动会举行，这是“文化大革命”以来第一次恢复举行的全国范围的各项球类比赛运动会，是为纪念毛泽东“发展体育运动增强人民体质”题词20周年而举办的运动会，分别在北京、天津、石家庄、保定、唐山、张家口6个赛区进行。比赛项目包括乒乓球、足球、篮球、羽毛球和排球。当年10月12日至18日，全国田径运动会在南京举行，参加的有28个省、市、自治区及解放军、北京体育学院等单位的1258名运动员。这次运动会虽然只打破了一项全国纪录，但作为“文化大革命”开始后一直到1972年的第一次全国性运动会，为恢复体育事业的发展打开了局面。

1973年1月，全国体育工作会议在北京召开，会议批判了林彪反党集团对体育工作的干扰和破坏，指出新中国建立以来全国体育工作的成绩是主要的。会议讨论了1973年全国体育工作的安排。2月20日，国务院在批转会议纪要时指出，各地革委会要加强对体育工作的指导，加强专业队伍的建设，迅速提高专业运动水平，改变当前运动员队伍青黄不接的状况。

周恩来领导的批判极左思潮、落实党的政策、整顿各项工作，顺应党心民意，得到了广大人民群众的衷心拥护，并在不长的时间里使许多领域的工作有了明显起色，在许多方面超出了对极左思潮批判的范围，开始涉及对“左”的错误的清算。这必然遭到江青等人的激烈反对。比如周培源关于“综合大学理科要重视对基本理论的研究”的文章发表后，江青等人立即感觉到文章的针对性。张春桥、姚文元表示：周培源有后台，“不管来头多大”，都要追查反击。在他们的指使下，上海《文汇报》连续发表文章，对周文进行围攻，实际上把矛头指向了周恩来。1972年10月《人民日报》发表了几篇批判无政府主义的文章，更是戳到了江青等人的痛处，他们决意下大力气刹住这个“1972年下半年出现的修正主义回潮”。以周恩来为代表的党内健康力量与江青集团之间的矛盾斗争不可避免地尖锐化、公开化了。

11月28日，根据周恩来反对极左思潮的一贯思想，中联部、外交部在关于召开外事工作会议给周恩来的请示报告中提出：鉴于林彪反党集团煽动的极左思潮在外事部门还没有得到彻底的批判和肃清，拟召开一次全国外事工作会议，联系外事工作实际，彻底批判林彪反党集团煽动的极左思潮和无政府主义，以便更好地贯彻执行毛主席的革命外交路线。

30 日，周恩来在报告上批示“拟同意”。江青等人立即对此阻拦，张春桥在报告的批语中质疑：“当前的主要问题是否仍然是极左思潮？批林是否就是批极左和无政府主义？”江青在批语中则明确提出应批林彪卖国贼的“极右”。

提倡基础理论，落实知识分子政策，教育领域出现了新的气象，教师和学生将重心移到了课堂上，教学质量有所提高，但政治斗争在高层仍然拉锯不休，江青等人对文教领域的纠“左”耿耿于怀，不断寻找新的爆发点。另外，林彪事件后，毛泽东在认识上的一些变化也是有限的，当批判极左思潮触及“文化大革命”本身时，就超出了他所能接受的限度。

1972 年 12 月 5 日，《人民日报》编辑王若水上书毛泽东，表示赞同周恩来所说“极左不批透，右的还会来”，反对张春桥、姚文元说的“批左不要过头，不要重犯过去批刘少奇时的错误”。17 日，周恩来、张春桥、姚文元到毛泽东处开会，毛泽东提出，王若水那封信我看不对，极左思潮少批一点吧。关于林彪路线的实质，毛泽东明确说：“是极右。修正主义，分裂，阴谋诡计，叛党叛国。”① 毛泽东关于林彪路线的实质是“极右”的指示，迅速在党内传达。1973 年元旦，两报一刊发表《新年献词》，强调要批判林彪“修正主义路线的实质”，将林彪事件定性为“颠覆无产阶级专政，复辟资本主义，联合地富反坏右，实行地主买办资产阶级的法西斯专政”，是“右得不能再右”了。

有了毛泽东的定性和表态，江青等人对周恩来领导纠“左”的反扑，更加有恃无恐。他们抓住 5 月国务院科教组就科教领域里批林整风的形势向中共中央、国务院的报告中指出的林彪路线是极左路线，“两个估计”是压在知识分子身上的大包袱，是林彪极左路线的产物等正确意见，将其说成是“认识模糊”“思想混乱”，是“右倾回潮”。毛泽东听信了江青、张春桥等人的汇报，要将周恩来领导的批极左拉向批“极右”。

---

① 中共中央文献研究室编：《周恩来年谱（1949—1976）》下卷，中央文献出版社 1997 年版，第 567 页。

1973 年下半年，江青等人在教育领域导演了一系列“反潮流”事件，亦称“反右倾回潮”，企图使“文化大革命”回到他们所控制的极左轨道上来。这一年 4 月，国务院批转科教组《关于高等学校 1973 年招生工作的意见》，提出进行招生文化考查，以保证学生有初中以上文化。这个决定在校园内外带来了一阵文化气息的清风，许多教师编印参考资料，以供学生复习，中小学也初步恢复考试。

但是，一起“张铁生交白卷”事件，使学校刚刚兴起的学习文化知识的热潮出现了逆转。6 月 30 日，辽宁兴城县白塔公社枣山大队插队知青张铁生被推荐参加大学招生考试。在理化考试时，他仅做了 3 道小题，其余一片空白。无能且无心考试的张铁生在试卷背面给“尊敬的领导”写了一封信，诉说自己在集体利益与个人利益发生矛盾时的心理冲突，发泄他因不忍心放弃集体生产躲到小屋里去复习功课，从而导致文化考试成绩不理想的不满情绪。主持辽宁省委工作的毛远新听取汇报后，如获至宝，要求《辽宁日报》发表张的信，并称张对“修正主义考试”交了一份“白卷”，却为无产阶级革命路线交了“一份出色的答卷”。随后，全国各地报刊纷纷转载，张铁生一夜之间成了“反潮流”英雄。张铁生的信发表后，尽管多数教师纷纷指责张铁生的信，是瓢冷水，把刚刚焕发出的教学热情全给浇下去了。但各地教育部门的主基调仍将文化考查视为资产阶级向无产阶级的挑战，“是对教育革命的反攻倒算”。

张铁生事件影响所及，致使 1974 年 6 月国务院批转科教组《关于 1974 年高等学校招生工作的请示报告》，指责 1973 年招生工作“不少地区曾不同程度地沿袭旧高考的办法”，是受了“修正主义教育路线”的影响，要求在当年的招生工作中要无产阶级政治挂帅，把政治表现、觉悟路线放在首位，文化考查则采取调查访问、座谈讨论等多种形式进行。于是，1972—1973 年度稍稍加强基础理论学习的教学计划，被诬为“复辟的产物”。刚有一点起色的学校教育又一次折腾起来。工农兵学员半年的文化补习被视为“修正主义教育路线的复辟回潮”，统统被取消。清华大学刚入学的新生，一进校就被安排出去“开门办学”一年，致使上专业课的时间大大缩减。

1973年7月10日，河南唐河县马振抚公社中学进行英语期末考试。一名女生答题不出，便在试卷背面写了一首打油诗。该女生受到班主任老师批评后，投水自尽。此事本已得当地政府妥善处理，江青却借题发挥，派迟群、谢静宜前去进行调查，写出《情况简报》，指责马振抚公社中学扼杀无产阶级教育革命的新生事物，复活旧的教育制度“智育第一”“分数挂帅”的一套，修正主义教育路线的回潮达到惊人地步。这个《情况简报》后由中共中央转发，使全国各地刚刚恢复的正常教学秩序遭到了严重破坏。此外，江青等人还利用北京一小学生写的对教师不满的日记，掀起批判“师道尊严”“智育第一”的浪潮。

7月28日，江青、张春桥在审查湘剧影片《园丁之歌》时发难，对这部热情讴歌人民教师的影片，江青竟蛮横地指责：“剧名就不合适，园丁应该是共产党，怎么是教员？”对剧中一句台词“没有文化怎能担起革命重担”，江青更是不能容忍，说这句话问题更大，简直是反攻倒算。张春桥说：这个戏在教育路线上也有问题，学生受教师摆布。一年后，这部影片受到了公开的批判。

1973年8月，中国共产党举行第十次全国代表大会。大会在政治路线、组织路线上继承了党的九大的“左”倾错误，并根据毛泽东的意见，使上海造反派头目王洪文当上了中共中央副主席，张春桥当选为中央政治局常委。江青、张春桥、姚文元、王洪文在中央政治局内结成“四人帮”，以江青为首的“四人帮”的权势达到了巅峰。

为了否定批判极左思潮给教育领域里带来的积极变化，并以此为突破口，全面反击“右倾回潮”，在党的十大上势力得到加强的江青一伙，又指使迟群等在清华大学搞“三个月运动”。10月至12月间，清华大学掀起了上揪“资产阶级复辟势力代表人物”，下扫“复辟势力的社会基础”的“反回潮”运动。把广大教职员工对“文化大革命”的不满，对“教育革命”“两个估计”的抵制，统统说成是在教育界出现了一股“翻案风”，是“搞反攻倒算”，说在知识分子队伍中“暴露了一小撮右派”，要“毫不留情地揭露批判”，进行“反击”，等等。迟群等还派人进驻教研组和一些“重点单位”，搞“揭盖子”“夺权”“占领阵地”，使一批知识分子又被立案审查，受到批判。这场运动很快波及北京和外省市的许多院校，使周恩来等人呕心沥血恢复教育领域正常工作的努力被迫中断，并受到严厉的讨伐。

三、全面整顿和“反击右倾翻案风”

（一）科研工作要走在整顿的前面

1973 年 8 月党的十大闭幕后，江青等人自以为权势扩大，野心膨胀，把即将召开的四届全国人大看作是攫取更多权力的机会，为实现由他们组阁而加紧活动。张春桥紧锣密鼓地内定四届全国人大组阁名单，企图将其帮派骨干安插在中央和国家机关要害部门。1974 年 10 月，毛泽东提议邓小平出任国务院第一副总理，江青等人极为不满，派王洪文到长沙向毛泽东告邓小平的状，受到毛泽东的批评。之后，毛泽东对江青提出“三不要”：一不要乱批东西，二不要出风头，三不要参加组织政府（即组阁）。他还说邓小平“政治思想强”“人才难得”，要担任第一副总理、军委副主席和总参谋长。这是毛泽东把党政军大权交给邓小平的关键性决策。

1975 年 1 月 13 日至 17 日，四届全国人大一次会议在北京举行。大会通过由张春桥主持修改的宪法，完全肯定“无产阶级专政下继续革命”的理论，把“文化大革命”以来“以阶级斗争为纲”的“左”倾错误，用法律的形式确定下来；把事实上只能造成社会混乱的“大鸣、大放、大字报、大辩论”当作“人民群众创造的社会主义革命的新形式”，规定人民有运用“四大”的权利等。大会通过了先后由周恩来、邓小平主持起草，由周恩来作的《政府工作报告》，提出“在本世纪内，全面实现农业、工业、国防和科学技术的现代化，使我国国民经济走在世界前列”的宏伟目标，力图把国家的工作重点再次转到发展经济、振兴国家的方向上来。这是周恩来、邓小平等领导人抓住历史机遇，促使“文化大革命”已进行了8年的国内局势，向着有利方向发展的重要一步。

大会选举朱德继续担任全国人大常委会委员长，董必武、宋庆龄等22人为副委员长。大会决定周恩来继续担任国务院总理，邓小平、张春桥、李先念、陈锡联、纪登奎、华国锋等12人为副总理。在大会确定的12位副总理和29位部长中，绝大部分是“文化大革命”前的老干部，“四人帮”蓄谋已久的“组阁”计划破产。

四届全国人大一次会议后，周恩来因病情严重，住院治疗。在毛泽东的支持下，邓小平先后主持国务院和党中央的日常工作。1975年初起，邓小平以抓铁路整顿为突破口，以抓钢铁工业为龙头，在全国各战线大刀阔斧地开展全面整顿，很快制止了混乱局势，恢复了正常生产秩序，扭转了经济下行的局面。同时整顿财经工作，扭转财政困难；加强经济管理和企业管理，制定加快工业发展条例；整顿军队和国防工业，加快发展国防科技等。这些措施基本上都在当年取得明显成效。在全面整顿中，科技、教育、文化等方面的整顿是重要组成部分，邓小平为此进行了大量工作，付出了极大的努力。

“文化大革命”开始后的几年间，科技事业遭到严重摧残，许多科技工作者受到迫害，辛苦积累的大批科学技术研究资料被销毁，大多数科技研究机构被迫停止工作。中国科学院作为“文化大革命”的重灾区之一，正确的科研路线被否定，研究机构被肢解。大批领导干部、科学家受到批判，基础理论的研究工作处于停滞状态。1973年中国科学院的研究单位由1965年的106个下降到53个，全院职工从6万人下降到了2.8万人，相当一部分人去了五七干校从事体力劳动。

据当时黄家驷等老科学家、老科技干部反映：“文化大革命”的几年间，许多地方科技干部大换班，许多老科技干部被一批过去从未接触过科技的干部所替换，几年来科技没规划，方向任务不明。因为知识分子政策不落实，没有科研管理，科技干部的考核、提级制度被废除，科研人员收入低、缺住房、两地分居等问题解决不了，挫伤了他们的积极性。科研人员因怕戴上“三脱离”的帽子，不敢搞科学实验和理论研究。科学院不少研究单位的大部分时间是在搞运动、劳动和其他社会工作，研究工作的时间根本没有保证。此外，因国内外的学术交流活动太少，大家普遍感到关于业界科技发展的信息很闭塞。

面对如此残破的局面，邓小平决定从中国科学院入手对科技领域进行整顿，并使这个整顿在全国整顿中处于影响全局的位置。邓小平说："在自然科学研究中，现在对基础理论不重视，只搞应用科学，这样要赶超世界水平不行。"① 他亲自布置了科学院的整顿，要求首先是针对党的组织领导力量的整顿，要坚决同派性作斗争，搞好安定团结，特别指出科学院思想整顿的任务很重，希望通过整顿，统一思想，鼓起干劲，尽快地把科研工作搞上去，不要拖国民经济的后腿。具体要求是在三个月内完成三项任务：一是了解情况，经过调查研究，尽快向党中央和国务院作出汇报；二是搞一个科学院发展规划；三是准备向中央提出科学院核心小组名单。这三项任务，实际上就是通过组织整顿和思想整顿，尽快把科研工作抓上去。

1975年7月间，中共中央批准了国务院关于整顿中国科学院的报告，决定派还在湖北五七干校劳动的胡耀邦、李昌、王光伟到中国科学院加强领导。中央批准胡耀邦为中共中国科学院核心小组第一副组长（郭沫若任组长），负责整个中国科学院党的组织领导工作。后来中央又派王屏、刘华清为核心小组成员，分管政治和业务工作。这是一个年富力强、富有开拓精神的领导班子，在中国科学院的整顿工作中发挥了重要作用。

根据中央文件的精神，特别是邓小平、叶剑英在中央军委扩大会议上讲话的精神，胡耀邦等人抓了六个方面的整顿工作：第一，深入学习理论，坚持安定团结和把国民经济搞上去；第二，落实党的知识分子政策和干部政策；第三，批判资产阶级派性；第四，调整院所领导班子；第五，整顿机构；第六，整顿科技出版工作。这就拉开了科技整顿的序幕。

① 科学技术部、中共中央文献研究室编：《邓小平科技思想年谱（1975—1994）》，中央文献出版社、科学技术文献出版社2004年版，第6页。

胡耀邦到中国科学院后，立即废除几年来造反派“头头”列席核心小组会议的做法，排除“四人帮”安插帮派分子在领导核心层的干扰。同时，他狠抓落实知识分子政策和干部政策，复查对受审查者所作结论；对没有作结论的对象，要求尽快作出实事求是的结论；对没有安排适当工作的科技人员，尽量予以安排。经过大量工作，在 4 个月的整顿中，科学院得到落实政策的干部和科技人员达 800 余人，可谓成效显著，雷厉风行。

在整顿中，胡耀邦坚决反对派性斗争，强调今后谁要搞派性，就是分裂党，要受到纪律制裁，有力地遏制了派性干扰。同时，他强调要重视发挥研究所所长的作用，重视选拔业务干部，要求在今后一定时期内要大力扶持业务干部的威信，支持他们大胆放手狠抓业务工作。胡耀邦在大会小会上反复指出：科学院就是科学院，不是生产院、教育院、白菜土豆院，科学院就是搞科学的，搞自然科学的。科研工作搞不上去，不仅是犯错误，而是犯罪！他鲜明地提出：搞业务的台风要刮起来，刮八级不行，得刮十二级台风。科学院业务、政治、行政三个部门有个共同目标，即繁荣社会主义的科学技术，所有工作为一个目标服务，为把科研搞上去扫清障碍，创造条件。

为了更好地整顿科学院，胡耀邦等人从困扰科技发展的错误观念入手，果断消除“左”倾错误的影响，为发挥科技人员的作用创造条件，具体主要有以下几方面：

第一，强调科学技术是第一生产力，在科技领域不要提无产阶级专政的口号。明确科技领域不属于上层建筑，不能把张春桥、姚文元宣扬所谓“无产阶级在上层建筑领域的全面专政论”搬到科技领域，将广大的科技人员当作专政的对象。

第二，否定“开门办所”的口号，明确搞科研就是联系实际。否定科技领域的主力军是工农兵的提法，提出在科技领域专业队伍是主力军，研究所里研究员是中心。科研人员搞科研就是结合实际，不一定要到工厂农村去。

第三，否定“知识私有”“白专道路”“技术挂帅”等提法。知识分子在科学上有成就，没有派性，不争官、争权、争名、争利，就有可学习的地方。鼓励广大科技人员要精通科学，敢于去图书馆看书，查资料，又红又专，向专家方向发展。

胡耀邦深知，要把整顿工作落到实处，除了要抓鼓劲的工作，还必须为知识分子扎扎实实地解决实际困难，力量在细节之中，措施不是空话。他提出要解决科技人员的“五子”问题，即房子（缺房住）、妻子（两地分居）、孩子（入学入托难）、票子（工资太少）、炉子（因忙于钻研业务，常常没时间摆弄煤球炉烧饭烧菜）。胡耀邦亲自出面多方联系，很快就为每个家庭弄到了一个液化石油气罐。

胡耀邦等人到科学院后，用半个月的时间到各研究所深入调查研究，在全面了解和掌握科学院工作现状的基础上，写了《关于科技工作的几个问题（汇报提纲）》（以下简称《汇报提纲》）。这份提纲主要写了六个问题：(1）关于充分肯定科技战线上的成绩问题；(2）关于科技工作的组织领导问题；(3）关于力求弄通毛主席提出的科技战线的具体路线问题；(4）关于科技战线知识分子政策的问题；(5）关于科技十年规划轮廓的初步设想问题；(6）关于中国科学院院部和直属单位的整顿问题。

《汇报提纲》还提出了科技工作要处理好的六个关系：

第一，政治与业务的关系。毛泽东指示学习理论，反修防修、安定团结、把国民经济搞上去，这三项指示不能割裂开来。对科技工作一定要既有坚强的政治领导，又能切实具体的业务领导。

第二，生产斗争与科学实验的关系。提出科学技术是生产力，不打这一仗，生产力无法提高。千辛万苦要走在前面。没有科学技术现代化，就不可能有工业、农业、国防的现代化。

第三，专业队伍与群众运动的关系。提出发展科学技术要靠两支队伍，一支是专业队伍，一支是群众队伍。强调科学实验也是一种社会实践，决不能否定和取消实验室的研究工作，不能不加区别地要求任何科学研究工作都要实行“以工厂、农村为基地”的三结合。

第四，自力更生与学习外国长处的关系。提出外国的一切好的经验，好的科学技术，我们都要吸收过来，为我所用，必须经常地密切注意和调查研究国际上科学技术发展的最新动向，有必要从国外引进些先进技术先进设备。这样做，决不是爬行，而正是加快步伐；决不是“崇洋”，而正是满怀信心地要同一切洋人试比高。

第五，理论与实际、基础与应用的关系。提出生产实践经验要总结提高就要有理论研究。为了发展我们自己的创造，赶超世界先进水平，也必须有理论研究。要有计划地加强自然科学的理论研究，而不应任意地加以贬低、指责甚至污辱。科学院的研究所和部分高等院校，有条件，也有责任更多地搞一些理论研究。

第六，党的绝对领导与百家争鸣的关系。提出自然科学学术问题上不同意见的争论是好事不是坏事。必须实行百花齐放、百家争鸣的方针，通过学术讨论的办法，通过科学实践来解决，决不能用行政命令办法，支持一派，压制一派。更不能以多数还是少数，青年还是老年，政治表现如何来作为衡量学术是非的标准。对资本主义国家、修正主义国家的自然科学家的学术观点不能盲从，但也不能把他们都说成是资产阶级的、修正主义的，随意加以否定。

这个稿子观点鲜明，针对性强，如实反映了广大科技人员和领导干部对于明辨科技领域思想理论是非的迫切要求，是在科技领域系统地纠正“左”倾错误的一个纲领性文件。在文件起草过程中，邓小平高度重视，并多次参与讨论，提出许多重要观点，如：科研必须走在国民经济的前面；对有水平的人要爱护和赞扬，并充分发挥他们的作用；要选党性好、组织能力强的人给科技人员搞后勤；对一不懂行、二不热心、三有派性的人不能留；等等。他还特别强调，要办好教育，选数理化好的高中生到中国科学技术大学学习，要注意调动教师的积极性。

1975 年 9 月 26 日，中共中央听取了科学院的工作汇报，肯定了《汇报提纲》中关于加强自然科学研究，整顿和加强研究所、室领导班子，切实解决科研人员工作和生活上的实际问题等意见。邓小平说：这个文件很重要，不单管科学，而且对文化教育各部门都有用处。鉴于当时的政治环境，邓小平主持国务院会议讨论提纲时，提出去掉一些敏感话语的意见，几经修改后上报毛泽东。

毛泽东看了提纲后表示不满意，要求再修改。由于受到“四人帮”的干扰，这份文件最终没有发出，接下来是“批邓、反击右倾翻案风”，邓小平和胡耀邦再一次被打倒。但是，由于整个文件的起草和修改，是在邓小平要整顿科学、整顿教育的思想指导下进行的，文件初稿已发到各单位科研人员中广泛征求意见，并通过各种渠道传播开来。随着科学院整顿的展开，文件的基本精神已经在实际工作中得到一定程度的贯彻。

（二）围绕两部电影的文艺政策调整

1975 年全面整顿工作在工交、军队、科技领域深入发展，成效显见。但是，文化领域在江青等人的严密控制下依然是百花凋零，一片萧条。1975 年春节前，以海岛女民兵为主题的影片《海霞》拍成，周恩来对影片表示肯定和赞赏。而“四人帮”却追查“谁向周总理推荐《海霞》的?”江青还授意文化部的亲信以文化部的名义给北京电影制片厂写了三封公开信，诬蔑《海霞》是黑线回潮的代表作，号召全厂展开批判。在周恩来、邓小平等人的支持下，有关部门作出同意《海霞》上映的决定。

在此同时，另一部反映大庆石油工人艰苦创业的影片《创业》也拍摄完成，这是一部描写、歌颂石油工人自力更生艰苦创业的好影片。“四人帮”同样对其大加指责，并指使文化部于 3 月 10 日提出报告，给《创业》罗织了“在政治上、艺术上都有严重错误”的所谓十大罪状：(1)“没有把这一题材表现好”；(2)“给刘少奇、薄一波之流涂脂抹粉”；(3)“给什么人树碑立传”；(4)“写活着的真人真事”；(5)“革命乐观主义表现得较差”；(6)“周挺杉这个人物形象是单薄的、有缺陷的，因而是不典型的”；(7)“工程师章易之的转变，一号人物周挺杉实际上并没有起到作用”；(8)“报告文学脉络十分清楚，影片让人看不懂”；(9)影片“用了很大篇幅去写他（王铁人）的解放前，既造成浪费，又造成结构上的拖沓”；(10)“人物的语言概念化”。“四人帮”要求停止发行上映《创业》，组织批判。

对于文艺界的状况和江青等人的做法，毛泽东并不满意，认为江青等人在文艺界唯我独尊的专制主义走过了头。他希望通过调整文艺政策改变这种局面，使文艺逐步活跃起来。1975 年 7 月，毛泽东几次作了关于文艺问题的谈话和批示。首先在 7 月初，毛泽东同邓小平谈话，在谈到文艺工作时说："样板戏太少，而且稍微有点差错就挨批。百花齐放都没有了，别人不能提意见，不好。怕写文章，怕写戏。没有小说，没有诗歌。" 7 月 14 日，毛泽东同江青谈话时说："党的文艺政策应该调整一下，一年、两年、三年，逐步逐步扩大文艺节目。缺少诗歌，缺少小说，缺少散文，缺少文艺评论。……一两年之内逐步活跃起来，三年、四年、五年也好嘛。"①

毛泽东连续两次关于文艺问题的谈话，不仅点出了江青等人独霸文坛，实行文化专制主义，造成文艺园地一片萧条的状况，而且提出了调整文艺政策的意见，这就为把整顿工作深入江青等人独霸的文艺领域、改变文艺现状提供了有力的武器，创造了难得的契机。照邓小平当时的话说，"文艺政策要调整，调整其实也是整顿"。根据毛泽东关于调整文艺政策和在文艺界落实知识分子和干部政策的谈话精神，邓小平开始对文艺工作进行整顿。不过，由于党的文艺政策长期受到扭曲，理论是非不清，以及文学艺术本身的特点和规律，文艺整顿相对于其他领域的整顿来说，情况更为复杂。

7 月 9 日，邓小平同胡乔木、吴冷西、胡绳、熊复、于光远、李鑫谈话，阅读并讨论拟编入《毛泽东选集》第五卷的《论十大关系》讲话整理稿。之后，他传达了毛泽东对江青等人控制的文艺工作的批评意见。邓小平指出："除百花齐放外，还有一个百家争鸣的问题。要防止僵化。现在的文章千篇一律，是新八股。'双百'方针没有贯彻执行，文学、艺术不是更活泼、更繁荣。毛主席最近对百花齐放问题和文艺工作问题作了指示，我向政治局作了传达，准备讨论一次。"② 同时，他要求国务院政治研究室搞一些调查研究，收集近些年来文化、科学、教育、出版系

① 中共中央文献研究室编：《毛泽东年谱（1949—1976）》第 6 卷，中央文献出版社 2013 年版，第 595、597 页。

② 中共中央文献研究室编：《邓小平年谱（1975—1997）》（上），中央文献出版社 2007 年版，第 66 页。

统不执行“双百”方针的材料，以供政治局讨论时用。

次日，胡乔木召集国务院政治研究室负责人开会，商议调查研究的题目、方式和分工等问题。这以后，国务院政研室通过调查研究收集和上报了近些年来文化、科学、教育、出版系统违背“双百”方针的一些材料，向中共中央、毛泽东转呈了一些信件。报送中共中央、毛泽东的材料和信件，揭露了“四人帮”扼杀电影《创业》《海霞》，阻挠出版鲁迅著作，在报刊宣传中砍掉“百花齐放”口号、鼓吹“三突出”等问题，尤其是揭露了江青等人在长达六年的时间里引述毛泽东文艺方针时，只引“古为今用，洋为中用”和“推陈出新”三句话，公然砍掉了“百花齐放”这一句的问题。这些情况整理成了两个材料，一个是反映报刊上宣传取消“百花齐放”方针情况的材料，一个是反映报刊上宣传只强调“三突出”情况的材料，邓小平将这两个材料上报给毛泽东。

调查文艺状况开始不久，7 月 18 日，影片《创业》的作者张天民分别给毛泽东、邓小平写信，反映江青和文化部核心小组批判《创业》，指责影片在政治上、艺术上都有严重错误，影片上映第二天即被停映，以及文化部核心小组正式提出十条批评意见等情况。来信对文化部的十条意见提出不同看法，建议影片重新上映。

7 月 25 日，毛泽东在张天民的来信上作了批示：“此片无大错，建议通过发行。不要求全责备。而且罪名有十条之多，太过分了，不利调整党的文艺政策。”他还说：“江青这个人不懂事，尽办些蠢事。”毛泽东在批示中还写明：“此信增发文化部及来信人所在单位。”①这样一来，江青等人想封锁毛泽东的批示也封锁不住了。“四人帮”阻挠《创业》上映的企图由此被挫败。

7 月 26 日，邓小平在国务院政治研究室讨论《毛泽东选集》第五卷篇目的会议中，收到毛泽东关于电影《创业》的批示，他当场宣读后指出：“文化部处理问题太粗暴，连《创业》这样好的电影也不许放映，还

① 中共中央文献研究室编：《毛泽东年谱（1949—1976）》第 6 卷，中央文献出版社 2013 年版，第 601 页。

有什么百花齐放?”针对江青等人把“三突出”绝对化的倾向，邓小平指出：“我们社会主义社会里，还需要有讽刺文学。人民代表大会每次都有侯宝林当代表，而且主席每次开会都要问一问有没有侯宝林。”①

会上，胡乔木将电影《海霞》主创人员谢铁骊、钱江给毛泽东的信交给邓小平。邓小平很快转送给毛泽东。信中反映了文化部部长于会泳等人诋毁电影《海霞》和打击创作人员的情况。信中说：《海霞》确实存在不少缺点，但是用六条标准衡量，它不是毒草。可是文化部的审查意见和多次批评都是无限上纲，把艺术处理问题夸大到政治问题，给《海霞》扣上了“贬低英雄人物”“丑化人民解放军”“拿穷人开心”“文艺黑线回潮的典型”等大帽子。《海霞》修改后，北京电影制片厂普遍认为比原来有改进。但6月26日夜，文化部突然查封了《海霞》的底片、正片、磁带，并宣布不经文化部领导亲自批准不得启封。之后，为了批判《海霞》，于会泳决定上映未经修改的片子，而将经过创作人员修改后的片子放置一边。

7月29日，毛泽东对谢、钱的来信作出批示：“印发政治局各同志”。30日，邓小平、李先念等8位中央政治局委员出席由中央政治局召集文化部于会泳和《海霞》摄制组参加的审片会，审看了《海霞》的两个拷贝，决定用修改后的拷贝在全国上映。之后，邓小平在谈到《海霞》时又指出，这部电影不算很好，但可以放映，压制是不对的。

毛泽东支持影片《创业》的创作人员、批评“四人帮”的指示，在社会上传播开来，长期受到压制打击的文艺工作者扬眉吐气，奔走相告。7月28日，文化部不得不向在京文艺团体传达毛泽东7月25日的批示。在可容纳2600多人的北京展览馆剧场爆发出雷鸣般的掌声，经久不息。

在邓小平领导的国务院政治研究室负责人胡乔木和文艺工作者的共同抗争下，对“四人帮”控制的文化部于会泳等人进行揭发、批判的材料，陆续送到政研室，经邓小平转给毛泽东。毛泽东对这些材料的批示

---

① 中共中央文献研究室编：《邓小平年谱（1975—1997）》（上），中央文献出版社2007年版，第73页。

及有关问题的处理，又在更广的范围内引起连锁反应。这些信和材料有：冼星海夫人钱韵玲要求举办纪念人民音乐家冼星海、聂耳音乐会的信，姚雪垠要求支持历史小说《李自成》的写作和出版的信，周妙中关于发挥知识分子作用和有关社会科学研究、出版、图书馆工作的信，周海婴要求出版鲁迅书信和著作的信，等等。① 这些问题和要求，都按照毛泽东的批示得到了妥善解决。

7 月中旬，毛泽东在同江青谈话时，还表示不赞成将“文化大革命”初期被打倒的文艺部门主要领导周扬这些人长期关起来。随后，被江青等人以曾受到鲁迅批评为借口加以政治迫害的“四条汉子”中的周扬、夏衍、阳翰笙被释放（田汉已于 1968 年被迫害致死）。因“周扬一案”被关押、监护的人员全部释放。7 月 27 日，毛泽东听读中央专案组就周扬一案处理情况的报告，将报告中说周扬“问题性质严重”一语，改为“人民内部问题”。②根据毛泽东的意见，中央专案组对周扬作出新的处理决定：恢复其组织生活，原工资照发，补发审查期间停发的工资，由中央组织部分配工作。由此解决了党的文艺领导部门的一大冤案。

1975 年邓小平领导的全面整顿，围绕《创业》《海霞》两部电影的批判和抗争，引来了毛泽东对文艺问题的几次谈话和批示，创造了调整党的文艺政策的机遇，不仅两部电影被批准上映，一批被长期打入冷宫的文艺作品也陆续开禁。反映红军长征的话剧《万水千山》、组歌《红军不怕远征难》等一批作品重新出现在舞台上。观众喜爱的《洪湖赤卫队》《霓虹灯下的哨兵》等影片重新放映。纪念聂耳、冼星海音乐会得以隆重举行。鲁迅书信集影印本、历史小说《李自成》第 2 卷等文学作品陆续出版发行。沉寂多年的文化领域开始显露生机。

---

① 参见郑谦等：《毛泽东时代的中国》第 3 卷，中共党史出版社 2003 年版，第 424—427 页。

② 中共中央文献研究室编：《毛泽东年谱（1949—1976）》第 6 卷，中央文献出版社 2013 年版，第 601 页。

（三）教育界的整顿步履艰难

教育领域是“文化大革命”破坏的重灾区。各级学校领导干部和教师，学术上有成就的专家、教授，均遭到残酷迫害。虽经 1972 年周恩来领导批极左思潮，学校教育刚有了起色，又遭到“四人帮”反“复辟回潮”的反扑，教学质量急剧下降。高等学校受破坏尤其严重。1969 年 10 月，中共中央发出《关于高等院校下放问题的通知》。通知说：为了“认真搞好斗、批、改，加强对中央各部门所属高等院校的无产阶级文化大革命和教育革命的领导”，决定国务院各部门所属的高等院校，凡设在外地或迁往外地的，交由当地省、市、自治区领导；与厂矿结合办校的，交由厂矿领导。教育部所属的高等院校，全部交给所在省、市、自治区领导。

此后，中央所属的高等院校，包括北京大学、清华大学在内，全部下放地方管理。部分高等院校被撤销或合并。到 1971 年，全国原有的 434 所高等院校，保留继续办的还有 328 所，减少 106 所。其中，中国人民大学被解散，原有 6 所政法院校被全部撤销，原有 18 所财经院校被撤销 16 所。农业院校全部迁到农村去办校。被撤销、裁并、搬迁的院校都遭到严重损失。“文化大革命”10 年，高等学校有 4 年（1966—1969 年）停止招生；1970 年、1971 年开始试点招收工农兵学员，每年只招收 4 万余人。后来虽有所增加，但是招收的学生大多数只有相当于初中甚至不到初中文化水平。学制由原来的 4～6 年缩短为 2～3 年。

1974 年四届全国人大一次会议决定撤销国务院科教组，恢复教育部，曾任国务院秘书长的周荣鑫被任命为教育部部长。1975 年 5 月起，周荣鑫按照毛泽东和周恩来、邓小平的指示精神，积极地进行教育的整顿工作。但是，教育领域因为长期为“四人帮”极左势力把持，整顿落实的工作阻力很大，步履艰难。为此，周荣鑫召开各种座谈会，调查研究教育战线存在的问题，提出必须“查干扰，找原因，挖根子”。他指出：教育界存在的主要问题是极左思潮的影响。“文化大革命”以来，林彪的“最…最…最…”影响很深，形而上学最厉害，在教育战线没有批透。这些年的教育问题，责任不在于教师，也不在于学校领导，而是在于教育部门的领导，在管教育的。抓不住根子，这些问题就解决不了。

1975 年 8 月 23 日至 30 日，教育部召开北京、上海、广东城市中小学教育座谈会，周荣鑫在会上针对江青等人对教育的破坏提出：到底在上层建筑领域内对资产阶级的全面专政怎么专法？专对了没有？不能一讲过去的教育工作好像一文不值了，一讲教育工作，就是 17 年修正主义教育路线。只讲 1972 年“右倾回潮”，就是不讲林彪路线的干扰。毛主席讲从旧社会过来的知识分子有 500 万，现在我国有 2500 万知识分子，是否都是资产阶级知识分子？不讲学习文化知识，就能培养有社会主义觉悟的劳动者吗？老说过去 17 年是“智育第一”，其实根本不是。老批“知识私有”，没有知识的就公有了？工农兵学员要上大学、管大学、改造大学，还要不要改造自己的世界观？周恩来总理加强基础理论的讲话，他们（意指江青等人）为什么不贯彻？他明确指出，把知识分子当成是资产阶级知识分子是错误的。“几百万老师在培养学生，还天天说他们是资产阶级知识分子，这不是自己打自己的嘴巴吗？”“学制、课程、教材、教学方法的改革……现在都在试验。缺点是及时总结不够。教育部应该作检讨”。

9 月 15 日至 23 日，教育部在无锡召开湖南、湖北、山东、江苏四省城市中小学教育革命座谈会，传达了周荣鑫的讲话，在教育界引起强烈的反响，广大干部教师在全面整顿的背景下，感到气氛有所改善，自发或自觉地整顿学校秩序，发挥教师的积极性，加强各种文化课程教学，保证教学时间和质量，学校教育形势有了一些好转。

为了改进理科教育，教育部根据周荣鑫的要求，编印了《周总理关于基础科学研究和理科教育革命的部分指示》。之后，教育部又根据毛泽东关于重视自然科学工作的论述，编印了《毛主席关于自然科学的部分论述》，以此作为抵制和反对教育领域极左思潮的思想武器。周荣鑫还亲自抓了《教育革命通讯》的宣传工作，组织编发了《全面关怀青少年的成长》《培养无产阶级革命接班人的正确道路》《研究基础理论为社会主义建设服务》《按照马克思主义认识论搞好基础理论研究》等文章，在一定程度上反驳了“四人帮”对科学文化知识和知识分子的污蔑，宣传了学习科学文化的重要性和党的知识分子政策。

针对“四人帮”把学习文化知识说成是“智力第一”，周荣鑫引用毛泽东接见外宾谈话中认为教育的主要问题是教条主义，照搬苏联的一套，搞“三脱离”的看法，说毛泽东从来没有讲过不要学文化。学校要以学为主，把学文化说成是“智力第一”是不对的。今后不要不加分析地批“智力第一”“知识私有”。根据周荣鑫的这个思想，《教育革命通讯》发表文章指出：批判“三脱离”，对划清两条教育路线的界限，全面贯彻执行党的教育方针“是很有必要的”，但“如果把开门办学和学习文化科学知识对立起来，把‘以学为主’和‘兼学别样’对立起来，就会妨碍学生掌握文化科学知识”。周荣鑫还强调，本世纪要搞四个现代化，就向教育部门提出了要求。“四个现代化不是业务，是最大的政治。”现代化要搞上去，科学技术要走在前面，科技干部要靠学校培养。最后落脚要落在教育部门。不培养人是要拖后腿的。

邓小平高度重视教育系统的整顿。9 月 26 日，他在听取胡耀邦、李昌、王光伟等汇报中国科学院工作和讨论《汇报提纲》时，讲到了教育界的问题。他说：要后继有人，这是对教育部门提出的问题。大学究竟起什么作用？培养什么人？有些大学只有中等技术学校水平，何必办成大学？上海机床厂七二一职工大学是一种形式，但不是唯一的形式，不能代替大学。科学院要把科技大学办好，选数理化好的高中毕业生入学。我们有个危机，可能发生在教育部门，把整个现代化水平拖住了。要解决教师的地位问题。几百万教员，只是挨骂，怎么调动他们的积极性？教育战线也要调动人的积极性。①

受到科学院《汇报提纲》的启发，周荣鑫同教育部副部长李琦商量，要搞一个教育部向国务院的汇报提纲，认为教育战线问题成堆，这个提纲汇报上去后，如经中央批发下去，一系列工作就可以跟上去了。九十月间，周荣鑫、李琦亲自找人谈话，在半秘密状态下起草了汇报提纲的

① 《邓小平文选》第 2 卷，人民出版社 1994 年版，第 33—34 页。

初稿，后经修改，突出了教育工作要注意处理的几个关系问题，主要有以下几个方面。第一，1972 年批判极左思潮以来，教育革命取得了很大成绩。第二，新的形势重新把“十年树人”的历史任务提到我们面前，迫切要求把教育整顿好，加快步伐，提高质量。第三，坚持党的基本路线，进一步搞好教育革命。要使教育适应四个现代化的需要，要正确处理几个关系：一是政治与业务的关系；二是“以学为主”和“兼学别样”的关系；三是理论与实际的关系；四是普及和提高的关系。第四，是落实党的知识分子政策，加强教师队伍建设。第五，坚持两条腿走路，充分发挥中央部门与地方双重领导的两个积极性。第六，整顿教育领导班子。建议各地党委加强教育战线领导班子的组织建设，进行组织调整。

这个提纲在当时的形势下，尽可能地阐述了党应该采取的教育路线和方针，阐明了正确处理阻碍教育发展的带普遍性的几个关系问题。虽然这个《教育工作汇报提纲》后来没有作为正式文件印发，但是邓小平、周荣鑫关于教育整顿的思想和理论却得到传播。

周荣鑫主持教育部工作，会同各级党委贯彻党的教育方针，落实党的知识分子政策，开展基础理论教育和研究，起草了《教育工作汇报提纲》，深深刺到了“四人帮”的痛处。江青等人组织人进行反扑，给周荣鑫罗织了“制造和散布政治谣言，反对伟大领袖毛主席，攻击和分裂以毛主席为首的党中央”，“推行反革命修正主义路线”等罪名，在教育部成立所谓“临时领导小组”，对周荣鑫进行无情打击。

在教育界形势刚有所好转的情况下，1975 年 8 月 13 日和 10 月 13 日，清华大学党委副书记刘冰等四人两次写信给毛泽东，揭发清华大学党委书记迟群搞一言堂，任人唯亲，封官许愿以及迟群与清华党委副书记谢静宜搞阴谋活动等问题，要求中央派工作组调查解决。后一封信由邓小平转交毛泽东。但毛泽东的批示认为写这两封信的“动机不纯”，批评邓小平“偏袒刘冰”，指出“清华所涉及的问题不是孤立的，是当前两条路线斗争的反映”。[①]

11 月 3 日至 18 日，清华大学党委召开会议，传达毛泽东的批示，批判刘冰等人的“翻案”言行，并公开点了周荣鑫、胡耀邦的名。12 月 4 日，《人民日报》发表两校大批判组的文章《教育革命的方向不容篡改》。文章说，教育界当前斗争的焦点在于：“是坚持教育要革命的方向，把无产阶级教育革命进行到底，还是为修正主义教育路线翻案，复辟资产阶级知识分子统治我们学校的旧教育制度?”由此挑起了“教育革命大辩论”，把矛头指向邓小平。12 月 14 日，中共中央把《清华大学关于教育革命大辩论的情况报告》转发全国大中小学。报告称刘冰等人的信“是一股右倾翻案风”，“是两个阶级，两条路线斗争的反映”，并点名批判了周荣鑫。1976 年《红旗》杂志第 2 期又发表两校大批判组撰写的《回击科技界的右倾翻案风》一文。至此，邓小平主持的全面整顿遭到“四人帮”的强势反扑。

四、蓄之既久其发必速的抗争

（一）评“水浒”与“反击右倾翻案风”

1975 年春，毛泽东双眼患白内障严重，阅读十分困难，北京大学中文系古典文学教师芦荻受命到毛泽东处，为他读一些文史书籍。8 月 14 日，芦荻向毛泽东请教《三国演义》《红楼梦》和《水浒传》等古典小说的评价问题。谈话中，毛泽东评论道：“《水浒》这部书，好就好在投降。做反面教材，使人民都知道投降派。《水浒》只反贪官，不反皇帝。屏晁盖于一百零八人之外。宋江投降，搞修正主义，把晁的聚义厅改为忠义

① 中共中央文献研究室编：《邓小平年谱（1975—1997）》（上），中央文献出版社 2007 年版，第 121 页。

堂，让人招安了。宋江同高俅的斗争，是地主阶级内部这一派反对那一派的斗争。宋江投降了，就去打方腊。这支农民起义队伍的领袖不好，投降。”“鲁迅评《水浒》评得好，他说：‘一部《水浒》，说得很分明：因为不反对天子，所以大军一到，便受招安……终于是奴才。’”毛泽东提出要重新出版《水浒传》，“三种都要出。把鲁迅的那段评语印在前面”。①

毛泽东评《水浒传》，本是非正式场合的即兴之谈，但在因阻拦两部电影上映而受挫的江青等人看来，又是一个翻云覆雨的机会。姚文元闻讯后，当即给毛泽东写信，对评论《水浒传》的意义大加发挥。信中说，毛泽东关于《水浒传》的评论“对于中国共产党人、中国无产阶级、贫下中农和一切革命群众在现在和将来、在本世纪和下世纪坚持马克思主义、反对修正主义，把毛主席的革命路线坚持下去，都有重大的、深刻的意义”，应当充分发挥这部反面教材的作用。他建议印发毛泽东的这次谈话和他的这封信，并组织评论文章。毛泽东阅信后批示“同意”。中共中央转发了毛泽东评《水浒传》的谈话和姚文元的信，将评《水浒传》与现实政治斗争联系起来，与坚持马克思主义，反对修正主义联系起来，于是，本来只是对《水浒传》的学术评论变成了在全国开展的一场政治运动。

“四人帮”开动他们控制的《人民日报》及《红旗》杂志，连续发表评论《水浒传》、批判“投降派”的文章。称评论《水浒传》是我国政治思想战线上的又一次重大斗争，是贯彻执行毛主席关于学习理论反修防修重要指示的组成部分。古往今来，革命阵营中总会出现叛徒，出现投降派。宋江是古代投降派，修正主义者是现代投降派。这以后，全国各报刊组织发表的评《水浒传》、批判“投降派”的文章铺天盖地。在“四人帮”的操纵下，中国政治全凭“影射史学”大行其道。

江青在评《水浒传》中再度活跃，将毛泽东说“屏晁盖于一百零八

① 中共中央文献研究室编：《毛泽东年谱（1949—1976）》第6卷，中央文献出版社2013年版，第602—603页。

人之外”大加发挥，歪曲为《水浒传》的要害是“宋江架空晁盖”，现在政治局有些人要架空主席。9 月 17 日，江青在山西参加全国农业学大寨会议期间，召集文化、新闻单位和清华、北大两校写作班子等 100 余人谈话，说《水浒传》的要害是排斥晁盖，架空晁盖，搞投降。宋江收罗了一帮子土豪劣绅、贪官污吏，占据了各重要岗位。批《水浒传》就是要大家都知道我们党内就是有投降派。

在全国农业学大寨会议上，江青要求在会上放她的讲话录音，主持会议的华国锋为此请示毛泽东。毛泽东批评江青的讲话是“文不对题”，明确指示“稿子不要发，录音不要放，讲话不要印”。“四人帮”在受到毛泽东的批评后，虽然仍不时地在报刊上以批判“投降派”影射邓小平，但他们企图借此掀起一场大批判运动的目的毕竟受到了限制。

1975 年，是“文化大革命”后期党内几种力量激烈斗争的一年。斗争的焦点，是继续维护“文化大革命”的错误，还是有限度地纠正这种错误，使党和国家的工作有所前进。毛泽东在总体上坚持“文化大革命”，又想纠正“文化大革命”的一些具体错误，抑制极左思潮，实现安定团结，保持经济正常发展。他支持邓小平主持党和国家的工作，是希望邓小平在肯定“文化大革命”的前提下，实现安定团结，把国民经济搞上去。但是，邓小平主持的全面整顿，实际上触及“文化大革命”的“左”倾错误和政策，进而发展到对这些错误进行系统的纠正。这不仅遭到了“四人帮”的猖狂反对，也为毛泽东所不能容忍。

11 月上旬，毛泽东建议毛远新和邓小平、陈锡联、汪东兴，再扩大到李先念、纪登奎、华国锋、张春桥 8 人先开会，讨论“文化大革命问题”，中旬又建议胡耀邦、胡乔木、周荣鑫、李昌、刘冰等列席中央政治局“帮邓”会议，并说要对胡耀邦等几十人打招呼，不要成为“桃花源中人，不知有汉，何论魏晋”。①

11 月 20 日，中央政治局根据毛泽东的意见开会，同邓小平讨论“文

---

① 参见中共中央文献研究室编：《毛泽东年谱（1949—1976）》第 6 卷，中央文献出版社 2013 年版，第 620、623 页。

化大革命”问题。毛泽东希望在“文化大革命问题”上统一认识，提出由邓小平主持作一个肯定“文化大革命”的决议，总的评价是“七分成绩，三分错误”。邓小平顺着毛远新传达的毛泽东的说法回答：“由我主持写这个决议不适宜，我是桃花源中人，不知有汉，何论魏晋。”邓小平坚持在原则问题上不让步，致使对他的批评逐步升级。接着，邓小平被停止了大部分工作，毛泽东让他“专管外事”。邓小平主持的全面整顿至此中断。

（二）天安门事件与人民的觉醒

1976 年 1 月 8 日，人民敬爱的好总理周恩来逝世。周恩来对党和人民无限忠诚，鞠躬尽瘁。他在“文化大革命”非常困难的处境下，顾全大局，任劳任怨，为维持党和国家的正常工作，尽量减少动乱造成的损失，保护大批党的干部和各界人士，进行了坚持不懈的努力。他同林彪、江青反革命集团的破坏进行各种形式的斗争，耗尽了心血。他的逝世引起全党全军和全国各族人民的无限悲痛。十里长街万人恸哭送殡的悲壮场景，反映了人民在党和国家危难的时候，对于失去这位卓越领导人的极度痛苦的心情，对于如何摆脱灾难争取国家光明前途的无比忧愤的心情。

在为周恩来治丧期间，“四人帮”发出种种禁令，竭力阻挠和诬蔑群众性的悼念活动，更加激起广大干部和群众的极大愤怒。自 3 月下旬起，南京、杭州、郑州、西安、太原等城市的群众，利用清明节祭祀的传统习俗，冲破“四人帮”的阻力，举行悼念周恩来的活动。首都人民从 3 月底开始，自发地汇集到天安门广场，在人民英雄纪念碑前敬献花圈花篮，张贴传单，朗诵诗词，发表演说，表达对周恩来的悼念，痛斥“四人帮”的罪恶。整个广场上出现了前所未有的“花山诗海”。“欲悲闻鬼叫，我哭豺狼笑。洒泪祭雄杰，扬眉剑出鞘。”这首诗充满着人民觉醒了的文化批判精神，矛头直指江青、张春桥等人。

在痛悼周恩来的同时，人们还喊出了实现四个现代化的时代最强音。4 月 4 日（农历丙辰年清明节）悼念活动达到高潮。首都和外地来京的群众不顾禁令，来到天安门广场，其声势浩大，群情激愤，锋芒直指“四人帮”。当天，南京、郑州、杭州、西安等城市都出现了群众自发悼念周恩来活动的高潮。

4月4日晚，华国锋主持召开中央政治局会议（邓小平、叶剑英、李先念未参加），讨论连日来天安门广场发生的事态。这次会议在江青等人的左右下，把天安门广场发生的事态定为“反革命事件”，并认为它干扰了“反击右倾翻案风”运动的大方向。会议决定当晚采取清理天安门广场的花圈、标语等措施。毛泽东的联络员毛远新将政治局会议情况和决定写成书面报告，毛泽东圈阅了这份报告。

4月5日凌晨，群众看到天安门广场所有的花圈、诗词、挽联等都被撤走，异常气愤，同奉命维持秩序的民兵、警察和部队战士发生严重冲突。次日，由毛泽东提议，中央政治局通过，华国锋任中共中央第一副主席、国务院总理，撤销邓小平党内外一切职务，保留党籍。“四人帮”控制的舆论工具将“反击右倾翻案风”进一步升级为“批邓、反击右倾翻案风”，但是，这种宣传遭到了广大群众的强烈抵制。

天安门事件是全国人民反对“四人帮”倒行逆施的集中表现，它的实质是拥护以邓小平为代表的党的正确领导。已经持续十年的“文化大革命”这场灾难，激起广大干部和群众愈来愈大的憎恶。人们把恢复社会秩序和党的正确方针的希望寄托在周恩来、邓小平等老一辈革命家身上，而他们却受到不公正的对待，这使人民对“四人帮”产生更加强烈的怒火，终于在天安门事件中集中爆发出来。以天安门事件为中心的全国性抗议运动，鲜明地体现了人心的向背，为后来粉碎江青反革命集团奠定了广泛、深厚的群众基础。

这场以天安门事件为中心的抗议运动以诗歌为战斗武器之一，是我国社会主义文艺史上具有独特光辉的一页。广大人民群众哀悼周总理，愤怒声讨“四人帮”，为后来粉碎“四人帮”的胜利作了思想动员和舆论准备。历史是无情的，也是富于戏剧性的。“四人帮”篡党夺权首先从文艺战线开刀，人民则用文艺的重锤敲响了他们覆灭的丧钟。

1976年7月6日，朱德委员长逝世。9月9日，毛泽东主席逝世。毛泽东是伟大的马克思主义者，伟大的无产阶级革命家、战略家、理论家，是马克思主义中国化的伟大开拓者，是中国共产党第一代中央领导集体的核心，是领导中国人民彻底改变自己命运和国家面貌的一代伟人。在短短 9 个月的时间里，3 位党和国家的杰出领导人相继逝世，中国人民对他们的伟大功绩和卓越贡献，怀有深深的崇敬。他们的逝世，使全党全军和全国各族人民沉浸在巨大的悲痛之中。

毛泽东逝世后，“四人帮”加紧了夺取党和国家最高领导权的活动，还伪造一个“按既定方针办”的所谓毛主席临终嘱咐，在报上大肆宣传。老一辈革命家对“四人帮”篡党窃国的活动深感忧虑，认为必须解决“四人帮”肆虐的问题。华国锋主持中央日常工作，受到“四人帮”咄咄逼人的攻击，认识到“现在不能再等待了”，必须清除这个党和国家的痈疽。经华国锋同叶剑英、李先念、汪东兴等共同研究和反复商量，并得到中央政治局多数同志的支持，决定对“四人帮”采取断然措施。

10 月 6 日晚，华国锋、叶剑英代表中央政治局，执行党和人民的意志，对王洪文、张春桥、江青、姚文元及其在北京的帮派骨干实行隔离审查。当晚，中央召开政治局紧急会议，商讨粉碎“四人帮”后党和国家的重大问题。会议一致通过由华国锋任中共中央主席、中央军委主席（待党的十届三中全会予以追认）的决议。10 月 14 日，中共中央公布粉碎“四人帮”的消息。人们欣喜若狂，奔走相告，神州大地一片欢腾。

粉碎“四人帮”实现了党和人民的共同意愿，是党和人民长期斗争的结果。“文化大革命”的结束，使遭受十年浩劫的党和国家的工作重新走上健康发展的轨道，中国共产党领导的文化建设进入了一个新的发展时期。

第八章
文化建设拨乱反正的开启

粉碎“四人帮”，结束了给党、国家和人民带来巨大灾难的“文化大革命”。从1966年5月到1976年10月，经过十年内乱，我国积累下诸多错综复杂的政治问题和社会问题，遭到严重破坏的国民经济和文化教育事业亟待恢复，“文化大革命”的错误及其以前的“左”倾错误亟须彻底清理和纠正。解决“文化大革命”遗留下来的问题，进行全面的拨乱反正，就成为中国共产党和整个国家的迫切任务。

一、以科学教育为突破口纠正“左”倾错误

（一）推翻教育领域的“两个估计”

十年“文化大革命”，给我国教育事业造成极其严重的后果。粉碎“四人帮”后，揭露他们在教育战线的罪行，肃清他们的流毒，是整个揭批“四人帮”群众运动的重要组成部分。揭批首先从一些典型事例开始。报刊纷纷发表文章，揭露“四人帮”围剿电影《园丁之歌》，打击教师，搞乱教育思想的罪行；揭露“四人帮”制造张铁生这个考试交白卷的“反潮流典型”的经过及其险恶用心；批判“四人帮”鼓吹“读书无用论”对青少年的毒害；批判“四人帮”把我国知识分子诬蔑为“资产阶级知识分子”，攻击中华人民共和国成立后17年的学校教育是在造就“毕业后还得重新接受改造的资产阶级知识分子”，污蔑17年培养出来的

学生“基本上是对社会主义经济基础起了破坏作用”等种种谬论。这些揭批活动对清除“文化大革命”的恶劣影响起了积极作用。

但是，这些揭批活动并未触及“四人帮”1971年《全国教育工作会议纪要》里炮制并强制推行的“两个估计”，即中华人民共和国成立17年“毛主席的无产阶级教育路线基本上没有得到贯彻执行”，“资产阶级专了无产阶级的政”；大多数教师和解放后培养的大批学生的“世界观基本上是资产阶级的”。从这“两个估计”出发，纪要确定和重申了一整套政策，包括“工宣队”长期领导学校，让大多数知识分子到工农兵中接受再教育，选拔工农兵上大学、管大学、改造大学，缩短大学学制，将多数高等院校交由地方领导，等等。纪要作出的“两个估计”和提出的许多“左”的政策，使广大知识分子长期受到严重压抑。

1977年7月，党的十届三中全会决定全部恢复“反击右倾翻案风”时邓小平被撤销的职务，即中共中央委员、中央政治局委员、中央政治局常委、中共中央副主席、中共中央军委副主席、国务院副总理、中国人民解放军总参谋长的职务。邓小平在重新工作之前，就向党中央提出：抓教育和科技工作，首要之举是坚决推翻教育战线的“两个估计”。不过，由于提出“两个估计”的纪要是经过毛泽东圈阅、当时的党中央批准的，而在1977年的8月、9月份，“两个凡是”（即“凡是毛主席作出的决策，我们都坚决维护，凡是毛主席的指示，我们都始终不渝地遵循”）的思想仍居主导地位。所以，公开否定“两个估计”要冒很大的风险。

邓小平一向认为，要实现现代化，关键是科学技术要上去。发展科学技术，不抓教育不行。“一定要在党内造成一种空气：尊重知识，尊重人才。要反对不尊重知识分子的错误倾向。”因此，邓小平一经复职，就自告奋勇分管科学和教育工作。他以科学、教育为突破口，对一系列问题提出了拨乱反正的意见，迅速开始纠正“文化大革命”的“左”倾错误。

邓小平在给党中央的信以及同别人的谈话中，都强调要“完整准确地理解毛泽东思想”，以此来批判“两个凡是”的错误观点，带领全党重新恢复实事求是的思想路线；同时，考虑如何推翻“两个估计”的问题。8月4日至8日，邓小平主持中共中央、国务院召开的科学和教育工作座谈会。这次座谈会是邓小平召集的，共邀请30多位著名科学家和教育工作者参加。在认真听取各方面的意见之后，邓小平在8月8日座谈会的最后一天，发表了重要讲话。他指出，我国要赶上世界先进水平，要从科学和教育着手，为此提出关于科学和教育工作的六点意见，第一点就是针对当时争议很大、大家反映最强烈的“两个估计”问题，作了旗帜鲜明的回答。

邓小平说：“对全国教育战线十七年的工作怎样估计？我看，主导方面是红线。应当肯定，十七年中，绝大多数知识分子，不管是科学工作者还是教育工作者，在毛泽东思想的光辉照耀下，在党的正确领导下，辛勤劳动，努力工作，取得了很大成绩。特别是教育工作者，他们的劳动更辛苦。现在差不多各条战线的骨干力量，大都是建国以后我们自己培养的，特别是前十几年培养出来的。如果对十七年不作这样的估计，就无法解释我们所取得的一切成就了。”① 显然，邓小平作出的结论，与“四人帮”的“两个估计”是根本对立的，在当时非同凡响。

邓小平深入地指出：毛泽东在“文化大革命”前的大部分时间里，对科学研究工作、文化教育工作的一系列指示，基本精神是鼓励，是提倡，是估计到我们知识分子中的绝大多数是好的，是为社会主义服务或者愿意为社会主义服务的。他在1957年以后讲过一些过头话，但在60年代初期，还是支持科学十四条、高等学校六十条这些的。我们要把毛泽东同志在教育方面、在知识分子问题上的“主导思想讲清楚”。“毛泽东思想是我们一切领域的指导思想，应当从总体方面完整地准确地表达出来。这是很重要的。”② 邓小平强调“必须完整准确地理解毛泽东思想”的观点，是回击“两个凡是”、推翻教育战线“两个估计”的锐利思想武

---

① 邓小平：《关于科学和教育工作的几点意见》，《邓小平文选》第2卷，人民出版社1994年版，第49页。

② 邓小平：《关于科学和教育工作的几点意见》，《邓小平文选》第2卷，人民出版社1994年版，第49页。

器。这篇讲话很快在教育界和科技界传开，使广大知识分子深受鼓舞。

根据邓小平的指示，8 月 13 日，教育部在北京再次召开全国高等学校招生工作会议。而这时正在召开的党的十一大，一方面在揭批“四人帮”和动员全党建设社会主义现代化强国方面起了积极作用，另一方面由于历史的局限，没有能够纠正“文化大革命”的错误理论、政策和口号，反而予以肯定。因此，仍有一些领导干部将推倒“两个估计”视为禁区。能否突破这个禁区，再度成为会议争论的焦点，结果使 1977 年高等学校招生的方案迟迟定不下来。为此，参加过 1971 年全国教育工作会议的几位同志经过商议，由《人民日报》记者把 1971 年《全国教育工作会议纪要》关于“两个估计”的形成经过写成材料，以《情况汇编》（特刊）的形式报送中央。

实际上，“四人帮”炮制的“两个估计”，是有违于毛泽东的原意的。根据后来查到的张春桥笔记本上的谈话记录，毛泽东当时的指示精神是：“教育战线执行了错误路线的，不是大多数人，是一少部分人；多数知识分子还是拥护社会主义制度的，执行封、资、修路线的还是少数人。”① 显然，“四人帮”在修订纪要时，不仅对毛泽东的指示断章取义，还封锁了毛泽东谈话中他们不需要的内容。因此，这一错误的纪要，特别是“两个估计”，当时就遭到许多同志的质疑和反对。对教育战线是红线主导还是黑线专政的问题，在那次全国教育工作会议上就展开过激烈的争论。邓小平敏锐地意识到，尽管有的同志害怕再犯“错误”，还心有余悸，但是，彻底清算“两个估计”的时机已经成熟。

9 月 19 日，邓小平接见教育部部长刘西尧，副部长雍文涛、李琦等人，鲜明地提出要对《全国教育工作会议纪要》“进行批判，划清是非界限”。他直截了当地指出：“两个估计”是不符合实际的。中华人民共和国成立后的 17 年，各条战线都是以毛泽东为代表的路线占主导地位，唯独教育战线不是这样，是说不通的。“怎么能把几百万、上千万知识分子

---

① 教育部大批判组：《教育战线的一场大论战——批判“四人帮”炮制的“两个估计”》，《人民日报》1977 年 11 月 18 日。

一棍子打死呢？我们现在的人才，大部分还不是十七年培养出来的？”针对一些同志的顾虑，他批评道：你们的思想没有解放出来，管教育的不为广大知识分子说话，还背着“两个估计”的包袱，将来要摔筋斗的。他严肃地说：“总之，教育部要思想解放，争取主动。过去讲错了的，再讲一下，改过来。拨乱反正，语言要明确，含糊其词不行，解决不了问题。办事要快，不要拖。”①

邓小平这次谈话后，教育部以大批判组的名义，在1977年11月18日《人民日报》上发表题为《教育战线的一场大论战——批判“四人帮”炮制的“两个估计”》的文章，揭露了《全国教育工作会议纪要》出笼的过程，系统地批判了“两个估计”的反动实质及其造成的严重危害。至此，全国教育界、知识界终于推倒了多年来压在他们头上的“两个估计”。

12月10日，教育部和中共北京市委联合召开18000人大会，揭发批判“四人帮”炮制的“两个估计”，为清华大学、北京大学、永乐中学、景山学校、马振抚中学受迫害的干部、教师以及因为“一个小学生日记”受到迫害的干部和群众平反昭雪。各地报刊也先后发表文章，揭发批判“四人帮”迫害知识分子的罪恶活动。清查“四人帮”的罪行，批判他们的反动谬论，破除了“两个凡是”的束缚，推倒了“两个估计”的压抑，打碎了知识分子的精神枷锁，调动了广大教师的社会主义积极性。

推翻“两个估计”的意义绝不限于教育战线，它是邓小平批判“两个凡是”错误主张，使全党从“左”倾僵化思想中解放出来，恢复实事求是思想路线较早采取的一个重要步骤。这一重大举措，解放了广大教育工作者的思想，充分调动了他们的积极性、创造性，从而为恢复正常的教育制度，开创教育战线的新局面提供了必要条件。

（二）恢复高等学校招生考试制度

与推翻“四人帮”在教育战线上的“两个估计”直接相连的，是

---

① 邓小平：《教育战线的拨乱反正问题》，《邓小平文选》第2卷，人民出版社1994年版，第71页。

1977 年恢复高等学校的招生考试制度。这是粉碎“四人帮”之后，真正能够在整个社会层面产生广泛影响，使千千万万个普通家庭看到希望的一件大事。

1977 年 8 月 7 日的科学和教育工作座谈会上，武汉大学教师、电化学家查全性向邓小平当面建言：现行招生制度的弊端首先是埋没人才，一些热爱科学、热爱文化、有前途的青年选不上来，一些不想读书、文化程度又不高的人反而占据了招生名额。他呼吁采取坚决措施，从今年开始就改进招生办法。这一席话得到与会者们的响应。邓小平当场问教育部部长刘西尧，时间还来不来得及？刘西尧答，只要推迟开学就来得及。邓小平一锤定音：既然今年还有时间，那就坚决改嘛！招生涉及下乡的几百万青年。要拿出一个办法来，既可以把优秀人才选拔上来，又不要引起波动。重点学校要统一招生。今年下决心按要求招生，招的学生要符合要求。① 第二天邓小平在座谈会的讲话中进一步指出：对上山下乡知识青年中通过自学达到了较高水平的人，要研究用什么办法、经过什么途径选拔回来。这种人成千上万，要非常注意这部分人，爱护这部分人，千方百计把他们招回来上大学或当研究生。大学可以直接从高中招生。②

教育部随之召开全国高等学校招生工作座谈会，研究招生方案。由于“左”的政策影响还没有在思想认识上澄清，会议在报名条件主要是政审条件上存在较大的意见分歧。教育部呈送的《关于一九七七年普通高等学校招生工作的意见（送审稿）》，在报名条件上没有突破过去的框框，对考生政治条件规定如下：“政治历史清楚，热爱毛主席，热爱华主席，拥护共产党，努力学习马列和毛主席著作，有一定的阶级斗争、路线斗争和继续革命的觉悟，积极参加揭批‘四人帮’的伟大政治斗争，坚持走社会主义道路，积极参加集体生产劳动，遵守革命纪律，联系群

---

① 中共中央文献研究室编：《邓小平决策恢复高考讲话谈话批示集》（一九七七年五月——十二月），中央文献出版社 2007 年版，第 16 页。

② 中共中央文献研究室编：《邓小平决策恢复高考讲话谈话批示集》（一九七七年五月——十二月），中央文献出版社 2007 年版，第 11 页。

众，决心为革命而学习。”

邓小平看过报告后，认为政审条件过于苛刻，直接把这一段去掉，改写了一段话。他对教育部负责人说：“你们起草的招生文件写得很难懂，太繁琐。关于招生的条件，我改了一下。政审，主要看本人的政治表现。政治历史清楚，热爱社会主义，热爱劳动，遵守纪律，决心为革命学习，有这几条，就可以了。总之，招生主要抓两条：第一是本人表现好，第二是择优录取。”①

在邓小平的推动下，全国高等学校招生工作会议从 8 月 13 日到 9 月 25 日，终于有了结果，会议通过了教育部《关于一九七七年普通高等学校招生工作的意见》。10 月 5 日，中央政治局讨论并通过了这个文件。10 月 12 日，国务院转发了这个文件，正式决定从当年起，废除“文化大革命”中“群众推荐，领导批准”的招生模式，实行自愿报名、统一考试、择优录取的原则。这样一来，自“文化大革命”开始一直到 1977 年，11 年间的中学毕业生（包括应届高中毕业生）和各行各业的青年都可以参加高考。

10 月 21 日，《人民日报》及全国各大报纸、广播发布了恢复高考的消息，并透露本年度的高考将于一个月后在全国范围内进行。《人民日报》当天社论的标题格外醒目：《搞好大学招生是全国人民的希望》！这个令人振奋的消息，尤其是招生范围如此宽泛，报考条件公平公正，在社会各界引起强烈反响。数以百万计的青年立即行动起来，在临近高考一个多月的期限内，克服自身学业长期荒疏、所处环境诸多不利等种种困难，千方百计寻找、搜集各门功课的学习材料，高强度地紧张复习备考。

“政审主要看本人表现”，虽然只是几个字的改变，却给相当大一部分考生带来了真正的希望。长期以来，在我国，一个人的阶级成分、家庭出身等因素，可以决定他能否融入社会，能否获得作为一个普通公民

① 邓小平：《教育战线的拨乱反正问题》，《邓小平文选》第 2 卷，人民出版社 1994 年版，第 69 页。

的身份。虽然执政党的阶级政策是“有成分论，不唯成分，重在政治表现”，但是自20世纪50年代中后期起，一个接一个的政治运动和意识形态领域的斗争，从原来整合的社会里区分出若干“另类”，依次有“地、富、反、坏、右”五类分子。“文化大革命”期间又加上“叛徒、特务、走资派”三类，知识分子则位列末座，被称为“臭老九”。他们或遭到社会歧视，或饱受政治迫害，甚至丧失了基本的生存条件和个人发展权利。他们的家庭和子女也不幸被牵连，受到不公正的社会政治待遇。很多所谓家庭出身“不好”的青年，在上大学、招工、参军、入团、分配工作以致个人婚姻等方面受到诸多限制，成为严重的家庭问题、社会问题。

1977年恢复高等学校招生考试制度，从一个重要方面为解决上述严重的社会问题打开了突破口。参加高考由此成为一个公平的机会，不再是某些人的特权，从而成就了教育的公平，这是中国教育政策的重大变化。邓小平对报考条件的修改，不仅清除了“四人帮”极左思想的流毒，还有力地扭转了长期以来以身份来限制人们平等权利的错误社会观念，为择优录取合格人才进入大学深造敞开了大门，受到广大考生和家长们的衷心拥护和欢迎，从而为达成普遍的社会和解扫除了障碍。

1977年底，有成千上万的知识青年参加了高考，主要是1966年至1968年间初中、高中的“老三届”，还有一些是在“文化大革命”期间并未正式上过多少课程的“新三届”。“扔掉锄头，我们报考去”——这是等待了多年有抱负的青年张扬个性的呐喊。他们带着在基层劳动多年的知识积累，大多只经过短促匆忙的复习准备，怀着忐忑而激动的心情，潮水般涌向全国各地仓促设立的考场，参加和见证了改变时代，改变一代青年命运的“文化大革命”后的第一次高考。这一年，全国共有570万人报名参加高考，考生的年龄跨度史无前例，最大者37岁，最小者13岁。而当年录取人数只有27.2万余人，录取比例达29∶1。这是新中国成立以后一直到1977年高考竞争最激烈的一年。

正值岁末年关，有很多人出于个人的、家庭的、社会的种种原因，没能赶上第一次恢复高考的机会。好在1977年只是部分恢复高考，从1978年起，高校招生恢复全国统一考试，由教育部组织命题，各省、自治区、直辖市组织考试、评卷和在当地招生院校的录取工作。根据邓小平的批示，“在公布参加体检名单的同时，公布全体考生的各科考试成绩。公布的方法，由县（区）招生委员会通知考生所在单位分别转告本人”。公布考生成绩，是提高招生考试过程的公开、透明程度的重要举措，对于转变社会风气，杜绝“走后门”和徇私舞弊等不正之风，发挥了重要作用。

由于高校正规招生中断了10年，全国具有报名资格的社会青年、学生达3000余万人。而高校经历了“文化大革命”的破坏正在恢复，校舍、师资条件有限，无法接纳众多的学生就读。1978年教育部相继决定恢复和增设60所重点高校、55所普通高校，并要求各高校千方百计扩大招生。结果1978年全国高考有610万人报考，录取40.2万人。1977年、1978年两年，全国共有67万余人幸运地步入了高等教育的殿堂，有1100余万青年先后报名参加了高考，引起社会各界的强烈关注，带来了非常广泛的社会影响。

由于废除了“文化大革命”中“群众推荐、领导批准”的招生模式，严格按照统一考试、择优录取的原则，将招生面扩大到11年间的中学毕业生包括应届高中毕业生，以及各行各业的适龄青年，激励了一代青年人学习的热情，并开始形成一种公平竞争的机制。

1977年全国拨乱反正还在进行，有不少考生因受家庭出身问题影响未能被录取，所以许多考生和家长们不再沉默放弃，而是奔走申诉，据理力争，使一部分问题得到解决。为此，《人民日报》还发表了题为《高考政审必须坚决执行党的政策》的评论员文章，批评了对考生的政审不是主要看考生的政治表现，而是主要看家庭、看亲属的政治历史问题的错误倾向，指出这种片面的、不负责任的做法，是极端有害的，严重干扰了党的政策的落实。随着指导思想上拨乱反正的深入开展，高考招生工作片面强调所谓“阶级路线”的问题得到了解决。由此，全社会开始出现公平、公正的人文氛围，价值理性逐渐走向回归。这是一个具有标志性的变化。

七七、七八级考生在高校教学设施和师资力量很不齐备的困难条件下，先后在1978年春季、秋季进入大学校园。其中尤以“老三届”因历经生活磨炼，思想成熟，进取心强，文化基础好而表现突出。“把‘四人帮’耽误的时间夺回来！”这个当年最时新的口号，化作了大家刻苦学习科学文化知识的动力。大家带着为实现国家四个现代化贡献力量的自觉和热情，如饥似渴地学习。这是一代有志于天下的莘莘学子。他们中有很多人后来成为中国改革开放事业各个领域的领头人和中坚力量。

“文化大革命”结束后迅速恢复高考制度，是中国人才选拔制度的重大转折，标志着以知识和能力为基础客观评价人才的标准，取代了推荐制下权力、血缘和社会关系的主观随意性。高考制度的恢复，不仅对教育领域产生了重大影响，同时产生了极为深刻的社会影响，改变了当时人们深受“四人帮”毒害的思想观念和社会观念。恢复高考制度一扫“文化大革命”时期“读书无用论”的阴霾，在全社会重新树立了尊重知识、尊重人才的观念，促使人们认真反思十年动乱对教育文化的破坏。恢复高考政策让无数青年感受到公正对于整个社会进步的不可或缺，使平等、公正的价值观念深入人心，为建立公平公正的社会主义社会奠定了基础。

推翻“两个估计”和恢复高考制度，使教育领域的拨乱反正迈出了关键的一步，各学校的教学工作也陆续走上正轨。1977年11月6日，中共中央转发教育部党组《关于工宣队问题的请示报告》，决定从大、中、小学校撤出工人毛泽东思想宣传队（包括一些解放军毛泽东思想宣传队），恢复学校正常的教学秩序。

在此基础上，1978年4月22日至5月16日，全国教育工作会议在北京召开。全体代表讨论了《一九七八至一九八五年全国教育事业规划纲要（草案）》，以及全国普通高校、全日制中学、全日制小学的暂行工作条例。4月22日，邓小平在会上作了重要讲话。针对教育工作要解决的问题、要做的事情，他谈了几点意见。第一，提高教育质量，提高科学文化的教学水平，更好地为社会主义建设服务。他指出：我们的学校是为社会主义建设培养人才的地方，应该使受教育者成为有社会主义觉悟的有文化的劳动者。我们必须培养具有高度科学文化水平的劳动者，必须造就宏大的又红又专的工人阶级知识分子队伍。第二，学校要大力加强革命秩序和革命纪律，造就具有社会主义觉悟的一代新人，促进社会风气的革命化。对“四人帮”反对学生以学习科学文化为主的种种谬论的流毒，必须彻底清除。第三，教育事业必须同国民经济发展的要求相适应。我们培养训练专家和劳动后备军，也应有与国民经济有计划按比例相适应的周密计划，不但要看到近期的需求，而且必须预见到远期的需要，不但要依据生产建设发展的需要，而且必须充分估计到现代科学技术的发展趋势。他指出，一个学校能不能为社会主义建设培养合格的人才，培养德智体全面发展、有社会主义觉悟的有文化的劳动者，关键在教师。我们要提高人民教师的政治地位和社会地位。整个社会都应该尊敬教师。要采取适当的措施，鼓励人们终身从事教育行业。①

教育部根据邓小平讲话中关于“要采取适当的措施，鼓励人们终身从事教育事业”“特别优秀的教师，可以定为特级教师”等要求，于 4 月 28 日专门批准北京景山学校三名小学教师为中国首批“特级教师”。这一导向性的举措极大地调动了广大教师的积极性。经国务院批准，各高等院校恢复了教授、副教授、讲师、助教等职称，并根据“坚持标准，保证质量，全面考核，择优提升”的原则，分期分批进行了提升和确定教师职称的工作。

在贯彻全国教育工作会议精神过程中，国务院还针对当时普遍存在的校舍紧张问题专门发出文件，要求各地占用学校土地、房屋、设备、车辆的单位要尽快退还、偿还。有的省还采取坚决措施，由省级机关带头退还校舍。这些措施深受教育工作者和广大学生的欢迎，有效地保证了学校正常教学秩序的恢复。

为了早出人才、快出人才，带动整个教育质量的提高，1978 年 2 月，国务院批准教育部的报告，决定恢复和办好重点高等学校，确定第一批全国重点高等学校 88 所。4 月，教育部决定在全国恢复和增设 55 所普通

① 参见邓小平：《在全国教育工作会议上的讲话》，《邓小平文选》第 2 卷，人民出版社 1994 年版，第 103—110 页。

高校；12 月，国务院决定恢复和增设普通高等学校 169 所。根据教育部和国家计委发出的高等学校扩大名额，试行走读的通知，各高校克服校舍不足、办学条件短绌的困难，从 1977 年参加高考、初试合格的考生中再择优选拔一部分人入学。1978 年全国共增招新生 6.2 万人。

招收研究生的工作也加紧进行。1978 年 1 月 10 日，经国务院批准，教育部发出《关于高等学校 1978 年研究生招生工作的安排意见》，决定将 1977 年和 1978 年的招生工作合并进行，同时报考，统称为 1978 年研究生。当年，全国共有 6.35 余万人报考，10708 人被录取。另外，教育部还根据邓小平的指示，增加 1978 年派出留学人员的名额。教育部从参加全国外语统考的 13383 人中择优录取了出国预备留学人员 3348 人，派出国的留学生为 860 人 。

1979 年 3 月，中共中央批转教育部党组报告，决定撤销 1971 年中共中央批转的《全国教育工作会议纪要》，为“文化大革命”前 17 年的教育工作和广大知识分子彻底平反。教育领域拨乱反正取得的进展，不仅使教育战线本身开始扭转了“文化大革命”造成的严重混乱局面，而且也为国家现代化建设所需人才的培养奠定了必要的基础。

二、全国科学大会和科学的春天

（一）科学教育座谈会和恢复国家科委

邓小平再次复出后，针对当时百废待兴的局面指出，要实现现代化，关键是科学技术要能上去。邓小平将科学技术的重要作用提高到战略高度，从而使中国科学技术事业开始了历史性的转折。

1977 年 8 月 4 日，邓小平主持召开了科学和教育工作座谈会。他在仔细听取了与会科学家和教授们的意见后，8 月 8 日上午，发表了题为《关于科学和教育工作的几点意见》的讲话，讲了六个方面的问题：第一，关于对十七年的估计问题；第二，关于调动积极性问题；第三，关于体制、机构问题；第四，关于教育制度和教育质量问题；第五，关于后勤工作问题；第六，关于学风问题。

在讲话中，邓小平充分肯定了新中国建国以后十七年中科学与教育工作的成绩，肯定了中国绝大多数知识分子自觉为社会主义服务的事实。他强调，要为科研和教学人员创造必要的工作条件，悉心爱护和积极调动知识分子的工作积极性。知识分子的名誉要恢复。除了精神上的鼓励，还要改善他们的物质待遇。按劳分配这个问题，不仅是科学界、教育界的问题，而且是整个国家的重大政策问题。他提出，高等院校，特别是重点高等院校，应当是科研的一个重要方面军。重点大学要逐步加重科研的分量，逐步增加科研的任务。要保证科研时间，使科学工作者能把最大的精力放到科研上去。关于学风问题，他强调要坚持百家争鸣的方针，允许争论。不同学派之间要互相尊重，取长补短。要提倡学术交流，搞封锁是害人又害己。[①] 邓小平的讲话，揭开了科学技术和教育事业拨乱反正的序幕。

为了理顺我国的科研体制和机构，9 月 5 日，邓小平同刚刚出任中国科学院负责人的方毅等商谈成立国家科学技术委员会问题，并要中国科学院起草一个书面报告，提出国家科委的领导人选，提交中央政治局讨论决定。邓小平还致信华国锋、叶剑英、李先念、汪东兴：“我同不少同志交换过意见，看来恢复国家科委势在必行。”“原拟在国务院设科教组的方案，拟取消。”“大学科研由科学院统一规划。”“国防科研由国家科委统一起来，特别是必须统一规划。”[②]

9 月 18 日，中共中央正式批准重新建立国家科委，作为国务院所属的一个主管科学技术工作的部门，方毅任国家科委主任。中共中央为国家科委规定的主要任务有 8 项：(1) 调查研究有关科学技术工作的方针、

---

① 邓小平：《关于科学和教育工作的几点意见》，《邓小平文选》第 2 卷，人民出版社 1994 年版，第 48—58 页。

② 中共中央文献研究室编：《邓小平年谱（1975—1997）》（上），中央文献出版社 2007 年版，第 195 页。

政策的执行情况；（2）组织编制全国科学技术发展的年度计划和长远规划；（3）组织需要各部门参加的重大科研任务的分工与协调工作；（4）组织重要科研成果、发明创造的鉴定、奖励和推广应用；（5）研究与组织解决科技队伍的培养提高和管理使用问题；（6）研究并组织解决科研工作中的情报图书、仪器、设备、试剂等条件问题；（7）组织争取尚在国外的专家回国和安排他们的工作，聘请外籍科学家短期来华工作或讲学；（8）组织协调对外科学技术交流活动。

1977年12月12日至1978年1月16日，新组建的国家科委在北京召开全国科学技术规划会议。会议反复研究了中国国民经济的需要和科学技术工作的现状，分析了同国外的差距，讨论了规划的指导思想、远景设想、近期目标、工作重点和具体措施，最后形成了《一九七八——一九八五年全国科学技术发展规划纲要（草案）》（简称《八年科学规划》）。这个规划中提出中国科学技术工作在未来8年内的4项奋斗目标是：（1）部分重要的科学技术领域接近70年代世界先进水平；（2）专业科学研究人员从36万人增加到80万人左右；（3）拥有一批现代化的科学实验基地；（4）建成全国科学技术研究体系。为了推动科学技术和国民经济的高速发展，《八年科学规划》把农业、能源、材料、电子计算机、激光、空间、高能物理、遗传工程8个综合性科学技术领域、重大新兴技术领域和带头学科，放在重点发展的突出位置，并提出了包括人才选拔与培养，学习外国、洋为中用，条件保证和管理4个方面为主要内容的16条措施。

由于当时“左”的思想影响尚未完全消除，这个《八年科学规划》有指标过高、要求过急等缺点，因此在后来的执行过程中作了一些调整。但总体来讲，《八年科学规划》指出的方向是正确的，规定的路线是可行的，对中国科学技术发展起了推动作用，对科学技术人员也起到了鼓舞作用。

（二）盛况空前的全国科学大会

1977年9月18日，中共中央发出通知，决定1978年春天在北京召开全国科学大会。全国科学大会的任务是：深入揭批“四人帮”，制定科技发展规划，表扬先进，交流经验，动员全党、全军、全国各族人民和全体科学技术工作者，向科学技术现代化进军。

从“文化大革命”时期仇视知识、摧残人才、科学研究有罪，到新时期尊重知识、尊重人才、向科学技术进军，这是中国科学技术工作的伟大历史转折。为了开好这次中国科学技术史上的空前盛会，各省、自治区、直辖市着手恢复整顿科研机构和落实知识分子政策，各部门、各行业纷纷举办科技展览和学术交流活动，检阅研究成果，安排科研规划。国务院各部门、各省市以及基层单位表彰了大批先进集体和先进个人，评议推荐了 7000 多项国家级优秀科学技术成果。在此基础上，全国各省、自治区、直辖市以及中央直属机关和国家机关、中国人民解放军和国防科研部门共推选了 5586 名代表，组成 32 个代表团出席全国科学大会。

邓小平从 1975 年主持全面整顿起，就对“中国到底往哪里走”的问题进行了深刻的反思。1977 年再次复出后他的一系列讲话，都紧紧围绕“尊重知识，尊重人才”“一心一意搞现代化”的主题。而 1978 年的全国科学大会，则成为向中国和世界表明落实这个主题的重要舞台。

全国科学大会，最初是中共中央主席华国锋提议召开的。其间，相关部门做了充分的酝酿和发动工作。1977 年 6 月，由方毅、李昌、武衡、张爱萍等 6 人组成的全国科学大会筹备工作领导小组成立。9 月 5 日至 9 月 15 日，全国科学大会预备会议在北京前门饭店召开，会议印发了叶剑英的诗《攻关》：“攻城不怕坚，攻书莫畏难。科学有险阻，苦战能过关。”大会的文件起草组由以方毅为首的大会筹备领导小组直接领导，由中国科学院原秘书长童大林负责主持，日常工作则由吴明瑜、林自新、罗伟等人负责。

据吴明瑜回忆：邓小平在大会的讲话，是从中央主管科学教育的领导人的角度，来讲党的科学工作政策和知识分子政策的。讲话稿中的很多重要观点，来源于邓小平此前的一系列讲话。起草组起草稿子时，在他讲话的基础上加以整理、发挥就足够了。此外，起草组进一步查阅了

《马克思恩格斯全集》中有关知识分子问题的论述。马克思在《剩余价值论》中，有几段关于知识分子的非常生动的分析，即一般的工程技术人员也参与创造剩余价值，学校中的教师也是生产剩余价值的“生产工人”。这成为邓小平讲话中关于知识分子“是工人阶级自己的一部分”论点的理论依据。

邓小平讲话稿的第一部分是对科学技术是生产力的认识问题。有两个主要论点：一为“科学技术是生产力”，二为“知识分子是工人阶级自己的一部分”。关于“科学技术是生产力”，他引用了马克思的话“生产力中也包括科学”，并作了进一步的分析和阐述。第二部分是建设宏大的又红又专科学技术队伍问题。第三部分是关于在科学技术部门的各个研究中，怎样实现党委领导下的所长负责制，包括党如何领导科学技术工作，科学工作中如何配备干部，怎么选拔人才，学术上坚持“百家争鸣”方针等。

经过 9 个多月的筹备工作，在思想和理论问题上做了充分的准备，1978 年 3 月 18 日，全国科学大会在北京隆重开幕。5000 余名代表相继进入会场。在主席台就座的有国务院各部委、解放军各总部和国防科委的负责人、大会领导小组成员、各代表团团长，还有老中青科学家马大猷、王大珩、王淦昌、叶笃正、朱光亚、华罗庚、严济慈、苏步青、吴征镒、汪德昭、张光斗、陈景润、茅以升、林巧稚、侯祥麟、钱三强、钱学森、高士其、黄昆、童第周等。很多人已入古稀之年甚或耄耋之年，大家相隔多年之后重逢，渡尽劫波，恍若隔世，百感交集。

邓小平在开幕式上讲话，开宗明义地说：“四个现代化，关键是科学技术的现代化。没有现代科学技术，就不可能建设现代农业、现代工业、现代国防。没有科学技术的高速度发展，也就不可能有国民经济的高速度发展。”关于对科学技术是生产力的认识问题，邓小平指出：“科学技术是生产力，这是马克思主义历来的观点。”“现代科学技术的发展，使科学与生产的关系越来越密切了。科学技术作为生产力，越来越显示出巨大的作用。”① 邓小平以历史巨人的目光把握了时代潮流：当代社会生产力的巨大发展，劳动生产率的大幅度提高，最主要的是靠科学的力量、技术的力量。

阐明科学是生产力这一原理，对执政党把关于科学技术的一系列方针、政策建立在更加坚实的理论基础上，具有重大意义，也彻底驳倒了“四人帮”炮制的所谓“自然科学是上层建筑”这一反动观点。既然科学技术是生产力，它本身就没有什么阶级性可言，它就不属于上层建筑的范畴。对于科学技术本身的问题，就不能贴阶级的标签，不能乱扣政治的和哲学的帽子。既然科学技术是生产力，它就不是哪一个国家哪一个阶级的创造，而是人类共同创造的财富。根据这个认识，我国作为科学技术发展落后的国家，就特别需要努力学习外国，引进必要的先进技术。“四人帮”将此诬蔑为“卖国”“投降”，完全是反马克思主义的。

邓小平语重心长地指出：“在科学技术方面，我国古代曾经创造过辉煌的成就，四大发明对世界文明的进步起了伟大作用。但是我们祖先的成就，只能用来坚定我们赶超世界先进水平的信心，而不能用来安慰我们现实的落后。”他说：“认识落后，才能去改变落后。学习先进，才有可能赶超先进。提高我国的科学技术水平，当然必须依靠我们自己努力，必须发展我们自己的创造，必须坚持独立自主、自力更生的方针。但是，独立自主不是闭关自守，自力更生不是盲目排外。科学技术是人类共同创造的财富。任何一个民族、一个国家，都需要学习别的民族、别的国家的长处，学习人家的先进科学技术。”② 这不仅从理论上深刻地阐明了对外开放的重要意义，而且对扩大国际交流、引进国外先进技术和设备提出了重要指导意见。

针对“四人帮”散布的“知识越多越反动”的谬论，邓小平明确指出：中国的科学技术队伍就整个说来，“不愧是我们工人阶级自己的又红

---

① 邓小平：《在全国科学大会开幕式上的讲话》，《邓小平文选》第 2 卷，人民出版社 1994 年版，第 86、87 页。

② 邓小平：《在全国科学大会开幕式上的讲话》，《邓小平文选》第 2 卷，人民出版社 1994 年版，第 90、91 页。

又专的科学技术队伍”，在新的发展时期，“党的工作重点、工作作风都应该有相应的转变”，“党委的领导，主要是政治上的领导，同时是“通过计划来领导”，“还必须做好后勤保证工作，为科学技术人员创造必要的工作条件”。“科学技术的业务领导工作，应当放手让所长、副所长分工去做。”① 这些论述，彻底解除了“知识分子属于资产阶级范畴”这一精神枷锁，纠正了长期以来轻视科学技术和歧视知识分子的偏向，而且在实施方法上提出了党政分工、建立岗位责任制的正确措施，奠定了科技领域改革政策的基础。

国务院副总理、国家科委主任方毅向大会作了工作报告。他在报告的第三部分“全党动员，大办科学”中，提出了科技工作的10项具体任务，即：(1) 整顿研究机构，建成科学技术研究体系；(2) 广开才路，不拘一格选人才；(3) 建立科学技术人员培养、考核、晋升、奖励的制度；(4) 坚持“百家争鸣”；(5) 学习国外的先进科学技术，加强国际学术交流；(6) 保证科学研究工作时间；(7) 努力实现实验手段和情报图书工作的现代化；(8) 分工合作，大力协同；(9) 加强科学技术成果和新技术的推广应用；(10) 大力做好科学普及工作等。方毅着重指出，在全国各族人民向着农业、工业、国防和科学技术现代化进军的过程中，把科学技术工作提到十分重要的地位，标志着中国科学技术事业进入了一个兴旺发达的崭新阶段。大会制定了《一九七八——一九八五年全国科学技术发展规划纲要（草案）》，要求力争到1985年，使中国部分重要科技领域接近或达到20世纪70年代的世界先进水平。

在全国科学大会上，中共中央主席华国锋作了《提高整个中华民族的科学文化水平》的报告。大会举行了隆重的授奖仪式，表彰了7657项科研成果，奖励了826个先进集体和1192名先进个人。大会期间，全国科研成果展览会在北京举办，展出了共和国建立以来取得的重大科研成果600多项，展示了我国科技战线所取得的伟大成就。大会号召全党、

① 邓小平：《在全国科学大会开幕式上的讲话》，《邓小平文选》第2卷，人民出版社1994年版，第92、97—98页。

全军、全国各族人民和全体科技工作者“树雄心，立壮志，向科学技术现代化进军”。

1978 年全国科学大会盛况空前，不仅受到全体代表和科技人员的热烈欢迎，而且引起了全国人民和广大爱国侨胞的关心和反响。其间，大会共收到来自全国各地和海外侨胞的贺信、贺电 15 万余封，接受包括成果实物、学术论文、设计图纸、创新产品、改革建议、书画锦旗在内的各项献礼 4000 余件，反映了振兴我国的科学技术事业，成为社会各界和广大人民群众关注的话题。

会后，大会精神得到贯彻，科技战线加快了拨乱反正的步伐，开始出现欣欣向荣的景象。科技人员每周有了 5/6 的时间搞科研，知识分子政策开始得到落实，科技人员处境开始得到改善，国家颁布了发明奖励条例，恢复了评定技术职称制度，并对中青年科技骨干实行科研津贴。一些科研人员用非所学的问题，也开始得到解决。

大会召开前后，科研机构也开始得到恢复和发展。“文化大革命”前，中国科学院有 106 个研究机构。“文化大革命”期间有的被下放，有的被撤销，到 1976 年还剩下 20 个直属研究机构和 44 个与地方双重领导的科研机构，使中国科学院失去了综合配套的科研优势，也破坏了科研工作稳定和连续的良好环境。拨乱反正开始后，各研究机构大多重新恢复或重新划归科学院领导，到 1978 年底，中国科学院已有独立研究机构 110 个。

在农业科研系统，1978 年 5 月，国务院批准恢复中国农业科学院和中国林业科学院。地方的农业研究院所也同时得到恢复。到 1979 年，地市以上的农林牧渔和农机方面的研究机构已恢复到 597 个，职工达到 2.2 万人。工业系统的科研工作也逐步恢复和发展，仅机械工业系统的企业，到 80 年代初，约有科技人员 34 万人，其中，从事开发研究的约 5 万人，部分骨干企业已具备独立研究开发的能力。

1978 年 10 月至 11 月，中共中央组织部分批召开落实知识分子政策座谈会。会议认为：知识分子队伍的状况已经发生深刻变化，解放初期提出的对知识分子“团结、教育、改造”的方针已经不适用于目前的情况。当前要继续做好复查与平反昭雪知识分子中的冤假错案工作。对知识分子要充分信任，放手使用，做到有职有责有权。调整用非所学，做到人尽其才，才尽其用。努力改善他们的工作条件和生活条件。此后，知识分子政策逐步得到落实。

按照中央的统一部署，科学技术战线陆续平反了“文化大革命”中制造的涉及科技人员的冤、假、错案。同时，根据中央《关于全部摘掉右派分子的帽子的决定》《关于对被定为右倾机会主义分子的平反、改正问题的通知》精神，“文化大革命”前被错划为“右派”“右倾机会主义分子”的一大批科技人员得到了改正平反。据 23 个省、自治区、直辖市的不完全统计，仅 1979 年、1980 年，得到平反昭雪的涉及科技人员的案件即达 73339 起。

科学春天的到来，温暖了广大科技人员的心，激发了他们献身科技事业的热情。一时间，“把‘四人帮’耽误的时间夺回来”，成为常挂在科技人员嘴边的一句话。他们振奋精神，认真进行科学研究工作。从 1978 年到 1982 年，全国获得国家发明创造奖的项目多达 642 项，比此前获奖的总和还要多。1980 年，取得重大科技成果 2600 多项，经国家批准的创造发明 107 项；1981 年，国家重大科技成果和创造发明分别是 3100 多项和 120 项。拨乱反正完成后，新时期全面系统的科技政策已经呼之欲出。

三、重新确立党的实事求是思想路线

（一）真理标准问题讨论与破除“两个凡是”

粉碎“四人帮”以后，“两个凡是”的方针严重地阻碍拨乱反正的进行。所以，要彻底澄清思想混乱，纠正“文化大革命”的错误，首先必须解决应当如何正确对待毛泽东的指示。邓小平等老一辈革命家反复强调必须准确地完整地理解毛泽东思想，恢复和发扬党的实事求是的优良传统。1977 年 10 月 5 日，中共中央在《关于办好各级党校的决定》中明确指出，“要提倡理论密切联系实际的学风”。10 月 9 日，叶剑英在中央党校开学典礼上作《坚持和发扬理论联系实际的学风》的讲话。他在讲话中指出：我们在学习马克思主义理论著作时，一定要提倡融会贯通，联系实际，实事求是，有的放矢。

根据叶剑英提出的要求，中央党校开学后，决定把研究“文化大革命”开始后，一直到当时的历史作为中共党史课的主要内容，组织 800 多名来校学习的中高级干部集中讨论“文化大革命”以来的历史。讨论中遇到的一个突出问题，就是究竟以什么为标准来认识和判定历史是非。为此，在胡耀邦的指导下，从这年 12 月开始酝酿、翌年 4 月形成的一份研究党史的文件中，明确提出两条指导原则：一是应当完整地准确地运用马列主义、毛泽东思想的基本原理，二是应当以实践为检验真理、辨别路线是非的标准。

当时，胡耀邦任中共中央党校副校长，主持中央党校的工作。针对“文化大革命”造成的混乱，他在全校整风会议的讲话中就提出，要把“四人帮”颠倒了的是非“重新颠倒过来”。在胡耀邦的支持和指导下，1978 年 5 月 10 日，中央党校的内部刊物刊登了《实践是检验真理的唯一标准》一文 。5 月 11 日，《光明日报》以特约评论员的名义公开发表《实践是检验真理的唯一标准》这篇文章，当天新华社全文转发全国。次日，《人民日报》和《解放军报》同时转载。全国绝大多数省、市、自治区的报纸也陆续转载。

文章鲜明地指出：检验真理的标准只能是社会实践；理论与实践的统一，是马克思主义的一个最基本的原则；任何理论都要不断接受实践的检验。文章说：检验真理的标准是什么？这都是早被无产阶级的革命导师解决了的问题。但这些年来“四人帮”把它搞得混乱不堪，十分需要拨乱反正。现在，“四人帮”及其帮派体系已被摧毁，但是，“四人帮”加在人们身上的精神枷锁，还没有完全粉碎。“圣经上载了的才是对的”的错误倾向依然存在。对“四人帮”设置的禁锢人们思想的“禁区”，我们要敢于去触及，敢于去弄清是非。凡有超越于实践并自奉为绝对的“禁区”的地方就没有科学，就没有真正的马列主义、毛泽东思想，而只有蒙昧主义、唯心主义、文化专制主义。

文章最后说：社会主义对于我们来说，有许多地方还是未被认识的必然王国。我们要完成这个伟大的任务，面临着许多新的问题，需要我们去认识，去研究，躺在马列主义、毛泽东思想的现成条文上，甚至拿现成的公式去限制、宰割、裁剪无限丰富的飞速发展的革命实践，这种态度是错误的。我们要有共产党人的责任心和胆略，勇于研究生动的实际生活，研究现实的确切事实，研究新的实践中提出的新问题。只有这样，才是对待马克思主义的正确态度，才能够逐步地由必然王国向自由王国前进，顺利地进行新的伟大长征。

《实践是检验真理的唯一标准》这篇文章，从理论上否定了“两个凡是”，在全党和全国引起了强烈反响，由此引发了关于真理标准问题的大讨论。文章发表后，党内外多数人支持和拥护文章的观点。但是，华国锋指示中央宣传部门的负责人，对真理标准问题的讨论“不表态度”“不卷入”。汪东兴在不少场合指责这篇文章实际上是把矛头指向毛主席，责问“这是哪个中央的意见”，加以压制。他还针对当时全党要求拨乱反正、肃清“四人帮”流毒的潮流，提出了三句话：一不要砍旗，二不要丢刀子，三不要来一百八十度的转变。有的人坚持“两个凡是”的错误方针，认为这篇文章在理论上是“荒谬的”，思想上是“反动的”，政治上是“砍旗”。讨论中也有人就实践是不是检验真理的唯一标准问题提出疑问，他们认为实践固然是真理的标准，但是马克思主义也应当是真理的标准。这场真理标准问题的讨论，实质上是关于中国共产党的思想路线的争论，受到了邓小平、叶剑英、陈云、李先念、胡耀邦、聂荣臻、徐向前、罗瑞卿等老一辈革命家的高度重视和积极支持，讨论在全国逐步展开。

1978 年 6 月 2 日，邓小平在全军政治工作会议上阐述了实事求是，一切从实际出发，理论和实际相结合，这是毛泽东思想的出发点和根本点，是做好一切工作必须遵循的原则，再次批评了“两个凡是”的错误观点，有力地支持了正在开展的关于真理标准问题的讨论。6月24日，《解放军报》发表特约评论员文章《马克思主义的一个最基本的原则》。这篇文章比较系统地从理论上回答了对于坚持实践是检验真理的唯一标准的原则所提出的责难。当时担任中央军委秘书长的罗瑞卿对文章亲自做了多次修改，并审阅定稿。

7月22日，邓小平同胡耀邦谈话，明确肯定和支持真理标准问题的讨论。指出：《实践是检验真理的唯一标准》这篇文章是马克思主义的。争论不可避免，争得好。引起争论的根源就是“两个凡是”。9月，邓小平在沈阳、长春等地视察期间说：“怎么样高举毛泽东思想旗帜，是个大问题。”“两个凡是”不是高举毛泽东思想，“这样搞下去，要损害毛泽东思想”。他说：“毛泽东思想的基本点就是实事求是，就是把马列主义的普遍原理同中国革命的具体实践相结合。毛泽东同志在延安为中央党校题了‘实事求是’四个大字，毛泽东思想的精髓就是这四个字。”①

实践是检验真理的唯一标准，这是马克思主义，是毛主席经常讲的。所谓理论要通过实践来检验这样的常识问题还要引起争论，可见党内的思想僵化到了何种程度。在邓小平等老一辈革命家的引导和支持下，广大干部、党员和群众冲破阻力，积极参加关于真理标准问题的讨论，批判“两个凡是”的错误方针。从6月到11月，中央党政军各部门，全国绝大多数省、市、自治区和各大军区的主要负责人相继发表文章或讲话，一致认为，坚持实践是检验真理的唯一标准这一马克思主义的原则，具有重大的现实意义。许多老同志也发表署名文章，支持“实践是检验真理的唯一标准”的观点。

关于真理标准问题的讨论，使人们的思想进一步从教条主义和个人崇拜的禁锢下解放出来，冲破了长期以来“左”倾错误思想的束缚，促进了全国性的马克思主义的思想解放运动。1978年底党的十一届三中全

---

① 邓小平：《高举毛泽东思想旗帜，坚持实事求是的原则》，《邓小平文选》第2卷，人民出版社1994年版，第126页。

会召开，重新恢复和确立了党的实事求是的思想路线。

（二）平反冤假错案和调整社会关系

“文化大革命”极左思潮的大泛滥，带来了空前的灾难。林彪、“四人帮”反革命集团制造了大量的冤假错案，造成了极其严重的社会问题。粉碎“四人帮”后，广大干部和群众强烈要求对“文化大革命”中的案件以及历史遗留问题进行清理，重新评价一些重要领导人和历史事件的功过是非。在揭批“四人帮”的群众运动中，中共中央于1976年12月5日发出通知：“凡纯属反对‘四人帮’的人，已拘捕的，应予以释放，已立案的，应予销案；正在审查的，解除审查；已判刑的，取消刑期予以释放；给予党籍团籍处分的，应予撤销。”但是，由于受到“两个凡是”错误方针的阻挠，平反冤假错案障碍重重，进展迟缓。

为加快平反冤假错案、落实干部政策的步伐，胡耀邦组织中央党校同志写出《把“四人帮”颠倒了的干部路线是非纠正过来》的文章，在1977年10月7日《人民日报》以整版篇幅发表。文章强调要敢于冲破阻力，推翻强加给许多干部的诬陷不实之词和所作出的错误结论，在社会上引起广泛反响。可是，中央和一些地方的组织部门，或是寻找种种借口推来拖去，或顾虑重重，担心处理审干中的遗留问题，特别是纠正错案，就会否定“文化大革命”。胡耀邦决心扩大已经打开的突破口，再次组织中央党校写了第二篇文章《毛主席的干部政策必须认真落实》，严厉谴责顽固坚持错误组织路线的行为。在叶剑英、邓小平、陈云等老同志的举荐下，12月10日，中共中央任命胡耀邦为中央组织部部长，以打开平反冤假错案、落实党的政策的新局面。

当时落实干部政策的形势非常严峻。据中央组织部的统计，“文化大革命”中全国被立案审查的干部多达230万之众，约占“文化大革命”前1200万干部的19%。中央、国家机关和各省副部级干部以上被立案审查的占75%。集体被定为冤假错案的有2万件，涉及几十万名干部。另外，“文化大革命”以前历次政治运动遗留下来的冤假错案所涉及的各级干部有100多万人。党内被“挂起来”的干部，仅中央和国家机关就有6000多人，这些人不断地上访，但都求助无门。当时全社会最直接、最急迫的政治诉求是尽快平反冤假错案，澄清历史是非。那些受到政治迫害的人们，迫切希望获得“解放”，尽早回到正常社会生活中来。

胡耀邦主持中央组织部工作后，以无私无畏的胆略，大刀阔斧地组织领导了落实干部政策、平反冤假错案的一系列繁难工作。他针对“两个凡是”设置的种种限制和禁忌，鲜明地提出了“两不管”的原则：“凡是不实之词，凡是不正确的结论和处理，不管是什么时候、什么情况下搞的，不管是哪一级组织、什么人定的、批的，都要实事求是地改正过来”①。胡耀邦提出的“两不管”，与“两个凡是”形成尖锐的对立，其精神实质，就是对待一切案件都要尊重客观事实，这才是彻底的唯物主义，也是真正贯彻了党历来的思想路线。

在胡耀邦的有力推动下，1978年4月，中央组织部召集中央宣传部、中央统战部、民政部、公安部等部门会议起草了《关于全部摘掉右派分子帽子的请示报告》，中央以11号文件的形式转发全国。到当年11月，继1959年到1964年先后5批摘掉30多万右派分子的帽子之后，全国各地摘掉右派分子帽子的工作全部完成。随后，进行错划右派的改正工作。改正工作到1980年基本结束，改正的占原划分成“右派分子”总数55万人的98%以上。

1978年11月14日，经中共中央政治局常委批准，中共北京市委宣布：1976年清明节，广大群众到天安门广场沉痛悼念敬爱的周总理，愤怒声讨“四人帮”，完全是革命行动。对于因悼念周总理、反对“四人帮”而受到迫害的同志，一律平反，恢复名誉。在同时召开的中共中央工作会议上，又提出审查和解决党的历史上彭德怀、陶铸等重大冤案问题。

1978年12月召开的党的十一届三中全会，重新确立党的实事求是的思想路线，为全面拨乱反正奠定了坚实的基础。大规模平反冤假错案的

---

① 《胡耀邦文选》，人民出版社2015年版，第99页。

工作在全国范围内铺开。从1978年底到1981年的3年间，中共中央先后为遭受迫害的老一代革命家彭德怀、陶铸、彭真、罗瑞卿、陆定一、杨尚昆、贺龙、乌兰夫、谭震林、萧劲光、杨成武、李维汉等平反；为受到错误批判的谭政、习仲勋、黄克诚、邓子恢、萧克等恢复名誉；"文化大革命"中由康生、江青等人制造的薄一波等"六十一人叛徒集团"、"新疆叛徒集团"、"东北叛徒集团"、内蒙古"新内人党"等在全国有很大影响的政治冤案，都相继得到彻底平反。一些蒙冤几十年的中共早期领导人如瞿秋白、张闻天、李立三等也先后得到平反昭雪。1980年2月，党的十一届五中全会一致通过《关于为刘少奇同志平反的决议》，彻底推倒强加在刘少奇身上的种种罪名，郑重地为他平反昭雪，恢复他作为伟大的马克思主义者和无产阶级革命家、党和国家的主要领导人的名誉。

在实事求是的思想路线指引下，党和政府还果断而妥善地解决了"文化大革命"之前遗留下来的一些重大历史问题。陆续解决的有：地主、富农分子摘帽问题和正确对待地、富子女问题，为1959年以来被错误地定为右倾机会主义分子的干部和群众平反、改正问题；为去台湾人员在大陆的亲属落实政策问题；落实民族资产阶级政策和正确对待其子女问题，以及把原工商业者中的70万劳动者区别出来的问题；为原国民党起义、投诚人员落实政策的问题；为1957年反右派斗争及以后几年内被划分为地方民族主义分子的人全部摘掉帽子的问题；退还宗教团体房屋产权及"文化大革命"期间被占用的教堂、寺庙、道观及其附属房屋问题；等等。这些历史遗留问题的妥善解决，有效地调整了过去"左"的政策造成各方面紧张的社会关系，达到了广大范围的社会和解。

随着处理历史遗留问题的大规模进行，数以百万计蒙受不白之冤的党员、干部、各界人士和普通群众得到平反昭雪，因亲属、工作关系受到株连的数以千万计的人们也得到了解脱。这对于弥合社会裂痕，促进价值理性回归，实现社会和解，达成改革共识，起到了巨大的推动作用。平反冤假错案工作，规模之大，内容之广，是中国共产党历史上从未有过的，也是解决问题较为彻底的一次。到 1982 年底，经过全党和全国人民的共同努力，全国大规模平反冤假错案的工作基本结束。以往历史时期在全国范围内被压抑的各种社会力量一旦被释放出来，就大大增进了全中国人民的团结和全社会的安定团结，有力地调动了社会各阶层人民的积极性和创造性，推动党和国家的工作向以经济建设为中心转移。

四、社会主义文化事业开启新篇章

（一）推倒“文艺黑线专政”论

随着揭批“四人帮”群众运动的开展，文艺界带着比其他各界更深的伤痛，以其独特的敏锐感和犀利笔触，投入到批判和控诉“文化大革命”灾难的潮流之中，成为思想解放运动里的一支有生力量。在教育界向“两个估计”的禁区发起冲击的同时，文艺界的一些同志也酝酿通过贯彻“百花齐放、百家争鸣”方针，打破“文艺黑线专政”论的禁锢。

1977 年 2 月 15 日，《光明日报》发表乔山、俞起的《“三突出”是反马克思主义的文艺主张》，开始向江青等人的文化专制发起冲击。11 月 20 日，《人民日报》编辑部邀请文艺界人士参加的座谈会，拉开了公开向“文艺黑线专政”论发起进攻的序幕。参加座谈会的有茅盾、刘白羽、张光年、贺敬之、冰心、吕骥、蔡若虹、李季、冯牧、李春光等。与会者在发言中指出：“文化大革命”以前的 17 年，毛主席的革命文艺路线占主导地位，是任何人也否定不了的事实。所谓“文艺黑线专政”论，完全是对文艺队伍的污蔑和诽谤，是“四人帮”反对毛主席革命路线、颠覆无产阶级专政的一把刀子。“四人帮”举起这把刀子否定 17 年文艺的成就，并从文艺界打开“突破口”扩展到各条战线，全盘否定“文化大革命”前 17 年的伟大成就，为他们的反革命复辟鸣锣开道。对这个谬论的流毒，绝不可低估，一定要彻底打碎这个精神枷锁，恢复“百花齐放、百家争鸣”的方针，使社会主义的文艺创作重新繁荣起来。

然而，《林彪同志委托江青同志召开的部队文艺工作座谈会纪要》毕竟是经过毛泽东修改和审定的，《人民日报》编辑部召开的这次座谈会因此受到某些上级领导的批评。有人提出，要批判“文艺黑线专政”论，牵涉到两个问题：一个是纪要，毛主席看过，而且改过三次；另一个是毛主席对文艺的“两个批示”，对文艺界批评得很厉害。对毛主席的批示要肯定，批判“文艺黑线专政”论的文章要送中央审查。在这种压力下，《人民日报》在 11 月 25 日刊登该座谈会的报道时，只好加写“编者按”说：文艺战线在“文化大革命”前的 17 年，“尽管受到过刘少奇的反革命修正主义战线的严重干扰和影响，但毛主席的红线一直照耀着社会主义文艺事业的进程”。在一些人看来，“专政”可以不提，但还是有“黑线”存在，还要继续肯定毛泽东对文艺工作的一系列错误决策和批示。纪要仍被视为不能碰的禁区。

不过，方兴未艾的真理标准问题大讨论，冲击着“两个凡是”的束缚，推动文艺界的拨乱反正继续深入。12 月 2 日，《人民日报》刊登贺敬之的长文《必须彻底批判“文艺黑线专政”论》。文章说：炮制“文艺黑线专政”论是林彪、江青勾结篡党夺权的第一个重要步骤，所谓“文艺黑线回潮”论更是“四人帮”多次用以诬陷周恩来、叶剑英、邓小平和其他中央领导同志的明枪暗箭。“四人帮”从文艺问题发端，继续炮制了教育界的“黑线专政”论，由此扩展到其他战线，妄图打倒一切，篡党夺权。

据新华社报道，这一时期，各地文艺界人士纷纷举行会议批判“文艺黑线专政”论、埋葬“阴谋文艺”，义正词严，势不可当。上海文艺界“继续批判‘四人帮’炮制‘文艺黑线专政’论的罪行”的两次会议，参加的作家、艺术家有：巴金、于伶、钟望阳、张骏祥、赵丹、杜宣、孟波、孔罗荪、柯灵、王西彦、李俊民、刘金、姜彬、茹志鹃、沈柔坚、张拓、吴深、吴宗锡、秦怡、丁是娥、包文棣、草婴、王纪人、祝希娟等。巴金作了题为《除恶务尽，不留后患》的主题发言。

11 月 19 日，《人民文学》编辑部召开短篇小说创作座谈会。会议认为繁荣社会主义文艺必须贯彻“双百”方针，必须保证作家有个人创造性和个人爱好的广阔天地，做到题材和风格的多样化。茅盾到会作了讲话。《人民文学》第 11 期和第 12 期，以“促进短篇小说的百花齐放”为题，刊登了茅盾、马烽、周立波等的发言。

12 月 28 日至 31 日，《人民文学》编辑部邀请在京的作家、诗人、文学评论家、翻译家和文学编辑 100 多人举行座谈会，批判“四人帮”炮制的“文艺黑线专政”论，并研究和讨论如何繁荣社会主义文艺创作等问题。会议期间，华国锋为《人民文学》题词：“坚持毛主席的革命文艺路线，贯彻执行百花齐放、百家争鸣的方针，为繁荣社会主义文艺创作而奋斗。”《人民文学》编辑部负责人张光年主持座谈会。中共中央宣传部部长张平化，中央宣传部副部长、文化部部长黄镇，全国文联副主席茅盾到会讲话。

1977 年 12 月号的《人民文学》杂志，开辟了“彻底批判‘文艺黑线专政’论”专栏，发表了严文井、秦牧、草明等作家的文章。作家们指出：“文艺黑线专政”论完全抹杀新中国 17 年来社会主义文艺所取得的成就，根本否定毛主席革命文艺路线在文艺领域内占主导地位的事实。“四人帮”硬把 17 年的问题扯到 30 年代，目的是要虚构出一个老干部即民主派即走资派的公式，从而打倒一大批革命老干部。

1978 年，《红旗》杂志第 1 期发表文化部批判组的长文《一场捍卫毛主席革命路线的伟大斗争——批判“四人帮”的“文艺黑线专政”论》。文章指出：“文艺黑线专政”论，和教育战线上的“两个基本估计”一样，是全盘否定党的事业的一把屠刀。文章揭露说，纪要出笼后，江青等人掀起摧毁所谓“文艺黑线”的狂潮，陈伯达和姚文元胡诌道：毛泽东《在延安文艺座谈会上的讲话》发表之前，资产阶级文艺路线“长期在党内占统治地位”；《在延安文艺座谈会上的讲话》发表之后，反革命修正主义分子一直“控制”着“全国许多文艺部门”。这样一来，党成立以来的全部革命文艺事业统统被说得一团漆黑。1976 年江青在一次讲话中说：“无产阶级从巴黎公社以来，都没有解决自己的文艺方向问题。自从一九六四年我们搞了革命样板戏，这个问题才解决了。”张春桥说：“从《国际歌》到样板戏，这中间是一个‘空白’。”文章驳斥“四人帮”的上述谬论说：毛主席从来没有讲过文艺界是“黑线专政”。1975 年 7 月，毛主席在同邓小平的一次谈话中还说：“样板戏太少，而且稍微有点差错就挨批。百花齐放都没有了。别人不能提意见，不好。”在另一次谈话中，他又说，“对于作家，要惩前毖后、治病救人，如果不是暗藏的有严重反革命行为的反革命分子，就要帮助”，并反复强调要“调整党内的文艺政策”。这表明“黑线专政”论是违背毛泽东原意的。

2 月 6 日，《人民日报》发表解放军总政治部文化部评论组的文章《“文艺黑线专政”论的出笼和破灭》，提供了两份重要材料。一是在炮制纪要时江青疯狂叫嚣说：“我想了很久，想通了！”“建国以来文艺界存在着一条‘反党反社会主义的黑线’”，“这条黑线专了我（们）十七年的政，再也不能这样下去了，该是我们去专他们政的时候了！”二是炮制纪要的过程中，陈伯达出了两个点子，他向江青进言：17 年的文艺，黑线专政的问题很重要，但只这么提，没头没尾，必须讲它的来源，它是 30 年代文艺的继续和发展；其次，要讲一段江青领导戏剧革命的成绩，那才是真正无产阶级的东西！江青听后，连声夸奖“打中了要害”“这一来有些人的日子就不好过了！”这些材料，深刻地揭露了“四人帮”炮制“黑线专政”论的险恶用心。

4 月 4 日，中共文化部党组举行揭批“四人帮”万人大会。贺敬之代表部党组宣布，为受“四人帮”迫害的张海默、罗静予、王昆 、杨秉荪等一批文艺工作者平反昭雪。

5 月 27 日至 6 月 5 日，中国文学艺术界联合会第三届全国委员会召开扩大会议，进一步批判“文艺黑线专政”论，并宣布“文化大革命”中被强行撤销的中国文学艺术界联合会、中国作家协会以及中国戏剧家协会、中国音乐家协会、中国电影工作者协会和中国舞蹈工作者协会正式恢复工作。《文艺报》立即复刊。其他各文艺协会也陆续恢复工作。

1978 年第 5 期《人民文学》在“彻底批判‘文艺黑线专政’论”的专栏下继续发表林默涵的《解放后十七年文艺战线上的思想斗争》、任白戈的《坚决批判林彪江青一伙对三十年代文艺的诬蔑》、王瑶的《扫除诬蔑　澄清是非》等文章。5 月 23 日《人民日报》发表社论《为繁荣文艺创作而奋斗》，动员文艺界继续深入批判“文艺黑线专政”论，开辟繁荣文艺创作的道路。

8 月，经中共中央批准，北京市委作出《关于“三家村”冤案的平反决定》，撤销原中央专案审查小组办公室对邓拓、吴晗、廖沫沙三人所作的结论，恢复他们的政治名誉，为已去世的邓拓、吴晗举行追悼会；并为《三家村札记》《燕山夜话》恢复名誉。

12 月 19 日，《人民日报》发表张光年的长篇文章《驳“文艺黑线”论》指出，现在有人公然散布：“文艺黑线专政”论是不能成立了，“文艺黑线”还是有的，那就是刘少奇反革命修正主义文艺路线。文章批驳说：承认“文艺黑线”论就是否认毛主席革命文艺路线的主导地位。林彪、江青所谓“文艺黑线”的三大罪证，一曰“理论黑”，二曰“作品黑”，三曰“队伍黑”，全部不能成立。把 30 年代文艺生拉活扯地列入五六十年代前期“文艺黑线”的组成部分，牛头不对马嘴。批判所谓 17 年的“代表性论点”“黑八论”，更是一种颠倒。

12 月 5 日，《文艺报》《文学评论》编辑部召开座谈会，讨论落实党的文艺政策，呼吁坚决推倒不实之词，给批错的作品和受迫害的作者平反。会上提出要重新评价的作品包括：长篇小说有杜鹏程的《保卫延安》、李建彤的《刘志丹》、周立波的《山乡巨变》、赵树理的《三里湾》等，短篇小说有王蒙的《组织部新来的青年人》、马烽的《三年早知道》、西戎的《赖大嫂》等，散文作品有陶铸的《理想，情操，精神生活》等，电影故事片有《红河激浪》《革命家庭》《逆风千里》《早春二月》《阿诗玛》《不夜城》《怒潮》《洞箫横吹》《布谷鸟又叫了》《抓壮丁》《兵临城下》，戏剧有《海瑞罢官》《李慧娘》《谢瑶环》等。

12 月 22 日，《人民日报》发表文章《北京市文化局平反昭雪工作进展快》，报道了撤销对曹禺、赵起扬、江枫、胡沙等 28 人的错误结论，为马连良、荀慧生、李再雯（小白玉霜）、叶盛章、侯喜瑞等平反昭雪一事。12 月 23 日《人民日报》发表评论员文章《加快为受迫害的作家和作品平反的步伐》。

在此前后，人民艺术家老舍、赵树理、周信芳、盖叫天、潘天寿、应云卫、郑君里、孙维世等一批在“文化大革命”中惨遭迫害的著名文艺界人士相继得到平反昭雪。一大批被禁锢的中外优秀剧目、影片和文艺作品陆续重新上演或出版。许多文艺工作者重新开始了艺术创作，一些文学新秀也加入创作队伍，一批优秀的文艺作品相继问世。

粉碎“四人帮”后不久，郭沫若的词《水调歌头·粉碎“四人帮”》，贺敬之的诗《中国的十月》，唱出了时代的强音；《枫叶红了的时候》这部第一个无情嘲讽“四人帮”的政治喜剧出现在话剧舞台上；歌颂天安门“四五运动”英雄浩然正气的四幕话剧《于无声处》，更引起全国轰动。

文学创作也活跃起来。1977 年《人民文学》第 11 期发表刘心武的短篇小说《班主任》，是新时期文学第一个揭露“文化大革命”中推行的蒙昧主义和愚民政策给青少年的纯洁心灵造成伤害的小说。1978 年 8 月 11 日，上海《文汇报》发表卢新华的短篇小说《伤痕》，以主人公母女生离死别和她与男友爱情生活悲欢离合的情节，控诉了“文化大革命”中对老干部的迫害给年轻一代带来的内心创痛。这两篇小说率先打破多年以来充斥文坛的政治禁忌，在社会上引起强烈反响。

以此为发端，新时期文坛涌现出一批暴露“文化大革命”灾难及其对人性摧残的文学作品，真实描写了社会各界及普通民众在那个不堪回首的年代悲剧性的遭遇，揭露出十年内乱给人们的内心造成的创伤，当时被称为“伤痕文学”。这对于启发人们对“文化大革命”进行反思，推动文艺界的拨乱反正起了积极作用。

（二）第四次文代会和对文化建设的反思

1979 年，是文艺界拨乱反正和思想解放获得丰收的一年。

1 月 2 日，新任中共中央秘书长兼中央宣传部部长胡耀邦出席中国文联迎新茶话会，首次与 300 多名文艺界人士见面。他先请文化部部长黄镇宣布：文化部和文学艺术界在“文化大革命”前 17 年的工作中，根本不存在“文艺黑线专政”，也没有形成一条什么修正主义“文艺黑线”。接着，胡耀邦发表了热情洋溢的讲话。他说，党的十一届三中全会公报，是伟大祖国奔向四个现代化时代列车启动的汽笛声，上面载的是整个党、整个国家、整个中华民族的希望。过去林彪、“四人帮”把我们党同文艺界的关系彻底破坏了。我们要建立新的党和文艺界的关系，就是党的宣传部门应该是文艺界同志们前进过程中的“服务站”。[①] 文化部部长黄镇、总政治部副主任傅仲以及中国文联党组书记周扬等反复阐释这个重要观点，要求所有的宣传、文化领导部门以及文联和各协会，都应当成为作家、文艺家前进行程中的“服务站”，爱护和保护他们的创造性劳动，保障他们的正当权利，尊重和维护他们从事创作和学术工作的自由，同时积极引导他们坚持文艺为人民服务，为社会主义服务的方向。

2 月 5 日，中国文联筹备组在京召开省市（自治区）文联工作座谈会，29 个省、市、区文联代表和中央各协会负责人 75 人参加会议。会议交流了各地恢复组织机构的情况以及存在的问题和困难；讨论了重新组织文艺队伍的问题。会议强调必须肃清“文艺黑线专政”论的流毒，对作家、艺术家认真落实党的政策。会议还对准备召开第四次全国文代会的问题提出了许多积极的意见和建议。

在胡耀邦的组织和推动下，文艺界重新学习周恩来在 1961 年广州会议上的讲话，即批评文艺工作中“左”的思想，阐明正确的文艺工作方针，倡导解放思想，“造成一种民主风气”，强调首先要改变领导干部的作风，允许别人提意见等。许多文艺家在讨论中说，今天我们发扬艺术民主，不能光是嘴上说说，必须在政治上、组织上、法律上加以保证，使作家真正享有创作自由和批评自由。2 月 20 日，《人民日报》发表署名文章，呼吁“文艺需要民主!”

2 月 26 日，中共中央宣传部批准文化部党组的决定，正式为“旧文化部”“帝王将相部、才子佳人部、外国死人部”的错案彻底平反，肯定新中国成立后 17 年来文化部的成绩是主要的，根本不存在所谓“文艺黑

---

① 参见《为四个现代化唱出时代的最强音》，《人民日报》1979 年 1 月 3 日。

线”和以周扬、夏衍、田汉、阳翰笙为代表的“黑线代表人物”，宣布凡是受到这一错案牵连和遭到打击、诬陷的同志一律彻底平反。

1979 年《文艺报》第 2 期发表评论员文章《文艺为实现四个现代化服务》，对所谓“文艺黑线”代表性论点“黑八论”一一作了驳斥：“时代精神汇合”论是作为美学问题提出来的。“写真实”是一切进步文艺的根本原则。“现实主义——广阔的道路”，本身是完全正确的。“现实主义深化”论的目的是深入现实，揭示矛盾，可以写悲剧，可以揭露阴暗面。凡有人群的地方都有左中右，“中间人物”当然可以写。反“题材决定”论、反“火药味”论和“离经叛道”论说的都是题材问题，题材多样化没有什么错。“四人帮”对所谓“黑八论”的批判无限上纲，无情打击，是错案，有必要加以澄清。

3 月 16 日至 23 日，《文艺报》编辑部举行了文艺理论批评工作座谈会，冯牧、孔罗荪主持，周扬、林默涵、陈荒煤到会讲话。会议着重批评把文艺与政治关系简单化、庸俗化的观点，批驳了对文艺界解放思想的种种责难。许多人都说，文学艺术有其自身的特殊规律，按照文艺规律进行评论、批评，实事求是，循循善诱，以理服人，就能促进文艺的发展和繁荣。要突出注意对作品进行艺术形象的分析和科学的、理论的总结，不要无中生有，随意影射附会，无限上纲。

为了进一步在文艺界平反冤假错案，落实党的政策，中组部、中宣部、文化部、中国文联联合召开文艺界落实知识分子政策的座谈会，研究在文艺界如何进一步加快落实政策。3 月底，座谈会在北京举行，各省、市、自治区的党委组织部、宣传部和文化部门、文联负责人以及国家计委、财政部、民政部、劳动总局等有关部门负责人共 100 多人参加。会议通过了一个联合通知，要求各地和有关部门按照实事求是、有错必纠的原则，切实加快对文艺界冤假错案的平反昭雪工作。凡在林彪、“四人帮”推行极左路线时，因所谓的“文艺黑线专政”“三十年代文艺黑线”“四条汉子”“海瑞罢官”“三家村”“黑戏”“黑会”“黑书”“黑画”“黑线回潮”等问题被审查、点名批判、错误处理或株连的，一律平反昭雪，不留尾巴。在“文化大革命”前历次政治运动，包括 1964 年文艺整风中，受到批判、处理，被戴上“反党反社会主义”“资产阶级右派”“右倾机会主义”“修正主义”以及各种“集团”的政治帽子，确实搞错了的坚决平反改正，批错了的文艺作品也都应该平反。积极解决受害者的工作、生活等问题，知名作家、艺术家理应妥善安排。

在这次座谈会和“联合通知”的推动下，全国文艺界落实政策、平反冤假错案的工作进度大大加快，尤其是在几个大案中受到迫害的一些知名人士，迅速得到平反昭雪，回到原来的工作岗位。这就为第四届文代会的召开，在组织上作了重要准备。至 1980 年 9 月，中共中央批转公安部、最高人民法院、最高人民检察院党组的报告，决定对中华人民共和国成立以来文艺界的最大错案“胡风反革命集团”案予以平反。

经过广大文艺工作者锲而不舍的努力，1979 年 5 月 3 日，中共中央批转解放军总政治部《关于建议撤销一九六六年二月部队文艺工作座谈会纪要的请示》，并发出通知，决定撤销中央于 1966 年 4 月批发的这一纪要。总政治部在请示报告中指出，纪要是林彪、“四人帮”篡党夺权阴谋的一个步骤，推行的是林彪、“四人帮”极左的机会主义路线，它的贯彻和推行带来了灾难性后果。中央在通知中指出，对受纪要影响被错误批判、处理的人员和文艺作品，应实事求是地予以平反。至此，“四人帮”炮制的压在广大文艺工作者头上十多年的“文艺黑线专政”论被彻底推翻。

五六月间，胡耀邦指示中宣部与有关部门一道，召开了一系列的文艺工作会议，总结 30 年来党领导文艺的经验教训。胡耀邦在谈话中说，30 年来的经验教训是：什么时候放手搞百花齐放，文学艺术就繁荣；什么时候控制太死、调子太高、棍子太多，文学艺术就出不了东西。他重点研究了电影和戏剧的创作问题。他说，不要把我们自己的手脚束缚起来。我们的题材广阔得很，现代写 1000 部，近代写 1000 部，古代写 1000 部都可以。

在思想解放的大潮里，作家、文艺家们不仅把目光投向刚刚过去的历史，而且怀着庄严的使命感，以极大的政治激情和勇气，对历次政治运动造成的社会创伤进行揭露、批判和反思。“五四”时期的文坛宿将巴金自1978年底开始写作熔回忆、思考、议论为一炉的散文著作《随想录》，从自身经历出发反省“文化大革命”灾难。当时影响最大的是从“文化大革命”中走出来的一批新作家。随着思想解放运动的深入，“文化大革命”灾难暴露得越来越多，作家们开始追根溯源，追问极左路线的根源究竟在哪里？文学的主潮从“伤痕文学”进一步发展为“反思文学”。

“反思文学”往往采用大段的议论和内心独白，带有浓厚的思辨色彩。不仅写了“文化大革命”灾难，而且把批判和暴露的笔触延伸到“文化大革命”以前，压抑多年的人道主义和人性得到复归和张扬。其代表性作品有：张贤亮的《灵与肉》、古华的《芙蓉镇》、茹志鹃的《剪辑错了的故事》、刘真的《黑旗》、周克芹的《许茂和他的女儿们》、鲁彦周的《天云山传奇》、张一弓的《犯人李铜钟的故事》、高晓声的《李顺大造屋》、中杰英的《罗浮山血泪祭》、陈世旭的《小镇上的将军》、从维熙的《大墙下的红玉兰》、谌容的《人到中年》，等等。张洁的《爱，是不能忘记的》、张弦的《被爱情遗忘的角落》等，还批判了极左思潮对正常人性的扭曲，袒露了在过去那个时代里人们对爱情的渴望和追求。

然而，长期以来“左”的文艺理论的影响毕竟根深蒂固，文艺界还有人坚持极左的看法，把反映和暴露现实社会中问题的文艺创作，指责为“缺德”文学、“暴露文学”，甚至是苏联修正主义的“解冻文学”，并把社会生活中某些消极现象也归罪于文艺界。有人发表《歌德与“缺德”》一文，指责当时的文学创作是“昧着良心，不看事实，把洋人的擦脚布当领带挂在脖子上”，“没有‘歌德’之嫌，但却有‘缺德’之行”，鼓吹文艺创作只能为现实大“歌”其“德”，大颂其功，声言“这是阶级的呼声，时代的要求”。

该文一经发表，立即在文艺界引发了轩然大波。作家、文艺家们群起反驳，坚决捍卫来之不易的宽松和自由。7月，《人民日报》发表署名文章，批评有些人“以为中央重申四项基本原则就是文艺界反右的信号，因而又操起了棍子准备打人了”。《光明日报》发表文章说，该文的发表犹如春天里刮来的一股冷风，像这样盛气凌人、出口伤人、棍棒交加、帽子乱飞的文章，已有两年多不曾见面了。文章分析了如何理解暴露和歌颂的问题，指出只许歌颂，不许暴露的“法则”，实际上是扼杀文艺创作，导致文艺作品千篇一律，公式化、模式化。“只要是生活真实，是典型，应该允许暴露和讽刺。暴露也好，歌颂也好，都是作者拥有的创作自由的必要的手段。”

随后，《人民日报》第三版以整版篇幅就《歌德与“缺德”》展开讨论。中共上海市委宣传部召开上海市文学、戏剧、音乐、舞蹈、美术创作座谈会。出席座谈会的有文艺界各方面的代表人物和著名人士，文化部和山东、江苏、浙江、安徽、江西、福建等六省的文联负责人也应邀参加。会议再次批评《歌德与“缺德”》，号召进一步解放思想，大胆探索繁荣文艺创作的途径，表达了文艺界的主流意见。

在北京，8 月 17 日，《文艺报》编辑部、《文学评论》编辑部联合召开座谈会。陈荒煤、孔罗荪主持。中青年作家以及文学理论工作者、首都报刊编辑共约 80 人应邀出席。苏叔阳、白桦、张锲、苏予、马德波、孟伟哉、鄂华、陈骏涛、张洁、刘心武、王蒙、李陀、张弦、邵燕祥、张作光、杨志杰等在会上发言。座谈会以“深入批判《纪要》，繁荣文艺事业”为主题。与会者高度赞扬 3 年来“一大批作者挺直腰杆”，面对现实，写出了不少较好的作品。批评“有人刮起冷风”，把当前的一些创作指控为“缺德文学”“伤痕文学”“暴露文学”“解冻文学”，也批评了一些人把一个时期社会上出现的某些消极现象归罪给文艺界的观点。

这场风波引起了中央的重视。在胡耀邦的倡导下，由中宣部主持召开了有相关文艺界负责人、理论评论家和《歌德与“缺德”》一文作者参加的座谈会进行讨论。胡耀邦在座谈会结束时到会讲话，他指出，《歌德与“缺德”》的缺点和毛病，就在于同“百花齐放、百家争鸣”方针相违背，同中央粉碎“四人帮”以后反复强调的方针不合拍。我们的方针应当是一切战线包括文艺战线在内的拨乱反正，把林彪、“四人帮”歪曲了的东西端正过来，应当保护和爱护各条战线上的社会主义积极性，化消极因素为积极因素。对文艺上的争论问题，我们都要用同志式的、平心静气的方法来交谈、讨论，弄清思想、团结同志，促进文学艺术的繁荣。今后如果再发生类似的问题，我们就推广这种方法，使文艺的争论进入一种非常健康的轨道上来。

在此期间，中共中央决定筹备召开第四次中华全国文学艺术工作者代表大会。这次会议的主要任务是总结党领导文艺工作的经验教训，平复文艺界的创伤，修复党同文艺界的关系，化解文艺界内部的各种历史恩怨，重新动员和组织文艺队伍，为建设四个现代化服务。

周扬受中央委托，主持大会报告的起草工作。经历了“文化大革命”的劫难，他深切认识到，总结经验要从过去的经验中找出规律性的东西。不按规律办事，迟早要受到惩罚。有人说，毛泽东的《在延安文艺座谈会上的讲话》“够我们用了”。毛泽东的讲话是讲了文艺工作的规律，但重点是讲文艺工作和一般革命工作的关系，没有充分展开讲艺术创作本身的规律。而且这个讲话到现在有 30 多年了，情况有很大的变化，要在讲话的基本精神指导下研究新情况、新问题，重新探讨社会主义文艺发展的规律。

文代会报告的起草，一是总结文艺界在新中国成立 30 年来尤其是“文化大革命”十年浩劫中的经验教训，一是试图从不同的角度来否定“文艺是阶级斗争的工具”论。至于延续多年的“文艺为政治服务”的口号，是从 1942 年毛泽东《在延安文艺座谈会上的讲话》中引申出来的，当时强调“文艺是从属于政治的，但又反转来给予伟大的影响于政治”。在战争年代，政治是指阶级的政治。毛泽东说：“政治，不论革命的和反革命的，都是阶级对阶级的斗争，不是少数个人的行为。革命的思想斗争和艺术斗争，必须服从于政治的斗争。”① 而在新的历史时期，大规模的阶级斗争已经结束，尤其是党的十一届三中全会后，摒弃了“以阶级斗争为纲”的政治路线，正向着以经济建设为中心实现工作重心的转移。在伟大历史转折期，需要对文艺与政治的关系作出新的解释和论断。

1979 年 10 月 30 日，中国文学艺术工作者第四次代表大会在北京隆

① 毛泽东：《在延安文艺座谈会上的讲话》，《毛泽东选集》第 3 卷，人民出版社 1991 年版，第 866 页。

重开幕。从新中国成立前夕召开的第一次文代会以来，时间已经过去 30 年。30 年来，我国的社会主义文学艺术走过一条辉煌而又曲折的道路。这次大会是我国文艺战线上一个极为重要的里程碑，也是“文化大革命”结束后全国各路文艺大军的具有历史意义的重新会师。出席会议的 3200 名代表中，有久经风雨、成绩卓著的文坛老将，有初露锋芒、朝气蓬勃的文苑新秀，有少数民族的作家、艺术家，也有台湾和港澳的进步的爱国的文艺家，代表了全国广大的文艺工作者。大会的任务是：总结中华人民共和国成立以来文艺战线正反两方面的经验，讨论新时期文艺工作的任务和计划，修正文联和各协会章程，选举文联和各协会新的领导机构。

在开幕式上，邓小平代表中共中央、国务院向大会致祝词。他首先批驳所谓“文艺黑线专政”论，指出这完全是林彪、“四人帮”的诬蔑，接着赞扬文艺界的许多同志和朋友，在林彪、“四人帮”猖狂作乱的十年里，正气凛然地进行了抵制和斗争。在党和人民战胜林彪、“四人帮”的斗争中，文艺工作者作出了令人钦佩的、不可磨灭的贡献。邓小平指出：“我们的文艺属于人民。”“文艺创作必须充分表现我们人民的优秀品质，赞美人民在革命和建设中、在同各种敌人和各种困难的斗争中所取得的伟大胜利。”“我们的文艺，应当在描写和培养社会主义新人方面付出更大的努力，取得更丰硕成果。”他强调说：“人民是文艺工作者的母亲。一切进步文艺工作者的艺术生命，就在于他同人民之间的血肉联系。”“人民需要艺术，艺术更需要人民。”①

在祝词中，邓小平特别讲到改善党对文艺工作的领导问题。他指出：“党对文艺工作的领导，不是发号施令，不是要求文学艺术从属于临时的、具体的、直接的政治任务，而是根据文学艺术的特征和发展规律，帮助文艺工作者获得条件来不断繁荣文学艺术事业，提高文学艺术水平，创作出无愧于我们伟大人民、伟大时代的优秀的文学艺术作品和表演艺

① 邓小平：《在中国文学艺术工作者第四次代表大会上的祝词》，《邓小平文选》第 2 卷，人民出版社 1994 年版，第 209—210、211 页。

术成果。”“我们提倡领导者同文艺工作者平等地交换意见；党员作家应当以自己的创作成就起模范作用，团结和吸引广大文艺工作者一道前进。衙门作风必须抛弃。在文艺创作、文艺批评领域的行政命令必须废止。如果把这类东西看作是坚持党的领导，其结果，只能走向事情的反面。”“坚持百花齐放、推陈出新、洋为中用、古为今用的方针，在艺术创作上提倡不同形式和风格的自由发展，在艺术理论上提倡不同观点和学派的自由讨论”。“文艺这种复杂的精神劳动，非常需要文艺家发挥个人的创造精神。写什么和怎样写，只能由文艺家在艺术实践中去探索和逐步求得解决。在这方面，不要横加干涉。”①

这些改善党领导文艺工作的方法论，是从 30 年来文艺发展的历史中，分析正反两方面的经验，摆脱各种条条框框的束缚，根据中国历史新时期的特点，研究新情况、新问题中得来的。关于文艺与政治的关系，邓小平说：第四次文代会“不继续提文艺从属于政治这样的口号，因为这个口号容易成为对文艺横加干涉的理论根据，长期的实践证明它对文艺的发展利少害多。但是，这当然不是说文艺可以脱离政治。文艺是不可能脱离政治的。任何进步的、革命的文艺工作者都不能不考虑作品的社会影响，不能不考虑人民的利益、国家的利益、党的利益”②。总之，邓小平向第四次文代会的祝词，是新时期中国共产党领导文艺的基本纲领。

11 月 1 日，周扬向大会作了题为《继往开来，繁荣社会主义新时期的文艺》的报告。报告全面回顾总结了新中国成立以来文艺工作 30 年的历程和经验教训，对粉碎“四人帮”以来的文艺发展给予肯定的评价。他说：“许多长期以来文艺界不敢触及的问题，现在敢于突破，敢于议论，敢于探讨了，不仅打破了‘四人帮’加在文艺工作者身上的重重枷锁，冲破了他们设置的许多禁区，而且冲破了开国后十七年中的不少清

---

① 邓小平：《在中国文学艺术工作者第四次代表大会上的祝词》，《邓小平文选》第 2 卷，人民出版社 1994 年版，第 213、210 页。

② 邓小平：《目前的形势和任务》，《邓小平文选》第 2 卷，人民出版社 1994 年版，第 255—256 页。

规戒律。”报告提出，“文艺界要解放思想，就必须坚定不移地贯彻执行‘百花齐放、百家争鸣’的方针。这个方针是社会主义文化政策的一个新的实验”。

报告实事求是地指出，中华人民共和国成立30年来，除去林彪、“四人帮”造成的十年浩劫，我们的文艺工作在大部分时间内，基本上执行了党和毛泽东同志所制定的文艺路线。但是，无可否认，我们的工作中确有不少缺点和错误，特别是指导思想上的“左”的倾向给党的文艺事业带来的损害是严重的。林彪、“四人帮”一方面把我们执行的正确路线诬蔑成反革命的修正主义路线，另一方面又把我们工作中的一些缺点和错误，从极左的方面加以利用和恶性发展。我们一些担任文艺领导工作的人，由于当时一定的历史条件和背景，以及自己头脑中“左”倾思想没有得到有效克服，有时未能正确地、实事求是地估计文艺战线阶级斗争的形势，正确处理文艺和政治的关系，把阶级斗争扩大化，导致在进行思想批判和文艺批判时，不适当地采取政治运动和群众斗争的方式去对待精神世界的问题，以致伤害了一些同志。

报告着重指出：特别是1957年文艺界的反右派斗争，混淆两类矛盾的情况更为严重，使很多同志遭到了不应有的打击，错误地批判了一些正确的或基本正确的文艺观点和文艺作品，伤害了一大批文艺工作者，使“双百”方针提出后，文艺领域出现的生气勃勃的景象遭受了挫折。1958年全国所卷起的一阵浮夸风、共产风和在知识界进行的所谓“拔白旗”的运动，也波及了文艺界，使“左”的倾向又一度抬头。我们在开展思想斗争的时候，对一些文艺问题的解释和处理，存在着简单化、庸俗化的毛病，以致助长了理论上和创作上的公式化、概念化的倾向，产生了粗暴批评，损害了艺术民主。这个教训是极为深刻的，应该引以为训。

报告全面总结了新中国成立以来党领导文化建设的历史经验，表明中国共产党既充分肯定成绩，又正视而不掩饰过去领导文艺工作的错误和缺点，并善于从痛苦的经验中学习，汲取教训，以戒未来。根据主席团的建议，大会对长期奋斗为我国革命文艺事业作出优异贡献，因受林彪、“四人帮”迫害而逝世或身后遭到诬陷和凌辱的文艺工作者，表示深切的哀悼和怀念！

第四次全国文代会是中国进入改革开放新时期以来，第一次重要的文艺政策调整和变化的会议，是新时期文艺思想发展转折的重要标志，为文艺界拨乱反正向纵深发展创造了较为宽松、自由的政治环境。根据邓小平的祝词和会议精神，《人民日报》发表题为《文艺为人民服务、为社会主义服务》的社论，明确不再提“文艺从属于政治”“文艺为政治服务”的口号，新的口号是“文艺为人民服务、为社会主义服务”（后来简称为“二为”方向）。新的方向对于文艺界解放思想、彻底摆脱“左”的羁绊起了巨大的推动作用。

第四次文代会以后，文学艺术事业随着思想解放运动的深入而不断发展，同时又给思想解放运动以极大的促进。随着十一届三中全会后党的文艺理论、方针政策的改变，坚持和进一步完善“双百”方针，强调民主精神和科学态度，极大地调动了广大文艺工作者的积极性，文艺创作开始呈现出欣欣向荣的景象，无论是诗歌、长篇和中短篇小说、报告文学、戏剧、电影、音乐、舞蹈、美术、摄影等，都有源源不断的新作品涌现出来。关于“文艺与政治的关系”“人性和人道主义”“双百方针与二为方向”“歌颂与暴露”等有关繁荣和发展文学艺术的一系列问题，也得到了广泛而深入的讨论和探索。文艺界开始进入百花齐放的新时期，社会主义文艺事业的发展出现了前所未有的繁荣景象。

结语
开通走向文化大发展大繁荣的航道

1978年底党的十一届三中全会以后，我国进入改革开放和社会主义现代化建设的新时期。在总结中华人民共和国成立以来的历史经验和教训的基础上，社会主义文化建设取得了巨大成就。中国共产党十分重视社会主义文化事业的建设和发展，深刻认识到当今世界，文化与经济和政治交融，在综合国力竞争中的地位和作用越来越突出。文化的力量，深深熔铸在民族的生命力、创造力和凝聚力之中。中共中央号召全社会要深刻认识文化发展的战略意义，推动社会主义文化的大发展大繁荣。

一、制定和实施科教兴国战略

改革开放新时期以来，中国共产党非常重视科学技术和教育文化在我国现代化建设中的突出作用。1988年9月，邓小平首次提出“科学技术是第一生产力”的科学论断。他指出：“马克思说过，科学技术是生产力，事实证明这话讲得很对。依我看，科学技术是第一生产力。”“从长远看，要注意教育和科学技术。”① 通过落实“科学技术是第一生产力”的重要思想，我国科技事业取得显著进展，科技工作初步形成面向经济建设主战场、跟踪高技术研究并推动其产业发展、加强基础性研究三个

① 邓小平：《科学技术是第一生产力》，《邓小平文选》第3卷，人民出版社1993年版，第274页。

层次的布局，科技工作的机制和格局发生了深刻变化，活力大为增强。但是，与日新月异的世界科技先进水平相比，我国还有很大差距。

在深入分析国内外经济和科学技术发展趋势的基础上，1995 年 5 月 6 日，中共中央、国务院发出《关于加速科学技术进步的决定》，正式提出实施科教兴国战略。决定明确表述：科教兴国，是指全面落实科学技术是第一生产力的思想，坚持教育为本，把科技和教育摆在经济、社会发展的重要位置，增强国家的科技实力及向现实生产力转化的能力，提高全民族的科技文化素质，把经济建设转移到依靠科技进步和提高劳动者素质的轨道上来，加速实现国家的繁荣强盛。这是 20 世纪中国文化发展进程中首次把“科学和教育”作为整个国家的发展战略，也是中国共产党加强文化建设的重要体现。

科教兴国直接关系到提高全民族的科学文化素质。创新是一个民族进步的灵，是一个国家兴旺发达的不竭动力。当今世界的竞争，归根到底是综合国力的竞争，是知识总量、人才素质和科技实力的竞争。一个没有创新能力的民族，难以屹立于世界民族之林。中国作为一个独立自主的社会主义大国，必须在科技方面掌握自己的命运，同时要大胆吸收和借鉴人类社会创造的一切文明成果，以促进我国经济社会和文化建设的发展。

1992 年党的十四大确定建立社会主义市场经济体制的改革目标后，科技体制的改革，使我国的科技力量加速进入了经济建设主战场，科技进步对经济增长的贡献率日益提高。自 80 年代起，我国相继组织实施的依靠科技振兴农业的“星火计划”，加强高新技术研究的“863 计划”，加快发展高新技术产业的“火炬计划”，都取得了显著的进展。在这个基础上，为发展基础研究，赶超世界水平，从 1991 年起，我国开始实施“攀登计划”，使我国基础性研究工作在许多领域取得了举世瞩目的成就。我国已建立起北京正负电子对撞机、兰州重离子加速器、合肥同步辐射装置、太阳磁场望远镜等一批达到国际先进水平的实验装置；在高温超导研究方面，我国处于世界先进的行列；在材料科学、生命科学等领域也涌现了一批具有世界先进水平的成果。

在科教兴国战略和国家一系列正确方针的指引下，经过广大科技工作者的艰苦努力，通过组织实施一系列国家科技发展计划，我国形成了高新技术及其产业进步与经济建设全面发展的战略格局。实施科教兴国的战略，关键是人才。新型基础科研中心和国家重点开放实验室的相继建成，既稳定了基础研究队伍，也培养了大批青年学术带头人。中国科学院积极开展“知识创新工程”，不仅建成具有国际先进水平的科学研究基地，而且形成培养高级人才的基地和促进我国高技术产业的基地，逐步建立起面向21世纪的骨干科研队伍。

二、确立教育事业优先的发展战略

在实施科教兴国战略的指导下，1996年3月，八届全国人大四次会议讨论通过国民经济和社会发展“九五”计划和2010年远景目标纲要，明确提出实施科教兴国战略，要“优先发展教育”，具体措施是：重点普及义务教育，积极发展职业教育和成人教育，适度发展高等教育，优化教育结构。

为了进一步完善教育制度，中共中央、国务院先后颁布了《中国教育改革和发展纲要》及《〈中国教育改革和发展纲要〉的实施意见》，绘制了中国教育改革和未来发展的宏伟蓝图。纲要指出，到20世纪末，中国教育发展的总目标是：全民受教育水平有明显提高，城乡劳动者的职前、职后教育有较大发展；各类专门人才的拥有量基本满足现代化建设的需要；形成具有中国特色的、面向21世纪的社会主义教育体系的基本框架。在此基础上，1999年1月，国务院批转了教育部制定的《面向21世纪教育振兴行动计划》，提出了跨世纪教育改革和发展的蓝图，计划再经过几十年努力，建立起比较成熟和完善的社会主义教育体系，实现教育的现代化。

为普及义务教育、大力发展职业教育，我国确立了“基本普及九年义务教育，基本扫除青壮年文盲”为教育发展“重中之重”的方针，“两基”工作取得重大发展。同时，在基础教育发展中加快从应试教育向素质教育转化的步伐。1999年6月，中共中央、国务院专门作出一项关于深化教育改革全面推进素质教育的决定，并召开改革开放以来第三次全国教育工作会议。会议的主题是，动员全党和全国人民，以提高民族素质和创新能力为重点，深化教育体制和结构改革为重点，全面推进素质教育，振兴教育事业，实施科教兴国战略，为实现社会主义现代化建设的宏伟目标而奋斗。此外，积极发展职业教育和成人教育，使宏观教育结构进一步得到调整。

同时，进一步发展高等教育，培育高级人才。高等教育在“八五”和“九五”期间总体规模发展较快，结构有所改善。1995年，全国有高等学校2210所，其中，普通高校1054所，成人高校1156所，在校本专科学生达到547.7万人，比1990年增长46.9%。同时，研究生教育也有很大发展。高校广大科技工作者在加强基础研究，发展高新技术方面作出了重要贡献。大批科研基地在高等学校陆续建成，包括重点实验室、国家工程研究中心、国家工程技术研究中心等，承担的各层次的科研课题对社会发展产生重大经济、社会效益和广泛影响。

为贯彻《中国教育改革和发展纲要》和实施科教兴国战略，国家在这一时期启动了“211”工程，即面向21世纪，重点建设100所左右的高等学校和一批重点学科。这一举措推动了我国教育发展抓住知识经济的机遇和挑战，提高了我国科技与教育水平，全面增强了国家科技创新能力，推动了全社会科技进步和劳动者素质的提高，促进了文化大发展大繁荣的进一步实现。

三、深化文化体制改革促进文化产业发展

改革开放以来，我国对于文化发展和文化建设问题进行了深入的探

素。1980年12月，邓小平对建设社会主义精神文明的内容和重要性进行了阐述："我们要建设的社会主义国家，不但要有高度的物质文明，而且要有高度的精神文明。所谓精神文明，不但是指教育、科学、文化（这是完全必要的），而且是指共产主义的思想、理念、信念、道德、纪律，革命的立场和原则，人与人的同志式关系，等等。"

1982年10月中共十二大把建设社会主义精神文明提高到重要位置。1986年9月中共十二届六中全会通过了《中共中央关于社会主义精神文明建设指导方针的决议》，决议系统、科学地论述了社会主义精神文明建设的战略地位、根本任务、基本指导方针和各项任务要求。在上述指导方针下，我国的文化建设注入了社会主义精神文明建设的重要内容，教育、科学、文化事业，包括树立共产主义理想、信念、道德、纪律和塑造新型人际关系，都获得全面发展。

1992年10月，中共十四大确立了建立社会主义市场经济体制的改革目标，对文化体制改革提出了"改革剧团体制，集中力量办好代表国家级艺术水平的剧团"的要求。1993年9月，文化部发出《关于进一步加快和深化艺术表演团体体制改革的通知》，按照建立社会主义市场经济体制的新要求，对艺术表演团体改革提出新的改革意见。

1996年10月中共十四届六中全会通过了《中共中央关于加强社会主义精神文明建设若干重要问题的决议》。决议强调，改革要符合精神文明建设的要求，遵循文化发展的内在规律，发挥市场机制的积极作用。文学艺术要坚持为人民服务、为社会主义服务的方针，弘扬主旋律，提倡多样化。关于文化建设问题的探索为我国新时期深化文化体制改革，推进文化产业和文化事业协调发展，推动社会主义文化大发展大繁荣奠定了基础。

在世纪之交，中共中央又进一步提出中国共产党要始终代表中国先进文化的前进方向，"中华民族的伟大复兴必然伴随着中华文化的繁荣兴盛"。2002年，中共十六大报告提出积极发展文化事业和文化产业，深化文化体制改革，第一次从党和国家工作的全局出发，将文化建设分为文化事业和文化产业，明确了整个文化体制改革的方向和目标。2003年6

月的全国文化体制改革试点工作会议，专门研究部署文化体制改革试点工作。同年10月，中共十六届三中全会通过《中共中央关于完善社会主义市场经济体制若干问题的决定》，把深化文化体制改革、加强文化建设纳入完善社会主义市场经济体制的总体布局中加以强调。2004年中共十六届四中全会通过《中共中央关于加强党的执政能力建设的决定》，把建设社会主义先进文化确定为党的执政能力建设的重要内容，并提出建设社会主义先进文化的基本要求。决定提出了“深化文化体制改革，解放和发展生产力”这一重要命题。2005年中共十六届五中全会把建设社会主义先进文化确定为贯彻落实科学发展观必须抓好的一项重大任务。

2005年12月，中共中央、国务院出台了《关于深化文化体制改革的若干意见》，这是指导我国文化体制改革的纲领性文件，提出了文化体制改革的指导思想、原则要求、目标任务、基本思路，进一步推动文化体制改革。2006年3月的全国文化体制改革工作会议，决定文化体制改革试点工作从9个省市扩展至全国有条件的地区，试点单位也逐步增加。9月，《国家“十一五”时期文化发展规划纲要》出台，这个新中国成立以来由国家制定的第一个专门部署文化建设的纲要，为我国文化建设提供了一幅美好蓝图。10月召开的中共十六届六中全会，从中国特色社会主义总体布局中经济、政治、文化、社会建设四位一体的发展战略和全面建设小康社会的全局出发，将文化建设推向科学发展、和谐发展之路。

2001年7月，江泽民同志在庆祝中国共产党成立八十周年大会上的讲话中，对中国特色社会主义文化作了新的概括，即：“面向现代化、面向世界、面向未来的，民族的科学的大众的社会主义文化”。他强调：“党的理论、路线、纲领、方针、政策和各项工作，必须努力体现发展面向现代化、面向世界、面向未来的，民族的科学的大众的社会主义文化的要求，促进全民族思想道德素质和科学文化素质的不断提高，为我国经济发展和社会进步提供精神动力和智力支持。”

2007年，中共十七大突出强调了加强文化建设、提高国家文化软实力的极端重要性。报告提出：“当今时代，文化越来越成为民族凝聚力和创造力的重要源泉、越来越成为综合国力竞争的重要因素，丰富精神文化生活越来越成为我国人民的热切愿望。要坚持社会主义先进文化前进方向，兴起社会主义文化建设新高潮，激发全民族文化创造活力，提高国家文化软实力，使人民基本文化权益得到更好保障，使社会文化生活更加丰富多彩，使人民精神风貌更加昂扬向上。”

2011 年中共十七届六中全会，是中共中央专题研究文化体制改革和文化发展的重要会议。全会通过的《中共中央关于深化文化体制改革推动社会主义文化大发展大繁荣若干重大问题的决定》，是指导我国社会主义文化发展的纲领性文献。决定系统阐述了文化改革发展的地位作用、指导思想和主要任务，全面分析了文化建设面临的新形势新挑战，反映了党对文化建设的认识、对文化发展规律的把握达到了新的高度，为相当长一个时期我国社会主义文化建设指明了方向，为奋力开创中国特色社会主义文化建设新局面提供了所需遵循的基本原则。全会强调，推动社会主义文化大发展大繁荣，必须以建设社会主义核心价值体系为根本任务。社会主义核心价值体系是社会主义意识形态的本质体现，是社会主义文化大发展大繁荣的灵魂，只有切实加强社会主义核心价值体系建设，才能正确引领并真正推动社会主义文化的大发展大繁荣。同时，全会把文化人才队伍建设摆在建设社会主义文化强国的突出位置，强调推动社会主义文化大发展大繁荣，队伍是基础，人才是关键，要求加快培养造就德才兼备、锐意创新、结构合理、规模宏大的高素质文化人才队伍。这为我国文化人才队伍建设指明了方向。

2012 年中共十八大进一步提出“扎实推进社会主义文化强国建设”的历史任务。十八大报告强调，文化是民族的血脉，是人民的精神家园。全面建成小康社会，实现中华民族伟大复兴，必须推动社会主义文化大发展大繁荣，兴起社会主义文化建设新高潮，提高国家文化软实力，发挥文化引领风尚、教育人民、服务社会、推动发展的作用。

十八大报告指出，建设社会主义文化强国，必须走中国特色社会主义文化发展道路，坚持为人民服务、为社会主义服务的方向，坚持百花齐放、百家争鸣的方针，坚持贴近实际、贴近生活、贴近群众的原则，推动社会主义精神文明和物质文明全面发展，建设面向现代化、面向世界、面向未来的，民族的科学的大众的社会主义文化。建设社会主义文化强国，关键是增强全民族文化创造活力。要深化文化体制改革，解放和发展文化生产力，发扬学术民主、艺术民主，为人民提供广阔文化舞台，让一切文化创造源泉充分涌流，开创全民族文化创造活力持续迸发、社会文化生活更加丰富多彩、人民基本文化权益得到更好保障、人民思想道德素质和科学文化素质全面提高、中华文化国际影响力不断增强的新局面。

为此，一是要加强社会主义核心价值体系建设，深入开展社会主义核心价值体系学习教育，用社会主义核心价值体系引领社会思潮、凝聚社会共识。推进马克思主义中国化时代化大众化，坚持不懈用中国特色社会主义理论体系武装全党、教育人民。广泛开展理想信念教育，把广大人民团结凝聚在中国特色社会主义伟大旗帜之下。大力弘扬民族精神和时代精神，深入开展爱国主义、集体主义、社会主义教育。倡导富强、民主、文明、和谐，倡导自由、平等、公正、法治，倡导爱国、敬业、诚信、友善，积极培育社会主义核心价值观。

二是要全面提高公民道德素质，坚持依法治国和以德治国相结合，加强社会公德、职业道德、家庭美德、个人品德教育，弘扬中华传统美德，弘扬时代新风。

三要丰富人民精神文化生活，坚持以人民为中心的创作导向，提高文化产品质量，为人民提供更好更多精神食粮。坚持面向基层、服务群众，加快推进重点文化惠民工程，加大对农村和欠发达地区文化建设的帮扶力度，继续推动公共文化服务设施向社会免费开放。建设优秀传统文化传承体系，弘扬中华优秀传统文化。推广和规范使用国家通用语言文字。繁荣发展少数民族文化事业。开展群众性文化活动，开展全民阅读活动。加强和改进网络内容建设，唱响网上主旋律。普及科学知识，弘扬科学精神，提高全民科学素养。广泛开展全民健身运动，促进群众体育和竞技体育全面发展。

四是要增强文化整体实力和竞争力，坚持把社会效益放在首位、社会效益和经济效益相统一，推动文化事业全面繁荣、文化产业快速发展。

发展哲学社会科学、新闻出版、广播影视、文学艺术事业。加强重大公共文化工程和文化项目建设，完善公共文化服务体系。促进文化和科技融合，发展新型文化业态，提高文化产业规模化、集约化、专业化水平。构建和发展现代传播体系，提高传播能力。扩大文化领域对外开放，积极吸收借鉴国外优秀文化成果。

中国共产党领导文化建设 90 多年的历史进程，深刻揭示了“文化的力量是民族生存和强大的根本力量”这样一个道理。在改革开放和社会主义现代化建设的新时期，要推动中国特色社会主义文化大发展大繁荣，就是要高举中国特色社会主义伟大旗帜，坚持以马克思主义为指导，坚持社会主义先进文化前进方向，坚持以人为本，坚持把社会效益放在首位，坚持改革开放，发展面向现代化、面向世界、面向未来的，民族的科学的大众的社会主义文化。培养我国人民高度的文化自觉和文化自信，提高全民族文明素质，增强国家文化软实力，继承和创新中华优秀文化，努力建设社会主义文化强国，奋力开创社会主义文化建设新局面。

后　记

《中国共产党领导的文化建设（1949—1978）》一书叙史的时间范围为：从1949年中华人民共和国的成立，至1978年十一届三中全会改革开放和社会主义现代化建设新时期的开启。因中国共产党领导的文化建设自1921年成立起，便与党领导的波澜壮阔的新民主主义革命多方面的斗争和根据地建设相伴而行，故开篇撰写第一章“从近代中国的文化激荡中走来”，梳理和勾画了五四新文化运动与中国共产党的诞生、革命根据地的文化教育与左翼文化运动、全民族抗日战争中抗战文化的崛起、新民主主义文化论与延安文艺纪盛、奠定中国共产党文艺政策的基石等历史脉络和相关线索，以衔接中华人民共和国成立后中国共产党领导社会主义文化建设的源和流。结语部分，则概述了1978年十一届三中全会以后，中国共产党领导文化建设的发展战略和方针政策的调整，如科教兴国战略，教育优先发展战略，以及文化体制改革和文化产业发展的基本指导思想等，以为了解中国改革开放新时期社会主义文化建设的历程做一个铺垫。

按本书写作的分工，庞松撰写了第一章、第二章、第三章。段春义撰写了第四章、第五章的初稿。李立伟、王晶平、段春义分别提供了第六章、第七章、第八章的部分初稿，由庞松补充改写，整合统改，最终定稿。

1949年至1978年的中国社会主义文化建设史，内容丰富，历程曲折，这是一段正确与失误交错，成就与挫折相互映照的历史。本书从中国共产党领导治国理政的角度，对这一历史阶段的文化建设史作了一个通观的叙述，提供了一个可供研读的专门史框架。当然，疏漏和缺失在所难免，不妥之处敬请专家、读者批评指正。

庞　松